Coordenadores:

SIMONE LETÍCIA SEVERO E SOUSA DABÉS LEÃO

LUIZ GUSTAVO GONÇALVES RIBEIRO

TEMAS DE DIREITO CONTEMPORÂNEO

Coordenadores:
SIMONE LETÍCIA SEVERO E SOUSA DABÉS LEÃO
LUIZ GUSTAVO GONÇALVES RIBEIRO

TEMAS DE DIREITO CONTEMPORÂNEO

Prefácio:
NELSON MISSIAS DE MORAIS

Del Rey editora
Belo Horizonte
2020

www.editoradelrey.com.br

Editor: Arnaldo Oliveira

Editor Adjunto: Ricardo A. Malheiros Fiuza
In memoriam

Diagramação / Capa: Alfstudio

Revisão: Responsabilidade dos autores

EDITORA
Rua dos Goitacazes, 71 – Lojas 20 a 24
Centro - Belo Horizonte-MG
CEP 30190-909
Comercial:
Tel.: (31) 3284-3284 | 25163340
vendas@editoradelrey.com.br
Editorial:
editorial@editoradelrey.com.br

T278 Temas de direito contemporâneo / Coordenadores: Simone Letícia Severo e Sousa Dabés Leão, Luiz Gustavo Gonçalves Ribeiro. — Belo Horizonte: Del Rey, 2020
viii, 334 p. — Inclui bibliografias.

ISBN: 978-85-384-0576-4

1. Direito – Brasil 2. Direito ambiental internacional 3. Tributos 4. Processo civil – Brasil 5. Previdência social – Brasil 6. Federalismo I. Sousa, Simone Letícia Severo e II. Ribeiro, Luiz Gustavo Gonçalves III. Título

CDU (1976) 34(81)

Ficha catalográfica elaborada pelo bibliotecário Junio Martins Lourenço CRB 6/3167.

PREFÁCIO

A espantosa velocidade da vida moderna faz com que sejamos obrigados a permanecer atentos aos muitos movimentos que ocorrem em nosso entorno, não apenas no que diz respeito à nossa atuação profissional, mas em praticamente todos os aspectos da vida. A todo momento, surge alguma novidade, muitas momentaneamente tidas como insuperáveis, mas que em curto espaço de tempo caem em desuso ou no esquecimento.

Essa velocidade extrema ocorre também no meio jurídico, em que a realidade nos obriga a rever conceitos e repensar verdades até então tidas como insuperáveis, diante de ocorrências antes impensadas ou impensáveis. Como as leis não podem [nem devem, aliás] mudar com a mesma velocidade dos fatos, é preciso que sua interpretação e seu entendimento diante das realidades emergentes sejam assimiladas com a máxima rapidez possível, para evitar distorções.

Aproximar a nossa legislação da compreensão dos acontecimentos atuais, a partir de análises aprofundadas, é uma das pretensões desta obra, em boa hora organizada por Simone Letícia Severo e Sousa Dabés Leão e Luiz Gustavo Gonçalves Ribeiro, que somaram suas experiências de magistério e, respectivamente, de assessora do TJMG e Promotor de Justiça do Estado de Minas Gerais para organizar e compilar a publicação.

Entre os temas aqui tratados, estão alguns dos mais atuais do mundo jurídico, exigindo novas leituras ou acuradas revisões, como colaboração premiada, proteção às mulheres e às crianças, direito ambiental internacional, reforma da previdência, ativismo judicial, direito à saúde, parcerias com o terceiro setor, repactuação federativa e alarmismo social, para ficar apenas naqueles que têm obtido maior repercussão.

Ao reunir o debate sobre esses temas em uma única obra, os autores oferecem ao mundo jurídico – profissionais em geral e estudantes – uma boa opção de atualização e imersão em temas ainda não muito estudados em outras publicações.

Ao apresentar ao público a obra, manifesto também minha satisfação de poder o fazer na condição de presidente do TJMG e, assim, atestar nossa confiança na competência dessa assessora e desse membro do Ministério Público, que muito têm contribuído para a qualidade dos estudos jurídicos em Minas Gerais.

Belo Horizonte, outubro de 2019.

Desembargador Nelson Missias de Morais
Presidente do TJMG

APRESENTAÇÃO

A presente obra "**Temas de Direito Contemporâneo**" que ora se oferta à crítica aborda alguns temas relevantes e atuais do ordenamento jurídico.

O livro tem início com o autor **Néfi Cordeiro**, que trata do tema "**JURISDICIONALIDADE DA PENA NA COLABORAÇÃO PREMIADA**". O texto aborda a fixação de pena concreta em acordos de colaboração premiada como negócio jurídico estatal promovido pelo Ministério Público ou Delegado de Polícia e analisa a constitucionalidade e legalidade da negociação da pena e a atuação judicial em seu controle. Para o autor, cabe ao Judiciário o controle das condições negociadas na colaboração premiada, inclusive quanto à jurisdicionalidade da dosimetria da pena, que deve seguir os limites legais e as garantias processuais.

Em seguida, o autor **João Bosco Leopoldino da Fonseca** enfoca "**OS DESAFIOS DE UMA MAGISTRATURA ECONÔMICA**". No capítulo, o autor trata de problemas decorrentes da inovação e da concorrência internacional que impõem a necessidade de afirmação de uma magistratura econômica. O autor salienta que o juiz, além de decidir questões que refletem interesses individuais, passa a assumir a função de solucionar conflitos que envolvem toda uma realidade de mercado. Pontua que há relação desafiadora do Poder Judiciário com outros órgãos regulatórios e decisórios do Poder Executivo, que dirigem as políticas econômicas, impondo-se novos parâmetros de análise da mutante realidade.

Os autores **Gilson Soares Lemes e Ludmila Aredes Brandão** abordam um tema bastante discutido no contexto mundial: **"O SISTEMA INTERAMERICANO DE PROTEÇÃO DOS DIREITOS HUMANOS: PROTEÇÃO ÀS MULHERES, ÀS CRIANÇAS E ADOLESCENTES"**. Destaca-se a criação da Comissão e da Corte Interamericana, organismos que buscam, de forma subsidiária, complementar e orientar os Estados membros no que se refere ao desrespeito aos Direitos Humanos. Demonstram que as mulheres também têm recebido apoio do Sistema Interamericano de Direitos Humanos, que adota todas as medidas e políticas de enfretamento à violência contra a mulher, por meio de tratados, convenções e conferências no âmbito interamericano. Ressaltam que, em relação à proteção das crianças e dos adolescentes, existem diversas convenções e acordos internacionais reconhecidos pela comunidade internacional ao longo da história, os quais buscam resguardar os direitos dos menores.

Após, os autores **Sébastien Kiwonghi Bizawu** e **Luiz Otávio Paulon** tratam da **"RESPONSABILIDADE INTERNACIONAL AMBIENTAL E O DESAFIO DE SUA REPARAÇÃO"** com o objetivo de revisar a doutrina e legislações concernentes à responsabilização e reparação do dano ambiental internacional. Salientam que, ocorrendo danos ao meio ambiente, torna-se imprescindível o uso de meios eficazes para promover a proteção e reparação desse bem vital para as presentes e futuras gerações. Argumentam que apesar do modelo de responsabilidade objetiva adotado na maior parte dos Tratados e Convenções internacionais, ainda é um desafio a efetiva reparação do dano ambiental.

No capítulo seguinte, os autores **Gilson Soares Lemes Júnior** e **Luiz Gustavo Gonçalves Ribeiro** abordam a **"JUDICIALIZAÇÃO, ATIVISMO JUDICIAL E O EFEITO *BACKLASH*: O CASO DA VAQUEJADA"** e discutem o caso em que o Supremo Tribunal Federal (STF) do Brasil, valendo-se de ativismo judicial, declarou ser inconstitucional a ocorrência da vaquejada, por intermédio da Ação Direta de Inconstitucionalidade (ADI) 4.983, proveniente do Estado do Ceará. Demonstram o que é efeito *backlash* e que este ocorreu no processo levado ao STF. O texto destaca, outrossim, os interesses múltiplos que norteiam o tema, em especial, aqueles de vaqueiros e de instituições protetoras dos animais.

Já o autor **Breiner Ricardo Diniz Resende Machado** disserta acerca da **"TAXATIVIDADE MITIGADA DO ROL DE HIPÓTESES PARA O MANEJO DO AGRAVO DE INSTRUMENTO NO CPC"**. O texto destaca que o novo Código de Processo Civil de 2015 trouxe diversas inovações e adaptações para o formato e nuances dos atos judiciais no processo civil. Para o autor, além da nova norma codificada propor atualizar institutos obsoletos e aprimorar a coordenação de atos processuais (segundo parâmetros notáveis de simplificação da prestação jurisdicional), ela nitidamente enfatizou a necessidade de um processo mais célere, mais coerente e efetivo, capaz de entregar ao jurisdicionado uma prestação jurisdicional de maior qualidade, expurgando vícios repetitivos do passado e instrumentos que serviam como meios precários de protelação e eternização de lides.

Os autores **Tatiane Costa de Andrade** e **Carlos Henrique Soares** tratam em seu capítulo sobre um dos mais relevantes meios de controle da autoridade das decisões dos tribunais instituídos pelo CPC de 2015: **"RECLAMAÇÃO CONSTITUCIONAL: UMA ALTERNATIVA POSSÍVEL PARA A SUSPENSÃO DE PRECEDENTES ANTE A BARREIRA IMPOSTA PELO ART. 1.030 DO CPC"**. Os autores sustentam que a reclamação constitucional é instituto jurídico tipicamente brasileiro, que surgiu na jurisprudência do STF e ganhou extrema importância ao longo de suas fases históricas, sobretudo a partir de sua codificação no CPC de 2015, tendo como essência a finalidade de preservar a competência dos tribunais e garantir a autoridade de suas decisões.

Em seguida, as autoras **Michelle Lucas Cardoso Balbino e Simone Letícia Severo e Sousa Dabés Leão** dissertam sobre um dos temas mais questionados na atual conjuntura pós rompimento da Barragem de Brumadinho: **"A EFETIVAÇÃO DO PRINCÍPIO DA PREVENÇÃO COMO GARANTIA À QUALIDADE DE VIDA DA COLETIVIDADE: um olhar sobre a atuação estatal à luz do direito ambiental e do direito à saúde"**. No texto, ressalta-se que os casos de rompimento das barragens de Mariana e Brumadinho em Minas Gerais/Brasil (os quais deixaram danos ambientais e sociais irreparáveis em curto prazo), resultaram, como legado, em grave impacto na qualidade de vida de toda a comunidade do entorno e na sociedade em geral. Representaram um verdadeiro exemplo de afronta à qualidade de vida coletiva e geraram o surgimento de novas preocupações em relação à saúde, ao bem-estar no meio ambiente, à saúde física e mental e à segurança. Para as autoras, em matéria de políticas públicas de saúde e meio ambiente, desafios práticos, concretos e estratégicos devem ser aplicados, no intuito de se obter um meio ambiente sustentável e uma promoção à saúde com vistas à universalização, busca da equidade, integralidade do cuidado e respeito aos cidadãos.

O autor **Paulo Roberto Coimbra Silva**, por sua vez, ao tratar da "**TRIBUTAÇÃO E POLÍTICAS PÚBLICAS: O CASO ROTA 2030 E O INCENTIVO À INDÚSTRIA AUTOMOBILÍSTICA**" objetivou estudar a utilização do tributo como instrumento de políticas públicas em face dos incentivos fiscais concedidos à indústria automotiva brasileira por meio do programa ROTA 2030, instituído e regulado, respectivamente, pela Lei nº 13.755/2018 (objeto de conversão da Medida Provisória nº 843/2018) e pelo Decreto nº 9.557/2018. Ressalta o autor que não basta criar a Constituição: é preciso cumpri-la, efetivá-la e respeitá-la, tornando concreto o projeto político esculpido pelo constituinte. Destaca-se que, com o Programa Rota 2030, ganha o setor automotivo, desenvolve-se o setor tecnológico nacional, moderniza-se a economia e eleva-se a educação, com amplo lastro constitucional.

Após, a autora **Délia Mara Villani Monteiro** discorre sobre "**OS TRINTA E UM ANOS DA CONSTITUIÇÃO DE 1988 E A EVOLUÇÃO DO DIREITO AMINISTRATIVO, DO ESTADO E DO CONTROLE**" refletindo sobre os avanços trazidos pela Constituição de 1988 nos seus trinta e um anos de existência, bem como sobre as mudanças que provocou no Direito Administrativo, no Estado e no controle da gestão pública. Para a autora, os tribunais de contas assumiram papel importante na promoção de maior qualidade do controle ao se capacitarem para avaliar políticas públicas. Conclui que na esteira de todas essas mudanças, surge, em 2017, a Proposta de Emenda Constitucional – PEC 26, que tem por escopo não só aprimorar a avaliação das políticas públicas, mas, também e especialmente, aferir a efetividade das ações governamentais, levando em conta que as mesmas são criadas para mudar a realidade socioeconômica brasileira não apenas na execução financeira, mas também nos resultados concretos que delas advêm.

Os autores **Renato Dolabella Melo** e **Mariana Mendes A. S. Campos** apresentam o tema "**EXECUÇÃO DE POLÍTICAS PÚBLICAS POR MEIO DE PARCERIAS COM O TERCEIRO SETOR**" aduzindo que o Terceiro Setor é composto por Organizações da Sociedade Civil (OSC) e frequentemente se relaciona com o Poder Público, por meio de parcerias que impactam em áreas de extrema relevância para a sociedade, como educação, saúde, assistência social, esporte, cultura, meio ambiente e pesquisa. Ponderam que é possível perceber avanços, ao longo do tempo, na legislação do Terceiro Setor, visando dar às parcerias um maior foco na eficiência e no controle de resultados. Porém, a aplicação plena de tais normas tem se mostrado prejudicada por interpretações ainda marcadas por posições excessivamente legalistas ou centradas na fiscalização de natureza burocrática.

No capítulo seguinte, o autor **Carlos Eduardo Cancherini** disserta sobre a **"NECESSÁRIA REPACTUAÇÃO FEDERATIVA"** e propõe uma análise do sistema federativo brasileiro comparando-o ao sistema norte-americano, local de seu surgimento. Busca demonstrar a falha em sua formação, desde a origem, que acaba por prejudicar estados e municípios, visto concentrar poderes na União, deixando pouca liberdade de auto-organização e autogoverno aos demais entes, traço fundamental do regime federativo. Destaca o autor que a repartição de competências entre os diferentes entes federativos deve não só atender ao princípio da predominância do interesse, como também conferir ênfase à responsabilidade do município, como critério definidor para suas atribuições, prerrogativas e competências.

O autor **Henrique Abi-Ackel Torres** comenta **"O RECRUDESCIMENTO DA POLÍTICA CRIMINAL BRASILEIRA CONTEMPORÂNEA: ENTRE O DIREITO PENAL SIMBÓLICO E O ALARMISMO SOCIAL"**. No texto, argumenta-se que a prevenção ao crime é tarefa das mais complexas, e o afastamento dos especialistas tem feito com que irrompam posturas populistas, criando rupturas no sistema de garantias do Direito Penal e do Processo Penal. Assevera o autor que, antes de ocorrer um verdadeiro colapso na leitura constitucional do Sistema Penal, é preciso reconduzir a discussão para o viés técnico, diminuindo a ênfase unicamente simbólica da estratégia de tutela punitiva atual.

O autor **Paulo Calmon Nogueira da Gama** finaliza a obra com um dos temas mais questionados na atualidade: **"REFORMA DA PREVIDÊNCIA: BREVES CONSIDERAÇÕES SOBRE A PROPOSTA DE EMENDA CONSTITUCIONAL N. 06/2019"**, discutindo aspectos da reforma da previdência social trazida pela PEC n. 06/2019, suas bases políticas e econômicas, e suas possíveis incompatibilidades com o sistema constitucional vigente. Para o autor, o modelo projetado pela equipe econômica do governo, da forma preponderantemente financista que se apresenta, dissociada dos principais pilares constitucionais, não se harmoniza com a ordem vigente, isto é, com a forma pela qual o Estado brasileiro foi teorizado e instituído pelo constituinte originário.

Observa-se que a dedicação dos autores da obra é digna de encômios, tanto pelo esforço investigativo da pesquisa, quanto pela contribuição para os debates que se travam em torno desses temas atuais e relevantes para o direito.

Nossos sinceros agradecimentos aos autores que, no auge do entusiasmo e interesse pela pesquisa e aprimoramento dos temas, já desenvolvem o **volume II dos "Temas de Direito Contemporâneo".**

Por fim, agradecemos ao nosso editor **Arnaldo de Oliveira**, à frente da **Editora Del Rey,** que há anos nos incentiva ao ingresso de novas obras, promovendo o fortalecimento da pesquisa jurídica no país.

Tenham todos ótima leitura!

Belo Horizonte, Primavera de 2019.

Os organizadores

SUMÁRIO

1
JURISDICIONALIDADE DA PENA NA COLABORAÇÃO PREMIADA

JURISDICTIONALITY OF CRIMINAL PENALTY IN REWARDED COLLABORATION

Néfi Cordeiro[1]

RESUMO

O presente artigo aborda, por revisão bibliográfica e jurisprudencial, a fixação de pena concreta em acordos de colaboração premiada, como negócio jurídico estatal promovido pelo Ministério Público ou Delegado de Polícia, onde homologação acaba por não valorar efetivamente a dosimetria cabível. É discutida a constitucionalidade e legalidade da negociação da pena e a atuação judicial em seu controle.

Palavras-Chave: Colaboração premiada; negócio jurídico; pena concretizada; jurisdicionalidade; controle judicial.

ABSTRACT

This research intends to arouse, by the doctrine and the jurisprudence review, the concrete criminal penalty in rewarded collaboration, since it is a state juridic business promoted by the Public Prosecution Service or Police,

---

[1] Ministro do Superior Tribunal de Justiça, Presidente da 6ª Turma e 3ª Seção. Doutor e Mestre em Direito pela UFPR, com concentração na área criminal. Professor Universitário – graduação e pós-graduação, *lato* e *stricto* sensu.

where the Judiciary does not affectively value the appropriate dosimetry. The constitucionality and legality h the negotiation of the criminal penalty and the judicial action in this control are discussed.

Keywords: Rewarded collaboration; juridic business; concrete criminal penalty; jurisdiction; judicial control.

INTRODUÇÃO

Em época de grande efetividade da colaboração premiada, tem crescido em frequência a delimitação de penas concretizadas, em quantidades específicas, por proposta ministerial, inclusive com execução imediata.

O controle judicial na homologação tem na norma prevista a delimitação pela legalidade. Dessa situação de acordo ministerial ou policial pleno, com controle judicial que não examina a proporcionalidade dos favores judiciais ou do colaborador, surge o risco de abusos e, objeto deste artigo, cria-se o risco da figura de um novo inquisidor, com todos os poderes estatais na ação penal.

É garantia constitucional a individualização da pena[2], a ser dosada pelas circunstâncias do crime e seu agente, judicialmente. Ao negociar o agente ministerial pena concreta, altera o Estado o órgão responsável pela dosimetria, casuisticamente em favor ou contrariamente aos interesses do colaborador ou da sociedade e vítima.

Embora sempre deva o magistrado conferir o cumprimento do acordo para efeitos de na sentença estabelecer proporcionalmente a pena negociada, a partir da conferência de ter o colaborador cumprido com todas suas promessas, é da própria negociação da pena por agente que não o juiz que se preocupa este exame.

Como não pode o estado justificar justiça pelo resultado, mas também pelo seu meio em devido processo legal, a eficiência da colaboração premiada precisa ser sopesada por limites do que negociar e controles de eventuais excessos.

A aplicação no Brasil da colaboração premiada evoluiu de simples benesse na dosimetria, fixada em sentença pelo julgador, à negociação ampla por órgãos persecutores estatais, regulada por lei, mas ainda com detalhamentos faltantes e preenchidos pela conformação jurisprudencial.

---

[2] CF, art. 5º, *XLVI - a lei regulará a individualização da pena* [...]

Como negócio jurídico, ainda que envolvendo o Estado persecutor em um dos polos, o acordo realizado precisa submeter-se às leis e à Constituição, por um justo processo, respeitador dos princípios e garantias do acusado. É a eficiência frente ao controle de abusos persecutórios.

Nessa temática vem o presente artigo a destacar preocupação que hoje surge do controle das penas negociadas na colaboração premiada, especialmente sem intervenção judicial.

1. PENA NA COLABORAÇÃO PREMIADA

A colaboração premiada é negociação de favor estatal a autor de crime que, não apenas confessa crime seu, como atesta ação de corréus, traz provas e resultados do crime. É medida que desonera o Estado da carga investigatória e probatória, suprida por ação do próprio acusado-colaborador, que assim passa a merecer favores legais:

> Incide a delação premiada como favor de resultado e não como favor de conduta, desimportando o arrependimento ou a regeneração do confitente, que terá admitido e dosado o favor legal pela regra da utilidade da delação. (CORDEIRO, 2010, p. 21).

Quanto maior o resultado da colaboração, maiores os favores na redução da pena. Incentiva-se a colaboração do criminoso com redução da pena, como já há muito se fazia com a atenuação da pena na confissão espontânea do Código Penal.

A lei de combate ao crime organizado (Lei nº 12.850/13) veio a trazer delimitações de favores e de procedimento à colaboração do acusado já há muito desenvolvida no país, mas ainda então com fundamento apenas na jurisprudência nacional[3].

Previu a Lei nº 12.850/13 o requerimento do Delegado de Polícia ou do Ministério Público para benefícios de pena (perdão, redução em até 2/3 ou substituição por penas restritivas de direitos), dando-se as negociações entre

---

[3] A discutível moralidade da recompensa à traição e a crítica ao exclusivo interesse de suprimento das deficiências estatais na persecução criminal não têm impedido a criação legislativa e jurisprudencial de favores ao colaborador que, tanto na mais antiga confissão espontânea como na inovada delação premiada, surgem como incentivos à prova de culpa ou à satisfação de interesses especialmente relevantes para a espécie delitiva. (CORDEIRO, 2010, pg. 21).

eles e o investigado com seu defensor, com posterior homologação judicial da legalidade ou adequação ao caso[4].

Note-se que claramente estabelece a lei a origem do acordo pela negociação de representantes da investigação ou acusação penal, mas concede ao juiz os critérios ao favor da pena, de individualizar a pena cabível.

Trata-se a colaboração premiada de negócio jurídico estatal, onde o autor do crime colabora para sua condenação e de terceiros em troca da redução da pena aplicável:

> 4. A colaboração premiada é um negócio jurídico processual, uma vez que, além de ser qualificada expressamente pela lei como "meio de obtenção de prova", seu objeto é a cooperação do imputado para a investigação e para o processo criminal, atividade de natureza processual, ainda que se agregue a esse negócio jurídico o efeito substancial (de direito material) concernente à sanção premial a ser atribuída a essa colaboração.
>
> (HC 127483, Relator(a): Min. DIAS TOFFOLI, Tribunal Pleno, julgado em 27/08/2015, PROCESSO ELETRÔNICO DJe-021 DIVULG 03-02-2016 PUBLIC 04-02-2016)

A correta classificação pelo Supremo Tribunal Federal de negócio jurídico à colaboração premiada faz impor a ela a incidência de todos regramentos constitucionais e legais dos contratos estatais.

---

4 Art. 4º. O juiz poderá, a requerimento das partes, conceder o perdão judicial, reduzir em até 2/3 (dois terços) a pena privativa de liberdade ou substituí-la por restritiva de direitos daquele que tenha colaborado efetiva e voluntariamente com a investigação e com o processo criminal, desde que dessa colaboração advenha um ou mais dos seguintes resultados: [...]
§ 2º. Considerando a relevância da colaboração prestada, o Ministério Público, a qualquer tempo, e o delegado de polícia, nos autos do inquérito policial, com a manifestação do Ministério Público, poderão requerer ou representar ao juiz pela concessão de perdão judicial ao colaborador, ainda que esse benefício não tenha sido previsto na proposta inicial, aplicando-se, no que couber, o art. 28 do Decreto-Lei nº 3.689, de 3 de outubro de 1941 (Código de Processo Penal). [...]
§ 6º. O juiz não participará das negociações realizadas entre as partes para a formalização do acordo de colaboração, que ocorrerá entre o delegado de polícia, o investigado e o defensor, com a manifestação do Ministério Público, ou, conforme o caso, entre o Ministério Público e o investigado ou acusado e seu defensor. [...]
§ 8º. O juiz poderá recusar homologação à proposta que não atender aos requisitos legais, ou adequá-la ao caso concreto.

Não é possível admitir colaboração premiada que negocie objeto ilícito[5], como se vê por vezes na manutenção com o acusado de parte do produto do crime. Ou colaboração premiada que permita a terceiros agir em nome do colaborador, violando a regra da prestação *intuito personae* dos contratos administrativos.

Como contrato do Estado, realizado por agentes públicos em seu nome, incidem as regras e os limites aplicáveis a todas as negociações estatais, assim como os princípios constitucionais da Administração Pública:

> Art. 37. A administração pública direta e indireta de qualquer dos Poderes da União, dos Estados, do Distrito Federal e dos Municípios obedecerá aos princípios de legalidade, impessoalidade, moralidade, publicidade e eficiência [...]

Como princípio constitucional e processual penal a legalidade é regra de agir do administrador público. Mais relevante do que o resultado final, mais importante do que a boa intenção do agente, é a formal adequação dos procedimentos para, pelo meio, controlar-se a ação estatal, que precisa sempre ser igual, para ser isonomicamente aplicada a todos cidadãos.

A pena na colaboração premiada vem como favor judicial ("art. 4º O juiz poderá, a requerimento das partes"...), em obediência ao princípio da jurisdicionalidade, onde se compreende que apenas ao juiz é dado dosar a pena ao acusado.

Os limites da pena também estão na lei definidos (perdão judicial, redução em até 2/3 da pena privativa de liberdade ou substituição por restritiva de direitos), a delimitar o que pode o juiz admitir como favores ao colaborador.

Ocorre que muitas penas têm sido criadas em acordos, fora dos limites legais, com preocupação pela segurança e isonomia. É que mesmo reduzindo-se o *quantum* ou a forma de cumprimento em favor do acusado, continua a existir pena, que se rege pelo princípio da legalidade[6].

Pelo princípio da legalidade da pena, não poderá o Estado impor resposta penal diversa daquela cominada. Não se podem impor penas inventadas, penas melhoradas, mesmo sob a justificativa de favorecimento ao condenado.

---

[5] Código Civil, art. 104. A validade do negócio jurídico requer: [...] II - objeto lícito, possível, determinado ou determinável;

[6] CF, art.5º, XXXIX - *não há crime sem lei anterior que o defina, nem pena sem prévia cominação legal*;

Não obstante, os acordos de colaboração premiada têm sido pródigos na criação de respostas penais amplas e favores não imaginados pelo legislador. São favores processuais de suspensão do processo, liberdade provisória, dispensa de fiança ou de obrigações de depor ou de realizar determinadas provas pessoais, previsão de invalidade do acordo por sua publicização. São favores penais igualmente amplos, com redução ou limitação de penas, estipulação de regimes prisionais mais benéficos, fixação de modalidades alternativas de respostas criminais, exclusão do perdimento de bens, exclusão de recursos ou da coisa julgada... São favores até mesmo para fora dos limites da lide penal, com promessa de imunidade por crimes do processo ou de outros feitos (e juízos!), do delator e de parentes (!), de reparação dos danos do crime, de assistência às vítimas, regularização fiscal ou ambiental, assim como a mantença de parcela do produto do crime...

Assim é que Canotilho e Brandão (2011, p.24) vieram a considerar proibida a negociação de favores não previstos em lei:

> Pelo que já se adiantou, bem se compreende que o primado do *princípio da legalidade* deva aqui valer em coda a sua plenitude. Desde logo, deve valer no plano material, com o seu sentido próprio de que "só a lei é competente para definir crimes (...) e respectivas penas"'. Possíveis exclusões ou atenuações de punição de colaboradores fundadas em acordos de colaboração premiada só serão admissíveis se e na estrita medida em que beneficiem de directa cobertura legal, como manifestação de uma clara vontade legislativa nesse sentido. Dito de outro modo: é terminantemente proibida a promessa e/ou a concessão de vantagens desprovidas de expressa base legal.
>
> [...] Na verdade, o princípio da separação de poderes, que se procura garantir e efectivar através da prerrogativa de reserva de lei formal insira no princípio da legalidade penal, seria frontal e irremissivelmente abatido se ao poder judicial fosse reconhecida a faculdade de ditar a aplicação de sanções não previstas legalmente ou de, sem supedâneo legal, poupar o réu a uma punição.

Sendo a lei suporte necessário para a persecução criminal e para a imposição de penas, não se podem criar penas, mesmo a pretexto de se favorecer ao acusado. É a legalidade parâmetro primário da administração pública, ainda mais relevante na persecução criminal.

Não se pode pensar em Estado de direito com persecução criminal ilimitada, sem respeito aos direitos como cidadão e como processado. Daí porque desde a Declaração dos Direitos do Homem e do Cidadão seu artigo 8° previu: "Ninguém pode ser punido senão em virtude de uma lei estabelecida e promulgada anteriormente ao delito e legalmente publicada".

Pode o agente estatal negociador acordar com o acusado redução máxima ou de menor quantidade da pena, mas esse montante de redução deverá dar-se de acordo com os critérios legais[7] e princípios constitucionais aplicáveis a toda ação administrativa.

A criação de favores não previstos em lei traz preocupação. É que mesmo reduzindo-se o *quantum* ou a forma de cumprimento em favor do acusado, continua a existir pena, que se rege pelo princípio da legalidade[8].

Pelo princípio da legalidade da pena, não poderá o Estado impor resposta penal diversa daquela cominada. Não se podem impor penas inventadas, penas melhoradas, mesmo sob a justificativa de favorecimento ao condenado.

É de se ressaltar que inclusive em limitações provisórias, como nas cautelares penais (que vigem apenas durante o processo ou parte dele), se tem exigido o limite da legalidade[9]. Se já para restrições provisórias é exigida a autorização de lei, com maior razão há de ser limitada a possibilidade de criação estatal de uma pena criminal.

---

7 *Art. 4º. O juiz poderá, a requerimento das partes, conceder o perdão judicial, reduzir em até 2/3 (dois terços) a pena privativa de liberdade ou substituí-la por restritiva de direitos daquele que tenha colaborado efetiva e voluntariamente com a investigação e com o processo criminal, desde que dessa colaboração advenha um ou mais dos seguintes resultados:*
I - a identificação dos demais coautores e partícipes da organização criminosa e das infrações penais por eles praticadas;
II - a revelação da estrutura hierárquica e da divisão de tarefas da organização criminosa;
III - a prevenção de infrações penais decorrentes das atividades da organização criminosa;
IV - a recuperação total ou parcial do produto ou do proveito das infrações penais praticadas pela organização criminosa;
V - a localização de eventual vítima com a sua integridade física preservada.
§ 1º. Em qualquer caso, a concessão do benefício levará em conta a personalidade do colaborador, a natureza, as circunstâncias, a gravidade e a repercussão social do fato criminoso e a eficácia da colaboração.
§ 2º. Considerando a relevância da colaboração prestada, o Ministério Público, a qualquer tempo, e o delegado de polícia, nos autos do inquérito policial, com a manifestação do Ministério Público, poderão requerer ou representar ao juiz pela concessão de perdão judicial ao colaborador, ainda que esse benefício não tenha sido previsto na proposta inicial, aplicando-se, no que couber, o art. 28 do Decreto-Lei nº 3.689, de 3 de outubro de 1941 (Código de Processo Penal).

8 CF, art.5º, XXXIX - *não há crime sem lei anterior que o defina, nem pena sem prévia cominação legal;*

9 Mesmo as cautelares penais têm recebido o limite da legalidade, como recomendam as Regras de Tóquio, da Organização das Nações Unidas:
3.1 A adoção, a definição e a aplicação de medidas não privativas de liberdade devem ser prescritas por lei.

Em outro sentido, a jurisprudência brasileira tem admitido a criação de restrições processuais – especialmente provisórias – fora dos limites da lei, com base na proporcionalidade. Se pode o juiz prender durante o processo para evitar riscos, como prevê a lei, poderia criar restrições menos gravosas para atingir o mesmo fim. É a proporcionalidade como limite da legalidade.

Assim, no tema da colaboração premiada se poderia o juiz fixar até o perdão judicial, poderia também criar favores maiores, mas em lei não previstos, como os citados regimes penais diferenciados...

É também a aplicação de pena criada sustentada pela construção doutrinária de que as garantias fundamentais constituem restrição ao estado em favor do cidadão, direito deste, que não poderia a ele ser prejudicialmente imposto. O direito é sempre faculdade de exercício a seu titular...

Nesse sentido, seria do condenado o direito a não ter pena sem previsão em lei, mas se a ampliação criadora se dá justamente em seu favor, não lhe poderia isto ser negado em razão de direito seu. Pensar o contrário seria pretender obrigar ao exercício de um direito, e direitos jamais podem ser forçados em prejuízo de seu titular.

Dá-se a pena na colaboração premiada pelos limites legais, mas a prática dessas negociações tem criado penas muito além da previsão normativa, sempre em favor do colaborador. Faz-se prevalecer a proporcionalidade e o *favor rei* sobre a legalidade, embora já nas penas "provisórias" (cautelares penais), seja tendência mundial a restrição das respostas penais à lei e em nossa Constituição seja expressa a vedação a "pena sem prévia cominação legal"[10].

2. COMPETÊNCIA PARA A INDIVIDUALIZAÇÃO DA PENA

A Lei de Organização criminosa (Lei nº 12.850/13) criou duas espécies de favores estatais, pelo Ministério Público a não persecução penal e pelo juiz na dosimetria da pena.

O mencionado artigo 4º dessa lei prevê o favor ministerial ao indicar em seu parágrafo 4º que "Nas mesmas hipóteses do caput, o Ministério Público poderá deixar de oferecer denúncia". É hipótese que realmente apenas ao agente ministerial cumpriria negociar e aplicar, pois se trata do direito à propositura da ação penal, que nossa Constituição estabelece como função privativa

[10] CF, art. 5º, XXXIX.

do Ministério Público[11]. Nem diferente poderia ser, pois se pudesse o agente judicial forçar à oferta da denúncia, este em verdade seria o real acusador.

Nosso modelo tendente ao acusatório impede a reunião das funções processuais de acusar e julgar em um só agente. Não pode o juiz acusar, como se vê destes o direito processual inglês de Henrique II, quando instituído em 1166 o "*trial by jury*": o juiz "não intervinha, a não ser para manter a ordem e, assim, o julgamento se transformava num grande debate, numa grande disputa entre acusador e acusado, acusação e defesa.[12]"

Essa é competência e prerrogativa do agente ministerial, que não pode ser alterada pelo julgador. Controle dessa negociação de não denunciar somente poderia dar-se no próprio órgão acusatório, por normativa interna - por exemplo, criando um referendo a essa negociação, similar ao que se dá no arquivamento em ação civil pública[13] - ou por provocação judicial, em procedimento análogo ao do art. 28 do Código de Processo Penal:

> Art. 28. Se o órgão do Ministério Público, ao invés de apresentar a denúncia, requerer o arquivamento do inquérito policial ou de quaisquer peças de informação, o juiz, no caso de considerar improcedentes as razões invocadas, fará remessa do inquérito ou peças de informação ao procurador-geral, e este oferecerá a denúncia, designará outro órgão do Ministério Público para oferecê-la, ou insistirá no pedido de arquivamento, ao qual só então estará o juiz obrigado a atender.

---

11 Constituição Federal, art. 129, I - promover, privativamente, a ação penal pública [...].

12 COUTINHO, Jacinto Nelson de Miranda e CASTANHO DE CARVALHO, Luis Gustavo Grandinetti. **O novo processo penal à luz da Constituição**. Rio de Janeiro: Lumen Juris, 2010.

13 Lei nº 7.347/85, Art. 9º Se o órgão do Ministério Público, esgotadas todas as diligências, se convencer da inexistência de fundamento para a propositura da ação civil, promoverá o arquivamento dos autos do inquérito civil ou das peças informativas, fazendo-o fundamentadamente.
§ 1º Os autos do inquérito civil ou das peças de informação arquivadas serão remetidos, sob pena de se incorrer em falta grave, no prazo de 3 (três) dias, ao Conselho Superior do Ministério Público.
§ 2º Até que, em sessão do Conselho Superior do Ministério Público, seja homologada ou rejeitada a promoção de arquivamento, poderão as associações legitimadas apresentar razões escritas ou documentos, que serão juntados aos autos do inquérito ou anexados às peças de informação.
§ 3º A promoção de arquivamento será submetida a exame e deliberação do Conselho Superior do Ministério Público, conforme dispuser o seu Regimento.
§ 4º Deixando o Conselho Superior de homologar a promoção de arquivamento, designará, desde logo, outro órgão do Ministério Público para o ajuizamento da ação.

Assim, o controle da não persecução penal somente pode ter definição dentro do Ministério Público, preservando-se a separação das funções acusatória e julgadora. Juiz não pode obrigar à promoção da ação penal.

De outro lado, porém, tampouco poderá o agente ministerial fixar pena.

O mesmo risco de atuação inquisitória dar-se-á quando o Ministério Público não apenas acuse, mas também venha a fixar pena. Efetivamente pela colaboração premiada pode o acusado concordar com a culpa ou com critérios de redução da pena, como prevê a Lei nº 12.850/13: de redução até 2/3, substituição por penas alternativas ou perdão. Note-se, porém, que na lei concordam acusador e acusado em critérios de redução da pena, mas não a definem em montante exato, em pena concreta.

Se o agente ministerial fixa a pena, cumpre em verdade atuação judicial, invade competência do órgão julgador e se torna efetivamente em agente inquisidor: atua investigando (como admite nossa jurisprudência, inclusive por procedimentos investigatórios criminais), acusando e julgando (ao estabelecer pena exata). Trata-se de ação concentradora de poderes que não atende aos requisitos de um devido processo legal acusatório e faz retornar os riscos de concentração de poderes justamente geradores do modelo acusatório para, pela separação de funções no processo, estabelecer limites e controles. O poder ilimitado tende a abusos.

Nesse sentido caminha Figueiredo Dias (2011, p. 51):

> [...] um acordo sobre a medida concreta da pena não pode ser considerado admissível, pois que tal significaria uma violação do princípio da culpa e aproximaria de novo o acordo da troca, negócio ou barganha. Ao tribunal, e só a ele, pertence ponderar todas as circunstâncias do caso que relevam para a culpa e a prevenção e, em função delas, encontrar o exacto quantum de pena.

Realmente, em processo acusatório, não pode o próprio acusador fixar a pena, ainda que com a concordância do acusado. A separação das funções é forma de controle e limitação que não podem permitir concessões.

Mais recentemente, CANOTILHO e BRANDÃO (2016, p. 32) se posicionaram igualmente pela não admissão da fixação de pena certa no acordo negociado:

> O início de uma pena criminal, ainda para mais por simples e directa determinação do Ministério Público, sem que haja uma sentença judicial que a decrete configura uma autêntica aplicação de pena *sine judictio* e *sine judex*. Nada que, obviamente, se possa aceitar

> num Estado de direito. A jusestadualidade que deve caracterizar a República Federativa do Brasil e comandar a acção de todos os seus órgãos não consente que um réu sofra a execução de uma pena criminal sem um prévio e devido processo penal (art. 5.°, LIV, da Constituição Brasileira). Tal como não consente, por mor da reserva absoluta de jurisdição dos tribunais em matéria de aplicação e execução de penas criminais, que uma decisão dessa natureza seja tomada por um órgão externo ao poder judicial, como é o Ministério Público (art. 5.°, XXXV e LIII, da Constituição Brasileira).

É o princípio da jurisdicionalidade ou da reserva da jurisdição. Algumas atividades estatais foram constitucionalmente reservadas exclusivamente aos magistrados, por razões de ordem técnica, de imparcialidade, de suscetibilidade de revisão...

O magistrado tem a exclusividade da definição da culpa e da pena, por ser no processo imparcial, sem pré-convencimentos que tenderiam a conduzir para definições mais brandas ou mais severas de culpa ou da resposta penal aplicada.

Deixar a uma das partes da causa, acusação ou defesa, a função definidora da culpa ou da pena é abandonar a garantia do julgamento imparcial e justo.

O Ministro Lewandowski em recente precedente não admitiu a fixação de pena concreta pelo Ministério Público:

> No entanto, como é de conhecimento geral, o Poder Judiciário detém, por força de disposição constitucional, o monopólio da jurisdição, sendo certo que somente por meio de sentença penal condenatória, proferida por magistrado competente, afigura-se possível fixar ou perdoar penas privativas de liberdade relativamente a qualquer jurisdicionado.
>
> [...] O mesmo se diga em relação ao regime de cumprimento da pena, o qual deve ser estabelecido pelo magistrado competente, nos termos do disposto no art. 33 e seguintes do Código Penal, como também no art. 387 do Código de Processo Penal, os quais configuram normas de caráter cogente, que não admitem estipulação em contrário por obra da vontade das partes do acordo de colaboração.
>
> [...] Ora, validar tal aspecto do acordo, corresponderia a permitir ao Ministério Público atuar como legislador. Em outras palavras, seria permitir que o órgão acusador pudesse estabelecer, antecipadamente, ao acusado, sanções criminais não previstas em nosso ordenamento jurídico, ademais de caráter híbrido.

Embora inicialmente tenha o órgão acusatório interposto recurso contra essa decisão, acabou dele desistindo, de modo que o tema não teve ainda deliberação por colegiado da Suprema Corte.

Assim, embora na lei seja clara a prerrogativa judicial do Ministério Público não perseguir, também clara é a lei de que é do juiz a prerrogativa de dosar a pena (ainda que com patamares de redução acordados) na colaboração premiada. Isto garante a separação das funções acusatória e julgadora, permite uma definição imparcial da pena (sem o risco de penas negociadas com excesso, pela humana tendência repressivamente mais severa por quem atua na demonstração da culpa penal) e um processo penal com limitações e controles claros, seguros para o acusado e para a sociedade.

A possibilidade do Ministério Público negociar a pena concreta, até mesmo com execução imediata, restaura indevidamente um modelo inquisitório de processo, com concentração de todos poderes no órgão acusador, que agora até determina imediata execução da pena.

Esse é o mais danoso quadro processual: a pena negociada pelo agente acusador, parcial, é executada desde logo, por colaborador que pode sequer vir a ser denunciado ou condenado. É a confusão agora não apenas de funções processuais, mas de fases e garantias processuais. É a execução pela culpa de um crime que pode sequer ainda ter indícios de autoria, justificadores da acusação penal.

A pena fixada pelo acordo é então executada mesmo sem processo existir, ou ao menos ser concluído, com riscos de revisão judicial e até mesmo de absolvição ou extinção da punibilidade. Como restabelecer a pena cumprida antecipada e então indevidamente?

Ademais, no Brasil é do Judiciário a obrigação legal de determinar o cumprimento da execução penal[14], até mesmo com a expedição da competente carta de guia.

O modelo acusatório do processo penal não permite a imposição de pena concretizada pela acusação penal[15] e, menos ainda, sua imediata execução provisória.

---

[14] Lei nº 7.210/84, art. 65. A execução penal competirá ao Juiz indicado na lei local de organização judiciária e, na sua ausência, ao da sentença.

[15] Também na Alemanha, a Corte Constitucional admitiu a negociação da pena, mas com balizas e critérios sob controle judicial (BVerfG, Urt. v. 19. 3. 2013 – 2 BvR 2628/10, 2 BvR 2883/10, 2 BvR 2155/11. BVerfG, Neue Juristische Wochenschrift, 2013, pp. 1058-1072. Em inglês disponível em: http://www.bundesverfassungsgericht.de/pressemitteilungen/bvg-13-017en (acesso em: 12 jun 2019).

3. CONTROLE JUDICIAL

A garantia de pleno acesso à jurisdição[16] exige solução judicial mesmo a danos causados pelo próprio Estado, ainda que através de seus representantes. Assim evoluíram doutrina e jurisprudência no país para admitir o controle do ato administrativo, inclusive sob o aspecto de razoabilidade e proporcionalidade:

> A tendência de ampliação do controle jurisdicional da Administração se acentuou a partir da Constituição Federal de 1988. O texto de 1988 está impregnado de um espírito geral de priorização dos direitos e garantias ante o poder público. Uma das decorrências desse espírito vislumbra-se na indicação de mais parâmetros da atuação, mesmo discricionária, da Administração, tais como o princípio da moralidade e o princípio da impessoalidade. O princípio da publicidade, por sua vez, impõe transparência na atuação administrativa, o que enseja maior controle. E a ação popular pode ter como um dos seus fulcros a anulação do ato lesivo da moralidade administrativa, independentemente de considerações de estrita legalidade. (MEDAUAR, 2010, p. 410)

Também Juarez Freitas (2009) segue a compreensão de que inexiste discrição pura ou não-controlável principiologicamente pelo Judiciário, uma vez que o agente público é livre apenas para alcançar a tutela efetiva do direito fundamental à boa Administração Pública.

E a jurisprudência assim estabeleceu, não permitindo simples substituição do administrador pelo juiz na opção de critérios válidos, que atendam aos princípios constitucionais, mas exigindo a opção claramente preferencial, proporcional, que melhor atende aos comandos constitucionais principiológicos:

> [...] II - Ademais, é de se registrar que inexiste aspecto discricionário (juízo de conveniência e oportunidade) no ato administrativo que impõe sanção disciplinar. Nesses casos, o controle jurisdicional é amplo e não se limita a aspectos formais (Precedente: MS n" 12.983/ DF, 3a Seção, da minha relatoria, DJ de 15/2/2008). (MS 12636 / DF, STJ - Terceira Seção, Relator(a) Min. Felix Fischer, Julgamento: 27.08.2008, DJe: 23.09.2008)[17]

---

[16] Constituição Federal, art. 5º, XXXV - a lei não excluirá da apreciação do Poder Judiciário lesão ou ameaça a direito;

[17] MÉRITO ADMINISTRATIVO - CONTROLE PELO JUDICIÁRIO - LEGALIDADE - SANÇÃO (DISCIPLINAR - MANDADO DE SEGURANÇA. SERVIDOR PÚBLICO CIVIL. PROCESSO ADMINISTRATIVO DISCIPLINAR. MÉRITO ADMINISTRATIVO.

> 1. Por força dos princípios da proporcionalidade, dignidade da pessoa humana e culpabilidade, aplicáveis ao Regime Jurídico Disciplinar de Servidor Público e mesmo a qualquer relação jurídica de Direito Sancionador, não há juízo de discricionariedade no ato administrativo que impõe sanção a Servidor Público em razão do cometimento de infração disciplinar, de sorte que o controle jurisdicional é amplo, não se limitando, portanto, somente aos aspectos formais. Precedente.
>
> 2. Os danos materiais e morais derivados de uma punição injusta ou desproporcional ao ato infracional cometido são insuscetíveis de eliminação, por isso a imposição de sanção disciplinar está sujeita a garantias muito severas, entre as quais avulta de importância a observância da regra do in dubio pro reo, expressão jurídica do princípio da presunção de inocência, intimamente ligado ao princípio da legalidade.
>
> (RMS 24.584/SP, Rel. Ministro NAPOLEÃO NUNES MAIA FILHO, QUINTA TURMA, julgado em 09/02/2010, DJe 08/03/2010)[18]

REAPRECIAÇÃO. LEGALIDADE. SANÇÃO DISCIPLINAR. APLICAÇÃO. ASPECTO DISCRICIONÁRIO. INEXISTÊNCIA. COMISSÃO DISCIPLINAR. INTEGRANTE. SERVIDOR PÚBLICO NÃO ESTÁVEL. NULIDADE. I - Descabido o argumento de impossibilidade de reapreciação do mérito administrativo pelo Poder Judiciário no caso em apreço, pois a questão posta diz respeito exclusivamente a vício de regularidade formal do procedimento disciplinar, qual seja, defeito na composição da comissão processante. II - Ademais, é de se registrar que inexiste aspecto discricionário (juízo de conveniência e oportunidade) no ato administrativo que impõe sanção disciplinar. Nesses casos, o controle jurisdicional é amplo e não se limita a aspectos formais (Precedente: MS n" 12.983/ DF, 3a Seção, da minha relatoria, DJ de 15/2/2008). III - É nulo o processo administrativo disciplinar cuja comissão processante é integrada por servidor não estável (art. 149, caput, da Lei n" 8.112/90). Ordem concedida." (MS 12636 / DF, STJ - Terceira Seção, Relator(a) Min. Felix Fischer, Julgamento: 27.08.2008, DJe: 23.09.2008).

[18] RECURSO ORDINÁRIO EM MANDADO DE SEGURANÇA. SERVIDOR PÚBLICO. PROFESSORA ADJUNTA DO ENSINO FUNDAMENTAL DO MUNICÍPIO DE SÃO PAULO. APRESENTAÇÃO DE DIPLOMA FALSO COM O OBJETIVO DE OBTER VANTAGENS FINANCEIRAS E FUNCIONAIS. DEMISSÃO. DOLO NÃO COMPROVADO. DESCONHECIMENTO DA FALSIDADE DO DOCUMENTO. VIOLAÇÃO AO PRINCÍPIO DA RAZOABILIDADE. PRESUNÇÃO DE INOCÊNCIA. PARECER DO MPF PELO DESPROVIMENTO DO RECURSO. RECURSO PROVIDO, PORÉM. 1. Por força dos princípios da proporcionalidade, dignidade da pessoa humana e culpabilidade, aplicáveis ao Regime Jurídico Disciplinar de Servidor Público e mesmo a qualquer relação jurídica de Direito Sancionador, não há juízo de discricionariedade no ato administrativo que impõe sanção a Servidor Público em razão do cometimento de infração disciplinar, de sorte que o controle jurisdicional é amplo, não se limitando, portanto, somente aos aspectos formais. Precedente. 2. Os danos materiais e morais derivados de uma punição injusta ou desproporcional ao ato infracional cometido são insuscetíveis de

Claras violações a princípios constitucionais ou a regramentos legais não permitem a exclusão da jurisdição a pretexto de livre escolha do administrador.

Se assim caminha nossa compreensão no exame do ato administrativo, mais fortemente ainda no contrato administrativo (por envolver diretamente interesses de terceiros), à negociação estatal criminal iguais limitações de controle devem incidir.

Não se pode imaginar fora do controle judicial a barganha acordada de penas fora da lei ou por quem julgador não seja.

Assim é que além dos controles internos ministeriais, que já se sugeriu acima serem necessários para a delimitação da não persecução penal, não poderá o Judiciário escusar-se de examinar erros ou excessos nos critérios de redução da pena.

É do juiz a competência para a dosimetria da pena. Não pode uma das partes a impor. Por decorrência, ao julgador monocrático ou tribunal que se depare com acordo de pena exata, cabe a exclusão dessa cláusula violadora do princípio da jurisdicionalidade da dosimetria da pena.

---

eliminação, por isso a imposição de sanção disciplinar está sujeita a garantias muito severas, entre as quais avulta de importância a observância da regra do in dubio pro reo, expressão jurídica do princípio da presunção de inocência, intimamente ligado ao princípio da legalidade. 3. Não basta a demonstração da ocorrência de conduta tipificada como ilícita para que se imponha automaticamente a punição administrativa abstrata ao seu autor; a sancionabilidade, na hipótese, pressupõe a consciência do agente e sua intenção em usar de ardil para enganar a Administração e obter vantagem indevida, de sorte que a culpa latu sensu do administrado infrator tem de ser discutida e provada no curso do procedimento de apuração do ilícito. 4. Neste caso, a alegação da Servidora indiciada de desconhecimento da falsidade do documento apresentado foi afastada unicamente com base em premissa vaga e genérica de que Servidor que exerce cargo de Professor do Ensino Fundamental não pode vir a ser ludibriado por estelionatários no que diz respeito a cursos profissionalizantes, por se tratar de pessoa suficientemente esclarecida na área. Por outro lado, a plausibilidade da defesa da impetrante, não foi sobejamente refutada, além de ter sido reforçada pelos depoimentos testemunhais colhidos durante a instrução probatória. 5. A Comissão Processante não logrou, portanto, demonstrar o dolo específico necessário à configuração do ilícito administrativo, pelo que, sem outros elementos, é desproporcional e desarrazoada a sanção de demissão, e, em decorrência disso, denota-se a ofensa ao princípio da proporcionalidade. 6. Recurso provido para anular a Portaria 135/06 - CONAE-2, da Assessora Técnica da Divisão de Recursos Humanos da Coordenadoria dos Núcleos de Ação Educativa da Secretaria de Educação do Município de São Paulo, de 20.04.2006, que demitiu a impetrante do cargo de Professora Adjunto do Ensino Fundamental I, promovendo-se sua imediata reintegração, com o pagamento dos vencimentos e cômputo de tempo para todos os efeitos legais. (RMS 24.584/SP, Rel. Ministro NAPOLEÃO NUNES MAIA FILHO, QUINTA TURMA, julgado em 09/02/2010, DJe 08/03/2010).

Examinará o juiz a negociação de reduções da pena por parâmetros que cumpram aos requisitos legais e aos princípios constitucionais.

Há controle pela proporcionalidade ao resultado de proveito da delação, mas também de isonomia, comparando os favores concedidos em outros casos de colaboração – nesse ou em outros processos.

Não se trata de régua exata, que impeça diferenciações casuísticas, mas estas precisarão ser expressamente indicadas. Se é especialmente relevante o dano social do crime, o proveito restituído, a proteção das vítimas, ou outro motivo idôneo de distinção, isto precisará constar de fundamento específico, para justificar a diferenciada concessão de favores além ou aquém dos já fixados em situações símiles.

A ponderação do quanto ceder, prometer, é proporcionalmente controlada, no sopesar daquilo que é preciso, como forma de melhor manter a ordem jurídica e de solver o justo do caso concreto:

> Afirmar que a natureza dos princípios implica a máxima da proporcionalidade significa que a proporcionalidade, com suas três máximas parciais da adequação, da necessidade (mandamento do meio menos gravoso) e da proporcionalidade em sentido estrito (mandamento do sopesamento propriamente dito), decorre logicamente da natureza dos princípios, ou seja, que a proporcionalidade é deduzível dessa natureza. (Alexy, 2003, p. 117)

A moralidade impede a colaboração premiada fora do padrão da administração, tanto na forma de negociação (por contatos em momento de pressão ou suspeitamente fora das dependências oficiais) ou favores não usuais. Também acordos que gerem sensação de impunidade, de desproporção[19], ferem a moralidade administrativa.

---

[19] Exemplo de questionável moralidade pela sensação social de impunidade narrada por Emília Malacarne e Juliana Malafaia em artigo intitulado A incômoda im(p)unidade dos irmãos Joesley e Wesley Batista:
"Apesar de cada vez mais comum, a reação social após a divulgação do acordo de colaboração dos irmãos Batista destoou dos demais casos verificados até o momento. Após o alvoroço causado pelas informações veiculadas pela imprensa durante as últimas duas semanas, passou-se a levantar questionamentos quanto às sanções impostas aos irmãos Batista, ou melhor, quanto às sanções não impostas. Restou indigesto aos brasileiros que participantes confessos de esquema criminoso que teria gerado prejuízo bilionário aos cofres públicos estejam, hoje, assistindo ao caos do sistema político e econômico do país no conforto de seus luxuosos apartamentos nova-iorquinos."

A constatação de abuso ou erro na negociação deve dar-se no momento da homologação judicial do acordo de colaboração premiada. Neste momento pactuam o Estado e o cidadão acusado sobre os favores recíprocos, o acusado prometendo a revelação de fatos, provas e produtos do crime, o Estado prometendo proporcionais reduções de pena ou não persecução penal. Firmado o acordo, passam as partes a por ele reger-se e nele confiar.

O acordo negociado gera direitos aos contratantes. Passa o Estado a poder validamente usar das provas obtidas, a realizar o confisco do produto do crime e derivações; passa o colaborador a confiar que terá a redução de pena ou favores outros prometidos. Assim, fora do caso de lide simulada, de negociação com conluio das partes para favorecimentos ilícitos e desproporcionais[20], deve ser respeitado pelo Estado o acordo formalizado.

Os princípios da confiança e da boa-fé impedem rever acordos eficientes e previamente homologados. Correto ou não o limite do acordo estatal, vindo o colaborador a cumprir suas promessas, passa a ter direito ao acordo avençado.

É na homologação, portanto, que deve ser realizado o controle judicial do respeito amplo à licitude, seja na observância de regramentos da lei em sentido estrito, seja no respeito aos comandos constitucionais. Ao verificar o acordo proposto, deverá o juiz examinar as promessas estatais, se realizadas em obediência às restrições de pena fixada por lei, se não invasivas da competência do juiz ou outros poderes, se razoáveis em quantia de redução às promessas do colaborador... Caberá ao juiz verificar se o acusado tem respeitadas as garantias constitucionais, se abre mão de direitos disponíveis, se é proporcionalmente beneficiado de modo igualitário a outros colaboradores em semelhante situação de barganha...

Homologado o acordo, não poderá o Estado posteriormente repactuar as condições firmadas, salvo descumprimento das condições pelo acusado colaborador. Diferentemente dos contratos administrativos em geral, onde se pode regular o ressarcimento por danos que o desfazimento voluntário do contrato gere, na colaboração premiada já terá o acusado cumprido parcial ou

---

[20] O princípio da moralidade interdita a obtenção de vantagens não respaldadas pela boa-fé. Exclui a legitimidade de condutas fundadas em subterfúgios, no aproveitamento da ausência de conhecimento ou de condições de defesa do próximo. O princípio da moralidade exige que a atividade administrativa seja desenvolvida de modo leal e que assegure a toda a comunidade a obtenção de vantagens justas. (Justen Filho, 2016, p. 65):

completamente suas obrigações de provas e resultados, de modo que passa a validamente aspirar aos favores estatais prometidos.

De outro lado, já tendo o Estado acusador recebido provas e resultados do crime, não seria ético ou respeitador da boa-fé vir a unilateralmente declarar não mais ter interesse em cumprir os favores prometidos.

O que pode e deve o juiz é, na decisão definitiva, valorar o integral cumprimento das promessas pelo acusado, para conceder o integral favor prometido – parcial o cumprimento das promessas do colaborador, também proporcional deverá ser a redução da pena acordada.

É a homologação, pois, o momento de reduzir ou excluir avenças violadoras da ordem jurídica. Na sentença, o critério já não mais é de licitude (em sentido amplo) da negociação, mas de seu efetivo ou proporcional cumprimento.

Sendo por vezes são estipuladas obrigações futuras ao colaborador, como testemunhar em feitos relacionados ao material da delação, isto somente poderá ser valorado na sentença pelo cumprimento realizado até então. A proporcionalidade a ser aferida nessa condição é do cumprimento possível até o momento.

Na verdade, tem-se aqui outra questão de limite da colaboração, que foge ao objeto deste trabalho: pode a colaboração atingir fatos e pessoas por crimes distintos daquele objeto do processo? Pode o agente estatal direcionar a delação para qualquer crime ou pessoa, em investigação ilimitada (e assim mais possível de abusos e direcionamentos pessoalizados), ou é a ação estatal destinada a fato criminoso especificado?

No limite deste artigo, apenas por ora se destaca o risco de favorecer criminoso pela delação de fatos quaisquer, de pessoas quaisquer, que o agente investigador se interesse em perseguir.

Superada a fase da homologação judicial, onde deverá o juiz analisar a legalidade, a impessoalidade, a moralidade e a proporcionalidade dos critérios de redução da pena, ou mesmo da não oferta da ação penal, cumprirá ao Estado respeitar tal avença nas decisões posteriores do processo. Negar o Estado, ao final, valor ao acordo, traz exclusivos prejuízos ao colaborador e viola a confiança na administração pública criminal.

Como qualquer ato administrativo, como qualquer negociação estatal, é do Judiciário a derradeira responsabilidade de definir sua regularidade ante a lei e a Constituição.

4. CONCLUSÃO

A fixação de penas na negociação da colaboração premiada é medida cada vez mais frequente no processo penal brasileiro, mas com preocupações também crescentes aos limites da persecução criminal.

O processo acusatório surge como forma de igualdade entre as partes, no julgamento por um magistrado independente, que defina culpa e pena.

Quando uma das partes fixa pena, retira-se a função imparcial de sua dosagem e riscos surgem de restar essa pena distanciada do ideal de justiça. Pior, cria-se a possibilidade de confusão sistematizada nas funções processuais-penais. É necessária a separação de funções para preservação do devido processo legal de uma acusação legal, com provas de culpa formais e fixação de pena por critérios imparciais.

A lei de combate ao crime organizado (Lei nº 12.850/13) em nada alterou as funções processuais, dando ao Ministério Público poder de deliberar pela não persecução criminal ou de requerer ao juiz fração de redução da pena ou perdão judicial. O Ministério Público tem exclusividade de definir se acusa, ainda que de todo necessários controles revisionais internos, como analogamente se dá no arquivamento do inquérito policial.

Na redução da pena, porém, o Ministério Público atua como mero negociador de limites máximos, requeridos ao juiz, que como processual e constitucionalmente definido é quem dosará a pena e precisará não apenas ao início homologar a negociação desses parâmetros máximos, mas também deverá ao final cumprir seu mister de bem dosar casuisticamente a pena ao condenado.

Na colaboração premiada a lei corretamente afasta o magistrado da negociação, justamente para manter sua imparcialidade e final decisão de culpa e pena, mas lhe impõe o dever de examinar na homologação a legalidade do acordo e, na sentença final, valorar seu cumprimento integral ou parcial pelo delator, para também integral ou proporcionalmente aplicar os favores estatais prometidos.

A análise de legalidade na homologação do acordo de colaboração premiada não se limite aos regramentos de lei formal, mas do estado exige cumprimento a todas normas por ele criadas para os atos administrativos e contratos estatais. Não se pode admitir homologação de acordo de colaboração premiada que viole a impessoalidade ou a moralidade públicas.

Homologado o acordo, surge para as partes o direito a seu integral cumprimento, nas obrigações assumidas e nos favores prometidos. Não pode o estado persecutor violar a boa-fé para na sentença admitir que realizou o colaborador suas obrigações, mas vir a não aplicar integralmente a redução de pena ajustada. Somente descumprimento parcial das obrigações do delator permitirá redução dos favores negociados da pena.

Não é consentâneo com as funções processuais admitir pena concretizada pelo agente ministerial (pior, pode-se até imaginar igual caminho para a admitida negociação pela Autoridade Policial), que é parcial, que tem interesse no processo e que age nesse acordo como representante do estado apenas para fixação de critérios máximos (frações até 2/3) de redução da pena, a ser concretamente estabelecida pelo magistrado, na sentença.

Cabe ao Judiciário o controle das condições negociadas na colaboração premiada, inclusive quanto à jurisdicionalidade da dosimetria da pena, que devem seguir os limites legais e as garantias processuais. Cabe ao Judiciário concretizar penas e determinar o início de sua execução, mesmo provisória.

O descumprimento e retratação do acordo não alteram as competências: continua o Ministério Público com a prerrogativa de negociar novos acordos ou mesmo não oferecer denúncia, e continua o Judiciário com a competência de concretizar a pena.

A amplitude da negociação pelo estado pode até permitir casuísticos resultados de eficiência, mas esta não pode ser obtida através da violação a comandos fundamentais da Constituição, especialmente frente à legalidade (que limita a força estatal, justamente evitando abusos). A justiça final de condenação a criminosos, mesmo bem intencionadamente buscada por seus agentes, somente poderá realizar-se por um agir vinculado à lei e submetido a controles.

REFERÊNCIAS

ALEXY, Robert. **Teoria dos Direitos Fundamentais**. 2. ed. São Paulo: Malheiros Editores, 2014.

ÁVILA, Humberto Bergmann. **A DISTINÇÃO ENTRE PRINCÍPIOS E REGRAS E A REDEFINIÇÃO DO DEVER DE PROPORCIONALIDADE**. Revista de Direito Administrativo 215: 151-179. Rio de Janeiro, 1999.

BRASIL. Decreto Lei nº 2.848, de 07 de janeiro de 1940. **Código Penal.** Brasília, Disponível em: <http://www.planalto.gov.br/ccivil_03/decreto-lei/del2848.htm>. Acesso em: 28 jun. 2019.

BRASIL. Lei nº 7347/85 - **Lei da Ação Civil Pública.** Brasília, Disponível em: <http://www.planalto.gov.br/CCivil_03/leis/L7347orig.htm >. Acesso em: 18 jun. 2019.

BRASIL. Lei nº 9807/99 - **Lei de Proteção a Vítimas e Testemunhas.** Brasília, Disponível em: <http://www.planalto.gov.br/ccivil_03/LEIS/L9807.htm>. Acesso em: 18 jun. 2019.

BRASIL. Lei nº 12.850, de 02 de agosto de 2013. **Define organização criminosa e dispõe sobre a investigação criminal, os meios de obtenção da prova, infrações penais correlatas e o procedimento criminal; altera o Decreto-Lei no 2.848, de 7 de dezembro de 1940 (Código Penal); revoga a Lei no 9.034, de 3 de maio de 1995; e dá outras providências.** Brasília, Disponível em: <http://www.planalto.gov.br/ccivil_03/_ato2011-2014/2013/lei/l12850.htm>. Acesso em: 28 jun. 2019.

CANOTILHO, J. J. Gomes e BRANDÃO, Nuno. **Revista de Legislação e de Jurisprudência**. Secção de doutrina: Colaboração premiada e auxílio judiciário em matéria penal: a ordem pública como obstáculo à cooperação com a operação Lava Jato. Coimbra, Set-Out 2016.

CORDEIRO, NEFI. Delação premiada na legislação brasileira. Revista da AJURIS. ANO XXXVII - n. 117 – Março 2010 – Pg. 273-296. Trimestral - Porto Alegre.

COUTINHO, Jacinto Nelson de Miranda e CASTANHO DE CARVALHO, Luis Gustavo Grandinetti. **O novo processo penal à luz da Constituição**. Rio de Janeiro: Lumen Juris, 2010.

DECLARAÇÃO DOS DIREITOS DO HOMEM E DO CIDADÃO de 1789.

FERNANDES, Antonio Scarance e ESSADO, Tiago Cintra. **Corrupção: Aspectos Processuais.** Revista Brasileira de Ciências Criminais, vol. 89/2011, Mar-Abr/2011.

FREITAS, Juarez. O controle dos atos administrativos e os princípios fundamentais. 4. ed. ref. e amp. São Paulo: Malheiros, 2009, p. 121.

FIGUEIREDO DIAS, Jorge. **Acordos sobre a Sentença em Processo Penal.** O "Fim" do Estado de Direito ou um Novo "Princípio"? Editor Ordem dos Advogados Portugueses. Porto, 2011.

JUSTEN FILHO, Marçal. **Curso de Direito Administrativo**. 12 ed. Editora Revista dos Tribunais, São Paulo. 2016.

MALACARNE, Emília e MALAFAIA, Juliana. **A incômoda im(p)unidade dos irmãos Joesley e Wesley Batista**. Site: https://www.conjur.com.br/2017-jun-01/opiniao-incomoda-impunidade-irmaos-batista. Acesso em 13 jun 2019.

MEDAUAR, Odete. Direito Administrativo Moderno. 14. ed. rev. E atual. São Paulo: Revista dos Tribunais, 2010.

MELLO, Celso Antônio Bandeira de. **Curso de Direito Administrativo**. 31ª Ed. São Paulo: Malheiros Editores. 2013.

ORGANIZAÇÃO DAS NAÇÕES UNIDAS. Resolução nº 45/110 - Regras Mínimas das Nações Unidas para a Elaboração de Medidas não Privativas de Liberdade (Regras de Tóquio).

RAPOZA, Philip. A EXPERIÊNCIA AMERICANA DO PLEA BARGAINING: A EXCEPÇÃO TRANSFORMADA EM REGRA. Disponível em: <http://julgar.pt/wp-content/uploads/2013/01/207-220-Plea-bargaining.pdf >. Acesso em 06 fev. 2019.

SILVA, Vírgilio Afonso da. O proporcional e o razoável. **Revista dos Tribunais**. São Paulo, n. 798, 2002.

TRANSPARENCY. Corruption perceptions index 2017. Disponível em: <https://www.transparency.org/news/feature/corruption_perceptions_index_2017?gclid=EAIaIQobChMIyIrG1dHJ3AIVWoGzCh1TXANZEAAYASAAEgLPxvD_BwE>. Acesso em 31 jun. 2019.

Walsh, Dylan. Why U.S. Criminal Courts Are So Dependent on Plea Bargaining. Disponível em: <https://www.transparency.org/news/feature/corruption_perceptions_index_2017?gclid=EAIaIQobChMIyIrG1dHJ3AIVWoGzCh1TXANZEAAYASAAEgLPxvD_BwE>. Acesso em 11 fev. 2019.

2

OS DESAFIOS DE UMA MAGISTRATURA ECONÔMICA

THE ECONOMIC CHALLENGES FOR JUDICIAL COURTS

João Bosco Leopoldino da Fonseca[1]

RESUMO

A Constituição de 1988 adotou o regime de economia de mercado. Centra-se o regime num fundamento ético, econômico e numa exigência de interdisciplinaridade. Problemas decorrentes da inovação e da concorrência internacional impõem a necessidade de afirmação de uma magistratura econômica. A influência de decisões norte-americanas e europeias em antitruste e direito da concorrência. A expertise das Agências Reguladoras e os limites ao Poder Judiciário. O questionamento do Juiz generalista num mundo de crescente especialização.

Palavras-Chave: Economia de mercado. Inovação tecnológica. Magistratura econômica. Especialização. Decisões de mérito das agências reguladoras. Limites ao questionamento no Judiciário.

---

[1] Licenciado em Letras Neolatinas pela Faculdade Dom Bosco de Filosofia Ciências e Letras de São João del Rei. Graduado em Direito pela Faculdade de Direito da Universidade Federal de Minas Gerais. Doutor em Direito Econômico pela Faculdade de Direito da UFMG. Professor Titular de Direito Econômico da Faculdade de Direito da Universidade Federal de Minas Gerais. Ex-Juiz do Trabalho do TRT da 3ª Região. Juiz Federal Aposentado. Ex-Conselheiro do Conselho Administrativo de Defesa Econômica – CADE. Advogado militante inscrito na OAB-MG sob o nº 10.907. Membro do Instituto dos Advogados de Minas Gerais.

ABSTRACT

The 1988 Constitution adopted the market economy regime. The regime focuses on an ethical, economic foundation and a demand for interdisciplinarity. Problems arising from innovation and international competition require the affirmation of an economic judiciary. The influence of US and European decisions on antitrust and competition law. The expertise of Regulatory Agencies and the limits to the Judiciary. The Generalist Judge's Questioning in a World of Growing Specialization.

Key Words: Market economy. Technological innovation. Economic judiciary. Specialization. Decisions on the merits by regulatory agencies. Limits to the submission to the judiciary.

INTRODUÇÃO

O mundo moderno, alguns preferem dizer "pós-moderno", se apresenta como uma autêntica e nova revolução social, econômica e jurídica. O Brasil, a partir de 5 de outubro de 1988, com uma Constituição que rompeu vários laços com o passado, fez opção por um novo regime econômico. Encerrando um ciclo de intervenção do Estado no domínio econômico, desde a Constituição de 1934, o Brasil se incluiu entre os países que adotaram um regime liberal de economia de mercado. Observe-se que a Constituição brasileira não se valeu da expressão *"economia de mercado"*, como ocorreu na Constituição da Espanha de 1978, como se lê em seu artigo 38:

> *Artículo 38 – Se reconoce la libertad de empresa em el marco de la* ***economía de mercado.*** *Los poderes públicos garantizan y protegen su ejercicio y la defensa de la productividad, de acuerdo com las exigências de la economia general y, em su caso, de la planificación".* ([2]).

Seguindo a linha já predominante em outros países, o País incorpora o liberalismo econômico, como se pode ver pela conjunção das disposições constantes do artigo 1º, incisos I, II, III, IV e V, com as do artigo 170, incisos I, II, III, IV, V, VI, VII, VIII e IX, que exigem uma análise contextual. Uma leitura atenta do artigo 170 e seus incisos nos revela todos os elementos constitutivos de uma **economia de mercado.**

---

[2] *Les Constitutions de l'Europe des Douze,* Textes rassemblés et présentés par Henri Oberdorff, Paris, La documentation Française, 1992.

1. O CONTEÚDO ÉTICO DE UMA ECONOMIA DE MERCADO

Os benefícios da globalização, com resistências justificáveis e injustificadas, trouxeram sensíveis inovações. Embora reconhecendo os efeitos negativos da globalização, e pugnando por corrigi-los, PASCAL LAMY salienta que *"a mundialização desfez numerosas barreiras; ela pode favorecer o crescimento da liberdade, da democracia, da inovação e das trocas sociais e culturais ao oferecer enormes possibilidades de diálogo e de entendimento"* ([3]). Aos poucos vamos perdendo uma espécie de ranço ideológico ao conceituar e porfiar pela concretização de uma economia de mercado, em que deve haver um equilíbrio entre os valores sociais do trabalho, a livre inciativa e a defesa do consumidor.

O regime de economia de mercado se insere num contexto humanístico de afirmação da dignidade humana, concretizando os princípios estabelecidos no artigo 1º e no artigo 170 da Constituição de 1988. Os princípios fundamentais elencados no artigo 1º, soberania, cidadania, afirmação da dignidade da pessoa humana, valores sociais do trabalho e da livre iniciativa e o pluralismo político, são a base informadora de todas regras que estruturam a economia de mercado.

BENTO XVI, na Encíclica *Caritas in Veritate,* publicada em 2009, ensina que o mercado se insere dentro de um contexto de compreensão humanista e por isso corporifica a solidariedade, o respeito mútuo e a confiança. Assim, em vez de ser um ponto de confronto, é um **lugar de encontro entre as pessoas:**

> ***O mercado,*** se houver confiança recíproca e generalizada, é a instituição econômica que permite o ***encontro entre as pessoas,*** na sua dimensão de operadores econômicos que usam o contrato como regra das suas relações e que trocam bens e serviços entre si fungíveis, para satisfazer as suas carências e desejos. O mercado está sujeito aos princípios da chamada *justiça comutativa,* que regula precisamente as relações do dar e receber entre sujeitos iguais. Mas a doutrina social nunca deixou de por em evidência a importância que tem a *justiça distributiva* e a *justiça social* para a própria economia de mercado, não só porque integrada nas malhas de um contexto social e político mais vasto, mas também pela teia das relações em que se realiza. De fato, deixado unicamente ao princípio da equivalência de valor dos bens trocados, *o mercado não consegue gerar a coesão social* de que necessita para bem funcionar. *Sem formas internas de solidariedade e de confiança recíproca, o mercado não pode cumprir plenamente a própria função econômica.* E, hoje, foi precisamente esta confiança que veio a faltar; e *a perda da confiança é uma perda grave* ([4]).

[3] LAMY, Pascal. Humaniser la mondialisation. *Forum du Commerce International – nº 1/2006.*

[4] BENTO XVI. *Caritas in Veritate, 2009.*

2. O CONTEÚDO ECONÔMICO DE UMA ECONOMIA DE MERCADO

Xenofonte já afirmava que *"a economia é um saber como o é a medicina, a metalurgia e a carpintaria"*. E acrescentava: *"Pensamos que economia, administração do patrimônio familiar, é o nome de um saber, e esse saber parece ser aquele pelo qual os homens são capazes de fazer crescer seus patrimônios, e patrimônio parece-nos ser o mesmo que o total de uma propriedade, e, para nós, propriedade é o que para cada um é proveitoso para a vida e dá-se como proveitoso, tudo quanto se saiba usar"* ([5]).

Aristóteles em seu tratado sobre Economia (Η ηκονομική) estabelece os laços entre a ética, a organização familiar e a organização do Estado. Afirma na Ética a Nicômaco que *"o fim da economia é a riqueza"*, reconhecendo que *"a riqueza não é o bem supremo que buscamos"*, e preconizando que *"a felicidade é o bem mais precioso e o mais agradável"*. Os recursos materiais são importantes para alcançar a felicidade: *"sem embargo, é evidente que a felicidade não pode prescindir dos bens exteriores, conforme temos dito. É, com efeito, impossível, ou ao menos difícil, fazer o bem se carecemos de recursos"* ([6]).

Como se depreende dessa visão filosófica, a Economia não pode ser vista somente por critérios quantitativos. Economia não é Matemática, é uma ciência social que se serve de critérios matemáticos para a explicação dos fenômenos sociais ([7]). Como assinala Wouter Wills em sua análise da decisão do caso INTEL pelo Tribunal de Justiça da União Europeia, *"quanto à comparação quantitativa sugerida pelo rótulo 'abordagem mais econômica', transparece obviamente que o adequado uso da Economia na interpretação do Artigo 102 TFUE **não é uma matéria de quantidade, mas uma matéria de***

---

[5] XENOFONTE, Econômico, I, 1 e VI, 4 (Tradução do grego e introdução de Anna Lia Amaral de Almeida Prado, São Paulo, Martins Fontes, 1999.

[6] ARISTÓTELES, *Obras,* Madrid, Aguilar, 1977. Cf. *Ética a Nicômaco,* LIvro I, capítulos 1 a 8. *Economia,* Livro I, capítulos 1 a 6. *Política,* Livro I, capítulo 1. Talvez fazendo eco a este ensinamento, Georges Ripert afirma: *"le progrès économique assurera plus de bien-être à tous par une productivité accrue, mais il n'asssurera pas à tous le même bien-être. Une extension indéfinie des besoins laisse insatisfaits ceux qui placent l'idéal de la vie dans le bien-être matériel".* (*Les Forces Créatrices du Droit.* P. 304. Paris, Librairie Générale de Droit et Jurisprudence, 1955).

[7] Como escreveu Ronald H. Coase: *"In my youth it was said that what was too silly to be said maya be sung. In modern economics it may be put into mathematics (Notes on the Problem of Social Cost, in* The Firm, The Market and the Law. Pág. 185. Chicago, The University of Chicago Press, 1988).

qualidade... *Embora alguns economistas tentem fingir por outra forma, envolvendo seus pensamentos em fórmulas matemáticas, a Economia não é uma ciência exata, como a Física ou a Química, mas uma ciência social, como a Sociologia, a História ou a Filosofia Moral. Como estas outras ciências sociais, a Economia acomoda uma variedade de abordagens possíveis e de escolas de pensamento, que oferecem diferentes perspectivas ao objeto de estudo e que, por causa da natureza social do objeto de estudo, são inevitavelmente carregadas de valor* ([8]).

Richard Posner enfatiza em toda a sua obra a necessidade de uma interdisciplinaridade. Não se podem analisar fatos, não se pode emitir uma decisão quanto a estes fatos com uma abordagem exclusivamente jurídica. Assim diz ele em um de seus artigos de 1987:

> *Sabemos hoje que se apresentarmos um problema legal a dois igualmente competentes juristas escolhidos casualmente poderemos obter soluções completamente incompatíveis; assim evidentemente, não podemos confiar no conhecimento jurídico somente para prover soluções definitivas para problemas jurídicos... Coincidindo com o declínio do consenso político tem ocorrido um segundo desenvolvimento: uma explosão de disciplinas que são complementares ao Direito, particularmente a Economia e a Filosofia. A Economia não somente se tornou mais rigorosa desde 1950, mas se transpôs do comportamento de mercado para o de não-mercado.* ([9])

Bruno Oppetit salienta a importância crescente dos estudos de Economia para a aplicação do Direito. Esta interrelação deu lugar a uma sistematização

[8] WILLS, Wouter P.J. The Judgment of the EU General Court in INTEL and the so-called 'more economic approach' to abuse of dominance. *World Competition*, Vol. 37, Issue 4, December 2014, pp. 405-434. O autor é "Hearing Officer" da Comissão Europeia e Professor Visitante do King's College London. Tradução livre: As to the quantitative comparison suggested by the 'more economic approach' label, it would also appear obvious that the proper use of economics in the interpretation of Article 102 TFEU is not a matter of quantity, but a matter of quality, i.e. whether the economic thinking is sound and fit for the purpose for which it is used...However much some economists may try to pretend otherwise by wrapping their thoughts in mathematical formulas, economics is not an exact science, like physics or chemistry, but a social science, like sociology, history or moral philosophy. Like the other social sciences, economics accommodates a variety of possible approaches and schools of thought, which offer different perspectives on the object of study and which, because of the social nature of the object of study, are inevitably always value laden...

[9] POSNER, Richard A. The Decline of Law as an Autonomous Discipline: 1962-1987, *Harvard Law Review*, Vol. 100, P. 761-780, (1987).

teórica sob a forma da *Análise Econômica do Direito,* que é um *método* que permite ao jurista ter uma visão *dinâmica* do Direito, do ponto de vista de sua historicidade, da descrição e observação da realidade, dos fatos, da evolução constante ([10]).

Em 1966, em uma Mesa Redonda destinada a analisar o surgimento de uma nova disciplina jurídica – o Direito Econômico – René Savatier afirmava que "... *O direito é uma disciplina normativa, impondo ao homem uma conduta. A Economia é uma ciência de observação fornecendo os elementos sobre os quais o jurista construirá, e os meios pelos quais ela pode servir ao homem. Sua visão dos bens é portanto diferente. Seu método também...*" ([11]).

---

[10] *"L'appréciation de l'incidence économique des règles de droit a pris à l'époque contemporaine une importance croissante non seulement dans les préoccupations des juristes, mais aussi dans celles des économistes, et elle s'est exprimé aussi bien par des voies empiriques que de manière dogmatique.... Mais ce qui n'avait été pendant longtemps que procédé empirique ou ponctuel a donné lieu depuis ces dernières décennies à une systématisation théorique sous la forme de **l'analyse économique du droit....*** Pour l'essentiel, l'analyse économique du droit fournit au juriste **une métode** destinée à lui permettre de repenser les fonctions des institutions juridiques...." (OPPETIT,Bruno, Droit et Économie. *Archives de Philosophie du Droit,* Tome 37, Paris, Sirey, 1992, pp. 17-26). *"Law and economics is probably the most successful example* of the recent surge of applied economics into areas that were once regarded as beyond the realm of economic analysis and its study of explicit market transactions. Methodologicaly , law and economics applies the conceptual apparatus and empirical methods of economics to the study of law" (PARISI, Francesco. Methodological debates in law and economics: the changing contours of a discipline, in *The Origins of Law and Economics: Essays by the Founding Fathers.* Cheltenham, Edward Elgar, 2005, p. 32). Cf. HOVENKAMP, Herbert. Law and Economics in the United States: a brief historical survey, in *Cambridge Journal of Economics, 1995, **19.** 331-352.*

[11] SAVATIER, René. Diritto Pubblico e Privato nel Diritto dell'Economia – Atti dela Tavola Rotonda 15/16 ottobre 1966 di Camerino, *in Il Diritto dell'Economia – rivista di dottrina e giurisprudenza. Anno X, Fasc. 3.* Milano, Giuffrè, 1967, p. 285. Afirma ainda Savatier: *"Tous ces changements du droit transposent, dans leur rapidité, l'évolution des comportements humains. Car le droit, par son 'donné' reflète nécessairement l'accélération des changements de la vie des hommes. Les Métamorphoses Économiques et Sopciales du Droit Civil d'Aujourd'hui,* Paris, Dalloz, 1952, p. 12. Ao se referir ao *"donné"*, está se referindo à distinção estabelecida por François Gény entre o *"dado"* e o *"construído"* na elaboração do Direito (Cf. François Gény, *Science et Techique em Droit Privé Positif.* Paris, Sirey, 1913, págs. 96-98).

3. O DESAFIO DE UMA MAGISTRATURA ECONÔMICA

Alex Jacquemin, ao comentar decisões judiciais do período de 1968-1969, na França, traz à colação a opinião de Roger Houin, segundo o qual já previa estar-se já em presença *"de um verdadeiro direito econômico para cuja aplicação as qualidades de jurista devem se enriquecer com a qualidade de dirigentes de empresas e de economistas"* ([12]).

A necessidade de um conhecimento adequado da Economia para decidir questões que se submetem ao Poder Judiciário, foi sinalizada por POSNER desde a primeira edição do *"Economic Analysis of Law"*, em 1973. No prefácio daquela edição, já provocava:

> *Nos últimos anos Economistas e acadêmicos de Direito com uma inclinação para a análise econômica, têm usado os métodos teóricos e empíricos da Economia para iluminar uma variedade de questões e de problemas no Direito. Anteriormente, o Direito e a Economia se entrelaçavam somente nos campos do antitruste e da regulação de transportes; hoje o leitor diligente das revistas acadêmicas pode também encontrar análises econômicas do controle do crime, do direito de acidentes, indenização contratual, questões de raça, administração judicial, empresas e regulação de seguros, problemas ambientais, e outras áreas de preocupação central no sistema jurídico contemporâneo* ([13]).

Como seguimento das considerações acima, podemos trazer à baila os ensinamentos de Alexis Jacquemin e Guy Schrans no *"Actes du Colloque sur la Magistrature Économique"* ([14]). O artigo publicado neste *"Actes du Colloque"*

---

[12] *"... R. Houin estime qu'on se trouve en présence 'd'un véritable droit économique pour l'application du quel les qualités de juriste doivent se doubler de qualité de chefs d'entreprise et d'économistes..."* (JACQUEMIN, Alex. Le Droit Économique, Serviteur de l'Économie? *In Revue Trimestrielle de Droit Commercial*. 25e. Année. Nº 2. Avril-Juin, 1972, p. 283-295).

[13] *"In recent years economists, and academic lawyers with a bent for economic analysis, have used the theoretical and empirical methods of economics to illuminate a variety of issues and problems in the law. Formerly law and economics intersected only in the fields of antitrust and public utility regulation; today the diligent reader of scholarly journals can also find economic analyses of crime control, accident law, contract damages, race relations, judicial administration, corporations and securities regulation, environmental problems, and other areas of central concern in the contemporary legal system..."* (POSNER, R.A. *Economic Analysis of Law*. Prefácio datado de março de 1973. Pág. IX. Boston, Little, Brown and Company, 1972).

[14] JACQUEMIN, Alexis. SCHRANS, Guy, *Actes du Colloque sur la Magistrature Économique*. Louvain, Oyez-Bruylant, 1976. Um exemplar desta publicação existe na Biblioteca da Câmara dos Deputados. Um acesso especial me foi permitido pela Chefe da Biblioteca, Senhora Janice Silveira, e pelo Bibliotecário Senhor Ernane Rufino dos Santos Junior. O artigo "Élements structurels d'une magistrature économique" foi publicado também pela *Revue Trimestrielle de Droit Commercial*. 30e. année. Nº 3, Juillet-Septembre 1977, p. 421-434.

já tinha sido publicado em outra coletânea e nele já afirmavam que *"o problema da magistratura econômica não é novo e vai além da perspectiva limitada de uma jurisdição a ser criada ou a ser transformada. No quadro dos conflitos que se multiplicam hoje entre os parceiros no seio da organização cada vez mais complexa da vida econômica, trata-se bem mais de promover diversos tipos de instituições que o direito habilita, em razão de sua competência e de sua independência, a intervir a título preparatório, consultativo ou decisório, para formular uma apreciação sobre uma situação econômica dada ([15]).*

Vinte anos depois, em outubro de 1996, a Associação Internacional de Direito Econômico, em convênio com outras associações, realizou em Roma um colóquio dedicado às Magistraturas Econômicas, reunindo luminares do Direito Econômico.

No Relatório de introdução do evento Paul MARTENS ([16]) afirmou que *"um processo e a magistratura que se encarrega de resolvê-lo se tornam econômicos quando o litígio coloca em jogo normas que transcendem o conflito individual entre comerciantes, porque ele adquire uma dimensão que pode ser coletiva, geral ou pública..."*([17]).

No encerramento daquele colóquio, CLAUDE CHAMPAUD procura dar um conceito do **"juiz economista"**.

---

[15] *"Le problème de la magistrature économique n'est pas nouveau et dépasse la perspective limitée d'une juridiction à créer ou à* ***transformer. Dans le cadre des conflits qui se multiplient aujourd'hui entre les partenaires au sein de l'organisation de plus en plus*** *complexe de la vie économique, il s'agit bien davantage de promouvoir divers types d'institutions que le droit habilite, en raison de leur compétence et de leur indépendance, à intervenir à titre préparatoire, consultatif ou décisioire, pour formuler une appréciation sur une situation économique donnée".* JACQUEMIN, Alexis & SCHRANS, Guy. Élements structurels d'une magistrature écconomique, *in Revue Trimestrielle de Droit Commercial,* 30e. année, nº 3. Juillet-Septembre 1976. Pág. 421-434.

[16] Juiz da Corte de Arbitragem da Bélgica.

[17] *"...Un procès et la magistrature qui se charge de le résoudre deviennent économiques quand le litige met en jeu des normes qui transcendent le conflit individuel entre marchands, parce qu'il acquiert une dimension qui peut être collective, générale ou publique..."* (Les Magistratures Économiques – Raport Introductif. *In Revue Internationale de Droit Économique – Numéro Spécial: Les Magistratures Économiques: II. 1997, nº 2, p. 109, DeBoeck Université, Louvain-La-Neuve, Belgique).*

> O juiz economista, com efeito, não pode ser o escravo dos experts. Ele próprio deve ter uma expertise que o faça ser respeitado pelas partes e uma experiência que lhe permita não se deixar levar pelos dizeres de uns e de outros. Alguns têm sublinhado que não bastava que o juiz tivesse conhecimentos econômicos. Convém que ele tenha o senso prático.

*Dizer que o **juiz econômico** deve ser um economista não basta. É necessário afirmar que ele deve ser, no campo das ciências econômicas, um especialista da administração empresarial. O direito econômico é um direito estruturante. É o direito das relações das empresas com o mercado e com um certo número de instituições. Como o lembra Joel MENEZ, é, por excelência, um direito conformador das estratégias de empresa. Um juiz econômico não poderia portanto ignorar as regras e as matérias essenciais da gestão das empresas, as leis da economia de mercado e as relações que existem entre a organização da empresa e aquelas do mercado ([18]).*

4. AS DECISÕES DA MAGISTRATURA BRASILEIRA

A Magistratura nacional se vê hoje perante problemas que nunca estiveram na pauta de decisões dos magistrados anteriormente. As questões propostas perante o Judiciário não se restringem a relações privadas, mas, passando pelo patamar do interesse público, se ampliam para o interesse internacional e para uma perspectiva de concorrência empresarial internacional. Em artigo anterior ([19]), tive oportunidade de salientar a evolução institucional por que passou a Justiça Federal, que, criada em 1890, teve por vocação original

---

[18] *"Le juge économiste, en effet, ne peut être l'esclave des experts. Il doit lui-même avoir une expertise qui le fait respecter des parties et une expérience qui lui permet de ne pas se laisser abuser par les dires des uns et des autres. D'aucuns ont souligné qu'il ne suffisait pas que le juge ait des connaissances économiques. Il convient qu'il en ait le sens pratique.*

"Dire que le juge économique doit être um économiste ne suffit pas. Il faut préciser qu'il doit être, dans le champ des sciences économiques, un spécialiste du management. Le droit économique est un droit structurant. C'est le droit des relations des entreprises avec le marché et avec un certain nombre d'institutions. Comme l'a rappelé Joel Menez, c'est, par excellence, un droit conformateur des stratégies d'entreprise. Un juge économique ne saurait donc ignorer les règles et les matières mêmes et les rtelations qu'il y a entre l'organisation de l'entreprise et celles d'un marché". (Rapport de Synthèse, *In Revue Internationale de Droit Économique – Numéro Spécial: Les Magistratures Économiques: II. 1997, nº 3, p. 289, DeBoeck Université, Louvain-La-Neuve, Belgique).*

[19] Tribunais Regionais Federais e Juízes Federais. *Revista de Direito Público da Economia. Belo Horizonte, Ano 15, nº 60, p. 81-98, out./dez.* 2017.

implantar o federalismo no Brasil. Hoje, passa a ter a missão constitucional, dentre outras, de analisar questões de alta indagação na esfera econômica, que atingem uma repercussão nacional e internacional, em decorrência da adoção do regime de economia de mercado.

As questões que surgem, provocam, pela sua importância, certo sobressalto, certa surpresa, certa estupefação à vista de um quadro social extraordinário. Salienta Descartes que este excesso de admiração não pode nunca ser um mal.

Como observa Paul Amselek ([20]), o conceito de surpresa, de estupefação *"se encontra no centro da reflexão filosófica desde Platão e Aristóteles"*([21]). As questões que se põem hoje perante o Poder Judiciário provocam profunda inquietação e desafiam a argúcia dos Juízes, que são provocados a uma visão interdisciplinar, em que os conceitos econômicos assumem uma postura e uma intencionalidade inovadora.

Já em 1952, em livro que se tornou célebre, René Savatier afirmava: *"Todas essas mudanças do direito transpõem, em sua rapidez, a evolução dos comportamentos humanos. Porque o direito, pelo seu "dado", reflete necessariamente a aceleração das mudanças da vida dos homens"* ([22]).

---

[20] AMSELEK, Paul. L'Étonnement devant le Droit, in Sur Les Notions du Contrat, *Archives de Philosophie du Droit.* Paris, Sirey, 1968, p. 163-183.

[21] Platão transmite o ensinamento de Sócrates: *"Ah querido Teeteto! No has lanzado vanas sospechas en la crítica de ti mismo. Muy propio del filósofo es el estado de tu alma: la admiración. Porque la filosofía no conoce otro origen que este..." (Teeteto o de la Ciencia, Obras Completas, Madrid, Aguilar, 1977, p. 901, 155a-156c). "Estou vendo, amigo, que Teodoro não ajuizou erradamente tua natureza, pois a admiração é a verdadeira característica do filósofo. Não tem outra origem a Filosofia (Platão – diálogos – Teeteto – Crátilo, Tradução direta do grego por Carlos Alberto Nunes. 3ª. Edição. Belém –Pará, Editora Universitária, 2001).155c, p. 55).* No Livro I, Capítulo 2 da Metafísica, Aristóteles afirma que *"foi a admiração o que inicialmente levou os homens a filosofar. Dentre aquelas coisas que admiravam e para as quais não sabiam dar uma razão, aplicavam-se primeiro às que estavam mais a seu alcance. Logo, avançando pouco a pouco, aplicaram seu espírito inquisitivo a fenômenos de maior monta, como, por exemplo, as fases da Lua, o curso do Sol e as estrelas, e, por último, a formação do Universo... Se o filosofar foi nos primeiros filósofos uma fuga da ignorância, é evidente que os filósofos perseguiam com isto o próprio saber, movidos pelo afã de conhecer e não por algum fim utilitário".* (ARISTÓTELES, *Obras Completas, Madrid,* Metafísica, Livro I, Cap. 2, pág. 912, Madrid, *Aguilar, 1977).*

[22] SAVATIER, René. *Les Metamorphoses Économiques et Sociales du Droit Civil d'Aujourd'hui.* 2e. édition, Paris, Dalloz, 1952, p. 12.

Imbuído desta sensação de perplexidade, ante um novo posicionamento fático, social, econômico e legal, o Ministro Aloysio Correa da Veiga, do Tribunal Superior do Trabalho, referindo-se à indagação da licitude da terceirização na relação de trabalho, deixa clara a sua posição ao dizer que *"essa foi a odiosa experiência inicial de terceirização. No entanto,* ***tudo mudou. A vida mudou. O tempo mudou. A tecnologia mudou. A realidade social mudou. O trabalho mudou.*** *E é preciso que encaremos com profundidade esse tipo de relação jurídica"* ([23]).

Temos que nos aperceber desse *"mundo líquido"* a que se refere Zygmunt Bauman, porque *"como todos os líquidos, ele jamais se imobiliza nem conserva sua forma por muito tempo. Tudo ou quase tudo em nosso mundo está sempre em mudança: as modas que seguimos e os objetos que despertam nossa atenção..."* ([24]).

Esta verificação de mudança, nada mais é que a confirmação do que dissera Heráclito de Éfeso no século V antes de Cristo: πάντα ρέι ώς ποταμός: tudo corre como um rio. As mudanças são constantes, e temos que encontrar soluções para as novas realidades. E o mundo das relações jurídicas não foge a esta missão.

Dentre os questionamentos recentes trazidos à apreciação e decisão do Poder Judiciário, focalizando a perspectiva da necessidade de uma postura inovadora e de uma **magistratura econômica,** sinalizaremos alguns:

1. A questão Boeing / Embraer,
2. A questão das moedas virtuais,
3. O problema das tarifas de Metrô em Belo Horizonte.
4. O caso do UBER, em decisão de 8 de maio de 2019 do Supremo Tribunal Federal
5. O processo da Nestlé-Garoto decidido pelo CADE em 2004.

[23] Acórdão SDI-1, Processo TST-E-ED-RR-876-84, julgado no dia 3 de agosto de 2018.

[24] BAUMAN, Zygmunt. *44 cartas do mundo líquido moderno.* Pag. 7. Rio de Janeiro, Zahar, 2011.

4.1 O Caso Boeing / Embraer

Não desceremos aos detalhes técnicos abordados no processo. Sinalizamos somente que se tratou de um contrato entre as duas gigantes da indústria aeronáutica para formação de uma "*joint venture*". Através desse contrato, as duas empresas tencionam reforçar sua posição no mercado internacional, o que será certamente benéfico para a concorrência e para o mercado de trabalho.

Paralelamente e como um contraponto, há que ter em conta que também a Airbus, empresa franco-britânica, se associou à Bombardier, canadense, buscando fortalecer sua atuação concorrencial no mercado internacional.

Os atos de concentração de empresas não são uma novidade e trazem frequentemente questionamentos que provocam a argúcia dos tribunais. Recentemente, em decisão de 6 de fevereiro de 2019, a Comissão Europeia vetou a combinação entre a Alstom e a Siemens. Comentando a posição assumida pela Comissão, Alan Riley observa que a história da saga dos campeões europeus data de algum tempo. A versão moderna tem por justificação a concorrência chinesa, como o foram a norte-americana e a japonesa em outros tempos para criação dos campeões europeus ([25]).

A rejeição da fusão Alstom/Siemens, como observa Irène Baudu, "*foi severamente criticada pelos políticos, salientando-se no primeiro plano o ministro da Economia Bruno Le Maire e seu homólogo alemão Peter Altmaier*", que chamaram a atenção para a concorrência principalmente da China ([26]).

No Brasil, diante da notícia de um ato de concentração envolvendo a Boeing e a Embraer, três Sindicatos dos Metalúrgicos e a Confederação Nacional dos Trabalhadores Metalúrgicos – CNTM – ajuizaram uma ação civil pública, em face da União, da Comissão de Valores Mobiliários (CVM), Embraer S/A e Boeing S/A, perante a Justiça Federal de São Paulo ([27]), **pleiteando uma medida cautelar para suspender** *qualquer efeito concreto de eventual DECISÃO do CONSELHO DA EMBRAER que viesse a permitir a SEGREGAÇÃO e TRANSFERÊNCIA da parte comercial da EMBRAER para a BOEING através de 'Joint Venture' a ser criada*". Em medida liminar, proferida

---

[25] RILEY, Alan. Merger quo vadis? Editorial. *Competition Law Insight*. February 2019, Volume 18, Issue 2, p. 1.

[26] BAUDU, Irène. Actualités du Droit – Editorial - Wolters Kluwer, 13 fevereiro 2019.

[27] Processo Eletrônico n. 5031433- 18.2018.4.03.6100.

em 7 de dezembro de 2018, o Juiz Federal Victorio Giuzio Neto, da 24ª Vara Federal, se manifestou nos seguintes termos:

> *Isto posto e pelo mais que dos autos consta, em caráter cautelar, dentro do escopo geral de jurisdição assegurar resultado útil ao processo* ***DEFIRO A LIMINAR para, SUSPENDER QUALQUER ATO DE CONCRETIZAÇÃO DA OPERAÇÃO DE TRANSFERÊNCIA*** *, até uma manifestação das partes,* ***DA PARTE COMERCIAL DA EMBRAER*** *União Federal, Embraer, Comissão de Valores Mobiliários e da Boeing, oportunidade em que o Juízo, mediante exame do conteúdo das mesmas terá condições de melhor analisar as irregularidades apontadas.*
>
> *Nesta decisão, como na anterior, não visualiza o juízo qualquer ameaça ou comprometimento da economia do país ou situação provocadora de crise na medida que busca conservar uma situação que se encontra consolidada no tempo e eventual oscilação em preços de ações da Boeing ou da Embraer são considerados efeitos metajurídicos normais de qualquer decisão judicial sem a tônica de representar repercussão nos interesses do país.*

O questionamento apresentado naquele processo traz à baila um problema jurídico e econômico que transcende os limites nacionais. A jurisprudência norte-americana já havia apreciado matéria do relacionamento entre as posturas das agências reguladoras e as decisões do Poder Judiciário ([28]).

Com base no entendimento doutrinário e jurisprudencial dos Estados Unidos, a Advocacia Geral da União recorreu desta decisão, trazendo significativa importação de doutrina norte-americana, especificamente a célebre "***doutrina Chenery***" que será abordada mais adiante em tópico apartado. Indubitavelmente, a AGU está afirmando que decisões tomadas por agências reguladoras especializadas e compostas por profissionais de inegável especialização técnica e sofisticada expertise não estão sujeitas (quanto ao mérito da questão) à apreciação do Poder Judiciário. Saliento, dentre os fundamentos invocados pela Advocacia Geral da União, o seguinte tópico:

---

[28] Convém rememorar o disposto no **artigo 386 do Decreto 848, de 11 de outubro de 1890,** que assim determina: "*Art. 386. Constituirão legislação subsidiaria em casos omissos as antigas leis do processo criminal, civil e commercial, não sendo contrarias ás disposições e espirito do presente decreto.* ***Os estatutos dos povos cultos e especialmente os que regem as relações juridicas na Republica dos Estados Unidos da America do Norte, os casos de common law e equity,*** *serão tambem subsidiarios da jurisprudencia e processo federal*" (redação original do Decreto).

Cumpre apontar que a União interporá o recurso de agravo de instrumento em face da referida decisão, no prazo legalmente definido, contudo, a urgência quanto ao grave risco de lesão à ordem administrativa e à economia pública enseja a necessidade de utilização desta Suspensão de Tutela.

3. Do Princípio da Insindicabilidade do Mérito Administrativo -Aplicação da Doutrina Chenery

*Pretendem os Autores que o Poder Judiciário **realize um controle de mérito** sobre decisão a ser tomada oportunamente pela União Federal, mister que envolve, por óbvio, **o equacionamento de diversas áreas do conhecimento**, não se restringindo a uma mera questão jurídica.*

*Nesse sentido – e com o devido respeito -, o Poder Judiciário não detém **capacidade institucional** para apreciar a posição a ser adotada pela União, pelas Empresas envolvidas e pelos órgãos competentes, por implicar em uma indevida e perigosa ingerência sobre o desenvolvimento de políticas públicas do setor, sem qualquer fundamentação lastreada nas demais áreas do conhecimento que gravitam em torno da questão sub judice.*

*Da leitura da r. decisão, ora recorrida, verifica-se que **há o reconhecimento de indevida intromissão do Poder Judiciário ao caso,** como se verifica nas seguintes passagens:*

*"Pode-se até mesmo afirmar encontrar-se em harmonia com a referida decisão na medida em que seu elemento dominante é exatamente uma questão de natureza comercial acionária. Enfim, mesmo em se reconhecendo a "golden share" como um título de natureza administrativa e não de natureza comercial típica, **o exame se faz exclusivamente sob o aspecto comercial**." (fl. 28) (destacado).*

"No caso, porém, limitar-se-á o Juízo ao exame das questões ora trazidas

*na ação e **restritas à aspectos exclusivamente societários**." (fl. 29) (destacado)*

*A corroborar referida impossibilidade de controle judicial de ato discricionário orientado por critérios técnicos, o E. Superior Tribunal de Justiça, no julgamento do AgInt no AgInt na SLS 2.240-SP, em caso similar envolvendo decisão administrativa que transcenderia uma análise meramente jurídica, aplicou a denominada **Doutrina Chenery**, obstando a interferência do Poder Judiciário sobre o reajuste de tarifas, como se pode denotar do seguinte excerto:*

*"[...] No entanto, **conforme leciona Richard A. Posner,** o Judiciário esbarra na **dificuldade de concluir se um ato administrativo cuja motivação alegadamente política seria concretizado, ou não,** caso o órgão público tivesse se valido tão somente de metodologia técnica.*

> *De qualquer forma, essa discussão seria inócua, pois, segundo a* ***doutrina Chenery****– a qual reconheceu o caráter político da atuação da Administração Pública dos Estados Unidos da América –* ***as cortes judiciais estão impedidas de adotarem fundamentos diversos daqueles que o Poder Executivo abraçaria, notadamente nas questões técnicas e complexas, em que os tribunais não têm a expertise para concluir se os critérios adotados pela Administração são corretos*** *[...]* ([29]). (o negrito não está no original).

Acolhendo os argumentos expostos no recurso, o Tribunal Regional Federal da Terceira Região reformou a decisão de primeiro grau, por despacho de sua Presidente, Desembargadora Therezinha Astolphi Cazerta. De sua decisão pode-se enfatizar o seguinte tópico:

> *Isso significa que, como acima demonstrado, as normativas aplicáveis à hipótese já*
>
> *construíram uma estrutura decisória constituída por áreas de intersecção entre o público e o privado, formatadas não só para decidir os rumos da companhia, mas também para avaliar em que medida esses caminhos devem ser decididos, daqui em diante, por essas estruturas de intersecção.*
>
> *Intervir jurisdicionalmente nesse último ponto, supondo-o fora da esfera de atuação da avaliação do Poder Executivo Federal – ao ponto mesmo de modular o procedimento a ser adotado, incluindo nele órgão, a princípio, estranho à questão, qual seja, o juízo da 24ª Vara Federal Cível de São Paulo – não significa decidir o que é justo no caso, mas, na prática, substituir um juízo de conveniência por outro, com a diferença de que ao Poder Judiciário, que nem ao menos tem estrutura institucional para tanto, aqui não cumpre fazê-lo.*
>
> *Tais argumentos não significam, insista-se, que não se reconhece o caráter estratégico da atuação da Embraer, nem que tais vieses não devem ser tutelados pelo Estado, mas sim que* ***existem vias institucionais próprias*** *para o exercício dessa proteção, as quais, regularmente acionadas, devem mobilizar o* ***instrumental técnico e político*** *para decidir aquilo que melhor atende os interesses nacionais.*
>
> ***Essa função não é precipuamente do Poder Judiciário,*** *e por tal razão decisões cujos efeitos inviabilizam a atuação da administração nesse sentido afetam a ordem pública, na medida em que, ao mesmo tempo em que* ***trazem à análise jurisdicional algo que não lhe cabe, subtraem da autoridade do Poder Executivo Federal o que lhe foi***

---

[29] *(STJ. AgInt no AgInt na SLS 2.240-SP, Rel. Min. Laurita Vaz, por unanimidade, julgado em 7/6/2017, DJe 20/6/2017 – Informativo 605).*

atribuído tanto pelo redesenho institucional societário da Embraer, quanto pelo formato do Programa Nacional de Desestatização, *base sobre a qual estruturada a privatização da companhia.*

*Também não se ignora a existência de argumentos, na decisão liminar, no sentido de que subsistiriam irregularidades na operação societária, porque, por exemplo, "Não há como admitir a assunção de controle pela BOEING, como apontado no comunicado endereçado à CVM, sem essa nacionalização prévia"; ou, então, "****tratando-se de alienação, direta ou indireta, de controle de companhia aberta, o adquirente se obriga a fazer oferta pública de aquisição – OPA das ações com direito a voto****".*

Referidos pontos, entretanto, para além da circunstância de terem sido objeto de ***análise técnica da Comissão de Valores Mobiliários,*** *nos termos do que consta nestes autos (Id. 13238015),* ***órgão cuja percepção do caso deve ser privilegiada neste momento inicial do processo,*** *porquanto constituído justamente para, dentre outras atribuições, controlar operações societárias no mercado aberto – e segundo o qual, por exemplo, "não nos parece razoável a imposição da obrigatoriedade de realização de uma OPA nos termos do dispositivo estatutário supramencionado para o caso de uma negociação capitaneada pela administração da Companhia e que terá como resultado a transferência substancial de seus ativos para formação de uma joint venture, mantendo-se sua estrutura acionária intacta, não obstante ter a Operação que observar outros requisitos legais a ela aplicáveis" –* ***são relativos ao mérito propriamente dito da ação subjacente,*** *a serem analisados ao longo de seu processamento, com as vias probatórias adequadas.* ***Escapam, dessa forma, da análise do pedido de suspensão,*** *na qual, insista-se, vê-se o caso sob a perspectiva dos impactos decorrentes da decisão liminar, e não da propriedade jurisdicional dos argumentos que a embasaram.*

Em conclusão: ***se ao Judiciário incumbem os direitos e ao Executivo cabem as políticas,*** *ao pedido de suspensão recai o dever de adotar as providências necessárias para reestabelecer esse equilíbrio de forças que, presente na base da forma democrática de governo, reflete uma divisão entre os Poderes cuja integridade deve ser defendida para que o Estado seja capaz de exercer as funções atribuídas a cada um deles.*

Tudo isso considerado, e porque no caso concreto, ao deferir a liminar objeto de análise, ***o juízo a quo acabou por se substituir à atuação do Poder Executivo Federal, exercendo prerrogativa atribuída à Administração pela estrutura empresarial e regulamentar pertinente à hipótese, disso decorrendo a subtração indevida das atribuições de outro Poder, afetando, assim, a ordem administrativa geral,*** *a suspensão de referida determinação impõe-se de rigor.* (o negrito não está no original).

O Poder Judiciário está assim provocado sob dois aspectos. Em primeiro lugar, a criação de **agências reguladoras** teve por finalidade atribuir a órgãos especializados, com expertise peculiar a cada área, a competência para supervisionar as atividades específicas. A Suprema Corte norte-americana põe a salvo da apreciação do Poder Judiciário as decisões políticas e técnicas das Agências. No recurso interposto, a Advocacia Geral da União invocou a decisão CHENERY, que é de 1943, mas poderia também ter invocado a decisão CHEVRON, que é de 1984, e que repete o posicionamento adotado na decisão de 1943 ([30]).Em segundo lugar está posta perante o Judiciário uma **questão econômica que ultrapassa os lindes do interesse nacional para colocar um problema de política de concorrência internacional.**

Dentro desse quadro de competências específicas, James M. Hunnicutt, salientando a expertise das agências reguladoras norte-americanas, afirma: *O Congresso cria agências administrativas para executar muitas leis que ele promulga. Ao estabelecer uma agência, o Congresso lhe outorga diversos poderes, tais como a autoridade para empreender investigações,* ***para proceder a julgamentos*** *e, o mais pertinente a este artigo,* ***para adotar regras.*** *Geralmente, as agências criam dois tipos de regras: regras legais e regras não-legais. As regras legais, mais conhecidas como 'regulações', têm a força de lei..."* ([31]).

As decisões da Suprema Corte norte-americana, acima mencionadas, decorrem da longa experiência das agências nos Estados Unidos desde 1929, com John Maynard Keynes, quando foram criadas 38 agências. Em capítulo sobre o "Novo Papel do Estado", tive oportunidade de apresentar o histórico da criação das agências ([32]).

---

[30] Chevron U.S.A. v. Natural Res. Def. Council (1984). When a challenge to an agency construction of a statutory provision, fairly conceptualized, really centers on the wisdom of the agency's policy, rather than whether it is a reasonable choice within a gap left open by Congress, the challenge must fail. **In such a case, federal judges - who have no constituency - have a duty to respect legitimate policy choices made by those who do. The responsibilities for assessing the wisdom of such policy choices and resolving the struggle between competing views of the public interest are not judicial ones: "Our Constitution vests such responsibilities in the political branches."** TVA v. Hill, 437 U.S. 153, 195 (1978).

[31] HUNNICUTTT, James M. Another Reason to Reform the Federal Regulatory System: Agencies' Treating nonlegislative rules as Binding Law, *41 Boston College Law Review,* 153 (1999).

[32] LEOPOLDINO DA FONSECA, J. B. *Direito Econômico.* 9ª edição. Pág. 179-210. Rio de Janeiro, GEN-Forense, 2017.

4.2 O Problema das Moedas Virtuais

A era moderna é fruto de uma revolução que já produz efeitos em todas as esferas da vida humana. Temos que reconhecer que o computador e a internet trouxeram uma inovação magnífica e podem incluir-se entre as invenções mais importantes de nosso tempo. A inovação que de fato ocorre no mundo real é fruto de ideias revolucionárias e de forças sociais e culturais, e os juristas já estão atentos e envolvidos nessa atmosfera ([33]).

Observe-se que esse clima vinha se afirmando e se firmando desde algum tempo. Já em 1986, era objeto de preocupação dos juristas a adoção do sistema de pagamento eletrônico, então incipiente. No Canadá, Nicole L'Heureux ([34]) já enfatizava:

> *O sistema de pagamento eletrônico (SPE) já está implantado e evolui constantemente com os progressos da tecnologia. O computador modifica as práticas tradicionais e exigirá o estabelecimento de um direito novo, cujas regras deverão ser precisadas. Atualmente, numerosas questões de ordem jurídica se colocam* ([35]).

Este é um outro campo em que se apresenta mais uma situação com que se defronta a Magistratura nacional e que vem sendo objeto de decisões díspares dos Tribunais. As moedas virtuais são hoje uma realidade. O mercado tomou conhecimento desse novo instrumento de transações e o aceitou. Como toda novidade vem causando estranheza e vem sendo exigido o pronunciamento dos Tribunais, que vêm marcando presença e se pronunciando sobre a questão.

E as decisões que já surgiram deixam evidente que o Magistrado do século XXI tem que superar as posturas adotadas nos tempos anteriores e enfrentar **fatos novos,** que devem ser interpretados e decididos à luz de **perspectivas novas.**

---

[33] Indispensável é a leitura da obra *"Os Inovadores – Uma Biografia da Revolução digital"* de Walter Isaacson, São Paulo, Companhia das Letras, 2014.

[34] Nicole L'Heureux é Professora no Canadá, na Universidade Laval de Quebec, Quebec.

[35] "Le système de paiement électronique (SPE) est déjà implanté et évolue constamment avec les progrès de la technologie. L'ordinateur modifie les pratiques traditionnelles et exigera l'établissement d'un droit nouveau dont les règles devront être précisées. Actuellement de nombreuses questions d'ordre juridique se posent" (Le Transfert Électronique de Fonds en Regard du Contrat Bancaire, *Numéro Spécial sur le Drorit Bancaire,* 1986).

A novidade trazida pelas moedas virtuais já foi objeto de análise pela Assembleia Nacional da França ([36]), em 30 de janeiro de 2019. O Relatório nº 1624 enfatiza que *"a França não pretende ser uma 'crypto-nação', segundo um termo empregado repetidamente no relatório. A França é uma grade nação, que decide livremente e com toda transparência as regulações que ela aprova, aí compreendidas as inovações que não são nem boas nem más por essência"* ([37]). Salienta o Presidente da Assembleia os aspectos inovadores da moeda virtual:

> *Notemos que a opacidade que envolve os crypto-ativos repousa sobre um paradoxo: com efeito, a imensa vantagem da 'blockchain', esta tecnologia inovadora de estocagem e de difusão de informações, que permite a numerosos crypto-ativos funcionarem, é justamente que ela permite uma transparência e uma certificação autônoma das operações, sem recurso a um terceiro de confiança* ([38]).

No Brasil a questão já foi objeto de exame pelo Poder Judiciário. O Superior Tribunal de Justiça, sendo Relator o Ministro Marco Aurélio Belizze ([39]), se pronunciou no julgamento da ação proposta por Mercado Bitcoin Serviços Digitais Ltda.

A ação foi proposta contra encerramento da conta bancária da autora, alegando prática abusiva e ato ilícito, nos termos da legislação consumerista e do artigo 187 do Código Civil. O Ministro Relator destaca a "novidade" da questão e a ausência de uma abordagem adequada, ao afirmar em seu voto que *"as razões recursais, objeto da presente análise, não tecem qualquer consideração, sequer 'en passant', acerca do agora suscitado* ***aspecto concorrencial, em suposta afronta à ordem econômica".*** Ou seja, a parte mostrou desconhecer, na propositura da ação, o novo contexto jurídico-econômico em que se situa

[36] Rapport Nº 1624, Assemblée Nationale – Quinzième Législature, Rapport d'Information, enregistré à la Présidence de l'Assemblée nationale le 30 janvier 2019. Em 14 de março de 2019, foi publicado o Decreto nº 2019-191, que prevê o montante do capital mínimo de que devem dispor os estabelecimentos de moeda eletrônica. Cf. LAMY – L'HEBDO /AFFAIRES, 07 février, 2019, *Rapport de Pierre Person en conclusion des travaux d'une mission d'information relative aux monnaies virtuelles.*

[37] Rapport, Avant-propos du Président.

[38] Notons que l'opacité qui entoure les crypto-actifs repose sur un paradoxe : en effet, l'immense avantage de la *blockchain*, cette technologie innovante de stockage et de diffusion d'informations, qui permet à de nombreux crypto-actifs de fonctionner, c'est justement qu'elle permet une transparence et une certification autonome des opérations, sans recours à un tiers de confiance. Rapport, Avant-propos du Président.

[39] REsp Nº 1.696.L214-SP (2017/0224433-4).

o problema. Diante dessa ausência de fundamentação, o Ministro Relator se debruça sobre a nova contextualização, que transcende os limites das relações de direito privado, indicando qual deveria ter sido a fundamentação do recurso proposto e ressaltando que a intermediação de compra e venda de moeda virtual, *"não conta com nenhuma regulação do Conselho Monetário Nacional"*.

> *Especificamente em relação à bitcoin, consoante se extrai do sítio eletrônico da* ***wikipedia,*** *"é considerada a primeira moeda digital mundial descentralizada, e responsável pelo ressurgimento do chamado sistema bancário livre. Trata-se, conforme ali consignado, de "moeda digital do tipo criptomoeda descentralizada e, também um sistema econômico alternativo (peer-to-peer eletronic cash system), apresentada em 2008 na lista de discussão The Cryptography Mailing por um programador, ou um grupo, de pseudônimo Satoshi Nakamoto". Segundo consta, "o bitcoin permite transações financeiras sem intermediários, mas verificadas por todos os usuários da rede (nós da rede) Bitcoin, que são gravadas em um banco de dados distribuídos, chamado de blockchain". E ainda: "a rede descentralizada ou sistema econômico alternativo Bitcoin possui a topologia ponto-a-ponto (peer-to-peer ou P2P), isto é,* ***uma estrutura sem intermediário e sem uma entidade administradora central*** *[, o] que torna inviável qualquer autoridade financeira ou governamental manipular a emissão e o valor de bitcoins ou induzir a inflação com a produção de mais dinheiro" (Fonte: https://pt.wikipedia.org/wiki/Bitcoin, acesso em 2/8/2018).*
>
> Diante de sua inegável repercussão nas novas relações jurídicas advindas do uso e da circulação das moedas digitais, notadamente a bitcoin, especializada doutrina passou a dela tratar, ressaltando, entre as suas características, a desnecessidade de um terceiro intermediário para a realização de transações e a ausência de autoridade estatal reguladora.

A Ministra Nancy Andrighi, que já desde os idos de 1991, quando da promulgação, divulgação e implantação da legislação de proteção do consumidor, se preocupava com a inserção da defesa dos direitos do consumidor num contexto de Economia de Mercado, como previsto no artigo 170 da Constituição Federal de 1988, traz em seu voto-vista uma lição de modernidade, seguindo a linha do Voto do Ministro Bellize, mas enfatizando a importância da aplicação da Lei nº 12.529, como se pode ver em suas razões.

A novidade da questão, como salienta a Ministra, não foi ainda objeto de qualquer estrutura regulatória. Observe-se que o julgamento ocorreu em 9 de outubro de 2018. Como será mostrado adiante, a Assembleia Nacional da

França aprovou o Relatório Pierre Person em 30 de janeiro de 2019 ([40]). Em seu voto, a Ministra observa:

> *2. DA LEGISLAÇÃO DE DEFESA DA CONCORRÊNCIA*
>
> *Nas razões recursais, nos memorais apresentados e no parecer produzido pela recorrente, apresenta-se uma linha de argumentação muito forte e consistente e que, por isso mesmo, atrai a atenção desta Turma julgadora, que é a suposta violação de dispositivos da Lei 12.529/2011, que estrutura o Sistema Brasileiro de Defesa da Concorrência e dispõe sobre infrações contra a ordem econômica.*
>
> *(...)*
>
> *A despeito da existência de autoridade administrativa federal específica, esta Corte Superior, por seu perfilhamento constitucional, possui, sim, competência para a aplicação da mencionada Lei 12.529/2011, quando as circunstâncias assim o exigirem. Na hipótese em julgamento, contudo, duas ordens de considerações apresentam empecilhos à linha de defesa posta pelo recorrente, segundo a qual a atuação da recorrida representa uma infração à ordem econômica, a ser reprimida também pelo STJ.*
>
> *A primeira das considerações é que* ***a análise de infrações à ordem econômica, exige ampla e profunda investigação fática,*** *além de demandar análise econômica acurada de todos os dados produzidos na investigação, para somente então extrair as consequências jurídicas de determinada situação fática.*
>
> *Toda essa investigação e análise, por óbvio, está ausente nos autos, como também no acórdão recorrido. Veja-se que, conforme a posição do STJ consolidada na Súmula 7/STJ,* ***não cabe a esta Corte Superior sequer reexaminar os fatos e provas dos autos****, mas interpretá-los à luz do acórdão recorrido. Dessa forma, com muito mais ênfase, não cabe a este STJ fazer, em sede de julgamento de recurso especial, a produção de provas que pudessem comprovar as alegações do recorrente.*

A Ministra sinaliza qual deveria ter sido o caminho adotado pelo autor. A matéria tem conteúdo claro de **relações de mercado,** em que se deveria analisar a existência de uma infração à ordem econômica. O Conselho Administrativo de Defesa Econômica deveria ter sito escolhido para analisar e decidir a questão:

---

[40] Wolters Kluwer, *Actualités du Droit, L'Hebdo/Affaires, 07 février 2019 – Rapport de Pierre Person en conclusion des travaux d'une mission d'information relative aux monnaies virtuelles.*

> *De qualquer forma, independentemente do acolhimento do recurso, ante a gravidade das alegações trazidas pela recorrente,* ***recomenda-se seja o Conselho Administrativo de Defesa Econômica - CADE oficiado, com cópia deste julgamento, para melhor apuração dos fatos descritos como infração à ordem econômica.*** (os negritos não estão no original).

Assinalo que notícia veiculada em 29 de março de 2019, pela imprensa, dá conta de outra decisão em processo contra o Banco do Brasil, em que o Superior Tribunal de Justiça acolheu o pedido. Mas a argumentação foi toda de cunho processual, não se adentrando no mérito da questão de acolhimento das moedas virtuais ([41]).

4.3 O Caso do Metrô de Belo Horizonte

A exigência de uma magistratura econômica se mostrou premente também na questão das **tarifas do Metrô de Belo Horizonte,** que foi posta perante o Poder Judiciário. A tramitação do feito, de conteúdo essencialmente social e econômico, foi uma prova do descumprimento dos **princípios** estabelecidos na Constituição Federal (reiterados pelo artigo 1º do Código de Processo Civil), da **regra** estabelecida no artigo 4º do mesmo Código (segundo a qual *"as partes têm o direito de obter em* ***prazo razoável*** *a solução integral do mérito, incluída a atividade satisfativa*), da **regra** fixada no artigo 6º do Código (a colaboração **para que se alcance, em tempo razoável, decisão de mérito, justa e efetiva**) e ainda dos **princípios** contidos no artigo 8º (atender aos **fins sociais** e às **exigências do bem comum,** resguardando e promovendo a **dignidade da pessoa humana** e observando a **proporcionalidade**, a **razoabilidade**, a **legalidade**, a **publicidade** e a **eficiência).**

Na sentença proferida pela 15ª Vara Federal de Belo Horizonte, **em 16 de novembro de 2018,** partiu-se do pressuposto de necessidade de um reajuste, pautado pela modicidade. A sentença revela a extensa e demorada tramitação do processo destinado a questionar o reajuste de uma tarifa vigente desde 2006, e reajustada abruptamente em 2018 (um reajuste de 88%), passando de R$ 1,80 para R$ 3,40.

---

41 Processo nº 0726798-55.2018.9.07.0001. 2ª Vara Cível de Brasília. Sentença do Juiz de Direito Carlos Eduardo Batista dos Santos, em 29/03/2019. Agravo de Instrumento nº 0716756-47.2018.8.07.0000 – Desembargadora Fátima Rafael.

> *Em apertada síntese, insurge-se o Autor contra o aumento tarifário operacionalizado através da Resolução n.º 177/2018 do Diretor Presidente da CBTU, que majorando em mais de 88% (oitenta e oito por cento) o preço da passagem do Metrô de Belo Horizonte, elevou-a de R$1,80 (um real e oitenta centavos) para R$3,40 (três reais e quarenta centavos).*
>
> *Alega o Autor, que o aumento é irrazoável, insensato e desproporcional, impondo desequilíbrio financeiro ao consumidor, capaz de comprometer a sustentabilidade das famílias, retirando-lhes o direito a uma vida digna.*
>
> ***Faz abordagem histórica do desempenho da CBTU, enfocando reajuste tarifário ocorrido em 2006,** que superou em 65% (sessenta e cinco por cento) a inflação do período e propiciou à Empresa Ré operar com superávit, o que pretende demonstrar com o trabalho técnico que anexa aos autos, o qual registra superávit até o ano de 2010, afirmando que não se justifica o excessivo aumento praticado em 2018, o que estaria ofendendo vários princípios da administração, aos quais está vinculado o concessionário do serviço público, notadamente em setor de alta importância social, destacando o princípio da "modicidade das tarifas" que tem expressa previsão no artigo 6º, §1º da Lei n.º 8.987/95.*

Nos fundamentos de decidir, a sentença diz:

> *Impõe destacar, que não se pode devotar interpretação literal à regra que vincula a administração pública aos princípios que a regem, com destaque "in casu" para o princípio da modicidade, a ponto de desconsiderar o equilíbrio econômico financeiro dos contratos administrativos. Eis que desse equilíbrio depende a sobrevivência do próprio prestador do serviço, cuja quebra poderá trazer consequências mais nefastas, ainda, aos beneficiários.*
>
> *Na hipótese em análise, que trata de serviço público de alta relevância social, é certo que a estrutura da mobilidade urbana na Capital sofreria gravoso impacto com possível suspensão dos serviços do Metrô, que como se sabe, atende a expressiva parte da população carente.*
>
> *Mas não obstante essa ressalva, o certo é que impor ao usuário de serviço essencial, de um momento para outro, aumento tarifário tão expressivo, mormente num contexto de grave crise em que o desemprego em massa é a realidade vivida pelo Brasil, é realmente ofender os princípios da razoabilidade e proporcionalidade, bem assim o da própria dignidade humana, porque é indiscutível a nefasta consequência que o aumento trará ao consumidor carente, desestruturando um orçamento já reduzido, que, certamente, não poderá suportar tal majoração.*

Sem dúvida, que sem a transparência de gestão, através do fornecimento de dados que convençam da imprescindibilidade de um reajuste, não pode este ser referendado, sobretudo quando se sabe que, mesmo se se demonstrar a necessidade de se reajustar a tarifa vigente, será necessário convencer da impossibilidade de se atender a essa necessidade e procurar o reequilíbrio que se almeja, através de reajustes paulatinos, com reflexos menos gravosos para os usuários, que teriam chance de reestruturar o orçamento para atendimento à nova demanda.

Precioso destacar aqui, que não obstante a irreversibilidade da medida, a esta se sobrepõe o dano inverso, que é a situação a que será lançado, abruptamente, o usuário do serviço público essencial, se a ele não tiver acesso, se se mantiver a tarifa majorado, o que comprometerá a sua própria sobrevivência, e, consequentemente, a dignidade humana, que é um dos fundamentos do Estado Democrático de Direito em que se constitui a República Federativa do Brasil (artigo 1º-III da CRFB).

Com base nesses fundamentos a sentença decide: ***Suspender,*** *até ulterior deliberação desta juíza, os efeitos da Resolução n.º 177, de 4 de maio de 2018, do Diretor Presidente da CBTU – Companhia Brasileira de Trens Urbanos e restabelecer o valor de R$1,80 (um real e oitenta centavos) na tarifa do Metrô de Belo Horizonte, intimando-se a sociedade de mista através da Superintendência de Belo Horizonte, no endereço apontado no preâmbulo.*

O Desembargador MOREIRA ALVES, do Tribunal Regional Federal da 1ª Região, no processo número: 1000381-59.2019.4.01.0000, reformou a decisão de primeiro grau, mostrando a preocupação com os reflexos que poderiam advir no mercado de transporte público, com prejuízo para todos, nos seguintes termos:

> *Convém lembrar que a União não tem obrigação legal ou constitucional de prestar o serviço de transporte coletivo metropolitano, mas o vem fazendo, de forma precária, tão somente para evitar a paralisação do serviço público que é de responsabilidade exclusiva do Estado. Sequer a CBTU possui obrigação contratual para prestar o serviço, ante a inexistência de contrato de concessão formalizado pela empresa e os entes federados em que atua.*
>
> *"De mais a mais, a realidade é que o serviço vem sendo prestado pela CBTU a um alto custo e às expensas do erário, sendo o reajuste tarifário, neste momento, medida que se impõe, ante a absoluta necessidade de cobrir minimamente os custos do serviço e ante o reconhecido cenário de ajuste fiscal pelo qual passa o País.*

"Defender o contrário, tal como fez a decisão que se pretende suspender, a pretexto de proteger o usuário, na verdade prejudica-o, porquanto agrava o já avançado processo de deterioração da empresa, resultante da falta de recursos para investir em melhorias da infraestrutura e para a manutenção dos serviços em padrões aceitáveis de qualidade e segurança, podendo culminar, inclusive, na própria paralisação dos serviços.

"Por todo o exposto, é evidente a grave lesão que a decisão proferida pelo magistrado a quo pode gerar à ***ordem pública social, administrativa e econômica,*** *tendo sido demonstrados* ***os alarmantes danos sociais, administrativos e econômicos*** *que, potencialmente, podem decorrer da decisão que suspendeu o reajuste tarifário realizado pela CBTU, ressaltando-se os vultosos prejuízos financeiros ao erário ou o grave risco à segurança dos usuários e à qualidade e continuidade dos serviços de transporte urbano desempenhados pela CBTU"*

"Dentro dessa contextura, tenho que a concessão de medida liminar no estágio inicial da ação coletiva, impedindo o alinhamento de preços autorizado pelo poder público à prestadora do serviço de transporte metroviário, impõe grave lesão à ordem pública, sob viés da ordem administrativa, com potencial risco de grave dano à coletividade, em decorrência mesmo de possível comprometimento da própria prestação do serviço público ao longo da relação contratual tácita, impositiva de obrigações de investimentos a quem o presta e que dá, na contrapartida econômica avençada, os meios necessários à preservação do equilíbrio econômico-financeiro da atividade.

Em tais condições, defiro o pedido de suspensão ([42]).

Dando cumprimento à designação de audiência já agendada anteriormente para o dia 24 de abril de 2019, as partes formalizaram um acordo para reajuste escalonado da tarifa, a entrar em vigor em Belo Horizonte, Recife, João Pessoa, Maceió e Natal. Relativamente a Belo Horizonte, o acordo tem a seguinte programação de reajustes:

1 - Belo Horizonte:

R$2,40, de 1° de maio a 30 de junho de 2019;

R$2,90, de 1° de julho a 31 de agosto de 2019;

R$3,40, de 1° de setembro a 31 de outubro de 2019;

R$3,70, de 1° de novembro a 31 de dezembro de 2019;

R$4,00, de 1° de janeiro a 28 de fevereiro de 2020;

R$4,25, de 1° de março a 30 de abril de 2020.

---

[42] Processo número: 1000381-59.2019.4.01.0000.

Ressalte-se que para o trabalhador assalariado, os ônus do reajuste recaem sobre os empregadores. Mas para o usuário comum, por exemplo, os aposentados, não há quem os socorra, pois que não têm a segurança de reajuste de seus ganhos mensais na mesma proporção.

A questão econômica envolvida na tramitação processual deste caso põe à mostra que as relações de mercado devem ser decididas em **tempo econômico**, como valor salientar mais adiante.

4.4 O Caso do UBER

O surgimento do UBER como uma atividade inovadora no mercado, vem provocar o pronunciamento dos tribunais. A questão já foi objeto de decisões na União Europeia ([43]), especificamente no **Processo C-434/15,** decidido pelo Tribunal de Justiça da União Europeia em 20 de dezembro de 2017 ([44]).

Especificamente no Processo C-434/15, vale ressaltar a lição proferida pelo Advogado-Geral **Maciej Szpunar,** nas conclusões apresentadas em 11 de maio de 2017. Enfatiza as perspectivas conflitantes de críticas, interrogações, esperanças e expectativas, que vão convergir em exigências de pronunciamentos dos tribunais nas áreas de direito da concorrência, direito dos consumidores e direito do trabalho.

> *1. Embora o desenvolvimento de* ***novas tecnologias*** *geralmente origine controvérsias, a Uber afigura-se um caso à parte.* ***O seu modo de funcionamento suscita críticas e interrogações, mas também esperanças e novas expectativas.*** *Para referir apenas aspetos jurídicos, o modo de funcionamento da Uber levantou questões relativas, nomeadamente, ao* ***direito da concorrência,*** *à* ***proteção dos consumidores*** *e ao* ***direito do trabalho.*** *No plano económico e social surgiu inclusivamente a expressão «****uberização****». Por conseguinte, o presente pedido de decisão prejudicial coloca o Tribunal de Justiça perante uma problemática altamente politizada e mediatizada.*

[43] Há que mencionar o Comunicado de Imprensa nº 39/18, de 10 de abril de 2018, noticiando a decisão no Processo C-320/16).

[44] Processo C-434/15 - **Asociación Profesional Elite Taxi contra Uber Systems Spain SL** - Pedido de decisão prejudicial submetido pelo Juzgado de lo Mercantil n.º 3 de Barcelona (Tribunal de Comércio n.º 3 de Barcelona, Espanha) - «Reenvio prejudicial — Serviços no mercado interno — Transporte de passageiros — Utilização de ferramentas informáticas e de uma aplicação para smartphones — Concorrência desleal — Exigência de autorização». Recente publicação europeia dá conta da atualidade do problema suscitado pelo surgimento da nova atividade de transporte no mercado: **NOGUELLOU, Rozen & RENDERS, David.** ***UBER & TAXIS: A Comparative Study.*** 1re edition. Bruxelles, Larcier - Bruylant, 2018.

> *2. O objeto do presente processo é, no entanto, bastante mais limitado. A interpretação pedida deve unicamente permitir situar a Uber no plano do direito da União, a fim de poder determinar se, e em que medida, o seu funcionamento está sujeito a este direito. Assim, trata-se principalmente de saber se uma eventual regulação das condições de funcionamento da Uber está sujeita às exigências do direito da União, em primeiro lugar, em matéria de livre prestação de serviços, ou se está abrangida pela competência partilhada da União Europeia e dos Estados-Membros no domínio dos transportes locais, que ainda não foi exercida a nível da União.*

A decisão proferida pelo Tribunal de Justiça em 20 de dezembro de 2017 dispõe que os diplomas legislativos da União Europeia mencionados, e relativos a *"certos aspetos legais dos serviços da sociedade de informação, em especial do comércio eletrônico, no mercado interno («Diretiva sobre o comércio eletrônico»),* ***devem ser interpretados*** *no sentido de que* ***um serviço de intermediação*** *como o que está em causa no processo principal, que tem por objeto, através de uma aplicação para telefones inteligentes, estabelecer a ligação, mediante remuneração, entre motoristas não profissionais que utilizam o seu próprio veículo e pessoas que pretendam efetuar uma deslocação urbana, deve ser considerado indissociavelmente ligado a um serviço de transporte e, por conseguinte, abrangido pela qualificação de «serviço no domínio dos transportes», na acepção do artigo 58.º, n.º 1, TFUE. Tal serviço deve, portanto, ser excluído do âmbito de aplicação do artigo 56.º TFUE, da Diretiva 2006/123 e da Diretiva 2000/31.*

O Supremo Tribunal Federal pronunciou-se sobre a matéria no Recurso Extraordinário nº 1.054.110-SP, em 9 de maio de 2019, reconhecendo configurada a repercussão geral:

> *1. A proibição ou restrição da atividade de transporte privado individual por motorista cadastrado em aplicativo é inconstitucional, por violação aos* ***princípios da livre iniciativa e da livre concorrência;*** *e*
>
> *2. No exercício de sua competência para* ***regulamentação e fiscalização*** *do transporte privado individual de passageiros, os Municípios e o Distrito Federal não podem contrariar os parâmetros fixados pelo legislador federal (CF/1988, art. 22, XI). Plenário, 09.05.2019.*

O Presidente do CADE, Alexandre Cordeiro Macedo, traz sua contribuição em dois artigos. No resumo de um deles traça o resultado da novidade da questão, que foi posta perante o Conselho Administrativo de Defesa Econômica, e teve o processo arquivado por insuficiência de provas:

> *O presente artigo trata da análise do caso Uber no Conselho Administrativo de Defesa Econômica, que teve como resultado o* ***arquivamento pela autoridade antitruste brasileira, em virtude da***

> ***inexistência de indícios suficientes para a configuração de infrações à ordem econômica.*** *O estudo perpassa pelas possíveis condutas restritivas à concorrência nas quais a empresa Uber, derivada do modelo de negócio desenvolvido por uma empresa de rede de transporte (ERT) e inserida em um mercado inovador de serviços de transporte remunerado privado individual de passageiros e de plataforma de vários lados, poderia ter praticado, quais sejam: cartel hub and spoke, influência à adoção de conduta comercial uniforme, ou fixação de preço de revenda. A análise de tais práticas anticoncorrenciais pela Uber, através das metodologias de análise concorrenciais, regras* ***per se*** *e* ***regra da razão,*** *levou em consideração, principalmente, as eficiências e benefícios que a ERT Uber trouxe para o mercado e para o consumidor, através da profunda reestruturação dos serviços de transporte de passageiros do país* ([45]).

Editorial de janeiro de 2019 da revista *Competition Law Insight*, assinado por Alan Riley, focaliza a multiplicidade de pontos de interpretação trazida pela criação do Uber, indagando sobre a aplicabilidade da lei antitruste no caso da relação entre os motoristas e a Uber. Diz ele que *"uma das perspectivas da lei antitruste do século 21 possa ser o surgimento isenção co-operativa digital para proteger grupos de participantes na '****gig economy****'"* ([46]).

A questão já foi posta também sob a perspectiva de direitos trabalhistas dos motoristas da Uber, tanto na Inglaterra ([47]) quanto nos Estados Unidos ([48]).

---

[45] MACEDO, Alexandre Cordeiro. *Uber: collusion, or unilateral lconduct? In mlex AB Extra.* Ver também: O Caso Uber e as Possíveis Práticas Restitivas à Concorrência: Colusão ou Conduta Unilateral? - https://**ssrn**.com/abstract=1656052: "The usual economic analysis is that the elimination of retailer price... O Processo Administrativo arquivado: P.A. nº 08700.006964/2015-71: Representantes: Diretório Central dos Estudantes Honestino Guimarães e Uber do Brasil Tecnologia Ltda. – Representadas Associação Boa Vista de Taxi – Ponto 1813, Sindicato dos Permissionários de Taxi e Motoristas Auxiliares do Distrito Federal e Outros.

[46] RILEY, Alan. Uber:Undermining Antitrust. *In Competition Law Insight.* Volume 18, Issue 1. January 2019. A chamada *"gig economy"* é uma tendência da livre economia de mercado em que os trabalhos temporários são comuns e as empresas contratam com trabalhadores independentes para curtos períodos de trabalho. As empresas buscam no mercado de trabalho pessoas dotadas de uma expertise específica, cuja contratação para o quadro de trabalho seria muito onerosa.

[47] Case nº 2202550/2015 & Others – Employment Tribunals, Claimants Aslam, Farrar & Others. Respondents Uber B.V. Uber Londos Ltd. Uberr Tritannia Ltd. – 28 October 2016 – *"The core issue remains as to whether the Claimants are 'workers' for the purposes of the various definitions under the domestic legislation..."*

[48] United States Court of Appeals for the Ninth Circuit, Nº 14-16078, Douglas O'Connor & alii as Plaintiffs-Appellees v. Uber Technologies, INc. as Defendant-Appellant. Opinion by Judge Richard R. Clifton. O processo versa sobre *"class actions brought by current and former Uber drivers alleging violations of various federal and state statutes arising from* ***Uber's classification of drivers as independent contractors rather than employees****"*.

4.5 O Caso Nestlé-Garoto

Ao mencionar o processo de concentração entre as empresas Nestlé e Garoto, decidido pelo CADE em 2004, creio ser importante ressaltar que as decisões referentes a conteúdo econômico que envolvem o comportamento das empresas no mercado têm que ser proferidas em **tempo econômico**, como assinalei acima. As respostas dadas pelo mercado aos problemas com que se defrontam seus integrantes não podem tardar, sob pena de perder o compasso determinado pela evolução constante.

Como observei em artigo publicado em 2008, o relacionamento entre o Direito e a Economia impõe que as decisões a serem proferidas, tanto pelo Tribunal do CADE quanto pelo Poder Judiciário, o sejam em **tempo econômico,** ou seja, somente serão eficientes e terão eficácia se ocorrerem com uma limitação temporal insuscetível de delongas. Escrevi naquela ocasião que *"essa exigência de celeridade não se compadece com a atual morosidade das decisões do judiciário federal, decorrente certamente da enorme pletora de processos ali em tramitação. Pode-se perguntar, concretamente, quanto tempo tramitará o processo ajuizado pela Nestlé, impugnando a decisão do CADE. Se o tempo necessário à decisão se pautar pelo andamento normal, de cinco a quinze anos, qualquer que seja a decisão, será ela inócua e ineficaz"* ([49]).

Em 4 de outubro de 2016, o Conselheiro Alexandre Cordeiro Macedo exarou Despacho Decisório nº 20/2016/GAB6/CADE no Processo nº 08700.003861/2016-30. O inteiro teor do despacho se acha disponível no sitio do CADE. Mas dele extraio somente um trecho que pode servir de reflexão sobre a importância de uma magistratura econômica, com a indagação: *as questões que envolvam o funcionamento do mercado, principalmente sob a ótica da concorrência, estariam a exigir uma* ***magistratura econômica?***

> *Do ponto de vista histórico, registro que a operação de aquisição da Garoto pela Nestlé* ***ocorreu em fevereiro de 2002*** *e foi apresentada para a avaliação desta autarquia em março do mesmo ano (fls. 2 e 7 dos autos nº 08012.001697/2002-89)....*
>
> *"**Em 4 de fevereiro de 2004** o Conselho entendeu, por maioria de cinco votos contra um, que a operação deveria ser reprovada porque ocasionava elevada concentração e grande risco de efeitos deletérios nos*

[49] LEOPOLDINO DA FONSECA, João Bosco. Economia de Mercado e Magistratura Econômica, In VIEIRA, José Ribas. *20 anos da Constituição Cidadã de 1988 – Efetivação ou Impasse Institucional?* Rio de Janeiro, GEN-Editora Forense, 2008, p. 49.

mercados de chocolates sob todas as formas e no mercado de coberturas de chocolate (fls. 5089-5213 dos autos nº 08012.001697/2002-89)...."

"A Nestlé contestou judicialmente a decisão. Foi questionada sua legalidade e proporcionalidade. A ação foi distribuída à 4ª Vara Federal no Distrito Federal em 24.05.2005 e tombada sob nº 2005.34.00.015042-8...."

"A sentença desafiou apelação por parte do CADE, recurso recebido com efeito suspensivo ao qual a Quinta Turma do Tribunal Regional Federal da 1ª Região, por maioria de dois votos a um, deu provimento parcial, de modo a não anular toda a atividade administrativo-judicante desenvolvida pelo CADE, mas apenas o pedido de reapreciação fundado em proposta de desinvestimento parcial...

"De acordo com o Parecer nº 22/2016 da PFE-CADE (SEI nº 0161377), o cenário atual após 14 (catorze) anos indica dois possíveis caminhos para o desfecho do processo judicial....":

"Por outro lado, a exigibilidade da decisão administrativa do Cade pende, ***há 11 (onze) anos****, de uma decisão judicial, não havendo perspectiva de julgamento dos embargos infringentes opostos pela Nestlé em 2009. Na prática, mesmo que sejam manejados os recursos ao STJ e ao STF, considerando as especificidades destes recursos existe uma probabilidade do Cade ao final (sem se poder precisar temporalmente este final) rejulgar o pedido de reapreciação originário, tal qual decidido pelo TRF1.*

Referindo-se à necessidade de **rapidez** para a solução de matérias que envolvem relações de mercado, Joel MENEZ afirma que *"a empresa não consegue se acomodar com* ***decisões lentas.*** *De acordo com a vontade da lei, seu ciclo de atividade conhece a anualidade. Com efeito, é em todos os anos que ela vai conhecer o controle dos comissários de contas, que ela vai preencher suas declarações fiscais e que ela vai controlar seu balanço. Enfrentar um processo, seja como autor seja como réu, coloca em pauta, quando este é importante, problemas quanto ao conhecimento do resultado real da empresa e quanto às provisões que ela deve ou não deve prover.* ***A lentidão da justiça impõe neste caso uma ginástica que corre o risco de produzir novas fontes de contencioso"*** ([50]).

---

[50] Tradução livre: *"l'entreprise ne sait pas s'accommoder des décisons lentes. De par la volonté de la loi, son cycle d'activité connaît l'annualité. En effet c'est tous les ans qu'elle va connaître le contrôle des commisaires aux comptes, qu'elle va souscrire ses déclarations fiscales et qu'elle va arrêter son bilan. Traîner un procès , soit comme démandeur soit comme défendeur, pose à cet égard, lorsque celui-ci est important, des problèmes quant à la connaissance du résultat réel de l'entreprise et quant aux provisions qu'elle doit ou ne doit pas passer.... La lenteur de la justice impose à cet égard toute une gymnastique qui risque elle-même de*

4.6 O Caso Chenery ([51])

Como assinalado acima, no tópico da análise da questão BOEING-EMBARAER, a Advocacia Geral da União invocou em suas razões de recurso a **"Doutrina Chenery"**, que foi firmada pela Suprema Corte dos Estados Unidos em 1943 ([52]).

> O Juiz Frankfurter, em seu voto, acentuou que a Suprema Corte não tem competência para anular decisão da Comissão, pois que esta, por determinação do Congresso, detém competência e expertise específica para decidir o caso. Disse ele que *"não nos compete determinar independentemente o que é 'prejudicial ao interesse público ou ao interesse dos investidores ou dos consumidores' ou 'leal ou equitativo' dentro do conteúdo dos artigos 7 e 11 do Public Utility Holding Company Act de 1935* ([53]).

---

produire de nouvelles sources de contentieux" (Les règles de procédure face aux problèmes économiques (vues du côté de l'entreprise), *in Revue Internationale de Droit Économique, Numéro Spécial: Les Magistratures Économiques, 1997, nº 3, p.206, DeBoeck Université, Louvain-La-Neuve, Belgique).*

51 U.S. Supreme Court, Securities and Exchange Commission v. Chenery Corp. **318 U.S. 80 (1943).** Ver também MOTOMURA, Amy R. *"In imposing this limit on judicial review, Chenery protects the proper separation of powers between branches of the federal government. In particular, Chenery protects the authority delegated to agencies by Congress from usurpation by the courts. By denying courts the ability to substitute their own decision-making process for an agency's, it keeps power within those institutions most competent to exercise it..."* (Rethinking Administrative Law's Chenery Doctrine: Lessons from Patent Appeals at the Federal Circuit, *Santa Clara Law Review*, vol. 53, pág. 817-895).

52 U.S. Supreme Court, Securities and Exchange Commission v. Chenery Corp. **318 U.S. 80 (1943),**

53 Judged, therefore, as a determination based upon judge-made rules of equity, the Commission's order cannot be upheld. Its action must be measured by what the Com- [318 U.S. 80, 94] mission did, not by what it might have done. It is not for us to determine independently what is 'detrimental to the public interest or the interest of investors or consumers' or 'fair and equitable' within the meaning of 7 and 11 of the Public Utility Holding Company Act of 1935. The Commission's action cannot be upheld merely because findings might have been made and considerations disclosed which would justify its order as an appropriate safeguard for the interests protected by the Act. There must be such a responsible finding. Compare United States v. Chicago, M., St. P . & P.R. Co., 294 U.S. 499, 510 , 511 S., 55 S.Ct. 462, 467. There is no such finding here. Congress has seen fit to subject to judicial review such orders of the Securities and Exchange Commission as the one before us. That the scope of such review is narrowly circumscribed is beside the point. For the courts cannot exercise their duty of review unless they are advised of the considerations underlying the action under review.

O Juiz Black foi ainda mais enfático ao manifestar que o Tribunal não está investido pelo Congresso com autoridade para determinar se uma proposta reorganização ou concentração seria **"leal ou equitativa"** ou se ela seria "prejudicial ao interesse público ou ao interesse dos investidores ou consumidores". Apresento em tradução livre parte do seu voto, mais ampliado na nota de rodapé:

> *...Concordo também em que o Congresso conferiu à Comissão 'amplos poderes para a proteção do público', investidores e consumidores; e que a Comissão,* ***não o Tribunal,*** *foi investido pelo Congresso com autoridade para determinar se uma reorganização proposta ou fusão seria 'leal e equitativa', ou se (318 U.S. 80, 96) seria prejudicial para o interesse público ou para o interesse dos investidores ou consumidores.* ([54]).

Ao comentar a *"doutrina Chenery", desde a terceira edição* (1986) *de sua obra* "Economic Analysis of Law" até a nona edição (2014), o Professor e Juiz Federal do Tribunal de Apelação do Sétimo Circuito, **Richard Posner** salienta:

> *A doutrina Chenery impede que um tribunal de revisão decida uma questão administrativa sob um fundamento diferente daquele da agência (...) Se a agência admitisse estar vinculada simplesmente numa busca pela verdade, seria apropriado que o tribunal de revisão contemplasse a decisão da agência sob qualquer embasamento a critério do tribunal; presumivelmente a agência até abraçasse este fundamento. Mas se as determinantes concretas da decisão da agência são políticas, será difícil para o tribunal predizer se a agência adotaria o fundamento sugerido.* ([55])

---

[54] "For reasons set out in the Court's opinion and the dissenting opinion below, I agree that these respondents, officers and directors of the Corporations seeking reorganization, acted in a fiduciary capacity in formulating and managing plans they submitted to the Commission, **and that, as fiduciaries, they should be held to a scrupulous observance of their trust**. I further agree that Congress conferred on the Commission **'broad powers for the protection of the public', investors and consumers; and that the Commission, <u>not the Court,</u> was invested by Congress with authority to determine whether a proposed reorganization or merger would be 'fair and equitable', or whether [318 U.S. 80, 96] it would be 'detrimental to the public interest or the interest of investors or consumers.' (318 U.S. 80).**

[55] *"The Chenery doctrine forbids a reviewing court to uphold administrative action on a rationale different from that of the agency (...) If the agency were thought to be engaged simply in a search for truth, it would be appropriate for the reviewing court to uphold the agency's decision on any ground that made sense to the court; presumably the agency would embrace that ground. But if the real springs of agency decisionmaking are political, it will be difficult for the court to predict whether the agency would adopt the suggested ground" (*POSNER, R.

Como acima mencionado, a Advocacia Geral da União não mencionou a decisão CHEVRON (1984), que é mais recente que a CHENERY (1943), mas que ratifica o entendimento anterior.

A jurisprudência norte-americana que, no caso, se prevalece de uma longa e enriquecedora experiência técnica das agências, encontra entendimento equivalente na doutrina e jurisprudência brasileiras. Trilhando o ensinamento de Administrativistas de escol, firmou-se na doutrina e jurisprudência que o controle de decisões administrativas pelo Poder Judiciário se limita ao exame de legalidade e legitimidade de tais atos, não se admitindo a invasão do mérito administrativo, sob pena de violação do princípio da independência dos Poderes.

Seabra Fagundes ensina que *"o mérito está no sentido político do ato administrativo"*. Os aspectos que o definem podem ser resumidos no binômio oportunidade e conveniência, pois *"...envolvem eles **interesses** e não **direitos.** Ao Judiciário não se submetem os interesses, que o ato administrativo contrarie, mas apenas os direitos individuais, acaso feridos por ele. O mérito é de atribuição exclusiva do Poder Executivo, e o Poder Judiciário, nele penetrando, 'faria obra de administrador, violando, dessarte, o princípio de separação e independência dos poderes'"* ([56]).

Como continua ensinando o Mestre Hely Lopes Meirelles, *"ao Poder Judiciário é permitido perquirir todos os aspectos de legalidade e legitimidade para descobrir e pronunciar a nulidade do ato administrativo onde ela se encontre, e seja qual for o artifício que a encubra. O que não se permite ao Judiciário é pronunciar-se sobre o mérito administrativo, ou seja, sobre a conveniência, oportunidade, eficiência ou justiça do ato, porque, se assim agisse estaria emitindo pronunciamento de administração, e não de jurisdição judicial"* ([57]).

Nesse sentido, é inegável que a apreciação judicial do mérito de um ato administrativo legal, legítimo, proporcional e razoável, que trata de recomposição da tarifa de transporte público, caracteriza invasão do mérito administrativo, em violação de ordem pública e ofensa à independência e harmonia

---

A. *Economic Analysis of Law.* 9th ed. § 24.10, pág. 885. University of Chicago Law School. New York, Wolters Kluwer, 2014.

56 FAGUNDES, M. Seabra. *O Controle dos Atos Administrativos pelo Poder Judiciário.* 5ª edição. p. 146-147. Belo Horizonte/Rio de Janeiro, Forense, 1979.

57 MEIRELLES, H.L. *Direito Administrativo Brasileiro.* São Paulo, Revista dos Tribunais, 1964, p. 160-161.

entre os poderes da República, especialmente quando se trata do deferimento de uma medida liminar, sem oportunizar o contraditório e a ampla defesa à outra parte. O Superior Tribunal de Justiça já se manifestou nesse sentido, como destacado acima ([58]). Como se pode ver nas razões de decidir dos casos CHENERY e CHEVRON, as agências reguladoras são dotadas de uma experiência técnica e de uma expertise que não estão à disposição do Judiciário. Assinale-se, por exemplo, o que ocorre no Conselho Administrativo de Defesa Econômica - CADE. Quer nos processos de Atos de Concentração quer nos processos Administrativos destinados a apurar e punir infrações, as empresas trazem **pareceres técnicos** de elevado gabarito para subsidiar a formação do convencimento da Superintendência e do Tribunal. E sem custos para a Administração. Por outro lado, os integrantes do Tribunal são **especialistas na área de concorrência no mercado.** Submeter as decisões de mérito proferidas pelo CADE ou por qualquer outra Agência especializada será esvaziar a finalidade da existência desses órgãos.

5. JUIZ ESPECIALISTA versus JUIZ GENERALISTA

Os temas agora apresentados como desafio para o Poder Judiciário colocam em pauta a questão da especialização dos juízes. As nossas instituições de ensino jurídico apresentem, em nível de graduação, um panorama completo do universo do Direito. A partir da pós-graduação (mestrado e doutorado) é que o estudante se direciona à especialização. Ao adentrar profissionalmente uma das áreas específicas do Direito será possível caminhar para uma especialização. Mas esta depende muito da dedicação e do entusiasmo do profissional. Confrontamse os posicionamentos de um juiz generalista e de um juiz especialista.

Finalizando seu livro sobre a forma como os juízes julgam, RICHARD POSNER afirma que *"a nação tem necessidade de uma ponte melhor entre o judiciário e a advocacia, e sua construção deverá ser fundamentalmente o trabalho das escolas de Direito* ([59]).

---

[58] (AgInt no AgInt na SLS 2240/SP, Rel. Min. Laurita Vaz, pub. DJe 20/06/2017).

[59] *" The nation needs a better bridge between bench and bar, and its construction must be largely the work of the law schools"* (*How Judges think*, p. 377). Reforça ainda mais seu pensamento sobre a relação entre a Academia e o Judiciário: *"... The jurisdiction of the federal courts is vast and not even limited to federal law, since issues of state law and increasingly of foreign law figure in many federal cases. Not only is it infeasible for the law schools to try to educate judges about the substantive law that may have to apply in cases before them; it is unnecessary..."* (POSNER, Richard. *Divergent Paths: The Academy and the Judiciary. Cambridge, Harvard University Press, 2016. Kindle.* pág. 346, posição 59227).

A questão já conta com algum tempo de análise dos juristas norte-americanos. Em palestra proferida em 11 de fevereiro de 1997, DIANE P. WOOD, da Corte de Apelação do Sétimo Circuito – Chicago – salientou o movimento cada vez mais sensível a favor de criação de cortes e juízes especializados ([60]). Afirma que recentemente alguns Estados vêm criando tribunais especializados e que a Corte de Delaware tem sido o mais conhecido tribunal comercial por muitos anos. Os Estados Unidos têm uma ampla e sofisticada comunidade negocial. Os negócios tem se direcionado cada vez mais para fóruns alternativos para solucionar suas disputas. Reconhece os prós e contras deste direcionamento, admitindo a necessidade dos juízes generalistas, dizendo que *"do seu ponto de vista, as contribuições do judiciário generalista são ainda muito grandes para se abandonar. A maior pressão para caminhar rumo à especialização parece provir da comunidade empresarial, que gostaria de uma justiça mais ágil, mas quem não quereria isto? Atualmente temos uma saudável convivência de foros generalistas e de foros especializados, quando se tem em conta quer a variedade de cortes e de tribunais administrativos e a crescente importância da resolução alternativa de disputas. Juízes federais são os últimos generalistas remanescentes no mundo! Isto cria um fascinante desafio para o juiz, mas também cria importantes benefícios para os litigantes e para a sociedade como um todo. Mais do que nunca, precisamos destes juízes generalistas em nosso mundo especializado"* ([61]).

Dissentindo da posição de Diane Wood, mas concordando com ela sobre a importância da atuação de juízes especializados, Edward K. Cheng ([62]), manifesta sua convicção sobre a necessidade de especialização:

---

[60] *"Recently, some states have been experimenting more boldly with specialized tribunals, and the early reports appear to be positive. The newcomers all owe a debt to the 200-year-old Delaware Chancery Court, which has been, de facto, the nation's best known business court for many years"* (WOOD, Diane P. Generalist Judges in a Specialized World, *50 SMU Law Review, pág.* 1763 (1997).

[61] *"In my view, the contributions of the generalist judiciary are still far too great to abandon. The greatest pressure to move toward specialization appears to be coming from the business community, which would like faster justice for itself, but who does not want that? Right now, we have a healthy mix of generalist fora and specialized fora, when one takes into account both the variety of courts and administrative tribunals and the increasing importance of alternative dispute resolution. Federal judges are the last generalists left-maybe in the world! This makes for a fascinating, challenging job for the judge, but it also creates important benefits for the litigants and for society as a whole. More than ever, we need these generalist judges in our specialized world"* (Id., Ibid., p. 1768).

[62] Associate Professor of Law, Brooklyn Law School, J.D. Harvard Law School, M.Sc. London School of Economics.

A ***visão romântica do juiz federal generalista,*** *contudo, tem seus custos. A obsessão com o generalista priva o judiciário federal da expertise potencial, que pode ser extremamente útil em casos que envolvam doutrinas complexas e conhecimento especializado. Seguramente, a expertise não é o princípio e o fim do jurista ideal, particularmente quando os problemas requerem escolha de valores mais do que conhecimento técnico, mas mesmo que juízes com expertise não possam assegurar respostas* ***certas,*** *suas decisões estarão provavelmente dentro da categoria de* ***melhores*** *respostas devido à sua maior experiência e entendimento de uma matéria.*

"O benefício mais óbvio da especialização de decisões ***é a maior expertise judicial. Os que detêm expertise provavelmente proferirão melhores decisões. ... Em áreas técnicas que envolvam problemas científicos ou econômicos os especialistas têm um maior domínio*** *dos subjacentes conceitos e princípios não-legais. Isto não quer dizer que juízes generalistas inteligentes sejam incapazes de redigir decisões consistentes, profundas e criativas, mas os especialistas possuem uma enorme vantagem, consideradas especialmente as pressões de tempo e do acúmulo processual em que os juízes trabalham. O juiz não familiarizado raramente tem o tempo disponível para desenvolver o fundamento necessário para tratar com casos altamente complexos ou técnicos.*

"A especialização tem o potencial agregado de estimular a expertise dentro do judiciário essencialmente por se auto-alimentar. Enquanto alguns juízes adentram o Judiciário já com uma expertise reconhecida em algum campo, muitos desenvolvem esta expertise com o andar do tempo com o enfrentamento contínuo e com um estudo próprio. Uma lei de especialização não somente permite aos juízes concentrar estes enfrentamentos mas também provê incentivo agregado para participar de programas judiciais de capacitação ou de pesquisa independente, de tal sorte a assegurar-lhes uma compensação duradoura pela sua iniciativa ([63]).

---

[63] CHENG, Edward K. The Myth of the Generalist Judge: An Empirical Study of Prinion Specicalization in the Federal Courts of Appeals. Brooklyn Law School, Research Paper nº 81, August 2007, SSRN, p. 4, 27 e 28. A questão da especialização também é discutida por outros autores: Cf. WILKEY, Malcom Richard, Judicial Activism, Congressional Abdication, and the Need for Constitutional Reform, 8 *Harvard J. L. & Pub. Pol'y,*503 (1985); POSNER, R. A. Will the Federal Courts of Appeals Survive until 1984? An Essay on Delegation and Specialization of the Judicial Function. *University of Chicago Law School*, Chicago Unbound, *(1983);* REVESZ, Richard L. Specialized Courts and the Administrative Lawmaking System. *University of Pennsylvania Law Review,* Vol. 138, p. 1111 (1990); MCCONNELL, Caleb Dynes. Judicial Specialisation: a Principled approach for future consideration. Laws 505,*University of Wellington.* (2014); BRUFF Harold H.

Um juiz especialista se posiciona melhor para examinar questões fáticas, pois desfruta de uma maior expertise, maior visão técnica dos fatos, adquirida no aprofundamento em determinadas áreas do conhecimento econômico. Mas deve-se ter sempre em vista que cada disciplina do direito faz parte de um contexto. O direito é linguagem, e cada área é uma unidade discursiva que integra significativamente o conjunto. O juiz especialista pode correr o risco de perder de vista que o seu mundo menor faz parte de um mundo integral ([64]).

6. RESOLUÇÃO DO CONSELHO DE JUSTIÇA FEDERAL

O reconhecimento de que a especialização do Juiz é uma necessidade imposta pela evolução constante do mundo moderno, como assinalado nos tópicos acima, veio através da Resolução do **Conselho da Justiça Federal** - Resolução nº CJF-RES-2017/00445, de 7 de junho de 2017 -, que *"dispõe sobre a **especialização,** com competência concorrente, de varas federais em **Direito da Concorrência e do Comércio Internacional**"*.

Salienta a Resolução a *"posição favorável dos tribunais no sentido da grande valia em especializar varas em matéria de Direito da Concorrência e do Comércio Internacional"*.

Resolve então o Conselho da Justiça Federal *"recomendar que os tribunais regionais federais, na área de sua jurisdição, especializem varas federais com competência concorrente para processar e julgar feitos que versem sobre **Direito da Concorrência e do Comércio Internacional**"*.

Será de efeito altamente produtivo para o Judiciário Federal a implantação dessas **varas especializadas,** salientando mais uma vez a exigência de **Juízes Especializados** na área de concorrência.

Specialized Courts in Administrative Law. *University of Colorado Law School - Colorado Law Scholarly Commons. 43 Administrative Law Review* (1991). DAMLE, Sarang Vijay. Specialize the Judge, not the Court: A Lesson from the German Constitutional Court. *Virginia Law Review.* Vol. 91, p. 1267. (2005). Este artigo de Cheng é citado por Richard A. Posner (*How Judges Think*, Cambridge, Harvard University Press, 2008, p. 264, Nota 75).

[64] MCCONNELL, Caleb Dynes. Judicial Specialisation: a principled approach for future consideration. *Victoria University of Wellington, 2014.*

Essa especialização vai exigir dos Magistrados uma superação dos limites do "Civil Law", e, pela adoção dos ensinamentos da Ciência Econômica, adotar uma postura de **análise econômica do Direito** ([65]).

Quando se menciona *"análise econômica do direito"*, surgem imediatamente oposições de caráter ideológico, principalmente devido à ênfase dada a essa corrente pela Escola de Chicago e pelo Professor Richard A. Posner. Procura-se esquecer que a análise econômica do direito é essencialmente um direcionamento para a **análise dos fatos.** A conceituação e utilização da **análise econômica** para solução de questões jurídicas devem ser vistas dentro de uma perspectiva **etimológica e semântica**, para que possa ser adequadamente entendida ([66]).

CONCLUSÃO

O regime de economia de mercado instaurado pela Constituição de 1988 criou e exigiu, como consequência, uma nova perspectiva de magistratura – a Magistratura Econômica - que deve adotar parâmetros diferentes dos tradicionais. O magistrado, além de decidir questões que refletem interesses

---

[65] É vasta hoje a bibliografia de Análise Econômica do Direito. Cf. POSNER, Richard A. *Economic Analysis of Law,* 9th edition, Wolters Kluwer, New York, 2014. MACKAAY, Ejan. *Analyse Économique du Droit,* Dalloz, Paris, 2008. LANNEAU, Régis. *Les Fondements Épistémologiques du mouvement Law & Economics,* L.G.D.J., Paris, 2010. ALPA, Guido et alii. *Analisi Economica del Diritto Privato,* Giuffrè, Milano, 1998. DEFFAINS, Bruno, LANGLAIS, Éric. *Analyse Économique du droit: Principes, méthodes, résultats.* De Boeck, Bruxelles, 2009. RODRIGUES, Vasco. *Análise Económica do Direito: Uma Introdução.* Almedina, Coimbra, 2007. PINHEIRO, A.C. e SADDI, Jairo. *Direito, Economia e Mercados.* Rio de Janeiro, Elsevier, 2005. BOUT, Roger et alii, *LE LAMY DROIT ÉCONOMIQUE: Concurrence, Distribution, Consommation.* Édition 2017, Wolters Kluwer, Paris, 2017, com atualizações semanais – L'Hebdo/Affaires).

[66] A palavra "análise", no grego, ανά (prefixo que significa 'para diante') + λύσις (do verbo λύω= eu desato), significa justamente ver cuidadosamente o **desenrolar da realidade fática**. Ὀικος = casa + νομία= regulação. Não se trata, pelo visto, de adotar fórmulas matemáticas para solução de problemas humanos e sociais. Assinala Wouter P.J. Wils que muitos economistas e filósofos da ciência têm criticado o imoderado uso da matemática na economia para criar uma aparência de cientificidade, encobrindo um vazio de pensamento e de não reconhecidos julgamentos de valor (in The judgement of the EU General Court in *Intel* and the so-called 'more economic approach' to abuse of dominance, nota 44, *World Competition,* Vol. 37, Issue 4, December 2014, pp. 405-434). Lembra ainda Wils a afirmativa de Ronald H. Coase: *"Na minha juventude se dizia que aquilo que seria muito idiota para ser dito, poderia ser cantado. Na Economia moderna pode-se apresentar com Matemática"* (COASE, R. H. *The Firm, the Market and the Law,* University of Chicago Press, 1988, p. 185).

individuais, passa a assumir a função de solucionar conflitos que envolvem toda uma realidade de mercado. E o mercado supera hoje as fronteiras geográficas do Estado, para imprimir uma atitude concorrencial que é benéfica para as empresas, para a preservação do meio-ambiente, para o consumidor e para o trabalhador. O regime de economia de mercado impôs novas posturas perante uma evolução, cujos limites são a cada dia superados. Essa nova tarefa exige do julgador novas posturas, novos conhecimentos, para bem se desincumbir da nova missão que a Constituição lhe confiou. Não podemos perder a postura platônica e aristotélica do espanto, da admiração diante de novos e intrigantes acontecimentos, que desafiam a nossa capacidade de criar novas soluções. A relação desafiadora do Poder Judiciário com outros órgãos regulatórios e decisórios do Poder Executivo, que dirigem as políticas econômicas, impõe novos parâmetros de análise da mutante realidade.

REFERÊNCIAS

ALPA, Guido et alii. *Analisi Economica del Diritto Privato,* Giuffrè, Milano, 1998, 556p.

AMSELEK, Paul. L'Étonnement devant le Droit, *in* Sur Les Notions du Contrat, *Archives de Philosophie du Droit.* p. 163-183. Paris, Sirey, 1968.

ARISTÓTELES, *Ética a Nicômaco*, Livro I, capítulos 1 a 8. *Obras,* Madrid, Aguilar, 1977.

ARISTÓTELES. *Economia,* Livro I, capítulos 1 a 6. *Obras,* Madrid, Aguilar, 1977.

ARISTÓTELES. *Metafísica,* Livro I, Cap. 2, pág. 912. *Obras Completas, Madrid,* Madrid, *Aguilar, 1977.*

ARISTÓTELES. *Política,* Livro I, capítulo 1. *Obras,* Madrid, Aguilar, 1977.

BAUDU, Irène. Actualités du Droit – Editorial - Wolters Kluwer, 13 fevereiro 2019.

BENTO XVI. *Caritas in Veritate, Libreria Editrice Vaticana, 2009.*

BOUT, Roger et alii. *LE LAMY DROIT ÉCONOMIQUE: Concurrence, Distribution, Consommation.* Édition 2017, Wolters Kluwer, Paris, 2017.

BRASIL. Conselho Administrativo de Defesa Econômica – CADE. Processo Administrativo nº 08700.006964/2015-71.

BRASIL. Decreto 848, de 11 de outubro de 1890.

BRASIL. Processo Eletrônico n. 5031433- 18.2018.4.03.6100.

BRASIL. Processo nº 0726798-55.2018.9.07.0001. 2ª Vara Cível de Brasília. Sentença em 29/03/2019. Agravo de Instrumento nº 0716756-47.2018.8.07.0000.

BRASIL. STJ - *AgInt no AgInt na SLS 2.240-SP, DJe 20/6/2017 – Informativo 605.*

BRASIL. STJ - *REsp* Nº 1.696.L214-SP (2017/0224433-4.

BRASIL. Tribunal Regional Federal – 1ª Região. Processo nº: 1000381-59.2019.4.01.0000.

BRUFF Harold H. Specialized Courts in Administrative Law. *University of Colorado Law School - Colorado Law Scholarly Commons. 43 Administrative Law Review* 1991.

CHAMPAUD, Claude. Rapport de Synthèse, *In Revue Internationale de Droit Économique - Numéro Spécial: Les Magistratures Économiques: II. 1997, nº 3, p. 289, DeBoeck Université, Louvain-La-Neuve, Belgique.*

CHENG, Edward K. The Myth of the Generalist Judge: An Empirical Study of Opinion Specicalization in the Federal Courts of Appeals. Brooklyn Law School, Research Paper nº 81, August 2007, SSRN.

COASE, Ronald H. *Notes on the Problem of Social Cost, in* The Firm, The Market and the Law. Pág. 185. Chicago, The University of Chicago Press, 1988

COASE, Ronald H. *The Firm, the Market and the Law*, University of Chicago Press, 1988.

DAMLE, Sarang Vijay. Specialize the Judge, not the Court: A Lesson from the German Constitutional Court. *Virginia Law Review.* Vol. 91, p. 1267. (2005).

DEFFAINS, Bruno, LANGLAIS, Éric. *Analyse Économique du droit: Principes, méthodes, résultats.* De Boeck, Bruxelles, 2009.

ESPANHA. Constituição de 1978. *In Les Constitutions de l'Europe des Douze.* Textes rassemblés et présentés par Henri Oberdorff. Paris, La Documentation Française, 1992.

FAGUNDES, M. Seabra. *O Controle dos Atos Administrativos pelo Poder Judiciário.* 5ª ed.. p. 146-147. Belo Horizonte/Rio de Janeiro, Forense, 1979.

FRANCE. Rapport Nº 1624, Assemblée Nationale – Quinzième Législature, Rapport d'Information, enregistré à la Présidence de l'Assemblée nationale le 30 janvier 2019.

FRANCE. Rapport, Avant-propos du Président.

GENY, François. *Science et Technique en Droit Privé Positif.* Paris, Sirey, 1913, págs. 96-98.

HOVENKAMP, Herbert. Law and Economics in the United States: a brief historical survey, in *Cambridge Journal of Economics, 1995, **19.** 331-352.*

HUNNICUTTT, James M. Another Reason to Reform the Federal Regulatory System: Agencies' Treating nonlegislative rules as Binding Law, *41 Boston College Law Review,* 153 (1999)

INGLATERRA. Employment Tribunals. Case nº 2202550/2015. 28 October 2016.

ISAACSON, Walter. *"Os Inovadores – Uma Biografia da Revolução digital"*. São Paulo, Companhia das Letras, 2014.

JACQUEMIN, Alex. Le Droit Économique, Serviteur de l'Économie? *In Revue Trimestrielle de Droit Commercial.* 25e. Année. N° 2. Avril-Juin, 1972, p. 283-295.

JACQUEMIN, Alexis & SCHRANS, Guy. Élements structurels d'une magistrature écconomique, *in Revue Trimestrielle de Droit Commercial,* 30e. année, n° 3. Juillet-Septembre 1976. Pág. 421-434.

JACQUEMIN, Alexis. SCHRANS, Guy. *Actes du Colloque sur la Magistrature Économique.* Louvain, Oyez-Bruylant, 1976.

L'HEUREUX, Nicole. Le Transfert Électronique de Fonds en Regard du Contrat Bancaire, *Numéro Spécial sur le Droit Bancaire,* Québec, Université Laval, 1986.

LAMY, Pascal. Humaniser la mondialisation. *Forum du Commerce International – n° 1/2006.*

LANNEAU, Régis. *Les Fondements Épistémologiques du Mouvement Law & Economics,* Paris, L.G.D.J., 2010, 638p.

LEOPOLDINO DA FONSECA, J. B. *Direito Econômico.* 9ª edição. Pág. 179-210. Rio de Janeiro, GEN-Forense, 2017, 350p.

LEOPOLDINO DA FONSECA, J.B. Economia de Mercado e Magistratura Econômica, In VIEIRA, José Ribas. *20 anos da Constituição Cidadã de 1988 – Efetivação ou Impasse Institucional? P. 49,* Rio de Janeiro, GEN-Editora Forense, 2008.

LEOPOLDINO DA FONSECA, J.B. Tribunais Regionais Federais e Juízes Federais. *Revista de Direito Público da Economia. Belo Horizonte, Ano 15, n° 60, p. 81-98, out./dez.* 2017.

MACEDO, Alexandre Cordeiro. O Caso Uber e as Possíveis Práticas Restitivas à Concorrência: Colusão ou Conduta Unilateral? - https://**ssrn**.com/abstract=1656052.

MACKAAY, Ejan. ROUSSEAU, S. *Analyse Économique du Droit,* Paris, Dalloz, 2008, 728p.

MARTENS, Paul. Les Magistratures Économiques – Raport Introductif. *In Revue Internationale de Droit Économique – Numéro Spécial: Les Magistratures Économiques: II. 1997, n° 2, p. 109, DeBoeck Université, Louvain-La-Neuve, Belgique.*

MCCONNELL, Caleb Dynes. Judicial Specialisation: a Principled approach for future consideration. *Laws 505, University of Wellington.* (2014).

MEIRELLES, Hely Lopes. *Direito Administrativo Brasileiro.* São Paulo, Revista dos Tribunais, 1964.

MENEZ. Joel. Les règles de procédure face aux problèmes économiques (vues du côté de l'entreprise), *in Revue Internationale de Droit Économique, Numéro Spécial: Les*

Magistratures Économiques, 1997, nº 3, p.206, DeBoeck Université, Louvain-La-Neuve, Belgique.

MERCADO PACHECO, Pedro. *El Análisis Económico del Derecho – Uma Reconstrucción Teórica.* Madrid, Centro de Estudios Constitucionales, 1994, 292p.

MOTOMURA. Amy R. Rethinking Administrative Law's Chenery Doctrine: Lessons from Patent Appeals at the Federal Circuit, vol. 53. *Santa Clara Law Review,*

NOGUELLOU, Rozen & RENDERS, David. ***UBER & TAXIS: A Comparative Study.*** 1re edition. Bruxelles, Larcier - Bruylant, 2018.

OPPETIT,Bruno. Droit et Économie. *Archives de Philosophie du Droit,* Tome 37, Paris, Sirey, 1992.

PERSON, Pierre. LAMY – L'Hebdo/Affaires. 07 février, 2019, *Rapport de Pierre Person en conclusion des travaux d'une mission d'information relative aux monnaies virtuelles.*

PINHEIRO, A.C. e SADDI, Jairo. *Direito, Economia e Mercados.* Rio de Janeiro, Elsevier, 2005, 553p.

PLATÃO. *Diálogos – Teeteto – Crátilo,* Tradução direta do grego por Carlos Alberto Nunes. 3ª. Edição. Belém –Pará, Editora Universitária, 2001.

PLATÃO. *Teeteto o de la Ciencia. Obras Completas,* Madrid, Aguilar, 1977.

POSNER, Richard A. *Divergent Paths: The Academy and the Judiciary. Cambridge, Harvard University Press, 2016. Kindle.*

POSNER, Richard A. *Economic Analysis of Law.* 1ª edição. Boston, Little, Brown and Company, 1972.

POSNER, Richard A. *Economic Analysis of Law.* 9th ed. University of Chicago Law School. New York, Wolters Kluwer, 2014, 1026p.

POSNER, Richard A. *How Judges Think.* Cambridge, Harvard University Press, 2008, 387 p.

POSNER, RICHARD A. THE DECLINE OF LAW AS AN AUTONOMOUS DISCIPLINE: 1962-1987, *HARVARD LAW REVIEW,* VOL. 100, (1987)

POSNER, Richard A. Will the Federal Courts of Appeals Survive until 1984? An Essay on Delegation and Specialization of the Judicial Function. *University of Chicago Law School,* Chicago Unbound, *(1983)*

REVESZ, Richard L. Specialized Courts and the Administrative Lawmaking System. *University of Pennsylvania Law Review,* Vol. 138, p. 1111 (1990).

RILEY, Alan. Merger quo vadis? Editorial. *Competition Law Insight.* February 2019, Volume 18, Issue 2, p. 1.

RILEY, Alan. Uber:Undermining Antitrust. *In Competition Law Insight.* Volume 18, Issue 1. January 2019.

RIPERT, Georges. *Les Forces Créatrices du Droit.* P. 304. Paris, Librairie Générale de Droit et Jurisprudence, 1955).

RODRIGUES, Vasco. *Análise Económica do Direito: Uma Introdução.* Almedina, Coimbra, 2007.

SAVATIER, René. Diritto Pubblico e Privato nel Diritto dell'Economia - Atti dela Tavola Rotonda 15/16 ottobre 1966 di Camerino, *in Il Diritto dell'Economia – rivista di dottrina e giurisprudenza. Anno X, Fasc. 3.* Milano, Giuffrè, 1967.

SAVATIER, René. *Les Métamorphoses Économiques et Sopciales du Droit Civil d'Aujourd'hui,* Paris, Dalloz, 1952, p. 12.

U.S. Court of Appeals for the Ninth Circuit, Nº 14-16078,

U.S. SUPREME COURT. Chevron U.S.A. v. Natural Res. Def. Council, 222 U.S. App. D.C. 268, 685 F.2d 718. 467 U.S. 837, 839 (1984)

U.S. Supreme Court. Securities and Exchange Com. v. Chenery Corp. 318 U.S. 80 (1943)

U.S. Supreme Court. TVA v. Hill, 437 U.S. 153, 195 (1978)

UNIÃO EUROPEIA. Press Release nº 39/18, de 10 de abril de 2018.

UNIÃO EUROPEIA. TJUE. Proc. C-434/15 - Asociación Profesional Elite Taxi v. Uber Systems Spain SL.

WILKEY, Malcom Richard. Judicial Activism, Congressional Abdication, and the Need for Constitutional Reform, 8 *Harvard J. L. & Pub. Pol'y,*503 (1985)

WILS Wouter P. J. The judgement of the EU General Court in *Intel* and the so-called 'more economic approach' to abuse of dominance. *World Competition,* Vol. 37, Issue 4, December 2014, http://ssrn.com/author=456087.

WILS, Wouter P.J. The Judgment of the EU General Court in INTEL and the so-called 'more economic approach' to abuse of dominance. *World Competition,* Vol. 37, Issue 4, December 2014, pp. 405-434.

Wolters Kluwer, *Actualités du Droit. L'Hebdo/Affaires, 07 février 2019 – Rapport de Pierre Person en conclusion des travaux d'une mission d'information relative aux monnaies virtuelles.*

WOOD, Diane P. Generalist Judges in a Specialized World, *50 SMU Law Review,* (1997).

XENOFONTE, Econômico, I, 1 e VI, 4. Tradução do grego e introdução de Anna Lia Amaral de Almeida Prado, São Paulo, Martins Fontes, 1999.

3

O SISTEMA INTERAMERICANO DE PROTEÇÃO DOS DIREITOS HUMANOS: PROTEÇÃO ÀS MULHERES, ÀS CRIANÇAS E ADOLESCENTES

THE INTER-AMERICAN SYSTEM FOR THE PROTECTION OF HUMAN RIGHTS: PROTECTION OF WOMEN, CHILDREN AND ADOLESCENTS

Gilson Soares Lemes[1]
Ludmila Aredes Brandão[2]

RESUMO

A presente pesquisa científica abordará o Sistema Interamericano dos Direitos Humanos, destacando a criação da Comissão e da Corte Interamericana, organismos que buscam de forma subsidiária, complementar e orientar os Estados membros no que se refere ao desrespeito aos Direitos Humanos. Trabalhará, ainda, como os Estados vinculados à Convenção Americana podem receber sanções da Corte relativas a esses abusos. Abordará a formação histórica e o procedimento de atuação destes organismos, com o foco na proteção integral

---

[1] Desembargador Superintendente Administrativo Adjunto do Tribunal de Justiça de Minas Gerais. Mestre em Direito Empresarial. Doutorando em Direito Público pela Universidade Autônoma de Lisboa.

[2] Bacharela em Direito pela Universidade José do Rosário Vellano. Assistente de Direção Superior da Presidência do Tribunal de Justiça de Minas Gerais.

dos Direitos Humanos. Discorrerá, sobre a proteção das crianças e dos adolescentes, destacando as diversas convenções e acordos internacionais reconhecidos pela comunidade internacional ao longo da história, os quais buscam resguardar os direitos dos menores. E por fim, demonstrará que as mulheres também tem recebido apoio do Sistema Interamericano de Direitos Humanos, que adota todas as medidas e políticas de enfretamento à violência contra a mulher, por meio de tratados, convenções e conferências no âmbito interamericano. Para tanto, adotar-se-á método hipotético-dedutivo.

Palavras-Chave: Direitos Humanos. Sistema Interamericano de Direitos Humanos. Direitos das Crianças e dos Adolescentes. Proteção à Dignidade da Mulher.

ABSTRACT

This scientific research will address the Inter-American Human Rights System, highlighting the creation of the Commission and the Inter-American Court, which seek, in a subsidiary manner, to complement and guide member states in their disrespect of human rights. It will also address how States bound by the American Convention may receive sanctions from the Court relating to such abuses. It will address the historical formation and the procedure of these bodies, with a focus on the integral protection of Human Rights. It will focus on the protection of children and adolescents, highlighting the various international conventions and agreements recognized by the international community throughout history, which seek to protect the rights of minors. Finally, it will demonstrate that women have also received support from the Inter-American Human Rights System, which adopts all measures and policies to address violence against women, through treaties, conventions and conferences in the inter-American context. To do so, we will adopt a hypothetical-deductive method.

Keywords: Human rights. Inter-American System of Human Rights. Rights of Children and Adolescents. Protection of Women's Dignity.

1. INTRODUÇÃO

Conforme define J.J. Gomes Canotilho, "o constitucionalismo procurou justificar um Estado submetido ao direito, um Estado regido por leis, um Estado sem confusão de poderes, um Estado Constitucional" (2003, p. 93). De modo, que a Constituição de cada Estado, conforme nos ensina Jorge Miranda, "traduz algo de diverso e original, traz consigo uma limitação nova e envolve todo um modo de ser concebido o poder (...). Ou seja, na Constituição, se plasma um determinado sistema de valores da vida pública, dos quais é depois indissociável" (2003, p. 85).

Assim, a ordem constitucional moderna de qualquer Estado que preze pelos Direitos Humanos deve procurar fortalecer todo o sistema de proteção e garantia desses direitos. Da mesma forma, o Sistema Interamericano, com o propósito de fortalecer a tutela dos Direitos Humanos, dando maiores garantias aos cidadãos que vivem em toda a América, deve procurar incentivar entre os Estados membros as políticas e as modificações necessárias para o efetivo cumprimento de tratados e convenções internacionais que têm o escopo de proteger os referidos direitos.

Nesse propósito, o presente artigo tem importância para todos que lidam e se preocupam com os Direitos Humanos, sendo que, embora de forma sucinta, está delimitado na investigação sobre o atual Sistema Interamericano de Direitos Humanos, com análise no âmbito de suas principais caraterísticas e de sua atuação.

Nos capítulos propostos serão analisados, além de sua formação histórica, também a sua composição, ou seja, quais órgãos que integram o Sistema Interamericano de Direitos Humanos e como devem atuar.

Serão também abordados, embora de forma mais breve, alguns casos que foram julgados pela Corte Interamericana de Direitos Humanos, informando-se sobre o efetivo resultado desses julgamentos.

De forma mais abrangente, em face do foco desse estudo, a abordagem dos Direitos Humanos em relação ao direito das crianças e adolescentes e à dignidade da mulher busca trazer as principais medidas para que prevaleçam estas formas de proteção.

Ao final, buscar-se-á uma conclusão sensata sobre o Sistema Interamericano de Direitos Humanos, com suas características, composição, atuação e dados específicos relativos aos direitos das crianças e dos adolescentes e à mulher, e que este estudo possa contribuir de alguma forma para esclarecimento de dúvidas sobre a matéria abordada.

2. FORMAÇÃO HISTÓRICA

O século XX foi marcado por grandes guerras e conflitos, e foi justamente no período entre guerras que surgiram as primeiras movimentações a respeito do desenvolvimento dos Direitos Humanos. Precisamente, foi a Segunda Guerra Mundial um fator determinante para a ruptura do que vinha sendo considerado, até então, como direitos fundamentais. Isso porque a barbárie ocorrida foi tão intensa que a comunidade internacional sentiu-se obrigada a fazer algo para frear os monstruosos ataques à humanidade. Para isso, foi fundada em 1948 a Organização das Nações Unidas (ONU) e, nas décadas subsequentes, foram formados sistemas internacionais regionais.

Na América, as décadas de 1960 e 1970 foram marcadas por violação generalizada dos Direitos Humanos. Conforme destaca Cláudio Rojas: "instalou-se, na região, uma série de governos ditatoriais, sejam eles de direita ou de esquerda, que tinham como característica comum a utilização das violações de direitos humanos como parte da política de Estado, para manter-se no poder e para implementar projetos de sociedade de longo prazo" (2013, p. 316).

Com o crescimento dos instrumentos internacionais pós-guerra, os Estados caminharam para uma evolução da proteção dos Direitos Humanos, sendo necessária uma "justiça globalizada", buscando atingir em âmbito regional resultados positivos, uma vez que os Estados situados num mesmo contexto geográfico, histórico e cultural, possuem maior probabilidade de desenvolvimento, ultrapassando todos os obstáculos a nível global.

Deste modo, em âmbito regional, os Estados americanos, no exercício de suas soberanias, resolveram criar o Sistema Interamericano de Direitos Humanos, limitando-se à jurisdição doméstica, com a finalidade precípua de consagrar patamares mínimos, promovendo a proteção desses direitos, mediante a adoção de instrumentos internacionais.

Em termos de efetivação, a Declaração Americana dos Direitos e Deveres do Homem representou apenas o início formal de um sistema interamericano de proteção dos Direitos Humanos, entendendo que os direitos mínimos de qualquer ser humano não se constituem pelo fato dele ser cidadão de um país, mas sim pela própria natureza de pessoa humana.

Desde seu início, em 1960, a Comissão Interamericana de Direitos Humanos (CIDH) teve como trabalho central enfrentar violações em massa e sistemáticas dos Direitos Humanos (ROJAS, 2013, p. 317).

O marco definidor do Sistema Interamericano foi a Convenção Americana de Direitos Humanos, assinada em 1969 e com entrada em vigor em 1978, reconhecendo e assegurando substancialmente direitos civis e políticos, semelhantes àqueles intitulados pelo Pacto Internacional dos Direitos Civis e Políticos. Dentre os direitos garantidos pela norma basilar do Sistema Interamericano de proteção dos Direitos Humanos estão os direitos fundamentais à vida, liberdade, dignidade, educação, integridade pessoal e à moral.

No entanto, para que o Sistema Interamericano tivesse efetividade, impondo limites e condições aos estados membros, responsabilizando cada um deles em âmbito internacional por violações dos direitos inerentes a condição humana, foi necessária a criação, no mesmo documento acima mencionado, da Corte Interamericana de Direitos Humanos, alargando o modelo de proteção já existente, que contava apenas com a Comissão Interamericana. Conforme destaca Fernando G. Jayme:

> O sistema de direitos humanos não se aperfeiçoa sem a presença do órgão jurisdicional, por não ser suficiente apenas assumir o reconhecimento de direitos e liberdades fundamentais do indivíduo. A garantia jurisdicional destes direitos é que assegura o seu efetivo cumprimento, no caso de virem a ser violados pelo Estado (JAYME, 2005, p. 66).

Desta forma, todo esse processo histórico, responsável pela internacionalização dos Direitos Humanos, acabou desaguando na relativização do conceito de soberania e transformação dos indivíduos em sujeitos de Direito Internacional.

3. ÓRGÃO DE PROTEÇÃO DOS DIREITOS HUMANOS NO SISTEMA INTERAMERICANO

3.1 Comissão Interamericana de Direitos Humanos

A Comissão Interamericana de Direitos Humanos, sediada em Washington D.C. (Estados Unidos da América), originou-se por meio da Resolução VI do 5º Encontro de Consulta de Ministros das Relações Exteriores, em 1959, no Chile, com a função de atuar como órgão de proteção dos Direitos Humanos no continente americano, sendo responsável por algumas ações que transcendem suas funções típicas.

No que tange à sua composição, a Comissão é integrada por sete membros, com mandato de quatro anos, sendo todos de alta autoridade moral e de notório saber em matéria de Direitos Humanos, eleitos pela Assembleia Geral [3]. Os membros podem ser nacionais de qualquer Estado membro da Organização, desde que indicados em lista de candidatos, proposta pelos próprios países, sendo vedado mais de um nacional de um mesmo país.

A competência da Comissão Interamericana de Direitos Humanos abarca todos os Estados membros do Pacto de São José da Costa Rica, alcançando ainda os países da Organização dos Estados Americanos. Além de sua função precípua de promoção e proteção dos Direitos Humanos nas Américas, a Comissão ainda poderá emitir recomendações aos países, promovendo a inserção de medidas adequadas, e aptas a impedir violações desses direitos, preparando estudos e relatórios, solicitando informações para os países acerca das medidas adotadas, em busca da efetiva aplicação da Convenção Americana[4].

A Comissão Interamericana de Direitos Humanos também examina as informações encaminhadas por indivíduos ou entidades, que contenham a comunicação de violação por parte dos países membros dos direitos tutelados pelo Pacto de São José da Costa Rica. Sendo autorizada tal intervenção pelos Estados, como forma de aceitação automática e obrigatória, ao tornarem-se parte da Convenção.

---

[3] A Comissão Interamericana de Direitos Humanos (CIDH) foi criada por resolução da Quinta Reunião de Consulta dos Ministros das Relações Exteriores em Santiago, Chile, em 1959. A CIDH foi formalmente instalada em 1960, quando o Conselho da Organização aprovou seu Estatuto. O Regulamento da Comissão, aprovado em 1980, foi modificado em várias oportunidades, a última delas em 2013. A Comissão Interamericana de Direitos Humanos é um dos órgãos do Sistema Interamericano responsáveis pela promoção e pela proteção dos direitos humanos. É constituída por sete membros, eleitos pela Assembleia Geral. Cfr. http://www.oas.org/pt/sobre/comissao_direitos_humanos.asp. Consultado 15 jan. 2018.

[4] De acordo com as acertadas observações do destacado internacionalista mexicano César Sepúlveda, ex-presidente da citada Comissão Interamericana, a mesma realiza as seguintes funções: a) conciliadora, entre um Governo e grupos sociais que vejam violados os direitos de seus membros; b) assessora, aconselhando os Governos a adotar medidas adequadas para promover os direitos humanos; c) crítica, ao informar sobre a situação dos direitos humanos em um Estado membro da OEA, depois de ter ciência dos argumentos e das observações do Governo interessado, quando persistirem estas violações; d) legitimadora, quando um suposto Governo, em decorrência do resultado do informe da Comissão acerca de uma visita ou de um exame, decide reparar as falhas de seus processos internos e sanar as violações; e) promotora, ao efetuar estudos sobre o tema de direitos humanos, a fim de promover seu respeito; f) protetora, quando além das atividades anteriores, intervém em casos urgentes para solicitar ao Governo, contra o qual se tenha apresentado uma queixa, que suspenda sua ação e informe sobre os atos praticados (FIX-ZAMUDIO, 1999, p. 152).

Destarte, a Comissão é um órgão de suma importância dentro desse Sistema Interamericano de defesa dos Direitos Humanos, tendo em vista que, mesmo não sendo investida do poder jurisdicional, é essencial à ordem jurídica internacional, posto que, todas as ações interpostas perante a Corte Interamericana devem, obrigatoriamente, ultrapassar os procedimentos iniciais da Comissão.

Conforme destaca Fernando Jayme, "diante da imprescindibilidade das competências que exerce, não é equivocado qualificar a Comissão como o Ministério Público do Sistema Interamericano, pela independência com que atua, por possuir legitimidade para agir perante a Corte. E também por ser chamada a intervir em todos os casos em trâmite perante esse órgão, na qualidade de órgão de representação de todos os membros da OEA. A Convenção atribui à Comissão a qualidade de órgão essencial à prestação jurisdicional da Corte" (JAYME, 2005, p. 73).

A petição que contenha a denúncia de violação dos Direitos Humanos deve obedecer aos requisitos de admissibilidade, como a inexistência de litispendência internacional e o esgotamento dos procedimentos jurisdicionais internos de cada Estado, salvo nos casos de demora processual injustificada ou falta de previsão normativa interna acerca do devido processo legal.

Procedimentalmente, ao receber a exordial interposta por um indivíduo ou entidade, a Comissão precipuamente decidirá quanto à admissibilidade, com base no artigo 46 do Pacto de São José. Assim, uma vez reconhecida à admissibilidade, o segundo passo é requerer informações pertinentes do país denunciado, observando o princípio basilar do contraditório.

Prestadas as informações ou transcorrido o prazo sem a apresentação destas, a Comissão Interamericana observa se ainda permanecem os motivos que ensejaram o ingresso do pedido. Neste sentido, inexistindo os motivos que levaram a denúncia, o pedido será imediatamente arquivado. Contudo, se não houver o arquivamento a Comissão poderá realizar o exame apurado do assunto por meio da investigação dos fatos alegados.

Finalizado o exame da matéria, a Comissão buscará a conciliação, primando por soluções consensuais e formulando recomendações a serem seguidas pelos países denunciados. Alcançado o objetivo da conciliação, a Comissão encaminhará um informe ao peticionário e aos países, comunicando a Secretária da Organização dos Estados Americanos para publicação. Entretanto, se a tentativa de solução amistosa não for exitosa, será redigido um relatório endereçado ao Estado demandado, onde reservadamente serão demonstrados os fatos e posicionamentos acerca do caso apresentado, sendo feitas recomendações para que o país supere suas irregularidades e restaure o direito corrompido.

Ultrapassado um trimestre, sem solução das partes e nem mesmo submissão do caso a Corte, a Comissão mediante votação da maioria absoluta poderá externar suas conclusões. Efetuando as devidas recomendações e fixando um prazo para que o país denunciado possa remediar a situação e restaurar o direito violado. Transcorrido o prazo, a Comissão decidirá se as recomendações foram observadas pelo Estado e se publicará no relatório anual de suas atividades.

Se o Estado não cumprir as recomendações, o caso será submetido à Corte Interamericana, salvo decisão da maioria absoluta da Comissão. Contudo, a questão examinada somente poderá ser submetida à Corte se houver o reconhecimento expresso de sua competência contenciosa por parte do Estado membro.

Ressalte-se, por derradeiro, que em casos de urgência, mediante as informações prestadas, a Comissão poderá de ofício ou por meio de aceitação do pedido formulado, requerer ao país denunciado a adoção de medidas cautelares, com a finalidade de evitar danos irreparáveis à pessoa, mesmo que em matérias ainda não submetidas à análise da Corte[5].

3.2 Corte Interamericana de Direitos Humanos

A Corte Interamericana de Direitos Humanos sediada em San José possui atuação como órgão jurisdicional de caráter supranacional, solucionando as demandas relativas a violações de Direitos Humanos por parte dos países membros da Organização dos Estados Americanos e que tenham confirmado o Pacto de São José da Costa Rica. A atuação, portanto, da Corte, tem um viés de supranacionalidade, podendo decidir questões que já tenham sido submetidas à jurisdição do Estado membro da Organização dos Estados Americanos (OEA).

---

[5] A Comissão não tem respaldo na Convenção Americana para requerer medidas provisórias, razão pela qual, por não ter caráter obrigatório, os Estados-membros descumprem a recomendação, cabendo à CIDH levar o caso à Corte (FIX-ZAMUDIO, 1987/1996, online).

Sendo ela formada por sete juízes nacionais dos países membros da Organização dos Estados Americanos, eleitos pela maioria absoluta dos Estados que compõem a Convenção, dentre juristas que possuam as devidas condições para o exercício da elevada função jurisdicional. Havendo a possibilidade de indicação de juízes *ad doc*, nos casos em que um dos juízes designados para o conhecimento da questão levantada for nacional de um dos Estados membros, facultando-se a realização desta indicação por outro país.

A Corte detém duas atribuições cruciais para o desenvolvimento de suas competências: a primeira delas é de caráter consultivo, sendo relativas às questões hermenêuticas das disposições da Convenção e de tratados voltados à proteção dos Direitos Humanos nas Américas; a segunda, de natureza jurisdicional, concernente à resolução de controvérsias interpretativas e quanto à aplicação da Convenção (PIOVESAN, 2016, online).

Qualquer membro da Organização dos Estados Americanos pode demandar a Corte consultivamente, solicitando posicionamentos concernentes a interpretações da Convenção ou de qualquer outro tratado relativo a Direitos Humanos nas Américas. Neste sentido, a Corte poderá apresentar parecer acerca do controle da convencionalidade das leis internas, efetuando uma análise hermenêutica dinâmica e evolutiva.

A Corte emite opiniões consultivas, as quais, segundo Flávia Piosevan (2016, online). "têm permitido a compreensão de aspectos substanciais da Convenção, dentre eles: o alcance de sua competência consultiva, o sistema de reservas, as restrições à adoção da pena de morte, os limites ao direito de associação, o sentido do termo 'leis' quando se trata de impor restrições ao exercício de determinados direitos". E, ainda, continua a autora, a exigibilidade do direito de retificação ou resposta, o *habeas corpus* e as garantias judiciais nos estados de exceção, a interpretação da Declaração Americana, as exceções ao esgotamento prévio dos recursos internos e a compatibilidade de leis internas em face da Convenção.

No que tange à competência contenciosa, os julgamentos dos casos submetidos à Corte são limitados aos Estados membros da Convenção, que tenham reconhecido de maneira expressa a sua jurisdição. Desta forma, os Estados ratificam a Convenção sem a preocupação de serem imediatamente demandados. A exemplo, o Brasil, em 1998, utilizando-se de estratégia política, aderiu à competência contenciosa da Corte, por meio do Decreto Legislativo nº 89, ressalvando que somente seriam levadas para análise da Corte Interamericana denúncias e violações dos Direitos Humanos ocorridas após a adesão.

Dessa forma, uma vez reconhecida a sua jurisdição, a Corte Interamericana tem o poder de examinar a denúncia da suposta violação dos direitos tutelados pela Convenção. Admitida à violação, a Corte determinará ao Estado denunciado o cumprimento de medidas necessárias à restauração do direito lesionado, sendo uma faculdade a condenação relativa a uma justa compensação à vítima.

A Corte Interamericana não tem a função de substituir os tribunais nacionais e também não possuem competência para atuar como se fora uma instância recursal relativa a decisões dos Estados membros. Conforme ensina Antônio Augusto Cançado Trindade:

> Os Tribunais internacionais de direitos humanos existentes - as Cortes Europeia e Interamericana de Direitos Humanos - não 'substituem' os Tribunais internos, e tampouco operam como tribunais de recursos ou de cassação de decisões dos Tribunais internos. Não obstante, os atos internos dos Estados podem vir a ser objeto de exame por parte dos órgãos de supervisão internacionais, quando se trata de verificar a sua conformidade com as obrigações internacionais dos Estados em matéria de direitos humanos (TRINDADE, 2016, p. 33).

No exercício da jurisdição contenciosa, a Corte Interamericana, até julho de 2015, havia proferido 294 sentenças, sendo 242 referentes a exceções preliminares, todas estas concernentes a decisões de mérito e reparatórias, enquanto 52 estavam relacionadas a questões interpretativas (PIOVESAN, 2016, online).

No famoso caso brasileiro do Presídio Urso Branco (Porto Velho), onde trinta e sete internos foram assassinados de forma desumana, a Comissão Interamericana solicitou a determinação de medidas cautelares, com a finalidade de assegurar a vida dos detentos. A Corte IDH, por sua vez, em 18 de junho de 2002, acatou a denúncia contra o Brasil, determinando as medidas necessárias para proteger a vida e a integridade dos presidiários, identificando e punindo os responsáveis pelas atrocidades.

Em novembro de 2010, no caso de Gomes Lund, a Corte condenou o Brasil pelo desaparecimento de integrantes da guerrilha do Araguaia durante as operações militares ocorridas nos anos 70, reconhecendo a incompatibilidade entre a Lei de Anistia de 1979 e as disposições da Convenção Americana, assegurando a investigação e punição das graves violações de Direitos Humanos.

Outro caso brasileiro de destaque foi o de Damião Ximenes Lopes, que envolveu a morte de pessoa com deficiência mental, dias após a sua internação em hospital psiquiátrico. Sendo este o primeiro caso acerca desta temática, onde a Corte reconheceu a responsabilidade internacional do Brasil por omissão, por violação de direitos à vida, à integridade e a proteção judicial da vítima.

4. A PROTEÇÃO ÀS CRIANÇAS E ADOLESCENTES NO SISTEMA INTERAMERICANO DE DIREITOS HUMANOS

4.1 A Proteção Internacional

As crianças e adolescentes possuem direitos a cuidados especiais, reconhecidos em diversos documentos legislativos pela comunidade internacional ao longo da história, os quais atribuem aos menores cuidados que ultrapassam àqueles inerentes ao ser humano adulto.

Os documentos protetivos de caráter internacional representam um complemento ao direito doméstico de cada país, e essa cooperação entre eles simboliza um marco de fundamental importância para o renascimento jurídico da criança como sujeito.

A Convenção sobre os Direitos da Criança, aprovada em 1989 pela Assembleia Geral das Nações Unidas, enumera direitos e demanda uma proteção especial e prioritária dos Estados, objetivando a dignidade humana e a formação moral, espiritual e intelectual dos menores. Estabelecendo a presunção legal que todos os menores de dezoito anos são considerados crianças, salvo se houver legislação interna que determine de forma diversa.

Segundo Carla Queiroz (2007, p. 254), a referida convenção reconhece que as crianças devem ser preparadas para ter uma vida independente na sociedade, sendo educadas de acordo com os ideais proclamados na Carta das Nações Unidas, principalmente com espírito de paz, dignidade, tolerância, liberdade, igualdade e solidariedade. A Convenção, segundo a mencionada autora, compreende a necessidade de cuidados especiais que devem ser destinados às crianças, em função de sua imaturidade física, emocional e mental, para que se desenvolvam harmoniosamente, além de prever medidas que abranjam tais aspectos.

A Convenção passou a prever a criação de um comitê para efetuar a análise do progresso dos Estados membros. Surgindo, posteriormente, protocolos facultativos à Convenção, voltados a situações específicas de proteção. Dentre eles, o Protocolo Facultativo à Convenção sobre os Direitos da Criança Referente à Venda de Crianças, à Prostituição Infantil e à Pornografia Infantil, criado com a finalidade de conter a exploração sexual dos menores.

Por sua vez, as Diretrizes das Nações Unidas para a Prevenção da Delinquência Juvenil (Diretrizes de Riad) representam a busca pela diminuição da criminalidade, e a valorização das relações familiares, bem como o fomento ao processo de socialização e a adoção de políticas públicas voltadas à proteção dos menores.

As Nações Unidas, ainda dispõem regras concernentes a Proteção dos Jovens Privados de Liberdade, assegurando a estes a retirada da liberdade apenas como medida excepcional, enfatizando a concessão de um tratamento diferenciado, dada a sua situação de vulnerabilidade.

Deste modo, as Regras Mínimas das Nações Unidas voltadas a Administração da Justiça Juvenil (Regras de Pequim) estipulam que os Estados devem promover o bem-estar dos jovens e de suas famílias, assegurando garantias de vida útil na comunidade, e disposição de recursos à família, a grupos comunitários e escolas, promovendo a redução de intervenções legislativas.

A Convenção nº 182, da Organização Internacional do Trabalho, veio dispor sobre a Interdição das Piores Formas de Trabalho das Crianças e à Adoção Imediata com Vista à sua Eliminação. Defendendo o fim do trabalho infantil prejudicial, que possa interferir na educação do menor. Sendo as piores formas de trabalho aquelas que escravizam, afastam a criança de sua família, expõe a perigos graves, ou que a deixe abandonada nas ruas.

Nesta perspectiva de proteção internacional da criança e do adolescente, a Organização dos Estados Americanos criou o Instituto Interamericano da Criança, com o objetivo de auxiliar os países a enfrentar seus problemas internos, relacionados à violação dos Direitos Humanos da criança.

4.2 A Comissão Interamericana e a proteção às crianças

Desde a sua criação, a Comissão Interamericana de Direitos Humanos (CIDH) vem tomando medidas para assegurar a promoção e proteção dos direitos das crianças e adolescentes. A Comissão possui órgão especial, denominado de Relatoria Especial sobre os Direitos da Infância, voltado à proteção dos direitos das crianças e adolescentes.

No curso de suas atribuições, a Comissão monitorou o Estado brasileiro e emitiu relatórios sobre a situação dos Direitos Humanos no país. Em 1997, constatou-se a necessidade de incorporação de tais direitos, com o Plano Nacional de Direitos Humanos. Acrescentando, neste relatório, o despreparo do Brasil para acolher os menores infratores. Considerando o Estatuto da Criança e do Adolescente uma das mais avançadas legislações, que veio ocupar o lugar do Código de Menores.

Outras questões levantadas no citado relatório, são os casos de maus tratos a menores, por parte da Polícia Militar e situações de violência nos estabelecimentos, bem como a exploração do trabalho, a exploração sexual e denúncias sobre o desaparecimento de menores.

Outros casos foram submetidos á CIDH, como o episódio da Candelária, em que houve o assassinato de oito crianças e adolescentes nas proximidades da Igreja Candelária, no Rio de Janeiro, em julho de 1993. A denúncia apontou para a autoria de policiais militares. A Comissão sugeriu que houvesse investigações e pagamento de indenização às famílias.

Em 1999, foi publicado em relatório anual, recomendações para efetivar o Estatuto da Criança e do Adolescente, protegendo menores em situações vulneráveis, crianças exploradas sexualmente, e que se encontravam em estabelecimentos de reabilitação ou prisões. Incentivando a adoção de crianças abandonadas e a atuação de Conselhos Tutelares.

No ano de 2005, a Comissão solicitou a Corte à adoção de medidas provisionais, para que o Estado brasileiro efetuasse a proteção da vida e integridade de crianças e adolescentes no Complexo de Tatuapé da Fundação Estadual do Bem-Estar do Menor de São Paulo. Requereu fossem adotadas medidas como as contenções de surtos de violência, garantindo a segurança dos internos.

Em fevereiro de 2014, a CIDH divulgou o Relatório "Direito da criança à família. Cuidado alternativo. Pondo fim à institucionalização nas Américas", no qual aborda uma problemática que é de especial preocupação na região: a situação na qual vivem as crianças que, por diversos motivos, não contam com os cuidados adequados em seu ambiente familiar e requerem medidas por parte do Estado para garantir seu bem-estar e seu desenvolvimento integral.

O referido Relatório constata que muitas instituições que abrigam os menores não garantem a proteção dos direitos das crianças, expondo-as a contexto de violência, abuso e tratos negligentes (OEA, 2014). Por fim, recomenda a CIDH a necessidade de que os Estados regulem adequadamente o funcionamento dos centros de acolhimento, realizando sempre vigilância adequada, devendo investigar e, se for o caso, punir as eventuais violações aos direitos das crianças que nelas ocorram.

4.3 A Corte e proteção às crianças

A Corte Interamericana de Direitos Humanos passou a adotar uma proteção mais efetiva e integral no que concerne aos direitos da criança não apenas sob aspecto jurídico, mas também sob o ponto de vista social, político e econômico, a partir da sentença do caso que denunciara o extermínio de meninos de rua na Guatemala (QUEIROZ, 2007, p. 263).

Após decisão desse caso, conhecido como Villagrán Morales, em 1997, onde a Guatemala foi penalizada internacionalmente pelo extermínio de meninos de rua, a Corte Interamericana passou a adotar uma proteção mais completa, no que tange os direitos da criança, não observando apenas aspectos jurídicos de cada caso. A Corte passou a efetivar através de suas manifestações a visibilidade aos Direitos Humanos das crianças que vivem nas ruas, problema que se repete em grande parte da América Latina.

Reconheceu-se que tanto a Convenção Americana quanto a Convenção Internacional sobre os Direitos das Crianças da ONU devem ser aplicadas para proteger os menores. A partir desse episódio, a Corte passou a dar visibilidade ao problema social gravíssimo que muitos países da América enfrentam, sendo que os menores são abandonados e não há uma política séria dos Estados para acolhimento e proteção desses infantes.

5. OS DIREITOS HUMANOS E A DIGNIDADE DA MULHER

5.1 Proteção em âmbito internacional e interamericano

No cenário internacional observa-se ao longo de décadas a adoção de diversas medidas e políticas de enfretamento à violência contra a mulher. Tratados, convenções e conferências voltadas ao reconhecimento da necessidade latente de extirpar a violência de gênero contra a mulher, buscando conscientizar os Estados acerca da relevância da criação de políticas públicas capazes de reduzir o índice das violações que afligem o direito feminino.

Os primeiros passos para o enfretamento da violência de gênero em âmbito internacional foram às três fases de manifestação e reconhecimento de direitos, efetivada pela Organização das Nações Unidas. Precipuamente, as diretrizes eram voltadas a garantia da equidade entre homens e mulheres (direito a voto, educação, remuneração), sendo o marco inicial dessa fase a Carta das Nações Unidas, que mencionou categoricamente o dever de proceder à promoção dos direitos humanos e das liberdades sem distinção de gênero (HADDAD, 2007).

Na segunda fase, alguns países passaram a seguir legislações que preconizavam a proteção dos direitos expostos na Carta das Nações Unidas, sendo muitos desses direitos decorrentes de documentos internacionais, como a Convenção dos Direitos Políticos das Mulheres.

Por último, a terceira fase, teve como característica basilar a busca de afirmação dos direitos femininos, com a realização das Conferências Mundiais de

Copenhagen e Nairóbi, e a Convenção sobre a Eliminação de todas as formas de Discriminação contra a Mulher. E assim, devido à complexidade das tratativas normativas, o Conselho Econômico e Social, no ano de 1946, estabeleceu a Comissão sobre o *Status* das Mulheres (CSW), atribuindo a esta a garantia dos Direitos Humanos das mulheres (AMARAL, 2017, p. 113).

Em busca da evolução dos Estados na proteção dos direitos da mulher, a Organização das Nações Unidas realizou diversas conferências, como outrora mencionado. Estabelecendo na I Conferência Mundial sobre a Mulher a igualdade entre gêneros, e defendendo o desenvolvimento e a paz, conservando as tentativas de conscientização dos Estados e cidadãos acerca da opressão e violação feminina em vários países.

Ainda nesse contexto, ano de 1994, foi implementado um protocolo opcional à Convenção para Eliminar todas as Formas de Descriminação contra a Mulher, para garantir aos Estados signatários, a possibilidade de acionar o comitê internacional quando esgotados todos os recursos internos de proteção à violação dos direitos da mulher.

No mesmo ano, a Declaração sobre a Eliminação da Violência contra a Mulher auxiliou a constituição da Convenção Interamericana para Prevenir, Punir e Erradicar a Violência contra as Mulheres, também chamada de "Convenção de Belém do Pará". Esta Convenção foi aprovada pela Assembleia Geral da OEA em 09 de junho de 1994 e entrou em vigor em 5 de março de 1995.

Deve ser destacado que este instrumento é um dos poucos mecanismos internacionais de temática voltada a tratar da violência de gênero. Nele se define pormenorizadamente as formas de violência contra a mulher, entre as quais a violência física, sexual e psicológica, baseada no gênero, tanto na vida pública como na vida privada. Também estabelece que toda mulher tem direito a uma vida livre de violência, além de todos os Direitos Humanos consagrados em instrumentos regionais e internacionais. Segundo Flávia Piovesan:

> A Convenção afirma que a violência contra a mulher constitui grave violação aos direitos humanos e ofensa à dignidade humana, sendo manifestação de relações de poder historicamente desiguais entre mulheres e homens. Define ainda a violência contra a mulher como "qualquer ação ou conduta, baseada no gênero, que cause morte, dano ou sofrimento físico, sexual ou psicológico à mulher, tanto na esfera pública, como na privada (PIOVESAN, 2016, online).

Na II Conferência Mundial sobre a Mulher, a comunidade internacional observou pequenos avanços, porém, ainda insuficientes, por parte das políticas dos Estados para o enfrentamento das desigualdades, e baixo investimento nos serviços sociais de apoio às mulheres violentadas. Tal conclusão levou a incorporação de um programa de ação, demandando medidas mais consistentes para melhorias dos direitos femininos à herança, guarda da prole, nacionalidade, educação, emprego e saúde.

Na III Conferência Mundial, em Nairóbi, o balanço dos resultados palpáveis para os direitos femininos do decênio, constatou que poucos objetivos haviam sido alcançados. Destarte, foram tomadas medidas jurídicas para alcançar a equidade na participação social, política e na tomada de decisões dos países (ONU, 2017).

Em 1995, a IV Conferência Mundial, reafirmou os direitos das mulheres como Direitos Humanos e formulou o compromisso para proteção desses direitos, estabelecendo doze áreas de máxima preocupação: Mulheres e pobreza; Educação e Capacitação de Mulheres; Mulheres e Saúde; Violência contra a Mulher; Mulheres e Conflitos Armados; Mulheres e Economia; Mulheres no Poder e na liderança; Mecanismos institucionais para o Avanço das Mulheres; Direitos Humanos das Mulheres; Mulheres e a mídia; Mulheres e o Meio Ambiente; Direitos das Meninas (ONU, 2017).

Como se vê, foram diversos os mecanismos normativos de proteção aos direitos da mulher. Desta forma, os Estados da América Latina progressivamente seguiram as inclinações internacionais em seus ordenamentos nacionais, primando pela inclusão constitucional do enfrentamento à violência de gênero sofrida pelas mulheres.

5.2 Evolução da proteção no âmbito dos países americanos

Apesar de perceptíveis os avanços normativos de proteção aos direitos da mulher nos Estados da América Latina, Liliana Urrutia menciona que:

> "*la mayoría de los Estados da América aún no tienen una ley de protección integral de las mujeres contra la violencia de género (...) en cada uno de ellos existen leyes, políticas y prácticas destinadas a prevenir, sancionar y erradicar los diferentes tipos de violencia contra las mujeres (...) continuar trabajando em las causas de la violencia y su prevención, la asistencia a las víctimas y la rehabilitación del agresor (tarea pendiente) más allá de su sanción*" (URRUTIA, 2015).

Destaca Alberto Carvalho Amaral (2017, p. 120) que "podemos distinguir, no contexto sul-americano relativo à normatividade da violência de gênero, 3 (três) fases, quais sejam, (a) a invisibilidade; (b) o reconhecimento da violência no interior da família; e (c) a criminalização da violência contra a mulher".

Ainda no início dos anos 90, não havia normas especiais que tratavam das agressões intrafamiliares. Tais práticas delituosas ficavam escondidas pela cultura machista e opressora, fazendo com que as mulheres vitimadas procurassem a punição de seus agressores nas vias comuns, utilizando-se de regramentos gerais tipificadas pelo Código Penal dos países sul-americanos, que desconsideravam as peculiaridades da ofensa sofrida, ocasionando a restrição de violações ao direito feminino no ambiente doméstico.

No que tange ao reconhecimento da violência no interior da família, as normativas passaram a tipificar os crimes cometidos entre os consortes, não fazendo qualquer distinção de gênero, não havendo o reconhecimento da posição de vulnerabilidade feminina. Assim, mantendo o pensamento de igualdade entre homens e mulheres, os Estados da América Latina passaram a legislar acerca da violência intrafamiliar, com o objetivo precípuo de proteção a entidade familiar.

Nesse caminho, o Peru definiu com a Lei nº 26.260/1993, a violência familiar como agressões entre consortes e parentes, sem prever categoricamente as punições, deixando aberto ao magistrado a aplicação da medida mais conveniente à solução do caso e erradicação da violência.

Posteriormente, em 1995, a Bolívia apresentou a Lei nº 1.674/1995, não fazendo distinção de gênero e tipificando a violência no âmbito familiar (cônjuge/companheiro) e doméstico (ex-cônjuge/ex-companheiro), formalizando a aplicação de penas menos severas quando a conduta não estivesse prevista no ordenamento jurídico boliviano, aplicando-se, desta forma, pena pecuniária no valor de 20% (vinte por cento) do salário mínimo vigente, ou pena privativa de liberdade pelo período não superior a quatro dias, sendo passível a substituição por prestação de serviços ou atendimento psicológico (AMARAL, 2017, p. 120).

Destarte, com o incentivo global e a cobrança de grupos feministas, houve a promulgação de diversas leis especiais criminalizando a violência contra mulher, chegando à terceira fase prevista pelo autor Alberto Carvalho Amaral, onde de fato ocorreu o reconhecimento da fragilidade e vulnerabilidade feminina, e a concretização das disposições da Convenção de Belém do Pará.

O Brasil, nesta mesma linha, em agosto de 2006 editou a Lei nº 11.340, conhecida com Lei Maria da Penha, que criou mecanismos pra coibir a violência doméstica e familiar contra a mulher, conforme veremos adiante.

A seguir, a Argentina, no ano de 2009, publicou a Lei nº 26.485, que "*establece principios y políticas públicas tendientes a la protección, erradicación y sanción de todo tipo de violencia contra las mujeres ejercida tanto en el ámbito público como privado*" (URRUTIA, 2015), prevendo a utilização acessória da Lei nº 24.417/1994, que criminaliza a violência doméstica, porém, com a disposição de sanções surpreendentemente brandas.

No Peru, a Lei de violência familiar sofreu diversas alterações com o estabelecimento de uma legislação única de proteção.

Na Bolívia, em cumprimento ao disposto em sua Constituição: "*todas las personas, en particular las mujeres, tienen derecho a no sufrir violencia física, sexual o psicológica, tanto em la familia como en la sociedad*", promulgou normativa protetiva em caráter específico para a violência de gênero sofrida pela mulher, Lei nº 348/2013 (AMARAL, 2017, p. 124).

Nos Estados Unidos da América, as leis são estaduais, com exceção de algumas leis federais, como as de imigração. Na Califórnia existem diversas leis de proteção contra a agressão contra a mulher. Uma lei muito comum e usada é a "*Domestic Violence Restraining Order*", ordem dada por um juiz para que o agressor, geralmente familiares ou parceiros, não tenha nenhum tipo de contato com a vítima (ROSENTHAL, 2016, online).

E assim seguiram os demais países editando suas leis, buscando acolher as Convenções Internacionais para dar proteção efetiva às mulheres. Contudo, conforme dados do Banco Mundial, de 173 países pesquisados, 46 ainda não têm legislação específica de proteção às mulheres contra a violência doméstica. Os dados são da pesquisa "Mulheres, Empresas e o Direito 2016" (FERNANDES, 2016, online).

5.3 O Caso Maria da Penha na Comissão Interamericana de Direitos Humanos

Não obstante os diversos mecanismos internacionais contra a violência de gênero, sofrida pelas mulheres, o Brasil foi resistente em legislar acerca da temática. No ambiente brasileiro ainda se verificava socialmente uma hierarquia presumida, trazida culturalmente ao longo de décadas, onde ainda se vislumbrava a ideia remota do patriarcalismo romano, no qual o homem detinha em suas mãos o poder sobre a vida e a morte de sua parceira.

Desta forma, a atual norma brasileira de proteção às mulheres é o resultado das articulações feministas e da luta incansável de uma mulher que, insatisfeita com a injustificável demora processual e aparente impunidade de seu agressor, acionou instrumentos internacionais para sanar o a violação sistêmica dos Direitos Humanos das mulheres, com relação à violência de gênero por ela sofrida.

A luta em busca da punição de seu agressor transformou o caso da cearense Maria da Penha Maia Fernandes em um divisor no cenário normativo nacional. Em seu livro "*sobrevivi, posso contar*", Penha relata que seu ex-cônjuge, em duas oportunidades, tentou retirar-lhe a vida, em seu próprio domicílio, em Fortaleza, no ano de 1983. Na primeira tentativa, Heredia Viveiros simulando um assalto à residência do casal, acertou um tiro de espingarda nas costas da vítima, o que resultou em sua paraplegia aos 38 anos. Na segunda, o agressor tentou eletrocutá-la durante o banho (PIOVESAN, 2016, online).

Apesar de condenado pelo Poder Judiciário brasileiro, após quinze anos o agressor ainda permanecia em liberdade, utilizando diversos recursos processuais contra sua condenação no Tribunal do Júri. Assim, em razão da aparente impunidade e excessiva demora procedimental, Maria da Penha juntamente com o Centro pela Justiça e o Direito Internacional (CEJIL-Brasil) e o Comitê Latino-americano do Caribe para a Defesa dos Direitos da Mulher (CLADEM-Brasil), acionaram a Comissão Interamericana de Direitos Humanos, formulando uma petição contra o Estado brasileiro, demonstrando que houve uma tolerância à violência doméstica e familiar contra a mulher. Demonstrou que não houve a aplicação de medidas efetivas para punição do agressor. No corpo da denúncia foram mencionadas violações a Convenção Americana, a Declaração dos Direitos e Deveres do Homem, bem como a Convenção de Belém do Pará.

No entanto, como não haviam se esgotado todos os recursos da jurisdição brasileira, faltava o requisito de admissibilidade para o acolhimento e análise da inicial segundo a Convenção Americana. Dessa forma, neste caso específico, utilizou-se de uma exceção prevista no artigo 46, inciso II, da própria Convenção, que autoriza o recebimento da petição em casos de demora injustificada na decisão dos recursos internos:

> Considera conveniente lembrar aqui o fato inconteste de que a justiça brasileira esteve mais de 15 anos sem proferir sentença definitiva neste caso e de que o processo se encontra, desde 1997, à espera de decisão do segundo recurso de apelação perante o Tribunal de Justiça do Estado do Ceará. A esse respeito, a Comissão considera, ademais,

> que houve atraso injustificado na tramitação da denúncia, atraso que se agrava pelo fato de que pode acarretar a prescrição do delito e, por conseguinte, a impunidade definitiva do perpetrador e a impossibilidade de ressarcimento da vítima (CONTAIFER, 2016).

Em 4 de abril de 2001, a Comissão Interamericana de Direitos Humanos, reconhecendo a violação sistêmica dos Direitos Humanos das mulheres, publicou em seu informe n.º 54 de 2001, a responsabilização do Brasil por omissão, negligência e tolerância à violência doméstica contra a mulher, recomendando diversas medidas a serem tomadas pelo Estado (OEA, 2012).

Deveria o Brasil, segundo as recomendações, finalizar o processo penal do agressor de forma célere e efetiva, realizando a apuração de supostas irregularidades e atrasos injustificados no processo, tomando medidas administrativas, legislativas e judiciárias. Necessitando, também, indenizar à vítima e acentuar a adoção de políticas públicas com a finalidade voltada à prevenção, punição e erradicação da violência contra a mulher.

Assim, a utilização de mecanismos internacionais de proteção e o seguimento das recomendações levaram a conclusão do processo com a prisão de Heredia Viveiros, em outubro de 2002, seis meses antes da prescrição da pena.

A decisão proferida pela Comissão Interamericana de Direitos Humanos, conexa a legislações e decisões da comunidade internacional, somada as articulações feministas, sensibilizaram o Estado brasileiro acerca da necessidade de criminalização dos atos violentos praticados contra as mulheres. Nesta linha, em 2006, foi aprovada e sancionada a Lei nº 11.340, também conhecida como Lei Maria da Penha, que cria mecanismos para coibir a violência doméstica e familiar contra a mulher.

CONSIDERAÇÕES FINAIS

De todo o exposto, podemos concluir que após a Segunda Guerra Mundial, notadamente por volta das décadas de 60 e 70, a América passou por períodos dolorosos, com a violação generalizada dos direitos humanos. Assim, a criação da Comissão Interamericana foi um fator crucial para o processo de democratização da América Latina. Ela estabeleceu conceitos e, de forma suplementar e subsidiária, protege os Direitos Humanos tendo no Estado seu principal instrumento.

O Sistema Interamericano de Direitos Humanos conta com a Comissão e com a Corte, a qual é um órgão jurisdicional. A Comissão avalia toda denúncia de desrespeito aos Direitos Humanos e busca todas as formas para solução conciliatória do impasse, com recomendações ao Estado infrator. Ficou estabelecido na Convenção o procedimento de atuação, sendo que após o recebimento da petição, enviada por um particular ou por uma Organização não governamental, serão observados os requisitos fundamentais para aceitação do caso. A Comissão comunicará ao Estado sobre a situação, podendo proceder às investigações *in loco*, exigir relatórios e até aplicar sanções morais que irão coagir o Estado, fazendo-o cumprir o estabelecido no Tratado.

Somente um Estado membro ou a Comissão pode levar um caso para ser julgado. A Comissão ao observar que o problema é de extrema relevância o encaminha para a Corte, mas em outros casos ela resolve através de seus próprios mecanismos.

No que tange a competência contenciosa, os julgamentos dos casos submetidos à Corte são limitados aos Estados membros da Convenção, que tenham reconhecido de maneira expressa a sua jurisdição.

Em relação à proteção das crianças e dos adolescentes podemos concluir que existem diversas convenções e acordos internacionais reconhecidos pela comunidade internacional ao longo da história, os quais buscam resguardar os direitos dos menores. Nesta perspectiva, a Organização dos Estados Americanos criou o Instituto Interamericano da Criança, com o objetivo de auxiliar os países a enfrentar esses problemas internos.

A CIDH tem envidado esforços para proteger as crianças que, por diversos motivos, não contam com os cuidados adequados, orientados os Estados a garantir seu bem-estar e seu desenvolvimento integral. A Corte, por sua vez, reconheceu que tanto a Convenção Americana quanto a Convenção Internacional sobre os Direitos das Crianças da ONU devem ser aplicadas para proteger os menores.

Por fim, destaque-se que as mulheres também têm recebido apoio do Sistema Interamericano de Direitos Humanos, que adota todas as medidas e políticas de enfretamento à violência contra a mulher. Tratados, convenções e conferências destinadas ao reconhecimento da necessidade latente de extirpar a violência de gênero contra a mulher são acolhidos no âmbito interamericano, sendo que os países, aos poucos, têm editado leis internas coibindo estes abusos. Cite-se, como exemplo emblemático, de atuação da Comissão Interamericana, a intervenção para julgamento e prisão do torturador da sofrida Maria da Penha, a qual sobreviveu por milagre e hoje dá nome à lei que foi editada no Brasil para criar mecanismos que coíbam a violência doméstica e familiar contra a mulher.

REFERÊNCIAS

BRASILEIRAS PELO MUNDO, **Violência contra a mulher.** Disponível em http://www.brasileiraspelomundo.com/eua-violencia-contra-a-mulher-071638326. Acesso em 08 Jan. 2019.

COMISSÃO INTERAMERICANA DE DIREITOS HUMANOS. **Relatório n.º 54/01. Caso 12.051 Maria da Penha Maia Fernandes.** Disponível em: <http://www.compromissoeatitude.org.br/wpcontent/uploads/2012/08/OEA_CIDH_relatorio54_2001_casoMariadaPenha.pdf> Acesso em: 15 de Jan. de 2019

COMPROMISSO E ATITUDE. **O Caso Maria da Penha na Comissão de Direitos Humanos da OEA**. Disponível em: < http://www.compromissoeatitude.org.br/o-caso-maria-da-penha-na-oea/> Acesso em: 16 de Jan. de 2019.

ORGANIZAÇÃO DOS ESTADOS AMERICANOS (OEA). **Casos na Corte**. <http://www.oas.org/pt/cidh/decisiones/demandas.asp> Acesso em 15 Jan. 2019.

URRUTIA, Liliana Aída Beatriz. ***La violencia contra las mujeres en América Latina.*** I: Seminário Internacional de Ciência Política: estado e democracia em mudança no século XXI, 1, 2015, Porto Alegre: UFRGS. Disponível em: https://www.ufrgs.br/sicp/wp-content/uploads/2015/09/URRUTIA-Liliana-Artigo-para-os-Anais-I-SICP.pdf. Acesso em: 15 Jan. 2019.

AMARAL, Alberto Carvalho. **A violência doméstica a partir do olhar das vítimas: reflexões sobre a Lei Maria da Penha em juízo:** Ed. D' Plácido, 2017.

CANOTILHO, J. J. Gomes - **Direito Constitucional e Teoria da Constituição**. 7ª ed. Coimbra: Almedina, 2003.

FIX-ZAMUDIO. **Prólogo do Presidente da Corte Interamericana de Direitos Humanos.** Medidas Provisionales n. 1, Compêndio Serie E: Medidas Provisionales, n. 1, 1987/1996, <http://corteidh.or.cr/serie1/prologo.html>. Acesso em: 15 Jan. 2019.

JAYME, Fernando G. **Direitos Humanos e sua efetivação pela Corte Interamericana de Direitos Humanos.** Belo Horizonte: Ed. Del Rey, 2005.

MAZZUOLI, Valério de Oliveira. **Curso de Direito Internacional Público**. 9ª. Ed. São Paulo: Revista dos Tribunais, 2015.

MIRANDA, Jorge. **Manual de Direito Constitucional.** 7.ª ed. Coimbra Editora, 2003, t. I.

QUEIROZ, Carla Patrícia Pereira. **O Sistema Interamericano de Proteção dos Direitos Humanos: Interface com o Direito Constitucional Contemporâneo**. Cood. OLIVEIRA, Márcio Luís de. Belo Horizonte: Ed. Del Rey, 2007.

PIOVESAN, Flávia. **Direitos Humanos e o Direito Constitucional Internacional**. 16. Ed. São Paulo: Editora Saraiva, 2016.

________________.**Temas de Direitos Humanos.** 9. Ed. São Paulo: Editora Saraiva, 2016.

ROJAS, Cláudio Nash. **Sistema Interamericano de Direitos Humanos e Justiça Transicional: Revisando o Desenho Predominante.** Tradução de Pedro Buck, em Justiça de Transição nas Américas: olhares interdisciplinares, fundamentos e padrões de efetivação. Coordenadores José Carlos Moreira da Silva Filho; Paulo Abrão; Marcelo D. Tonelly. Belo Horizonte: Fórum, 2013.

4
A RESPONSABILIDADE INTERNACIONAL AMBIENTAL E O DESAFIO DE SUA REPARAÇÃO

INTERNATIONAL ENVIRONMENTAL RESPONSIBILITY AND THE CHALLENGE OF ITS REPAIR

Sébastien Kiwonghi Bizawu[1]
Luiz Otávio Paulon[2]

RESUMO

O meio ambiente, considerado como bem jurídico tutelado, é objeto de proteção pela ordem jurídica nacional e internacional. Ocorrendo danos ao meio ambiente, torna-se imprescindível o uso de meios eficazes para promover a proteção e reparação desse bem vital para a presente e as futuras gerações.

---

[1] Doutor e Mestre em Direito Internacional pela Pontifícia Universidade Católica de Minas Gerais (PUC Minas). Professor de Direito Internacional Público e Privado. Pós-doutorado pelo IGC/CDH, Universidade de Coimbra-Portugal. Pró-Reitor do Programa de Pós-Graduação em Direito e Professor de Direito Internacional Ambiental no Curso de Mestrado em Direito Ambiental e Desenvolvimento Sustentável, Professor visitante na Universidade do Kwango (UNIK) na República Democrática do Congo (RDC), membro do Grupo de Pesquisa Estratégica sobre a PanAmazônia da Escola Superior Dom Helder Câmara - Belo Horizonte-MG

[2] Mestre e Doutorando em Direito Ambiental pela Escola Superior Dom Helder Câmara; Atualmente é delegado da Polícia Civil de Minas Gerais lotado no Departamento Estadual de Investigação de Crimes Contra o Meio Ambiente, professor de Direito Penal, Processual Penal e Direito Ambiental para o Exame da OAB do Instituto Elpídio Donizetti; professor da Pós-graduação em Direito Penal e Processo Penal do Instituto Elpídio Donizetti; professor de Direito Ambiental e de Noções Básicas de Direito da Academia da Polícia Civil de Minas Gerais.

Apesar do modelo de responsabilidade objetiva adotado na maior parte dos Tratados e Convenções internacionais, ainda é um desafio a efetiva reparação do dano ambiental. O presente artigo tem por objeto revisar a doutrina e legislações concernentes à responsabilização e reparação do dano ambiental internacional. Utilizar-se-á o método dedutivo assentado na pesquisa descritiva com base nas investigações empíricas, tendo em vista o levantamento bibliográfico diante de um problema jurídico complexo.

Palavras-chave: Responsabilidade internacional ambiental; Meio ambiente; Desafios; Reparação.

ABSTRACT

The environment, considered as a legally protected asset, is protected by national and international legal orders. In the event of damage to the environment, the use of effective means to promote the protection and repair of this vital good for the present and future generations becomes indispensable. Despite the objective liability model adopted in most international treaties and conventions, effective remediation of environmental damage is still a challenge. The purpose of this article is to review the doctrine and legislation concerning the liability and remediation of international environmental damage. The deductive method based on descriptive research based on empirical investigations will be used, in view of the bibliographic survey before a complex legal problem.

Keywords: International Environmental Responsibility; Environment; Challenges; Repair.

INTRODUÇÃO

O meio ambiente foi exposto a diversos fatores de poluição e degradação nas últimas décadas, em especial, após a Revolução Industrial. Todavia, com o passar do tempo, verificou-se que os recursos naturais eram findos, e que a natureza não poderia suportar o modelo predatório de sua utilização.

Graves desastres ambientais ocorreram devido à interferência humana, e discussões envolvendo a proteção do meio ambiente culminaram na paradigmática Conferência de Estocolmo, em 1972, "atenta à necessidade de um critério e de princípios comuns que ofereçam aos povos do mundo inspiração e guia para preservar e melhorar o meio ambiente humano (..)" (ESTOCOLMO, 1972).

Há de lembrar que o modelo de responsabilidade internacional ambiental já havia sido inaugurado no fatídico caso da fundação Trail ainda na década de 1920, o qual é considerado pela maior parte da doutrina o primórdio do que se entende atualmente como Direito Internacional Ambiental.

Os casos da fundição *Trail* e do *Lac Lanoux* de 1957, foram apenas o alicerce para o modelo de responsabilidade internacional ambiental implementado pela Declaração da Conferência das Nações Unidas sobre o Meio Ambiente Humano de 1972.

A responsabilidade objetiva passou a ser a regra, mas a efetiva reparação dos danos ambientais tornou-se um desafio tendo em vista os dois sistemas de reparação existentes, o patrimonial no que se refere às pessoas atingidas, e o da reconstituição do aspecto natural no que se refere ao meio ambiente.

Por fim, diversos Tratados e Convenções tratam da responsabilidade e da reparação ambiental internacional, o que por si só, já demonstra a carência de um consenso sobre o assunto.

Para a consecução dos objetivos propostos, utilizar-se-á o método dedutivo e a pesquisa descritiva, tendo em vista a complexidade do problema relativo à conservação e preservação do meio ambiente diante das ações antrópicas devastadoras que afetam o processo da sustentabilidade, bem como o bem-estar de todos os povos e o próprio desenvolvimento econômico em prole das gerações presentes e futuras.

1. MEIO AMBIENTE COMO BEM JURÍDICO

O meio ambiente é um bem jurídico transindividual, ou seja, se sobrepõe a interesses meramente individuais. Todavia, somente nas últimas décadas a tutela do meio ambiente vem recebendo progressiva atenção da sociedade, e consequente, dos legisladores, principalmente pelas profundas mudanças no ambiente impostas pela intervenção humana.

Thomé da Silva ensina que:

> O crescimento econômico, a preservação do meio ambiente e a equidade social devem caminhar juntos. Há algum tempo tal afirmação soaria absurda, eis que a noção de progresso que sustentava a modernização e o crescimento econômica ao longo do século XIX e de considerável parcela do século XX colidiam com as noções básicas de preservação ambiental. Os recursos naturais, inesgotáveis, considerados fonte eterna de energia, suportariam todo e qualquer tipo de atividade econômica exercida pelo ser humano, empenhado em criar

> desde máquinas e indústrias a cidades e metrópoles, razão pela qual apresentava-se inimaginável a harmonia entre conceitos à primeira vista tão antagônicos.
>
> A natureza, calada, suportava o ônus do desenvolvimento industrial. O ser humano, ambientalmente inconsciente, continuava a usufruir dos recursos naturais sem a imprescindível preocupação com as gerações subsequentes.
>
> Necessário foi o incisivo alerta do planeta para que seus 'passageiros' se conscientizassem da fragilidade de sua estrutura e da harmonia necessária à sua sobrevivência. O aumento da temperatura média terrestre, as mudanças climáticas, o 'buraco' na camada de ozônio e a enorme quantidade de resíduos caracterizam-se como alguns, dentre outros vários, indícios de instabilidade na relação homem-natureza observados após a Revolução Industrial. (THOMÉ DA SILVA, 2014, p. 33).

O meio ambiente é exposto a diversos fatores de poluição e degradação cotidianamente, seja por grandes indústrias, por pequenos agricultores e pescadores, ou até mesmo por cada indivíduo da sociedade que negligência no cuidado desse bem, tido como vital para existência dessa e das futuras gerações.

José Danilo Tavares Lobato (2010, p. 60) "defende o Meio Ambiente como um bem jurídico supraindividual, que está necessariamente a serviço da própria humanidade."

O autor ainda expõe a ideia que a defesa do bem jurídico ambiental é uma necessidade social, senão vejamos:

> Deve-se desvelar o que seja o bem jurídico ambiental, pois o Meio Ambiente, enquanto bem juridicamente protegido, não pode ser confundido "com pedaços desgarrados da natureza", isto é, como expõe Souza Mendes, não há sentido em erigir todas as criaturas em "repositórios autônomos de valores transcendentes". Nesse diapasão, é possível a defesa de que o bem jurídico ambiental é a idealização de uma necessidade social que se reporta ao conjunto das condições da vida humana. (LOBATO, 2010, p. 58).

Diante dessa perspectiva, dispõe José Juan Gonzalez Márquez sobre o meio ambiente como bem jurídico e da dualidade que essa concepção traz ao elencar os elementos presente nesse conceito:

> Empero, la consideración del ambiente como bien jurídico implica, por una parte, su definición desde el punto de vista de la ciencia jurídica, y por otra, reconocer que este concepto encierra en sí mismo

> una dualidad en la que se puede distinguir entre el ambiente propiamente tal y los elementos que lo integran.
>
> En efecto, desde la óptica científica el ambiente ha sido definido como el conjunto de elementos naturales, es decir, aire, agua, suelo, flora y fauna que se encuentran en interacción; pero en el ámbito de la ciencia jurídica esos elementos ameritan un tratamiento al menos desde tres perspectivas:4
>
> a) Como bienes en sí mismos, b) Como bienes que desempeñan una función ambiental respecto de los otros con lo que interactúan, y c) Como ambiente propiamente tal. (MÁRQUEZ, 2003, p. 14).

Historicamente nem sempre o meio ambiente foi visto como um bem jurídico, mas a partir da consciência de sua importância quanto à preservação, conservação e proteção em âmbito internacional bem como pelas legislações pátrias.

Nesse sentido Maria da Graça de Almeida D'Eça do Canto Moniz expõe que:

> A tutela jurídica do ambiente é uma realidade dos nossos dias, que surgiu a partir de meados do século XX. Apesar disso, a consideração do ambiente como bem jurídico encontra as suas raízes filosóficas mais remotas no Cristianismo e, em particular, no pensamento de S. Francisco de Assis, que falava na sua pregação, do amor ao "irmão lobo", ao "irmão pássaro" ou à irmã árvore", perspectivando a relação do homem com a natureza como uma forma de amar e respeitar o Criador Divino. O Direito começou, no entanto, por encarar o problema ecológico a partir de uma pré-compreensão antropocêntrica, isto é, considerando a proteção do ambiente como um instrumento necessário para a defesa da saúde e do bem-estar económico-social do homem. Só mais tarde, com o advento de uma verdadeira consciência ecológica, se afirmou uma pré-compreensão ecocêntrica, que considera o ambiente como um valor em si mesmo, digno de proteção jurídica, independentemente do interesse que a sua defesa e conservação possa ter para o próprio homem. (MONIZ, 2012, p. 2).

Devido a tal importância, o meio ambiente passou a gozar de proteção em âmbito nacional e internacional, visto que esse bem é um bem de todos os povos, e a sua degradação atinge universalmente a todos, não se limitando a regiões ou países.

André Fagundes Lemos e Kiwonghi Bizawu, ao tratar do meio ambiente, explicam como esse bem, diante da sua proporção, pode atingir inúmeras pessoas:

> Meio ambiente é assunto intrigante que interessa a todos, devido à relevância para a vida humana em harmonia com a natureza. Sabe-se que os efeitos danosos oriundos da degradação ambiental não respeitam classe social ou etnia, o que gera preocupação para todos independentemente do país em que habita e acarreta a responsabilidade ambiental a fim de garantir a sustentabilidade, ou seja, o meio ambiente ecologicamente equilibrado tanto para as gerações presentes como as futuras, segundo a inteligência do art. 225, da Constituição da República de 1988 (CR/88). (BIZAWU; LEMOS, 2014, p. 3).

2. A PROTEÇÃO DO MEIO AMBIENTE EM ÂMBITO INTERNACIONAL

Em âmbito nacional, tem-se por previsão constitucional que todos têm direito ao meio ambiente ecologicamente equilibrado, devendo o poder público e a coletividade defender e preservá-lo para a presente e próximas gerações (Art. 225, CR/88).

O constituinte brasileiro também já estabeleceu no texto constitucional a responsabilização dos agentes que promovam a lesão ao meio ambiente, bem como estipulou a obrigação de reparar os danos ambientais causados conforme se verifica nos parágrafos 2º e 3º do art. 225:

> Art. 225. Todos têm direito ao meio ambiente ecologicamente equilibrado, bem de uso comum do povo e essencial à sadia qualidade de vida, impondo-se ao Poder Público e à coletividade o dever de defendê-lo e preservá- lo para as presentes e futuras gerações. [...] § 2º Aquele que explorar recursos minerais fica obrigado a recuperar o meio ambiente degradado, de acordo com solução técnica exigida pelo órgão público competente, na forma da lei. § 3º As condutas e atividades consideradas lesivas ao meio ambiente sujeitarão os infratores, pessoas físicas ou jurídicas, a sanções penais e administrativas, independentemente da obrigação de reparar os danos causados[3].

O meio ambiente também é objeto de proteção internacional, sendo contemplado por diversas Convenções e Tratados, a fim de garantir o meio ambiente equilibrado a todas as nações.

---

[3] Cabe ressaltar que o ordenamento jurídico brasileiro é composto de outras normas que possuem a finalidade de efetivarem a proteção atribuída pela Constituição de 1988, sendo a Lei nº 9.605/1998 apenas um dos importantes instrumentos normativo de ordem interna que dispõe sobre as sanções penais e administrativas derivadas de condutas e atividades lesivas ao meio ambiente, impondo também a obrigação de reparar o dano provocado.

Maria da Graça de Almeida D'Eça do Canto Moniz explica que, no âmbito internacional, a proteção do meio ambiente ganhou especial destaque na chamada Conferência de Estocolmo:

> Um momento jurídico de enorme relevo na concepção do direito do ambiente à escala internacional é a Resolução da Assembleia Geral das Nações Unidas de 1968, primeira expressão da inquietação da humanidade no tocante às repercussões que as mudanças súbditas do ambiente poderão acarretar para a condição humana. Concretamente em matéria de proteção dos recursos naturais, os preparos iniciaram se em 1972, com a Conferência de Estocolmo realizada pela ONU, da qual resultou a UNEP (Programa das Nações Unidas Para o Ambiente). Esta declaração não teve força de lei, mas a sua importância decorre do fato de ela considerar o Direito do ambiente como um direito do homem, nos termos da Carta das Nações Unidas. Relevante para o Direito Internacional do Ambiente é o Princípio 21 daquela declaração, que tem sido uma bandeira fundamental, novamente desfraldada aquando da Conferência do Rio de Janeiro em 1992, onde se proclama o soberano direito dos Estados a explorarem os seus recursos, prosseguindo as suas políticas de ambiente, mas assegurando que as atividades sob a sua jurisdição ou controle não causem danos no ambiente de outros Estados. (MONIZ, 2012, p. 2).

Leandro Aparecido de Souza também expõe sobre o processo de conscientização e inauguração efetiva da proteção internacional do meio ambiente, em que foram criados importantes documentos visando a proteção ambiental, dentre os quais, a Declaração de Estocolmo, impulsionada pelas degradações ambientais da época:

> Foi apenas por meio das constatações de degradação ambiental que a Organização das Nações Unidas – ONU, no ano de 1972, promoveu em Estocolmo uma conferência sobre o meio ambiente, a qual foi um marco ambiental, pois, pela primeira vez, introduziu na agenda política internacional a dimensão ambiental como condicionadora e limitadora do modelo tradicional de crescimento econômico e do uso dos recursos naturais. Desde então, significativos foram os avanços acerca da proteção do meio ambiente. Após a Declaração de Estocolmo, firmada em 1972, houve a Declaração de Limoges, na França, no ano de 1990, que proporcionou os debates iniciais para a Conferência das Nações Unidas sobre o Meio Ambiente e Desenvolvimento –Eco/92; o Tratado de Assunção – Mercosul, pactuado em 1991; e a Conferência das Nações Unidas sobre o Meio Ambiente e Desenvolvimento - Eco/92, realizada no Rio de Janeiro no ano de 1992. Todas elas criaram, em esfera global, grandes compromissos de proteção ambiental. (SOUZA, 2017, p. 7).

Com efeito, tanto em âmbito nacional como internacional tem-se que a proteção do meio ambiente é um dever do Estado e de seus cidadãos, impondo a responsabilização dos agentes que provocarem o dano ambiental, seja em seu Estado ou em outro Estado, sujeitando ainda a efetiva reparação do dano ambiental.

Para tanto, mister entender a forma de atribuição da responsabilidade internacional ambiental quando ocorre um dano ambiental, tendo em vista tal matéria reger-se por regras próprias.

3. AS BASES DA RESPONSABILIDADE INTERNACIONAL AMBIENTAL

A Conferência de Estocolmo foi um marco da proteção do meio ambiente sob a ótica internacional, todavia, apesar do paradigma lançado pela Declaração de 1972, a responsabilidade internacional em matéria ambiental já possuía contornos relevantes em decorrência de casos julgados envolvendo danos ambientais e sua consequente tentativa de reparação.

É tido como o primórdio das bases do direito internacional ambiental o chamado caso da Fundição de *Trail (Trail Smelter Case)*, em que uma grande fundição de chumbo e zinco canadense, emitiu extensas colunas de fumaça tóxica, composta por partículas sólidas e gases sulfurosos (chuva ácida), que atravessando o Canadá, atingiu os moradores de Newport, no Estado de Washington, região noroeste dos Estados Unidos, causando prejuízos nas plantações e nas florestas.

Tratou-se de um típico caso de poluição transfronteiriça em que a disputa arbitral perdurou por mais de uma década. Maria da Graça de Almeida D'Eça do Canto Moniz expõe o caso da seguinte forma:

> O conhecido Caso da Fundição de Trail opôs os Estados Unidos da América (doravante EUA) ao Canada, numa disputa arbitral que durou cerca de quinze anos (1926-1941). O conflito foi provocado pela poluição do ar através de fumos de dióxido de enxofre, emitidos pela Fundição de Trail, situada na Colombia Britânica, no Canada, e pertencente a uma empresa Canadiana (Consolidated Mining and Smelting Company of Canada, Limited, - de ora em diante designada Consolidate). Esses fumos produziram danos materiais e ambientais do outro lado da fronteira, no Estado de Washington, a um grupo de agricultores. A questão foi submetida a um tribunal arbitral constituído à sombra da Convenção de Otawa de 1935, que se debruçou

> sobre quatro questões (III Reports of International Arbitral Awards): I) Duração do dano causado ao Estado de Washington e indemnização a pagar; II) Cessação ou continuação da atividade da poluidora; III) À luz da resposta ao ponto anterior, quais as medidas e o regime a adoptar e manter na atividade industrial poluidora; IV) Qual o valor da indenização ou compensação, se alguma, a pagar pelos danos provocados, pela violação da decisão do tribunal relativamente às duas questões anteriores. (MONIZ, 2012, p. 3).

Conforme CEZARIO (2010), em relação a reparação dos danos ambientais, em um primeiro, foi estipulado pela Comissão Mista Internacional em 1931 que a empresa canadense pagasse o valor de $350.000,00 como compensação pelos danos causados – incluídos os prejuízos passados e os que viriam a ocorrer até o dia 1º de janeiro de 1932.

Através da Convenção de Ottawa em 1935 estabeleceu-se um Tribunal Arbitral para apreciar o caso, e em 1937 estipulou-se uma indenização de $78.000,00 em danos materiais sofridos pelos habitantes norte-americanos, e em 1941, com a conclusão do relatório final, baseando-se em estudos técnicos e científicos, chegou-se a solução com base numa partilha de "custos", entre a fábrica Canadense e a comunidade agrícola dos EUA, implementando um regime de controle de poluição, aplicável à fábrica no Canadá, que permitia um baixo nível de emissões de dióxido de enxofre (que irremediavelmente atravessariam a fronteira), mas que não envolvesse nenhuma violação, por parte do Canadá, da integridade territorial dos EUA, de acordo com o Direito Internacional Geral. (MONIZ, 2012).

Moniz ainda explica os reflexos futuros desse caso na proteção ambiental, vez que propiciou questionamentos sobre a possibilidade de exploração de recursos naturais pelo Estado, desde que não prejudicasse o meio ambiente de outros Estados, colocando em evidencia a soberania do Estado no âmbito político, mas a minimizando no que tange ao lado judicial.

> No desenho da árvore genealógica originada por este caso distinguem-se dois ramos, (I) o político – que tenta conciliar o respeito pela soberania com uma liberalização do dictum proferido em Trail - e o (II) judicial – que, tipicamente, omite a qualquer menção à soberania. Nas negociações e acordos políticos destaca-se o Princípio 21 da Declaração de Estocolmo onde se pode ler "em conformidade com a Carta das Nações Unidas e com os princípios de Direito Internacional, os Estados têm o direito soberano de explorar os seus próprios recursos em aplicação da sua política ambiental e a obrigação de se assegurar de que as atividades desenvolvidas dentro da sua

> jurisdição, ou sob o seu controlo, não prejudicam o meio ambiente de outros Estados ou de zonas situadas fora de toda a jurisdição nacional " (sublinhados nossos) – reafirmado, vinte anos mais tarde, no princípio 2 da Declaração do Rio de Janeiro sobre o Meio Ambiente e Desenvolvimento. Este princípio tem a sua própria descendência nomeadamente, na Convenção sobre a Diversidade Biológica de 5 de Junho de 1992, na Convenção sobre a Desertificação celebrada em Paris em 1997, e na Convenção - Quadro das Nações Unidas sobre a Mudança no Clima celebrada em Maio de 1992. No outro lado da família, o lado judicial, supostamente independente dos constrangimentos políticos que influenciaram o Princípio 21, libertou aquela obrigação das amarras impostas pela soberania. Numa primeira fase, na interpretação do Tribunal de Justiça Internacional (TJI) sobre a legalidade do uso de armas nucleares (Tribunal de Justiça Internacional 1996, 241) e, posteriormente, no caso que opôs Hungria e Eslováquia, também conhecido como Gabcíkovo-Nagymaros Project. (Moniz, 2012, p. 8-90).

Outro caso relevante na ótica do direito internacional ambiental foi o chamado *Lac Lanoux* em 1957 em que o governo francês autorizou a construção de uma Usina Hidrelétrica utilizando água do lago *Lanoux*, que por sua vez, abastecia cerca de 25% das águas do Lago Carol, o qual se beneficiavam parte da população espanhola.

O Lago *Lanoux* está situado no território francês, razão pela qual, conforme estabelecido em tratados da época, a titularidade para seu aproveitamento se encontrava a critério do Estado francês. No entanto, a Espanha alegou que a faculdade do Estado de realizar obras públicas estaria limitada quando afetasse o curso de rios e trouxesse prejuízos a população de outros países.

O Tribunal Arbitral decidiu que em nenhum momento estava comprovado que a fronteira espanhola sofreria uma diminuição do nível de água na satisfação de suas necessidades, a qual ainda estaria garantida pelo governo francês ao devolver mais a frente a água utilizada no lago Lanoux. Além disso, verificou-se que este procedimento não ocasionava alterações drásticas na composição da água, amenizando o impacto nas populações afetadas. (VARGAS; CASTEÑEDA, 2010).

Esses casos marcaram o direito internacional ambiental, ao criar precedentes e ainda alicerçar princípios posteriormente reafirmados na Declaração de Estocolmo (1972) e na Declaração do Rio (1992).

3.1 A Responsabilidade Civil do Estado pelo Dano Ambiental

Pressuposto lógico da reparação do dano ambiental no direito internacional é a visão da responsabilidade civil pelo Estado. Somente após a compreensão do conceito da responsabilidade do Estado é que se poderá analisar efetivamente o dever de reparar decorrente de uma obrigação assumida.

Paulo Affonso Leme Machado, ao tratar da responsabilidade, trabalha o histórico da utilização do termo responsável, e define responsabilidade da seguinte forma:

> A responsabilidade no campo civil é concretizada em cumprimento da obrigação de fazer ou não fazer e no pagamento de condenação em dinheiro. Em geral, manifesta-se na aplicação desse dinheiro em atividade ou obra de prevenção ou de reparação do prejuízo. (MACHADO, 2016, p. 405).

Karina Marcos Bredan e Elizabeth Mayer, ao tratar do instituto da responsabilidade civil por danos ambientais, traz a concepção de que cada país vem adotando um sistema de responsabilização próprio conforme se verifica abaixo:

O instituto jurídico da responsabilidade civil por danos ambientais visa a imputar ao causador de um dano ambiental o ônus pela sua reparação. O objetivo principal e aparente é coibir ações degradatórias. Contudo, muitas vezes, tais objetivos são mitigados com medidas puramente compensatórias. Na busca de maior efetividade na proteção ambiental, cada país vem adotando um sistema de responsabilização próprio, visando a um desenvolvimento sustentável. (BREDAN; MAYER, 2013, p. 46).

Contudo, como vimos, os danos ambientais, por vezes, não ficam adstritos as fronteiras de seus países, o que nos remete ao desenvolvimento do ordenamento jurídico internacional para a preservação do meio ambiente.

Nesse viés, Paulo Affonso Leme trabalha com a ideia do conceito de dano ecológico, prevista na Convenção de Lugano, ressaltando que a concepção de dano proposta pela convenção não elimina a responsabilização no caso de observância dos padrões oficiais, mas com ocorrência de dano. Senão vejamos:

> Art. 2.7 Dano significa: a) morte ou lesões corporais; b) qualquer perda ou qualquer prejuízo causado a bens outros que a instalação ela mesma ou os bens que se achem no local da atividade perigosa e situados sob o controle de quem a explora; c) qualquer perda ou prejuízo resultante da alteração do meio ambiente, na medida em que não seja considerada como dano no sentido das alíneas 'a' e 'b', acima

> mencionadas, desde que a reparação a titulo de alteração do meio ambiente, excetuada a perda de ganhos por esta alteração , seja limitada ao custos das medidas de restauração que tenham sido efetivamente realizadas ou que serão realizadas; d) o custo das medidas de salvaguarda, assim como qualquer perda ou qualquer prejuízo causado por essas medidas , na medida em que a perda ou o dano previstos nas alíneas 'a' e 'c' do presente paragrafo originem-se ou resultem das propriedades de substâncias perigosas , de organismos geneticamente modificados ou de micro-organismos, ou originem-se ou resultem de rejeitos. (MACHADO, 2016, p. 405).

De outro lado, Britto ao expor sobre os danos causados ao meio ambiente, expõe sua preocupação na reparação do dano quando se trata de degradações que cruzaram as fronteiras, tendo em vista a competência do direito interno ou da autoridade administrativa ser limitada para fins de imposição de sanções ao poluidor estrangeiro:

> Quando tanto o causador do dano quanto aqueles que são vítimas estão localizados no mesmo país, a solução jurídica irá ser obtida com os instrumentos administrativos ou judiciais previstos no direito interno. Todavia, quando os efeitos da degradação ambiental cruzam as fronteiras internacionais, torna-se difícil para o país negativamente afetado impor ao causador uma obrigação de reparação do dano cometido, pois a competência do direito interno ou da autoridade administrativa é limitada para fins de imposição de sanções ao poluidor estrangeiro.

Para esses casos, a previsão legal por meio de tratados internacionais é fundamental para garantir à nação prejudicada os adequados meios de se obter ressarcimento proporcional ao dano causado e, quando for o caso, conseguir a cessação das atividades que lhes sejam prejudiciais. (BRITTO, 2013, p. 281)

Sobre a responsabilidade internacional ambiental, Paulo Affonso Leme trabalha com institutos do direito internacional que foram importantes na construção da responsabilidade ambiental.

> Posicionamento importante sobre a responsabilidade passou a ter o Instituto de Direito Internacional, em sua sessão de Estraburgo, em 1997. Na comissão de n. 8 diversos temas sobre o meio ambiente foram abordados. A responsabilidade em direito internacional nos casos de danos ao meio ambiente foi tratada em 32 artigos. O art. 13 tem a rubrica: 'Mecanismos preventivos ligados à responsabilidade' – sendo do seguinte teor: 'Os regimes em matéria de meio ambiente deverão estabelecer ligações apropriadas entre a função preventiva da responsabilidade e outros mecanismos preventivos, tais como a

> notificação e a consulta, a troca regular de informações e o emprego intenso das avaliações de impacto sobre o meio ambiente. Eles deverão igualmente tomar em consideração os princípios da precaução, do poluidor-pagador e da responsabilidade comum mas diferenciada.' (MACHADO, 2016, p. 413).

Tavares e Pozzetti expõem que a responsabilidade do Estado se justifica pela existência de compromissos internacionais firmados para reparar os danos causados, em suas palavras:

> Neste contexto, as questões ambientais e a responsabilidade do Estado por danos ambientais se justificam em razão da existência de compromissos internacionais que obrigam o Estado a reparar algum dano causado seja contra outro Estado ou contra o indivíduo, que neste caso o direito ao meio ambiente se apresenta como direito humano. (TAVARES; POZZETTI, 2016, p. 435).

Desse modo, infere-se que a responsabilidade internacional do Estado pelo dano ambiental é contraída após o descumprimento de uma norma de direito internacional que o próprio Estado se submeteu.

Diante dos danos ambientais e o consequente descumprimento de alguma norma de direito internacional protetora do meio ambiente, teremos a responsabilização do Estado e, por conseguinte, a necessidade de reparação do dano causado.

Segundo Guido Fernando Silva Soares, a responsabilidade no âmbito internacional se apresenta regulamentada por normas que geram dois tipos de sistemas distintos, senão vejamos:

> o sistema tradicional da responsabilidade subjetiva (ou por culpa), no qual inexistem normas escritas especiais sobre sua regulamentação, que é deixada a normas esparsas , aos costumes internacionais, as regras da jurisprudência de tribunais e de árbitros, aos princípios gerais de direito a doutrina. [...]o sistema de responsabilidade objetiva(ou por risco), no qual a responsabilidade e a reparação dos dano são regulados por normas escritas e precisas e que instituem a obrigação reparatória, independentemente de qualquer consideração sobre a natureza licita ou ilícita do ato ou omissão causadores dele. [...] (Soares, 2001, p. 134)

Britto também explica que:

> A responsabilização objetiva ambiental é a modalidade mais rápida e eficaz de identificação daquele que, sendo potencialmente capaz de poluir, deve agir com o dever de prevenir o risco, e, se o dano se

> concretizar, promover a reparação dos que forem lesados. Na ocorrência de externalidades negativas em atividades potencialmente causadoras de poluição, o que interessa para configurar a obrigação de reparar não deve depender de exame subjetivo visando apurar eventual desvio de conduta do poluidor, nem se houve intenção ou culpa do agente, bastando para a configuração da responsabilidade objetiva a mera possibilidade de ocorrência do fato danoso ao ambiente. O estabelecimento de nexo de causalidade entre a ocorrência danosa e a atividade desenvolvida pelo agente a ser imputado é o elemento que permite a responsabilização objetiva. Assim, pretende-se examinar como o direito internacional pode possibilitar a imputação ao causador da poluição transfronteiriça e de que forma deve ocorrer a investigação dos pressupostos que fundamentam a obrigação de indenizar. (BRITTO, 2013, p. 279-280)

Guido Fernando Silva Soares explica ainda que a instituição do dever de cooperação entre os Estados, e sua intima correlação com a responsabilidade internacional deles, está contemplada, expressamente no Princípio 22 da declaração de Estocolmo de 1972, e sua reiteração, no Princípio 13 da Declaração do Rio de Janeiro sobre o Meio ambiente e Desenvolvimento. (SOARES, 2001).

Assim existe dever dos Estados de legislarem sobre a responsabilidade em âmbito nacional para garantirem o dever de cooperação firmado em âmbito internacional.

TAVARES e POZZETI (2016), ao tratar da revolução da responsabilidade civil no Direito Internacional, explicam que a evolução dinâmica das relações humanas faz com que a responsabilidade civil tenha dimensões cada vez maiores, surgindo a responsabilidade administrativa, a responsabilidade ambiental, a responsabilidade internacional e até mesmo suas junções como a responsabilidade ambiental internacional.

Nesse sentido, os autores complementam seus pensamentos ao dizer que:

> Neste contexto de ordem pública, desenvolve-se o princípio da responsabilidade internacional do Estado, tema este de grande importância para o Direito Internacional.

Ora se um Estado assume obrigações perante outros Estados na seara ambiental, este colocou para si tal responsabilidade de tal modo que uma ação ou omissão acarreta no dever de indenizar. (TAVARES; POZZETTI, 2016, p. 433).

A consolidação da ideia de responsabilidade em âmbito internacional, no que tange a proteção do meio ambiente, faz surgir desafios a serem enfrentados no que se refere à reparação dos danos. A reparação dos danos ambientais internacionais ainda é tema que goza de nebulosidade, devendo ser analisado a luz dos Tratados e Convenções em que cada Estado seja signatário.

4. REPARAÇÃO DOS DANOS AMBIENTAIS INTERNACIONAIS

A ideia de responsabilidade pelos danos ambientais é importante na medida em que através dela se poderá exigir a reparação dos danos ambientais gerados.

No entanto, quando se constata que o dano ambiental já foi produzido, seja por um ato ilícito, seja porque foram superados os limites máximos previstos nas normas jurídicas, ou mesmo por um acidente, o princípio da reparação do dano ambiental exige que a reparação ambiental seja preferida à compensação financeira tradicional.

LÓPEZ (2017), ao tratar do princípio da reparação do dano ambiental no direito internacional público, explica que o dano ambiental é de difícil reparação, e em alguns casos, gera perdas irreparáveis, nem sempre passíveis de recuperação.

Os danos ambientais são autônomos e diferentes dos danos pessoais, motivo pelo qual, em alguns momentos, o comportamento possa gerar concomitantemente danos ao meio ambiente e lesões a particulares. Nestes casos não se pode olvidar que a reparação dos elementos naturais beneficia toda a sociedade, enquanto a reparação das lesões impostas aos particulares, através de indenização, acarreta benefícios a um grupo específico de pessoas.

Complementando tal pensamento, GUARANDA (2016) expõe que a reparação é um ato jurídico do qual, uma vez estabelecida a responsabilidade, seja pelo critério objetivo, seja pelo critério subjetivo, se fixará o valor correspondente ao dano gerado. Previamente se requer a valoração do dano gerado, mas daí surge o problema quando o objeto da quantificação econômica é o meio ambiente. Como estabelecer o valor deste bem? Quais considerações há de se ter em conta? Como se justifica um valor frente a um bem invalorável?

LÓPEZ explica que o dever de reparar o dano ambiental em âmbito internacional pode surgir de duas formas, a saber:

> En el ámbito del derecho internacional público el daño ambiental puede producirse como consecuencia de la contravención de una norma jurídica internacional o bien sin que se produzca un ilícito. En el primero de los supuestos es posible que la violación que cause el daño esté

> vulnerando una disposición contenida en un tratado internacional que prevea un sistema específico de responsabilidad, o bien que el Estado lesionado invoque las normas tradicionales relativas a la responsabilidad internacional porque dicha violación no conlleve un tipo específico de reparación. Además, es posible que se produzca un daño sin infringir ninguna norma jurídica internacional. En este último supuesto se habla normalmente de la responsabilidad del Estado por actos no prohibidos por el derecho internacional. (2017, online).

A reparação dos danos ambientais, seja através da recuperação do dano ambiental provocado, seja através de indenizações as vítimas atingidas, sempre foi uma preocupação do direito internacional.

O art. 22 da Declaração de Estocolmo de 1972 já previa que:

> Os Estados devem cooperar para continuar desenvolvendo o direito internacional no que se refere à responsabilidade e à indenização às vítimas da poluição e de outros danos ambientais que as atividades realizadas dentro da jurisdição ou sob o controle de tais Estados causem a zonas fora de sua jurisdição.

Nesse mesmo diapasão, dispõe o art. 10 da Declaração do Rio sobre Meio Ambiente e Desenvolvimento que:

> A melhor maneira de tratar as questões ambientais é assegurar a participação, no nível apropriado, de todos os cidadãos interessados. No nível nacional, cada indivíduo terá acesso adequado às informações relativas ao meio ambiente de que disponham as autoridades públicas, inclusive informações acerca de materiais e atividades perigosas em suas comunidades, bem como a oportunidade de participar dos processos decisórios. Os Estados irão facilitar e estimular a conscientização e a participação popular, colocando as informações à disposição de todos. Será proporcionado o acesso efetivo a mecanismos judiciais e administrativos, inclusive no que se refere à compensação e reparação de danos.

Complementando tal pensamento, o artigo 13 da Declaração do Rio sobre Meio Ambiente e Desenvolvimento conclui que os danos ambientais:

> Os Estados irão desenvolver legislação nacional relativa à responsabilidade e à indenização das vítimas de poluição e de outros danos ambientais. Os Estados irão também cooperar, de maneira expedita e mais determinada, no desenvolvimento do direito internacional no que se refere à responsabilidade e à indenização por efeitos adversos dos danos ambientais causados, em áreas fora de sua jurisdição, por atividades dentro de sua jurisdição ou sob seu controle.

Guaranda (2016) esclarece que há essencialmente dois sistemas de reparação: um primeiro que se estabelece a favor das pessoas que são afetadas em seu patrimônio e direitos; e uma segunda, que se refere aos mecanismos de reparação ou também chamado de restauração do meio ambiente propriamente dito. Então, para o autor, é indiscutível que dentro do dano ambiental são afetados dois tipos de elementos: os naturais e os pessoais.

Por fim, outro relevante instrumento normativo que versa sobre o assunto é Diretiva 2004/35/CE do Parlamento Europeu e do Conselho de 21de abril de 2004 relativa especificamente à responsabilidade ambiental em termos de prevenção e reparação de danos ambientais.

Nesse sentido, o texto é claro ao dizer que:

> A prevenção e a reparação de danos ambientais devem ser efectuadas mediante a aplicação do princípio do poluidor-pagador, previsto no Tratado e em consonância com o princípio do desenvolvimento sustentável. O princípio fundamental da presente directiva deve portanto ser o da responsabilização financeira do operador cuja actividade tenha causado danos ambientais ou a ameaça iminente de tais danos, a fim de induzir os operadores a tomarem medidas e a desenvolverem práticas por forma a reduzir os riscos de danos ambientais.

O citado documento aprofunda como se deve dar a reparação do dano ambiental visando alcançar uma verdadeira instrumentalização para tal propósito. A título exemplificativo, o documento descreve que em caso de reparação de danos causados à água, às espécies e habitats naturais protegidos a restituição do ambiente ao seu estado inicial poderá ocorrer por via de reparação primária, complementar e compensatória, a saber:

> Reparação «primária», qualquer medida de reparação que restitui os recursos naturais e/ou serviços danificados ao estado inicial, ou os aproxima desse estado;
>
> b) Reparação «complementar», qualquer medida de reparação tomada em relação aos recursos naturais e/ou serviços para compensar pelo facto de a reparação primária não resultar no pleno restabelecimento dos recursos naturais e/ou serviços danificados;
>
> c) Reparação «compensatória», qualquer acção destinada a compensar perdas transitórias de recursos naturais e/ou de serviços verificadas a partir da data de ocorrência dos danos até a reparação primária ter atingido plenamente os seus efeitos;
>
> d) «Perdas transitórias»: perdas resultantes do facto de os recursos naturais e/ou serviços danificados não poderem realizar as suas funções ecológicas ou prestar serviços a outros recursos naturais ou ao

público enquanto as medidas primárias ou complementares não tiverem produzido efeitos. Não consiste numa compensação financeira para os membros do público.

Como se denota, a diretiva do Parlamento Europeu faz com que a União Europeia encontra-se em grau mais avançado do que tange a efetiva responsabilização e reparação dos danos ambientais internacionais.

Outros documentos de cunho internacional devem ser elaborados visando dar efetiva concretude a reparação dos danos ambientais face a demanda crescente de casos envolvendo danos ambientais que extrapolem as divisas dos Estados, visando, assim, garantir o futuro da presente e das próximas gerações.

CONCLUSÃO

O meio ambiente como bem jurídico transindividual goza de proteção em âmbito nacional e internacional.

A Constituição brasileira de 1988 protegeu o Meio Ambiente expressamente em seu art. 225, o qual foi devidamente regulamentado por diversas normas infraconstitucionais, a exemplo da Lei de Crimes Ambientais.

Todavia, diante de vários casos em que Estados presenciaram a existência de danos transfronteiriços, foi possível pensar em uma responsabilidade internacional que juridicamente mitiga a soberania de cada Estado, impondo o dever de normatizar sobre a responsabilização pelos danos além de suas próprias fronteiras.

Por conseguinte, no âmbito internacional, a responsabilização depende de cada país, tendo em vista sua adesão a Tratados e Convenções internacionais estabelecendo um sistema de responsabilização próprio.

Diversos documentos internacionais, tais como a Declaração da Conferência das Nações Unidas sobre o Meio Ambiente Humano (Declaração de Estocolmo de 1972) e a Conferência do Rio de Janeiro sobre o Meio ambiente e Desenvolvimento (CNUMAD – 1992) desenvolveram um modelo de responsabilidade, consequentemente, de reparação ambiental.

Mas apenas com a Diretiva 2004/35/CE do Parlamento Europeu e do Conselho, de 21 de abril de 2004, é que se tratou com a profundidade necessária a responsabilidade ambiental em termos de prevenção e reparação de danos ambientais, demonstrando que o continente europeu está em um grau mais evoluído sobre o assunto.

Outros documentos de cunho internacional devem ser elaborados visando dar efetiva concretude a reparação dos danos ambientais face a demanda crescente de casos envolvendo danos ambientais que extrapolem as fronteiras dos Estados, visando, assim, garantir o futuro da presente e das próximas gerações.

REFERÊNCIAS

BEDRAN, Karina Marcos; MAYER, Elizabeth. A responsabilidade civil por danos ambientais no direito brasileiro e comparado: teoria do risco criado versus teoria do risco integral. *In*: **Veredas do Direito**, Belo Horizonte, v. 10, 2013, p. 45-88.

BIZAWU, Kiwonghi; LEMOS, André Fagundes. A humanização do direito e a horizontalização da Justiça no século XXI. Evolução histórico-jurídica do meio ambiente no Brasil: uma análise interpretativa da sistematização e codificação do Direito Ambiental. **XXIII Congresso Nacional do CONPEDI** / UFJP: 2014.

BRITTO, G. A. Responsabilidade objetiva nos danos ambientais internacionais. *In*: XXII Congresso Nacional, 2013, São Paulo. **Sociedade Global e seus impactos sobre o estudo e a afetividade do Direito na contemporaneidade.** Florianópolis: Funjab, 2013. v. 1. p. 278-301.

CEZARIO, Leandro Fazollo. O Caso da Fundição Trail (Trail Smelter Case) - Estados Unidos x Canadá: Características Transfronteiriças dos Danos ao Meio Ambiente e a Responsabilidade Internacional do Estado por Danos Ambientais. *In*: **Boletim Conteúdo Jurídico**, V. 93, 2010.

ORGANIZAÇÃO DAS NAÇÕES UNIDAS. Declaração de Estocolmo. Disponível em:https://www.apambiente.pt/_zdata/Politicas/DesenvolvimentoSustentavel/1972_Declaracao_Estocolmo.pdf. Acesso em: 26 maio 2019.

ORGANIZAÇÃO DAS NAÇÕES UNIDAS. Declaração do Rio 1992. Disponível em:http://www.meioambiente.pr.gov.br/arquivos/File/agenda21/Declaracao_Rio_Meio_Ambiente_Desenvolvimento.pdf. Acesso em: 26 maio 2019.

UNIÃO EUROPEIA. Directiva 2004/35/CE do Parlamento europeu e do Conselho. 21 de Abril de 2004. Disponível em: https://eur-lex.europa.eu/LexUriServ/LexUriServ.do?uri=OJ:L:2004:143:0056:0075:pt:PDF. Acesso em: 02 de jun. 2019.

GUARANDA, WILTON. **La reparación del daño ambiental.** 2016. Disponível em: https://www.inredh.org/index.php/archivo/boletines-ambientales/155-la-reparacion-ambiental. Acesso em: 02 jun. 2019.

LOBATO, José Danilo Tavares . O Meio Ambiente como Bem Jurídico e as Dificuldades de sua Tutela pelo Direito Penal. *In*: **Revista Liberdades**, v. 5, 2010, p. 54-84.

LÓPEZ, TANIA GARCÍA. El principio de la reparación del daño ambiental en el derecho internacional público. una aproximación a su recepción por parte del derecho mexicano. In: **Anuario Mexicano de Derecho Internacional.** Vol. VII. Instituto de Investigaciones Jurídicas. 2017. Disponível em: https://revistas.juridicas.unam.mx/index.php/derecho-internacional/article/view/207/347. Acesso em: 19 maio 2019.

MACHADO, Paulo Afonso Leme. **Direito Ambiental Brasileiro**. 24 ed. São Paulo. Ed. Malheiros, 2016.

MÁRQUEZ, José Juan Gonzalez. **La responsabilidad por el daño ambiental en América Latina**. Programa de las Naciones Unidas para el Medio Ambiente. N. 155, Col. Lomas Virreyes, México, D.F., 2003.

MONIZ, Maria da Graça de Almeida D'eça do Canto. Direito internacional do ambiente: o caso da fundição de trail. In: **Diversitates,** vol 4, n.2, 2012, p. 1-33.

POZZETTI, Valmir César; TAVARES, L. A. A responsabilidade civil do estado por danos ambientais internacionais. *In*: **ANAIS DO IV SICASA E 1º ANPPAS AMAZONIA**, 2016, MANAUS/AM. GT11 - JOVENS PESQUISADORES. MANAUS/AM: EVEN3, 2016. v. 1. p. 426-42.

SOARES, Guido Fernando Silva. **Direito Internacional do Meio Ambiente**: emergência, obrigações e reponsabilidades. São Paulo: Atlas, 2001.

SOUZA, Leandro Aparecido de. **A omissão do estado frente a responsabilidade internacional ambiental.** Universidade do Paraná. 2014. Disponível em: https://acervodigital.ufpr.br/bitstream/handle/1884/53328/R%20-%20E%20-%20LEANDRO%20APARECIDO%20DE%20SOUZA.pdf?sequence=1&isAllowed=yAcesso em: 01 jun. 2019.

THOMÉ DA SILVA, Romeu Faria. **Manual de direito ambiental**. 4 ed. Salvador: JusPODIVM, 2014.

VARGAS, Diego Uribe; CASTAÑEDA, Fabián Augusto Cárdenas. **Derecho Internacional Ambiental.** Bogotá: Fundación Universidad de Bogotá Jorge Tadeo Lozano, 2010.

5

JUDICIALIZAÇÃO, ATIVISMO JUDICIAL E O EFEITO BACKLASH: O CASO DA VAQUEJADA

JUDICIAL ACTIVISM AND THE BACKLASH EFFECT: THE CASE OF COWBOY

Gilson Soares Lemes Júnior [1]
Luiz Gustavo Gonçalves Ribeiro[2]

RESUMO

O presente estudo abordará o caso em que o Supremo Tribunal Federal (STF) do Brasil, se valendo de ativismo judicial, declarou ser inconstitucional a ocorrência da vaquejada, por intermédio da Ação Direta de Inconstitucionalidade (ADI) 4.983, proveniente do Estado do Ceará. Trabalhará, ainda, a reviravolta ocorrida no Congresso Nacional, através da Emenda Constitucional nº 96 de 2017, que permitiu a retomada da atividade da derrubada do boi. Por fim, será

---

[1] Advogado. Professor de Direito Penal e Processo Penal na Universidade José do Rosário Vellano (UNIFENAS). Mestre em Direito Ambiental na Escola Superior Dom Helder Câmara. Pós-graduado em Direito Penal e Processo Penal pela Universidade Cândido Mendes. Graduado em Direito pela Pontifícia Universidade Católica de Minas Gerais. Pesquisador do Grupo de Pesquisa da Possibilidade de Defesa dos Ambientes pelo Direito Penal. Currículo Lattes: <http://lattes.cnpq.br/9508328200939112> E-mail: penal.gilson@gmail.com

[2] Possui graduação em Direito pela Universidade Federal de Minas Gerais, mestrado e doutorado em Ciências Penais pela mesma Universidade. Pós-doutor em Direito Constitucional pela Universitá degli Studi di Messina/IT. Atualmente é professor de Direito Penal do curso de Graduação e de Direito Penal Ambiental do curso de Mestrado em Direito Ambiental e Desenvolvimento Sustentável da Escola Superior Dom Helder Câmara. Promotor de Justiça do Ministério Público do Estado de Minas Gerais.

feita análise para demonstrar o que é efeito *backlash* e que este ocorreu no processo levado ao STF. Para tanto, adotar-se-á a metodologia hipotético-dedutivo como instrumento de pesquisa.

Palavras-Chave: Vaquejada; ADI 4.983; PEC 96; Efeito *backlash*.

ABSTRACT

The present study will address the case in which the Federal Supreme Court (STF) of Brazil, using judicial activism, declared the occurrence of the vaquejada to be unconstitutional, through the Direct Action of Unconstitutionality (ADI) 4.983, from Ceará. It will also work the turnaround that occurred in the National Congress, through Constitutional Amendment nº 96 of 2017, which allowed the resumption of the ox firing activity. Finally, analysis will be done to demonstrate what is *backlash* effect and that this occurred in the process taken to the STF. To do so, the hypothetical-deductive methodology will be adopted as a research tool.

Key Words: Vaquejada; ADI 4.983; PEC 96; *Backlash* effect.

INTRODUÇÃO

O Supremo Tribunal Federal (STF) tem se tornado conhecido pelo seu ativismo judicial, mormente em questões de alta complexidade e dicotomia de opiniões. As pautas progressistas se antecipam ao poder legislativo, atendendo aos anseios de parcela da sociedade na tratativa de temas como a permissão do uso de células-tronco, o aborto em casos de anencefalia, o casamento homossexual, a descriminalização do aborto, entre outros.

Mais recentemente, a referida corte decidiu tratar como inconstitucional a prática da vaquejada. Trata-se de uma atividade na qual dois vaqueiros montados a cavalo tentam derrubar um boi, puxando-o pelo rabo. A modalidade é considerada por muitos uma atividade cultural ou até mesmo um esporte, porém muitas críticas advieram com o passar do tempo em virtude de uma maior sensibilização em torno da causa animal e de eventuais maus-tratos que são ínsitos à mesma.

A mais alta corte brasileira, após a análise da Ação Direta de Inconstitucionalidade (ADI) nº 4.983, proveniente do Estado do Ceará, entendeu que a vaquejada não se encontra de acordo com os valores constitucionais. A decisão entendeu que ocorre de maneira marcante a crueldade com o rebanho envolvido.

Entretanto, a questão que parecia resolvida teve uma reviravolta. Isso porque o Congresso Nacional, através da Proposta de Emenda à Constituição (PEC) nº 96 de 2017, acrescentou o parágrafo 7º ao artigo 225 da Constituição Federal brasileira para esclarecer que não se consideram cruéis as práticas desportivas que utilizem animais, desde que sejam consideradas manifestações culturais, regulamentadas por lei e que garantam o bem-estar dos espécimes envolvidos. A referida norma ficou mais conhecida como PEC da vaquejada, porque acabou permitindo o retorno da prática do esporte.

O que chama atenção no imbróglio é a alteração normativa em reação à decisão do poder judiciário em uma questão de grande polêmica social. Tal fato nos remete aos estudos do professor da Universidade de Harvard, Michael Klarman, que em seu livro "How Brown Changed Race Relations: The Backlash Thesis" trabalhou situação semelhante a essa, na tentativa de explicar o funcionamento de reversões das decisões do judiciário quando atua de maneira ativista, trazendo à tona um efeito que ficou conhecido por *backlash*.

Nesse sentido, o intuito do presente trabalho passa por verificar quais são as características do fenômeno estudado em Harvard e se no caso da vaquejada de fato ele ocorreu, para que em situações futuras possa se realizar melhores previsões sobre o quadro político-jurídico, garantindo maior estabilidade das decisões. Para tanto, adotar-se-á o método hipotético dedutivo.

1. A VAQUEJADA E A PROTEÇÃO AO ANIMAL

A vaquejada é uma manifestação cultural, especialmente do ciclo nordestino do Brasil. Conforme ensina a Associação Brasileira de Vaquejada (ABVAQ), a atividade surgiu da seguinte forma:

> Na época dos coronéis, quando não havia cercas no sertão nordestino, os animais eram marcados e soltos na mata. Depois de alguns meses, os coronéis reuniam os peões (vaqueiros) para juntar o gado marcado. Eram as pegas de gado, que originalmente aconteciam no Rio Grande do Norte. Montados em seus cavalos, vestidos com gibões de couro, estes bravos vaqueiros se embrenhavam na mata cerrada em busca dos bois, fazendo malabarismos para escaparem dos arranhões de espinhos e pontas de galhos secos. Alguns animais se reproduziam no mato. Os filhotes eram selvagens por nunca terem mantido contato com seres humanos, e eram esses animais os mais difíceis de serem capturados. Mesmo assim, os bravos vaqueiros perseguiam, laçavam e traziam os bois aos pés do coronel. Nessa luta,

> alguns desses homens se destacavam por sua valentia e habilidade, e foi daí que surgiu a ideia da realização de disputas.
>
> A primeira vaquejada ocorrida no mundo, foi na cidade de Morada Nova no Ceara. O Rio Grande do Norte é apontado como o estado que deu o primeiro passo para a prática da vaquejada. A cidade de Currais Novos é o berço das vaquejadas, onde a tradição é mantida até os dias atuais.
>
> O historiador Câmara Cascudo dizia que por volta de 1810 ainda não existia a vaquejada, mas já se tinha conhecimento de uma atividade parecida. Era a derrubada de vara de ferrão, praticada em Portugal e na Espanha, onde o peão utilizava uma vara para pegar o boi. Mas derrubar o boi pelo rabo, a vaquejada tradicional, é puramente nordestina. Na região Seridó do Rio Grande do Norte, mais precisamente no município de CURRAIS NOVOS onde tudo começou, era impossível o uso da vara, pois o campo era muito acidentado e a mata muito fechada, e por essa razão tudo indica que foi o vaqueiro seridoense o primeiro a derrubar boi pelo rabo. (ABVAQ, 2018).

A manifestação possui como objetivo principal a derrubada do boi, puxando-o pelo rabo, por uma pessoa que está montada a cavalo. Trata-se de uma modalidade de difícil feitio, cuja habilidade do vaqueiro é fundamental para a perfeita execução.

Diante do desafio que se constitui "o esporte", os praticantes apostam através de bolões sobre quem é capaz de realizar a prática com maior perfeição. Nesse sentido, Associação Brasileira de Vaquejada estabelece as seguintes regras:

> **Regras**
>
> As disputas são entre várias duplas, que montados em seus cavalos perseguem pela pista e tentam conduzir o boi na faixa apropriada para a prova, com dez metros de largura, desenhada na areia da pista com cal. Cada vaqueiro tem uma função: um é o batedor de esteira, o outro é o puxador.
>
> **O Batedor de Esteira**
>
> É o encarregado de "tanger" o boi para perto do puxador no momento da disparada dos animais e pegar o rabo do boi e imediatamente passar para o colega, além de empurrar, com as pernas do seu cavalo, o boi para dentro da faixa, caso o boi tente levantar-se fora da faixa.
>
> **O Puxador**
>
> É o encarregado de puxar o rabo do boi e de conduzi-lo para dentro da faixa apropriada, é também quem faz quase todo o trabalho, não desmerecendo o esteira.

> **O Juiz**
>
> O juiz serve como árbitro na disputa entre as duplas e deve ficar ao alto da faixa onde o boi será colocado. Ao cair na pista, dependendo do local, pontos são somados ou não à dupla.
>
> Se o boi for conduzido para dentro da faixa apropriada para esse fim, com as quatro patas para o ar, ele grita para o público: "Valeu Boi", então, soma-se pontos a dupla, se isso não acontecer, ele fala: "Zero", a dupla não consegue somar pontos. E ganha aquele que tiver mais pontos somados. Aí é só festejar mais uma vitória. (ABVAQ, 2018)

A demonstração de valentia e a capacidade dos peões em derrubar um animal de grande porte sem o uso de qualquer instrumento desperta o interesse do público. Não por menos, ao seu entorno existem eventos que movimentam a economia local com a venda de ingressos, bebidas e alimentos. Conforme ilustra Eduardo Savanachi, a vaquejada envolve "arenas lotadas, com média de público superior a 80 mil pessoas por noite. Premiações milionárias, que movimentam cerca de R$ 14 milhões por ano. Competidores que podem ganhar até R$ 150 mil vencendo uma prova [...]" (2016, p.1).

Nesse sentido, a vaquejada se encontra consolidada no território brasileiro, sendo que suas atividades se expandiram para Estados como Minas Gerais, Goiás, São Paulo e outros, fora do circuito nordestino. É claro que, como qualquer outra atividade econômica, gera tributos e empregos.

Ocorre que a modalidade começou a ser mal vista em meados do século XX, quando o fenômeno de proteção aos direitos dos animais ganhou forma, vindo de encontro à manifestação cultural ocorrida no Brasil. Conforme ensina Edson Ferreira de Carvalho:

> "O movimento dos animais começou na Inglaterra, em oposição à caça, e prosseguiu nos Estados Unidos sob a forma de reivindicação dos direitos dos animais e a liderança do filósofo australiano Peter Singer, cujo livro Animal Liberation foi publicado em Nova York, em 1975." (CARVALHO, 2001, p. 381).

Singer encontra posição de destaque na defesa de uma visão zoocentrista de mundo. Suas ideias são trabalhadas de modo que todos os seres devem ter seus interesses considerados de forma isonômica, não se levando em consideração o gênero, cor da pele ou a sexualidade. Assim, fundamenta a inclusão dos animais senscientes[3] no âmbito de proteção. (MAROTTA, 2018).

[3] A ciência comprovou que grande parte dos animais com os quais interagimos é dotada de senciência, ou até mesmo de consciência, o que foi expresso no documento de cunho

O que o filósofo australiano demonstra é que a senciência permite aos animais terem sensações e sentimentos, mormente no tocante à capacidade de sentirem dor. Portanto, trata de colocar o animal no centro do debate, para que as posturas de abusos e maus tratos sejam repudiadas.

Em mesmo sentido protetivo, a bioética, mais especificamente na figura de Hans Jonas, toma para si a responsabilidade do ser humano em relação aos animais. É nesse sentido que Jonas expressa que "o homem não tem nenhuma outra vantagem em relação aos outros seres viventes, exceto a de que só ele também pode assumir a responsabilidade de garantir os fins próprios aos demais seres" (JONAS, 2006, p. 175).

É nesse contexto que a legislação de diversos países progrediu no tocante à causa animal. A Alemanha, por exemplo, realizou reforma constitucional para incluir entre os seus direitos fundamentais a proteção à vida dos animais em 2002, trazendo-os para um patamar em que deve ocorrer a preservação da sua integridade física e moral (OLIVEIRA, 2014).

O Brasil, apesar de não possuir proteção tão ampla quanto os germânicos, prevê em seu artigo 225 da carta magna, *ipsis litteris*:

> Art. 225. Todos têm direito ao meio ambiente ecologicamente equilibrado, bem de uso comum do povo e essencial à sadia qualidade de vida, impondo-se ao Poder Público e à coletividade o dever de defendê-lo e preservá-lo para as presentes e futuras gerações.
>
> § 1º Para assegurar a efetividade desse direito, incumbe ao Poder Público:
>
> I - preservar e restaurar os processos ecológicos essenciais e prover o manejo ecológico das espécies e ecossistemas;
>
> II - preservar a diversidade e a integridade do patrimônio genético do País e fiscalizar as entidades dedicadas à pesquisa e manipulação de material genético;
>
> III - definir, em todas as unidades da Federação, espaços territoriais e seus componentes a serem especialmente protegidos, sendo a alteração e a supressão permitidas somente através de lei, vedada qualquer utilização que comprometa a integridade dos atributos que justifiquem sua proteção;

---

científico conhecido como "Declaração de Cambrigde". Superada a controvérsia sobre se os animais possuem sensações e sentimentos, autores renomados da (bio)ética defendem que estes fazem jus à consideração moral, o que torna seus interesses/necessidades relevantes. (MAROTTA, p. 14, 2018).

> IV - exigir, na forma da lei, para instalação de obra ou atividade potencialmente causadora de significativa degradação do meio ambiente, estudo prévio de impacto ambiental, a que se dará publicidade;
>
> V - controlar a produção, a comercialização e o emprego de técnicas, métodos e substâncias que comportem risco para a vida, a qualidade de vida e o meio ambiente;
>
> VI - promover a educação ambiental em todos os níveis de ensino e a conscientização pública para a preservação do meio ambiente;
>
> VII - proteger a fauna e a flora, vedadas, na forma da lei, as práticas que coloquem em risco sua função ecológica, provoquem a extinção de espécies ou submetam os animais a crueldade. (BRASIL, 1988).

Foi nesse contexto, entre o desenvolvimento da atividade econômica e cultural da vaquejada e um novo paradigma de proteção animal que o poder judiciário teve que se se manifestar sobre a constitucionalidade da prática que envolve a derrubada do boi como esporte.

2. A AÇÃO DIRETA DE INCONSTITUCIONALIDADE (ADI) 4.983 E A PEC 50/2016

O Estado do Ceará é um dos que possui a atividade da vaquejada de forma mais marcante, participando do circuito nordestino da modalidade. Nesse sentido, a Lei Estadual 15.299/2013 foi elaborada com a finalidade de regulamentar a prática como desportiva e cultural:

> Art. 1º. Fica regulamentada a vaquejada como atividade desportiva e cultural no Estado do Ceará.
>
> Art. 2º. Para efeitos desta Lei, considera-se vaquejada todo evento de natureza competitiva, no qual uma dupla de vaqueiro a cavalo persegue animal bovino, objetivando dominá-lo.
>
> § 1º. Os competidores são julgados na competição pela destreza e perícia, denominados vaqueiros ou peões de vaquejada, no dominar animal.
>
> § 2º. A competição deve ser realizada em espaço físico apropriado, com dimensões e formato que propiciem segurança aos vaqueiros, animais e ao público em geral.
>
> § 3º. A pista onde ocorre a competição deve, obrigatoriamente, permanecer isolada por alambrado, não farpado, contendo placas de aviso e sinalização informando os locais apropriados para acomodação do público.

> Art. 3º. A vaquejada poderá ser organizada nas modalidades amadora e profissional, mediante inscrição dos vaqueiros em torneio patrocinado por entidade pública ou privada.
>
> Art. 4º. Fica obrigado aos organizadores da vaquejada adotar medidas de proteção à saúde e à integridade física do público, dos vaqueiros e dos animais. § 1º. O transporte, o trato, o manejo e a montaria do animal utilizado na vaquejada devem ser feitos de forma adequada para não prejudicar a saúde do mesmo.
>
> § 2º. Na vaquejada profissional, fica obrigatória a presença de uma equipe de paramédicos de plantão no local durante a realização das provas.
>
> § 3º. O vaqueiro que, por motivo injustificado, se exceder no trato com o animal, ferindo-o ou maltratando-o de forma intencional, deverá ser excluído da prova. [...] (BRASIL, 2013).

Ocorre que o Ministério Público da União, através de sua Procuradoria da República situada no Estado do Ceará, ajuizou a Ação Direta de Inconstitucionalidade (ADI) nº 4.983. A sustentação feita pela instituição foi no sentido de que a legalização da atividade geraria uma colisão de princípios, entre a possibilidade de manifestação cultural, prevista no artigo 215 da Constituição Federal e a proteção ao meio ambiente, em especial ao animal, prevista no artigo 225 da carta magna. Segundo o requerente, a vaquejada geraria maus-tratos aos bois e cavalos participantes, nos seguintes termos:

> [...] diferentemente do que acontecia no passado, os bovinos são hoje enclausurados, açoitados e instigados. Segundo aduz, isso faz com que o boi corra "quando aberto o portão", sendo, então, conduzido pela dupla de vaqueiros competidores, até uma área assinalada com cal, agarrado pelo rabo, que é torcido até ele cair com as quatro patas para cima e, assim, ser finalmente dominado. Indica laudo técnico, conclusivo, subscrito pela Doutora Irvênia Luíza de Santis Prada, a demonstrar a presença de lesões traumáticas nos animais em fuga, inclusive a possibilidade de a cauda ser arrancada, com consequente comprometimento dos nervos e da medula espinhais, ocasionando dores físicas e sofrimento mental.

Reporta-se a estudo da Universidade Federal de Campina Grande, Paraíba, revelador de lesões e danos irreparáveis sofridos também pelos cavalos utilizados na atividade, considerado percentual relevante de ocorrência de tendinite, tenossinovite, exostose, miopatias focal e por esforço, fraturas e osteoartrite társica. Afirma, ante os dados empíricos, implicar a vaquejada tratamento cruel e desumano às espécies animais envolvidas. (BRASIL, 2015)

A Procuradoria da República requereu ao Supremo Tribunal Federal que se valesse das técnicas de sopesamento de princípios para que, por meio da ponderação, pudesse afastar a norma cearense do arcabouço jurídico. O Ministério Público se valeu, ainda, de precedentes como a ADI 1.856/RJ que proibiu a prática da rinha de galo e o Recurso Extraordinário 153.531, que vedou a farra do boi.

O Governo do Estado do Ceará, por outro lado, se manifestou em duas oportunidades. A defesa do requerido argumentou que a vaquejada possui uma importância histórica para a sua população, constituindo-se em um elemento do patrimônio cultural do povo nordestino e que o esporte possui eventos sazonais que incentivam o emprego, o turismo, além de aquecer a economia. Ademais, enalteceu a importância de preservação e garantia da qualidade do rebanho participante, que estaria devidamente garantida com a regulamentação promovida.

O Supremo Tribunal Federal, por sua vez, assim decidiu:

> A par de questões morais relacionadas ao entretenimento às custas do sofrimento dos animais, bem mais sérias se comparadas às que envolvem experiências científicas e médicas, a crueldade intrínseca à vaquejada não permite a prevalência do valor cultural como resultado desejado pelo sistema de direitos fundamentais da Carta de 1988. O sentido da expressão "crueldade" constante da parte final do inciso VII do § 1º do artigo 225 do Diploma Maior alcança, sem sombra de dúvida, a tortura e os maus-tratos infringidos aos bovinos durante a prática impugnada, revelando-se intolerável, a mais não poder, a conduta humana autorizada pela norma estadual atacada. No âmbito de composição dos interesses fundamentais envolvidos neste processo, há de sobressair a pretensão de proteção ao meio ambiente. (BRASIL, 2015).

Para a mais alta corte brasileira, em apertado placar (6 a 5), em que pese restar reconhecido o valor cultural da atividade, bem como o desenvolvimento econômico gerado, não é aceitável, à luz da Constituição Federal de 1988, o entretenimento às custas do sofrimento do animal. Nesse sentido, vencedora a tese de proteção ao meio ambiente, em especial aos animais:

> A decisão do ministro Roberto Barroso pela inconstitucionalidade da lei fundamenta-se em uma perspectiva de respeito e de proteção aos direitos dos animais, pois parte da análise da vaquejada, da descrição do "esporte" e da necessária queda do boi e seu levantamento pelo rabo, o que, por estudos, comprovadamente causa danos ao animal. (BÖLTER, Serli genz; DERANI, Cristiane, p. 236, 2018)

Ocorre que, antes mesmo da publicação da decisão do Supremo Tribunal Federal, o Congresso Nacional, mais especificamente o Senado Federal, já havia apresentado a Proposta de Emenda à Constituição (PEC) nº 50 de 2016, com a seguinte redação:

> § 7º Para fins do disposto na parte final do inciso VII do § 1º deste artigo, não se consideram cruéis as manifestações culturais previstas no § 1º do art. 215 e registradas como bem de natureza imaterial integrante do patrimônio cultural brasileiro, desde que regulamentadas em lei específica que assegure o bem-estar dos animais envolvidos. (BRASIL, 2016)

A PEC do Senado tinha como justificativa, *ipsis litteris*:

> Em que pese não ter sido sequer publicado o acórdão, a notícia da decisão tomada pela Suprema Corte suscitou intensa polêmica entre os apoiadores da prática e os defensores dos direitos animais, e chegou mesmo a ensejar o anúncio da formação de uma Frente Parlamentar em Defesa da Vaquejada.
>
> Dessarte, a fim de encerrar a controvérsia que ainda cerca a questão, propõe-se a presente sugestão de emenda ao texto constitucional, por intermédio da qual se busca consignar na Lei Maior, com clareza, a permissão para que as práticas culturais de natureza imaterial que integram o patrimônio cultural brasileiro e comprovadamente não submetam os animais à crueldade possam se realizar sem óbices.
>
> A vaquejada, assim como outras manifestações culturais populares, passa a constituir patrimônio cultural brasileiro e merecer proteção especial do Estado quando registrada em um dos quatro livros discriminados no Decreto nº 3.551, de 4 de agosto de 2000, que instituiu o Registro de Bens Culturais de Natureza Imaterial. Nessa hipótese, acaso regulamentada de forma a garantir a integridade física e mental dos animais envolvidos sem descaracterizar a própria prática, a vaquejada atenderá aos mandamentos exarados pelo Tribunal Constitucional por ocasião do julgamento da ADI 4983. (BRASIL, 2016)

Segundo entendimento dos Senadores propositores do texto, a PEC tinha como objetivo dissuadir dúvidas acerca de eventuais polêmicas no tocante aos maus-tratos aos animais. Portanto, somente seria viável a vaquejada quando regulamentada por Lei que garantisse a integridade do rebanho envolvido.

Por outro lado, parte dos congressistas saíram em defesa dos animais, alegando que não existe viabilidade na separação entre vaquejada e maus-tratos, pois a própria forma de derrubar o boi constitui meio de tratamento cruel.

Portanto, o novo texto constitucional serviria para permitir e garantir uma atividade que possui ínsita degradação física e moral.

Apesar da polêmica envolvida, a PEC foi aprovada e se tornou a Emenda Constitucional nº 96 de 2017, mais conhecida por "PEC da vaquejada", pois permitiu a retomada da manifestação, uma verdadeira reviravolta. Nesse sentido, passa-se ao próximo capítulo para a melhor compreensão entre a dinâmica ocorrida entre a decisão do Supremo Tribunal Federal e a PEC promovida pelo Congresso Nacional.

3. JUDICIALIZAÇÃO, ATIVISMO JUDICIAL E EFEITO *BACKLASH*

Após o advento da segunda guerra mundial, a teoria da constituição passou a defender uma maior força de atuação do poder jurisdicional. As cortes de cada país passaram a defender o direito das minorias, a democracia e, em especial, os direitos de primeira geração dos cidadãos, na busca de se evitar uma nova ascensão de governos tirânicos. Nesse novo contexto, o Poder Judiciário começou a ter maior destaque, pelo que a doutrina trata do surgimento de duas novas concepções: a judicialização e o ativismo judicial.

A judicialização consiste no fenômeno em que questões de ampla repercussão política e social são decididas pelos juízes em detrimento das instâncias tradicionais: o Congresso Nacional e o Poder Executivo. O fenômeno possui causas múltiplas, mas pode ser sintetizado nas seguintes: o judiciário como poder político e não como mero departamento técnico-especializado; a constitucionalização abrangente de matérias que constituíam o processo político majoritário ou a legislação ordinária; e o amplo sistema de controle de constitucionalidade existente no Brasil. (BARROSO, 2008).

Primeiramente, em relação ao judiciário como poder político, o que se pode auferir é que a função judicante, principalmente após o advento da carta magna de 1988, não se expressa mais com "o juiz boca da lei". A demanda por efetiva justiça se fortaleceu, mormente com o advento do Ministério Público e com a solidificação da Defensoria Pública em várias partes do país. Nesse sentido é que, principalmente, os Tribunais Superiores são constantemente chamados a se manifestar sobre uma inúmera quantidade de questões de natureza governamental.

Em uma segunda via, a constitucionalização das matérias em uma carta constitucional analítica tornou forçosa a participação do judiciário em questões políticas. O princípio da inafastabilidade da jurisdição obriga que o magistrado decida sobre as demandas que são levadas a ele, inclusive as que possuem como fim a prestação de uma atividade estatal.

Por fim, mas não menos importante, o sistema de controle de constitucionalidade adotado no Brasil é um dos mais abrangentes do mundo. Isso porque são adotados tanto o controle difuso, proveniente dos Estados Unidos, quanto o controle concentrado, proveniente da Europa. Assim, é inevitável que uma questão política não acabe entrando na pauta dos Tribunais Superiores, mormente o Supremo Tribunal Federal. (BARROSO, 2008).

Todos os referidos fatores levados ao cabo fizeram com que o Supremo Tribunal Federal se manifestasse em questões diversas nos últimos anos, tais como: possibilidade de pesquisa com células embrionárias, regulamentação sobre uso de algemas, possibilidade de alteração do nome em caso de transexualidade independentemente de autorização judicial, entre vários outros.

Porém, apesar da proximidade dos temas, a judicialização não pode ser confundida com o ativismo judicial, conforme explica Luís Roberto Barroso:

> A idéia de ativismo judicial está associada a uma participação mais ampla e intensa do Judiciário na concretização dos valores e fins constitucionais, com maior interferência no espaço de atuação dos outros dois Poderes. A postura ativista se manifesta por meio de diferentes condutas, que incluem: (i) a aplicação direta da Constituição a situações não expressamente contempladas em seu texto e independentemente de manifestação do legislador ordinário; (ii) a declaração de inconstitucionalidade de atos normativos emanados do legislador, com base em critérios menos rígidos que os de patente e ostensiva violação da Constituição; (iii) a imposição de condutas ou de abstenções ao Poder Público, notadamente em matéria de políticas públicas. (BARROSO, p. 6, 2008)

O ativismo judicial traz uma postura proativa do Judiciário, com intuito de interpretar a Constituição para expandir o seu alcance em sentindo não estritamente literal, interferindo, ainda que parcialmente, na atuação dos demais poderes. Não por menos, as origens históricas do movimento ativista decorreram de uma série de decisões polêmicas que foram tomadas pela Suprema Corte Americana, dentre as quais se encontram: (Miranda v. Arizona, 1966) acusados em processo criminal; e (Roe v. Wade, 1973) sobre a interrupção da gestação. (BARROSO, 2008).

É nesse sentido que o antônimo do ativismo judicial é a autocontenção. Ela tem como finalidade se valer de rígidos critérios de controle para declarar determinado ato ou norma inconstitucional, abstendo-se de invadir a seara das políticas públicas (essa foi a postura adotada pelo Judiciário brasileiro até o ano de 1988, quando o judiciário passou a ser mais atuante em questões político-jurídicas).

Ocorre que não existe remédio que não possua efeito colateral. Se o ativismo judicial é uma postura proativa do Judiciário no intuito de garantir uma política progressista, os reclamos sociais conservadores acabam se insurgindo. Em 1994, Michael J. Klarman já nos alertava para esse ponto em seu texto "How Brown Changed Race Relations: The Backlash Thesis".

O estudo de Klarman aponta para o caso Brown v. Board of Education em que a Suprema Corte dos Estados Unidos declarou ser inconstitucional as divisões raciais entre estudantes negros e brancos nas escolas públicas do país. Segundo o ele, esta foi uma das decisões mais importantes tomadas por aquele Tribunal Superior, seja pelo seu caráter direto, com a dessegregação das escolas públicas, seja em virtude de seu caráter indireto, colocando a questão da consciência negra em pauta no país. Entretanto, houve grande oposição contra o julgado favorável aos negros, em especial daqueles residentes no sul dos Estados Unidos. Aliás, foi como se a decisão tivesse servido para instigar a ala com entendimento contrário, que passou a se valer de uma possível ameaça à "família tradicional e à religião" para ocupar muitas das cadeiras do legislativo nas eleições seguintes.

Ainda mais drástico foi o que ocorreu em 1972, no caso Furman v. Georgia, quando a Suprema Corte dos Estados Unidos decidiu por 5 votos a 4 que a pena de morte era incompatível com a sua Constituição. Isso porque o caso que parecia levar o país a um caminho progressista teve uma reviravolta. A postura do judiciário inflamou a população conservadora, que conseguiu expressiva vitória nas eleições subsequentes e no retorno da pena capital através de mudanças legislativas, bem como por alteração do entendimento do Tribunal Superior - no caso Gregg v. Georgia.

Assim como esses, vários outros exemplos poderiam ser trazidos, como Roe v. Wade, em que a discussão era sobre a possibilidade de aborto no caso de estupro, ou ainda, Obergefell v. Hodges, em que se discutia o reconhecimento do casamento entre casais do mesmo sexo. Fato é que em todos eles houve um sentimento de intensificação dos conflitos em um movimento de contra-mobilização, chamado pela doutrina de efeito *Backlash*.

Linda Krieger o explica em termos mais precisos:

> "My central premise is simple: backlash is about the relationship between a legal regime enacted to effect social change and the system of existing norms and institutionalized practices into which it is introduced. Specifically, backlash tends to emerge when the application

> of a transformative legal regime generates outcomes that diverge too sharply from entrenched norms and institutions to which influential segments of the relevant population retain strong, conscious allegiance. In some situations, these norms and institutions may be those directly targeted by the new law. At its core, backlash is about the relationship between a transformative legal regime and the traditional social norms and institutionalized practices it implicates."[4] (KRIEGER, p. 14, 2017).

Backlash é, portanto, a reação a um movimento de transformação social que ataca as raízes mais profundas da cultura de um determinado povo. Não é por menos que a tratativa do tema sempre gera polêmicas e divide o seio social, pois a decisão judicial, nesse caso, é responsável por inflamar aqueles contrários à mudança.

4. EFEITO *BACKLASH* E A VAQUEJADA

No caso da vaquejada, ocorrido no Brasil, alguns doutrinadores passaram a tratar como se *backlash* fosse, tendo em vista a reviravolta ocorrida no Congresso Nacional após a decisão do Supremo Tribunal Federal. Nesse sentido, temos, por exemplo, o artigo apresentado por Sheila Pitombeira e Rebeca Silveira, no XXVII encontro nacional do CONPEDI (Congresso Nacional de Pós-Graduação em Direito), ocorrido em Salvador/BA, conforme se verifica:

> "Todavia, não obstante os precedentes jurisprudenciais já desenvolvidos e em consolidação pelo Supremo Tribunal Federal, ou até mesmo os compromissos decorrentes das conferências do meio ambiente, a exemplo da ECO 92, foi promulgada a Emenda Constitucional nº 96/2017, em claro efeito *backlash* e em retrocesso aos avanços

---

[4] Minha premissa central é simples: *backlash* é sobre a relação entre um regime legal promulgado para efetuar a mudança social e o sistema de normas existentes e práticas institucionalizadas nas quais ele é introduzido. Especificamente, *backlash* tende a surgir quando a aplicação de um regime legal transformador gera resultados que divergem, muito fortemente, de normas e instituições arraigadas, às quais segmentos influentes da população retêm fidelidade forte e consciente. Em algumas situações,essas normas e instituições podem ser aquelas diretamente atingidas pela nova lei. Em seu núcleo, *backlash* é sobre a relação entre um regime jurídico transformador e as normas sociais tradicionais e práticas institucionalizadas que ele implica.

> jurisprudenciais desenvolvidos pela Corte Suprema e pela Corte da Cidadania a respeito da proteção ambiental, prevendo a possibilidade de utilização de animais em práticas desportivas, desde que sejam consideradas manifestações culturais registradas como bem de natureza imaterial integrante do patrimônio cultural brasileiro. (PITOMBEIRA; SILVEIRA, p. 20, 2018).

Por outro lado, Margarida Lacombe Camargo, José Ribeira Vieira e Diogo Bacha e Silva demonstram entendimento contrário:

> Açodadamente, logo após a promulgação da Emenda à Constituição 96/2017, alguns começaram a falar que o Poder Legislativo teria praticado um *backlash* em relação à ADI 4983. Afirmações que se mostram precipitadas em relação ao próprio fenômeno do *backlash*. A finalidade da Emenda à Constituição foi de encerrar a discussão e não abrir o diálogo, como aliás mesmo consta da justificativa: "Dessarte, a fim de encerrar a controvérsia que ainda cerca a questão, propõe-se a presente sugestão de emenda ao texto constitucional, por intermédio da qual se busca consignar na Lei Maior, com clareza, a permissão para que as práticas culturais de natureza imaterial que integram o patrimônio cultural brasileiro e comprovadamente não submetam os animais à crueldade possam se realizar sem óbices".
>
> Em primeiro lugar, o fenômeno do *backlash* deve ser compreendido dentro do constitucionalismo popular. Nada mais é do que uma intensa e fundamentada desaprovação de uma decisão judicial acompanhada de uma resistência à determinação judicial para superá-la através dos meios legais, conforme o entendimento de Cass Sunstein. Reva Siegel, por exemplo, exemplifica o *backlash* em uma das mais conflituosas decisões da Suprema Corte no caso *Roe* vs. *Wade* e as consequências políticas posteriores.
>
> Nessa medida, só há um efetivo *backlash* após um intenso debate e reação contrária do povo acerca de uma decisão em jurisdição constitucional, cujo debate esteja amadurecido o bastante para que as pessoas se sintam convictas do desacerto da decisão judicial. (CAMARGO; VIEIRA; BACHA E SILVA, p.1, 2017)

O ponto conflitante entre as argumentações está na participação popular, ou seja, para que o *backlash* ocorresse, conforme a segunda corrente, deveria ter havido acaloramento da população e manifestação nesse sentido, gerando uma reviravolta pelos meios legais. Logo, como a decisão da ADI 4.983 sequer chegou a ser publicada, seria difícil defender que o fenômeno teria ocorrido no caso da vaquejada conforme o último entendimento.

De fato, para que o efeito se manifeste é necessário que haja repercussão, reverberação, reação. Não há que se falar em *backlash* se a população não foi alardeada pela decisão judicial. Entretanto, parece há um equívoco em considerar que não houve "intenso debate e reação contrária do povo", senão vejamos o que reverberava no noticiário em 2016:

> Vaqueiros e trabalhadores de vaquejadas ocuparam a Esplanada dos Ministérios, na área central de Brasília, na manhã desta terça-feira (25) para protestar contra a decisão do Supremo Tribunal Federal (STF) que tornou inconstitucional a prática do esporte no país. De acordo com a Polícia Militar, 3 mil pessoas, com 410 caminhões, 1,2 mil cavalos, 53 ônibus e 114 carros participaram do ato. (GLOBO, p.1, 2016)

Em defesa dos animais também foram feitas manifestações:

> Uma manifestação contra os maus tratos aos animais aconteceu em Santos, no litoral de São Paulo, na manhã deste domingo (27). O protesto ocorreu na Praça da Independência, no bairro do Gonzaga.

Em Santos, o movimento foi organizado pela Coordenadoria de Defesa da Vida Animal (Codevida), ligada à Secretaria de Meio Ambiente. Manifestações também foram organizadas por ONGs de defesa animal em 19 estados brasileiros. (GLOBO, p.1, 2016).

Acreditar que a população não teve conhecimento da decisão do Supremo Tribunal Federal tão somente pela apresentação da PEC 50 de 2016 ter ocorrido antes de sua publicação parece não ser a análise mais fidedigna. Com a facilidade de divulgação da informação pelos meios mais modernos, a publicação se tornou mera formalidade. Não por menos, conforme relatam as notícias acima, os vaqueiros e os grupos de defesas dos animais fizeram grande pressão popular, saindo vitoriosa a aprovação da emenda constitucional.

Por fim, acreditar que a PEC teve como intuito a mera finalidade de "encerrar uma discussão", como se o problema envolvido fosse de uma simples burocracia, envolve uma visão poliana. A pressão dos peões existiu e foi forte porque o Supremo Tribunal Federal havia de fato inviabilizado a sua atividade.

Portanto, o efeito *backlash* esteve presente no "caso da vaquejada", inflamando a população e gerando uma reviravolta. Dessa forma, a antevisão demonstra que a mais alta corte do país precisa ser cautelosa na tomada de decisões ativistas de cunho progressista, pois o efeito colateral pode acabar ocorrendo.

CONCLUSÃO

A vaquejada é um fenômeno tipicamente brasileiro em que os vaqueiros disputam quem realiza com maior perfeição a derrubada do boi, existindo, inclusive, regras para tanto. Tal atividade é reconhecida por muitos como uma modalidade desportiva, gerando emprego, arrecadação tributária e movimentando a economia do local onde ocorrem os eventos. Entretanto, os movimentos de defesa dos animais, capitaneados pelos ideais de Peter Singer e Hans Jonas, são absolutamente contra a prática, tendo em vista a crueldade que ocorre com o animal.

Em virtude dos reclamos sociais e da proteção conferida pelo artigo 225 da Constituição Federal, o Ministério Público Federal do Estado do Ceará ajuizou Ação Direta de Inconstitucionalidade contra a Lei Estadual 15.299/2013, requerendo que o Supremo Tribunal Federal, após sopesamento de princípios, declarasse a sua incompatibilidade com o ordenamento jurídico brasileiro. Entretanto, apesar da vitória do Ministério Público perante o Poder Judiciário, o Congresso Nacional reagiu e disciplinou o tema exatamente em sentido exatamente contrário, através da Emenda Constitucional nº 50 de 2017, conhecida como emenda da vaquejada, permitindo a volta do "esporte".

A reação do poder legislativo virtude de uma decisão ativista do poder judiciário que buscava um caminho progressista chamou a atenção dos doutrinadores de direito constitucional, em especial pela possibilidade da ocorrência do fenômeno conhecido como *backlash*. Trata-se de uma ocorrência que já vem sendo estudada em outros países, quando ocorre uma reviravolta no cenário jurídico político após uma decisão contra-majoritária que atinge os costumes mais arraigados de uma sociedade, como casamento homossexual, aborto em virtude de estupro, entre tantos outros.

O caso da vaquejada foi marcante por estar presente a figura do backlash. Apesar de haver discordância por uma parcela da doutrina, não há que se olvidar do forte movimento popular cercou o tema, em especial dos vaqueiros e das instituições protetoras dos animais. Assim, resta claro que o poder judiciário inflamou a população e o Congresso Nacional reagiu em uma reviravolta histórica.

REFERÊNCIAS

ASSOCIAÇÃO BRASILEIRA DE VAQUEJADA (ABVAQ). **História da vaquejada.** Disponível em: <http://www.abvaq.com.br/institucional> Acesso em: 01 out. 2018

BÖLTER, Serli Genz; DERANI, Cristiane. Direito ambiental e desenvolvimento sustentável: uma análise da judicialização das relações sociais. **Revista Veredas do Direito**, v. 15, n. 33, p. 209-242. Disponível em: < http://www.domhelder.edu.br/revista/index.php/veredas/article/view/1242/24671>. Acesso em: 05 out. 2018.

BARROSO, Luís Roberto. **Judicialização, ativismo judicial e legitimidade democrática.** Disponível em: <http://www.cnj.jus.br/eadcnj/pluginfile.php/136607/mod_resource/content/2/BARROSO%2C%20Lu%C3%ADs%20Roberto.%20Judicializa%C3%A7%C3%A3o%2C%20ativismo%20judicial%20e%20legitimidade%20democr%C3%A1tica%20%281%29.pdf> Acesso em: 10 out. 2018.

BRASIL. **ADI 4.983/CE.** Disponível em: <http://www.stf.jus.br/arquivo/cms/noticiaNoticiaStf/anexo/ADI4983relator.pdf> Acesso em 05 out. 2018.

BRASIL. **Proposta de Emenda à Constituição (PEC) nº 50, de 2016**. Disponível em: <https://legis.senado.leg.br/sdleg-getter/documento?dm=4609537&disposition=inline> Acesso em 03 out. 2018.

CAMARGO, Margarida Lacombe; VIEIRA, José Ribeira; SILVA, Diogo Bacha e. **A vaquejada e o incipiente diálogo institucional**. Disponível em: <https://www.jota.info/opiniao-e-analise/artigos/a-vaquejada-e-o-incipiente-dialogo-institucional-23062017> Acesso em 08 out. 2018.

CARVALHO, Edson Ferreira de. **Meio ambiente e direitos humanos**. 2. ed. Curitiba: Juruá. 2011. 640 p.

JONAS, Hans. **O princípio responsabilidade: ensaio de ética para a civilização tecnológica**. Tradução do original alemão por Marijane Lisboa e Luiz Barreto Montez. Rio de Janeiro: Contraponto: Ed. PUC-Rio, 2006.

KLARMAN, Michael J. **How brown changed race relations: the backlash thesis**. Disponível em: <https://pdfs.semanticscholar.org/8fba/19fc7a2fe594db646bd0e34479e3132146c2.pdf> Acesso em: 02 out. 2018.

KRIEGER, Linda Hamilton. Afterword: Socio-Legal Backlash. *In:* **Berkeley Journal of Employment and Labor Law**, v. 21, n. 1, 2000, p. 476-477.

MANIFESTAÇÃO contra os maus tratos aos animais acontece em Santos, SP. **GLOBO**. Disponível em: <http://g1.globo.com/sp/santos-regiao/noticia/2016/11/manifestacao-contra-os-maus-tratos-aos-animais-acontece-em-santos-sp.html> Acesso em: 10 out. 2018.

MARMELSTEIN, George. **Efeito *backlash* da jurisdição constitucional: reações políticas à atuação judicial.** Disponível em: <https://direitosfundamentais.net/2015/09/05/efeito-backlash-da-jurisdicao-constitucional-reacoes-politicas-a-atuacao-judicial/> Acesso em: 04 out. 2018.

MAROTTA, Clarice Gomes. **Princípio da dignidade dos animais à luz do ordenamento jurídico brasileiro: justificação, aplicação e novas perspectivas**. 2018. 150 f. Dissertação (Mestrado) – Escola Superior Dom Helder Câmara, Belo Horizonte, 2018.

OLIVEIRA, Luciana Campos de. **Os animais sob a ótica do direito ambiental: entre sujeitos éticos e sujeitos de direito**. 2014. 94 f. Dissertação (Mestrado) – Escola Superior Dom Helder Câmara, Belo Horizonte, 2014.

PITOMBEIRA, Sheila Cavalcante; SILVEIRA, Rebeca Costa Gadelha da. **A ficção da ponderação dos princípios no caso da vaquejada: *backlash* e retrocesso em pauta**. Disponível em: <https://www.conpedi.org.br/publicacoes/0ds65m46/a7hahv7u/496285LTxFGAa8l5.pdf> Acesso em 02 out. 2018.

SAVANACHI, Eduardo. O milionário mundo da vaquejada. **Dinheiro Rural**. Disponível em: <https://www.dinheirorural.com.br/secao/agronegocios/o-milionario-mundo-da-vaquejada> Acesso em: 01 out. 2018.

VAQUEIROS ocupam Esplanada em ato contra proibição de vaquejadas. **GLOBO**. Disponível em: <http://g1.globo.com/distrito-federal/noticia/2016/10/vaqueiros-ocupam-esplanada-em-ato-contra-proibicao-de-vaquejadas.html> Acesso em: 10 out. 2018.

6
A TAXATIVIDADE MITIGADA DO ROL DE HIPÓTESES PARA O MANEJO DO AGRAVO DE INSTRUMENTO NO CPC

THE MITIGATED TAXATION OF THE ROLE OF HYPOTHESES FOR THE MANAGEMENT OF THE INSTRUMENT OF APPEAL IN THE BRAZILIAN CIVIL PROCEDURE CODE

Breiner Ricardo Diniz Resende Machado[1]

RESUMO

O novo Código de Processo Civil de 2015 trouxe diversas inovações e adaptações para o formato e nuances dos atos judiciais no processo civil. Além da nova norma codificada propor atualizar institutos obsoletos e aprimorar a coordenação de atos processuais, segundo parâmetros notáveis de simplificação da prestação jurisdicional, a nova norma nitidamente enfatizou a necessidade de um processo mais célere, mais coerente e efetivo, que pudesse entregar ao jurisdicionado uma prestação jurisdicional de maior qualidade, expurgando muitos vícios repetitivos do passado e instrumentos que, muitas vezes, serviam como meios precários de protelação e eternização de lides. Dentre a estrutura

---

[1] Advogado graduado pela Faculdade de Direito Milton Campos em 2001. Especialista em Direito Processual pelo IEC-PUC Minas em 2012. Mestre em Direito Empresarial pela Faculdade de Direito Milton Campos em 2008. Professor Titular de Direito Processual Civil II, e V da Unifenas – Universidade José do Rosário Vellano, campus BH. Conselheiro Seccional Eleito da OAB/MG para o Triênio 2019/2021. Conselheiro Julgador da 2ª Turma do Órgão Especial da OAB/MG, triênio 2019/2021.

recursal, vê-se que houve uma preocupação determinante do legislador acerca da limitação de sucessivos recursos intermediários, isto é, antes do julgamento final das demandas. Percebe-se ali a preocupação de redução da possibilidade de, a todo instante, o sujeito do processo poder submeter à revisão pela instância *ad quem* uma questão interlocutória (despacho), mesmo antes do julgamento de mérito da causa. Sem dúvida, a justificativa principal se apoiou na visão de eficácia do processo, propondo um retardamento para insurgência contra despachos intermediários para momento futuro, se caso houver interesse ou prejuízo, mas posterior à prolação de uma sentença de mérito, quando então o sujeito do processo poderá verificar a real necessidade ou não de insurgência contra uma decisão interlocutória. Tema recente de aguçados debates diz respeito à imposição de um rol taxativo de hipóteses para a recorribilidade das decisões interlocutórias por meio do Agravo de Instrumento. Por meio do presente trabalho se propõe enfrentar justamente a possibilidade de mitigação desse rol, a partir da análise de situações e entendimentos jurisprudenciais que, ao final, concluirão pela possibilidade de admissão de outras hipóteses além daquele rol taxativo do artigo 1.015 do novo CPC, abrindo caminho para a admissibilidade e recorribilidade de novas hipóteses.

Palavras-chave: Processo Civil Brasileiro. Recursos. Agravo de Instrumento. Hipóteses taxativas. Mitigação. Possibilidade.

ABSTRACT

The new Civil Procedure Code of 2015 brought several innovations and adaptations to the format and nuances of the judicial acts in the civil process. In addition to the new codified standard proposing to update obsolete institutes and improve the coordination of procedural acts, according to notable parameters of simplification of jurisdictional provision, the new norm clearly emphasized the need for a faster, more coherent and effective process that could provide a higher quality of court, expurgating many repetitive vices of the past and instruments that often served as a precarious means of delay and delay. Among the recursal structure, it is seen that there was a determinant concern of the legislator about the limitation of successive intermediate resources, that is, before the final judgment of the demands. There is a concern to reduce the possibility that the subject of the case may at any time submit to the ad instance an interlocutory question (order), even before the merits of the case. Undoubtedly, the main justification was based on the view of effectiveness of the process, proposing a delay for insurgency against intermediate dispatches for future moment, if there is interest or prejudice, but subsequent to the delivery of a judgment of merit, when then the subject of the process may verify the real necessity or not of insurgency against an interlocutory decision. Recent topic of keen debates refers to the imposition of a limiting role of hypotheses for the recurrence of interlocutory decisions by means of the Instrument of Appeal. This paper proposes to face the possibility of mitigating this role, based on the analysis of situations and jurisprudential understandings that, in the end, will conclude by the possibility of admitting other hypotheses besides that exhaustive role of article 1.015 of the new CPC, opening path to the admissibility and recurrence of new hypotheses

Key words: Brazilian Civil Procedure - Appeals – Instrument of Appeal – Taxative hypotheses - Mitigation - Possibility.

INTRODUÇÃO

Tema dos mais debatidos no âmbito do direito processual civil brasileiro diz respeito às inovações recentes trazidas na sistemática recursal pelo novel Código de Processo Civil, cristalizado sob a Lei 13.105, promulgada em 16 de março de 2015[2]. Em particular, na seara dos recursos em espécie, houve alterações que almejaram não só o aperfeiçoamento no processamento dos recursos em espécie já existentes, mas também o emprego de maior celeridade à tramitação dos processos, no intuito de regular o tempo de tramitação, segundo critérios de razoável duração do processo operados e justificados quando da elaboração da norma.

Para o deleite de alguns e irresignação de muitos, as transformações operadas pela nova norma codificada trouxeram também dúvidas interpretativas e aparentes conflitos com parte da sistemática e raciocínio processual civil que então era aplicado em obediência ao revogado Código de Processo Civil anterior[3].

Em particular, a sistemática do recurso de Agravo de Instrumento, cabível contra decisões interlocutórias proferidas ao longo do processo, sofreu sensível transformação quando o legislador estabeleceu as hipóteses de

[2] A Lei 13.105/15 teve vigência determinada pelo artigo 1.045, assim estabelecida no prazo de um ano após a publicação havida em 17 de março de 2015.

[3] O Código de Processo Civil instituído pela Lei 5.869 de 11 de janeiro de 1973 foi revogado pelo início da vigência da Lei 13.105/15, conforme determinou o artigo 1.046, que dizia, *in*

seu cabimento em um rol taxativo insculpido no artigo 1.015 da predita Lei 13.105/15, doravante apenas referida como novo CPC.

O problema experimentado, quando do confronto com o código de processo civil revogado[4], diz respeito justamente ao intuito do legislador de delimitação discursiva das hipóteses de cabimento do referido recurso de Agravo na nova codificação, aparentemente com o objetivo de evitar infindáveis insurgências pelas partes contra toda e qualquer decisão interlocutória proferida no processo civil, como forma talvez de assegurar uma duração menor no tempo de tramitação dos feitos, bem como a inibição de recursos com o fito meramente protelatório.

Na esteira do problema criado pela evidente limitação imposta às hipóteses de cabimento, decorreu como consectário natural a perplexidade da comunidade jurídica e questionamentos originados na praxe forense quando o jurisdicionado se viu limitado e, porque não dizer, cerceado no direito de submeter à apreciação imediata ao segundo grau de jurisdição determinadas decisões que agora, posto estarem fora da órbita de abrangência limitativa do artigo 1.015, não poderiam ser objeto de revisão pela via estreita do agravo de instrumento.

Assim, como substrato do presente artigo enfrentar-se-á a problemática instaurada sob a luz de parte da doutrina processualista, bem como a origem e razão de ser dos institutos procedimentais afetos à recorribilidade das decisões interlocutórias. Ao findar, buscar-se-á uma alternativa interpretativa para melhor aplicação do novo texto codificado, sem que haja ultraje a qualquer norma constitucional afeta aos seus princípios mais basilares, no afã de apaziguar a celeuma instaurada, permitindo ao jurisdicionado a necessária segurança jurídica para a melhor contemplação da prestação jurisdicional.

É nessa linha que o presente trabalho irá discorrer, objetivando constituir em base de pesquisa, contribuição e de reflexão para a visão jurídica a respeito da novel transformação e seus impactos no cotidiano forense.

---

verbis: "Art. 1.046. Ao entrar em vigor este Código, suas disposições se aplicarão desde logo aos processos pendentes, ficando revogada a Lei nº 5.869, de 11 de janeiro de 1973".

4 O CPC de 1973 estabelecia, em linhas gerais, no seu artigo 522 que caberia o recurso de Agravo de Instrumento contra todas as decisões interlocutórias proferidas no processo.

1. BREVES LINHAS SOBRE O RECURSO DE AGRAVO DE INSTRUMENTO NO NOVO CPC

Em linhas geais, o novo CPC trouxe em sua sistemática a simplificação do recurso de Agravo, tendo extinto de modo definitivo, por exemplo, a figura do Agravo Retido[5] até então presente no CPC/1973, relegando ao Agravo de Instrumento o meio específico de ataque a algumas decisões interlocutórias no processo civil.

Então na vigência do CPC/1973, Vicente Greco Filho preconizava que o agravo era admitido para todas as decisões que não fossem as extintivas do processo ou que não fossem despachos de mero expediente, em que não houvesse sucumbência processual ou material (GRECO FILHO, 2007, p.337).

Na mesma seara, Cassio Scarpinella Bueno chancelava: *"O agravo é o recurso apropriado para o contraste das decisões interlocutórias."* (BUENO, 2008, p. 139)

O novo sistema do código inclusive estabelece que a regra geral é de que as decisões interlocutórias proferidas no processo em primeiro grau de jurisdição sejam irrecorríveis em separado *prima facie*, tendo como excepcional a sua forma de impugnação em separado, justamente por meio do recurso de Agravo de Instrumento.

Eis o que estampa o artigo 1.009 do novo CPC, *in litteris:*

> Art. 1.009. Da sentença cabe apelação.
>
> § 1º As questões resolvidas na fase de conhecimento, se a decisão a seu respeito não comportar agravo de instrumento, não são cobertas pela preclusão e devem ser suscitadas em preliminar de apelação, eventualmente interposta contra a decisão final, ou nas contrarrazões.
>
> § 2º Se as questões referidas no § 1º forem suscitadas em contrarrazões, o recorrente será intimado para, em 15 (quinze) dias, manifestar-se a respeito delas.
>
> § 3º O disposto no caput deste artigo aplica-se mesmo quando as questões mencionadas no art. 1.015 integrarem capítulo da sentença.

---

[5] O Agravo Retido nos autos era o meio de insurgência contra decisões interlocutórias proferidas nos autos quando não houvesse na decisão algo suscetível de causar dano grave ou de difícil reparação, bem como nos casos de inadmissão da apelação e nos relativos aos efeitos em que a apelação era recebida, nos termos do revogado artigo 522 do CPC/1973.

Nas palavras de Marcus Vinícius Rios Gonçalves (GONÇALVES, 2016, p. 887), *"Pela nova sistemática, deixou de haver um recurso único, chamado "agravo", com várias formas de interposição, e passou a existir o recurso específico de agravo de instrumento e o recurso de agravo interno, sem contar o agravo em recurso especial e extraordinário".*

Assim, tomando-se em consideração que as decisões interlocutórias devam ser, em regra, objeto de irresignação apenas por meio de preliminar em eventual futuro recurso de Apelação Cível, quando e se houver prejuízo processual para o vencido, ou mesmo em preliminar de contrarrazões pela parte recorrida, também como consectário da regra ficou entendido que as decisões interlocutórias não devem precluir, senão após a oportunidade de insurgência por meio do recurso cabível contra a sentença proferida no processo.

Lado outro, o legislador reservou a possibilidade de insurgência em separado e de forma imediata, consentânea à continuidade de tramitação do processo em primeiro grau jurisdicional, facultando ao recorrente, por meio do Agravo de Instrumento, submeter ao segundo grau jurisdicional a análise de determinada decisão prejudicial que interfira no bom andamento das fases cognitivas do procedimento originário ou que possam causar receio de dano grave ou de difícil reparação.

Assim, passaram a ser recorríveis, ou melhor dizendo, agraváveis por meio do Agravo de Instrumento apenas determinadas hipóteses de decisões interlocutórias previstas no rol do artigo 1.015, incisos I a XIII, do novo CPC.

De acordo com o magistério de Marcus Vinicius Rios Gonçalves: *"Diante dos termos peremptórios da lei, o rol deve ser considerado taxativo (numerus clausus). É requisito de admissibilidade do agravo de instrumento que a decisão interlocutória contra a qual ele foi interposto verse sobre matéria constante do rol legal, que indica, de forma objetiva, quais as decisões recorríveis."* (GONÇALVES, 2016, p. 888)

Para expurgar dúvidas, mister desvelar o conteúdo explícito do retro citado artigo 1.015 do novo CPC/2015:

> Art. 1.015. Cabe agravo de instrumento contra as decisões interlocutórias que versarem sobre:
>
> I - tutelas provisórias;
>
> II - mérito do processo;
>
> III - rejeição da alegação de convenção de arbitragem;
>
> IV - incidente de desconsideração da personalidade jurídica;

> V - rejeição do pedido de gratuidade da justiça ou acolhimento do pedido de sua revogação;
>
> VI - exibição ou posse de documento ou coisa;
>
> VII - exclusão de litisconsorte;
>
> VIII - rejeição do pedido de limitação do litisconsórcio;
>
> IX - admissão ou inadmissão de intervenção de terceiros;
>
> X - concessão, modificação ou revogação do efeito suspensivo aos embargos à execução;
>
> XI - redistribuição do ônus da prova nos termos do art. 373, § 1º;
>
> XII - (VETADO);
>
> XIII - outros casos expressamente referidos em lei.
>
> Parágrafo único. Também caberá agravo de instrumento contra decisões interlocutórias proferidas na fase de liquidação de sentença ou de cumprimento de sentença, no processo de execução e no processo de inventário.

Verificando-se as hipóteses previstas, fica claro que o cabimento do Agravo de Instrumento, diretamente jungido à análise imediata em segunda instância deve correlacionar a decisão interlocutória agravada nas hipóteses previstas no referido artigo 1.015. De se notar que a nova codificação procurou ser metódica ao apontar taxativamente apenas as hipóteses passíveis de rediscussão simultânea por via do agravo instrumental, relegando todo o resto à futura, incerta e eventual submissão da questão em preliminar do recurso aviado contra a sentença que julga o processo.

Logo, de se ver que as hipóteses previstas no artigo 1.015 inferem um conteúdo de preclusividade, ou seja, na ocorrência de decisão interlocutória que verse sobre quaisquer das hipóteses ali previstas, necessário que o jurisdicionado avie o recurso de Agravo de Instrumento, sob pena de preclusão da matéria, que não poderá ser renovada em momento processual futuro, justamente ao contrário da regra geral de não preclusividade das demais hipóteses de decisões interlocutórias que não estejam ali tratadas expressamente.

Lado outro, apesar do inciso XIII deixar aberta a possibilidade de outros casos previstos na lei, necessário aferir-se que o legislador limitou-se a outros casos literalmente expressos na norma, de forma que seria forçoso compreender a possibilidade de se aviar o Agravo de Instrumento para decisões que não tenham previsão expressa em alguma lei, seja de natureza procedimental ou material.

2. NOTAS SOBRE O PROCESSAMENTO DO AGRAVO DE INSTRUMENTO

Para melhor situar o destinatário do presente artigo, mister relembrar que o Agravo de Instrumento constitui um recurso que pode e deve ser interposto diretamente perante o órgão jurisdicional destinatário, ou seja, o segundo grau jurisdicional.

Assim, divergindo do sistema geral do direito de petição, no Agravo de Instrumento faculta-se ao recorrente a extração de instrumento, assim compreendido como cópias dos principais atos processuais pertinentes ao recurso nos autos do processo principal, para que então, em obediência à dialética, o agravante possa se dirigir diretamente à instância revisora para requerer-lhe apreciação de determinada questão ou decisão interlocutória proferida no bojo dos autos, sem mesmo a necessidade de suplicar primeiramente alguma revisão perante o órgão prolator *a quo*.

No escólio de (GONÇALVES, 2016, p. 890):

> O agravo de instrumento é o único recurso interposto diretamente perante o órgão ad quem, para apreciação imediata. Como o processo ainda corre no órgão a quo, para que a questão possa ser levada ao órgão superior é preciso formar um instrumento, contendo cópis daquilo que é importante.

Ele será interposto por escrito diretamente no órgão ad quem, no prazo de quinze dias.

A disciplina do processamento do Agravo de Instrumento está elencada entre os artigos 1.016 e 1.017 do novo CPC/2015, que estabelecem, respectivamente, *in verbis*:

> Art. 1.016. O agravo de instrumento será dirigido diretamente ao tribunal competente, por meio de petição com os seguintes requisitos:
>
> I - os nomes das partes;
>
> II - a exposição do fato e do direito;
>
> III - as razões do pedido de reforma ou de invalidação da decisão e o próprio pedido;
>
> IV - o nome e o endereço completo dos advogados constantes do processo.
>
> Art. 1.017. A petição de agravo de instrumento será instruída:
>
> I - obrigatoriamente, com cópias da petição inicial, da contestação, da petição que ensejou a decisão agravada, da própria decisão agravada, da certidão da respectiva intimação ou outro documento oficial

que comprove a tempestividade e das procurações outorgadas aos advogados do agravante e do agravado;

II - com declaração de inexistência de qualquer dos documentos referidos no inciso I, feita pelo advogado do agravante, sob pena de sua responsabilidade pessoal;

III - facultativamente, com outras peças que o agravante reputar úteis.

§ 1º Acompanhará a petição o comprovante do pagamento das respectivas custas e do porte de retorno, quando devidos, conforme tabela publicada pelos tribunais.

§ 2º No prazo do recurso, o agravo será interposto por:

I - protocolo realizado diretamente no tribunal competente para julgá-lo;

II - protocolo realizado na própria comarca, seção ou subseção judiciárias;

III - postagem, sob registro, com aviso de recebimento;

IV - transmissão de dados tipo fac-símile, nos termos da lei;

V - outra forma prevista em lei.

§ 3º Na falta da cópia de qualquer peça ou no caso de algum outro vício que comprometa a admissibilidade do agravo de instrumento, deve o relator aplicar o disposto no art. 932, parágrafo único.

§ 4º Se o recurso for interposto por sistema de transmissão de dados tipo fac-símile ou similar, as peças devem ser juntadas no momento de protocolo da petição original.

§ 5º Sendo eletrônicos os autos do processo, dispensam-se as peças referidas nos incisos I e II do caput, facultando-se ao agravante anexar outros documentos que entender úteis para a compreensão da controvérsia.

De se ver que incumbirá ao Agravante trasladar as peças necessárias à formação do Instrumento ou, em se tratando de processo eletrônico, parcialmente fazer alusão ao código da peça obtida a partir dos autos principais, conforme mencionado no parágrafo quinto do artigo 1.017.

Lembre-se que nos termos do parágrafo segundo do artigo 1.018, incumbe ao Agravante informar em três dias o juízo agravado *(a quo)* acerca da interposição do recurso contra sua decisão interlocutória, viabilizando a possibilidade de juízo de retratação que, se ocorrer, poderá levar à perda de objeto do recurso de agravo que poderá ser considerado prejudicado pelo Desembargador Relator do Tribunal *ad quem*.

Recebido o recurso de Agravo de Instrumento no Tribunal, o Relator deverá avaliar sobre eventual pedido e deferimento de efeito suspensivo ou mesmo antecipação total ou parcial de tutela recursal, ocasião em que, se houver deferimento, comunicará imediatamente o juiz da causa. Incumbirá ainda ao relator dar ciência à parte agravada para contrarrazões de recurso no prazo de 15 dias e dar ciência ao Ministério Público, nas causas em que houver o seu interesse e intervenção naturais.

Após concedido e cumprido o contraditório recursal, estabelece o código no artigo 1.020 que deverá o relator pedir dia para julgamento em prazo não superior a um mês da intimação da parte agravada, de forma que mais uma vez se revela o intuito do legislador em dar tramitação célere a esse movimento recursal.

Essa, pois, em breves linhas, a forma de processamento do Agravo de Instrumento, conforme estabelece o novo código processual.

3. DA MITIGAÇÃO DA TAXATIVIDADE DO ROL DO ARTIGO 1.105 DO CPC/2015

A questão já referida alhures sobre a taxatividade do rol do artigo 1.015 deve ser analisada sob a luz do Ordenamento Jurídico e interpretada de molde a dar a necessária resposta que um diploma adjetivo precisa contemplar em respeito à norma material.

Nesse diapasão, defende-se que não há melhor viés interpretativo que não aquele derivado da Lei Maior encartada na Constituição da República/1988, eis que toda a legislação federal, por decorrência obrigatória do texto constitucional, deve se amoldar a todo o seu ditado e à sua figura moldado.

Partindo-se desse princípio, deve-se recordar que a CR/1988 traz em seu artigo 5º diversos princípios que orientam não só o texto constitucional, mas também a estrutura que daí deriva a irradiar o ordenamento jurídico, de forma a não restar dúvida que a legislação infraconstitucional deverá ser permeada por tais insignes baluartes.

Assim, os princípios do contraditório e do devido processo legal, respectivamente inseridos nos incisos *LIV* e *LV* do artigo quinto, conduzem à inarredável conclusão de que a lei não poderá excluir da apreciação do Judiciário situações que clamem pela reavaliação judicial, mormente naquelas situações que possam acarretar à partes lesão grave ou de difícil reparação. Noutro viés, o inciso XXXV estabelece que a lei não excluirá da apreciação do Poder Judiciário lesão ou ameaça a direito.

Nessa linha de argumentação, se o Código fixou hipóteses taxativas de possibilidade de insurgência simultânea contra decisões interlocutórias, há que se interpretar pela utilidade e necessidade de insurgência imediata contra determinada decisão interlocutória de forma mais imediata, como uma forma de reduzir eventuais riscos de prejuízos irreparáveis e permitir a revisão consentânea de uma determinada decisão, evitando-se a sua preclusão, bem como forçando a reavaliação da jurisdição por meio da instância revisora.

Sendo assim, mister se avaliar novamente o conteúdo do referido artigo que estabeleceu hipóteses taxativas. Se por um lado não se deve viabilizar a extensão para hipóteses indiscriminadas ou visualizar a abertura em caráter exemplificativo do rol do artigo 1.015, por outro não se pode descuidar de situações que, ainda que não estejam literalmente indicadas naquele rol, demandam a insurgência e a reavaliação por meio da via estreita do agravo instrumental.

Destaca-se que, sobre essa possibilidade de interpretação, em 19/12/2018 a Corte Especial do STJ[6] decidiu, por meio do Recurso Especial nº 1696396, ampliar a interpretação do art. 1.015 do CPC/15 para admitir a interposição de agravo de instrumento contra decisão interlocutória que trate sobre hipóteses que não estejam expressamente previstas no referido dispositivo legal.

De acordo com a referida decisão, se concluiu por maioria de votos ser possível a interposição de Agravo de Instrumento fora das hipóteses do rol taxativo quando verificada a urgência decorrente da inutilidade do julgamento da questão tão somente no recurso de apelação.

O resultado do julgamento se deu por maioria apertada de votos (7 x 5), e em dois recursos repetitivos, onde prevaleceu a posição da relatora, ministra Nancy Andrighi, que propôs a seguinte tese:

> "O rol do artigo 1.015 do CPC/15 é de taxatividade mitigada, por isso admite a interposição de agravo de instrumento quando verificada a urgência decorrente da inutilidade do julgamento da questão no recurso de apelação."

6 O STJ - Superior Tribunal de Justiça - é o órgão jurisdicional responsável pelo enfrentamento e uniformização da legislação federal infraconstitucional.

Nesse contexto, percebe-se que a proposta lançada no STJ diz respeito justamente às situações de autorização de veiculação do Agravo de Instrumento para situações urgentes que possam causar lesão grave ou de difícil reparação, independentemente de estar ou não prevista na literalidade do rol do artigo 1.015. Diante da inutilidade processual de se ter que aguardar apenas o julgamento de eventual recurso contra a sentença, ou seja, a consumação de um dano grave ou de difícil reparação pode ser repudiada pela interposição simultânea e imediata contra decisão interlocutória por meio do Agravo de Instrumento ao Tribunal de Justiça respectivo.

Diante dessa interpretação extensiva, não exegética, viabilizou-se mais uma hipótese de veiculação do Agravo de Instrumento, quando a decisão impor à parte prejuízo real, imediato ou iminente de grave lesão ou de difícil reparação, a caracterizar a urgência própria das providências cautelares, conforme inclusive sugerem e permitem as previsões das tutelas provisórias previstas também no CPC, em homenagem e honra ao consagrado poder geral de cautela outorgado ao Estado-juiz.

A esse respeito, vê-se que o próprio rol já autoriza a veiculação do Agravo de Instrumento quando a decisão versar, por exemplo, sobre tutelas provisórias, que sabidamente podem ter caráter satisfativo antecipatório ou cautelar que, via de regra, tem o condão de trazer prejuízo processual a alguma das partes.

Na mesma linha do precedente oriundo do STJ, defende-se que o artigo 1.015 do CPC/15 possui taxatividade mitigada, ou seja, admitindo-se hipóteses não necessariamente escritas na norma positivada, razão pela qual decorre que se deverá também admitir a interposição de agravo de instrumento quando verificada a urgência decorrente da inutilidade do julgamento da questão tão só no distante momento próprio para o julgamento do futuro recurso de apelação.

Assim, tratando-se de decisão interlocutória que trouxe manifesto prejuízo à Agravante, o Agravo de Instrumento deverá ser o recurso próprio para se atacar a referida decisão, ainda que não constante expressamente de alguma das hipóteses do rol do artigo 1.015 do CPC.

Nos dizeres da Ministra Nancy Andrigui naquele mesmo julgado retro citado:

> A tese que se propõe consiste em, a partir de um requisito objetivo, a urgência que decorre da inutilidade futura do julgamento do recurso diferido da apelação, possibilitar a recorribilidade imediata de

> decisões interlocutórias fora da lista do artigo 1.015 do CPC, sempre em caráter excepcional e desde que preenchido o requisito urgência, independentemente do uso da interpretação extensiva ou analógica dos incisos do artigo.

Insta observar que o referido voto foi acompanhado pelos ínclitos Ministros Napoleão Maia Nunes, Jorge Mussi, Luiz Felipe Salomão, Felix Fischer, Benedito Gonçalves e Raújo Araújo. Apesar do intenso debate, prevaleceu justamente a tese da mitigação das hipóteses do rol para admitir situações que não podem esperar uma insurgência futura, quando do enfrentamento da distante apelação cogitada contra a sentença.

Defende-se justamente que, diante de situações de urgência ocasionadas por decisões interlocutórias, se faculte ao jurisdicionado provocar a instância *ad quem* consentaneamente, a fim de repudiar e evitar lesões graves ou de difícil reparação ainda no curso do processo.

Negar esse movimento seria o mesmo que relegar tais situações a um famoso sucedâneo recursal, quando não cabível hipótese de recurso, mas se está a criar situação de desequilíbrio, que provisória ou definitivamente esteja apto a causar dano grave ou de difícil reparação evitável ou postergável, ou seja, depositar ao Mandado de Segurança tal tarefa, o que redundaria em ruptura da lógica e dogmática recursal.

Entretanto, por se tratar de uma estrutura endo processual, defende-se que seria um contrassenso permitir a provocação por meio de uma ação mandamental para repudiar justamente um ato ou decisão de outro juiz togado. Nada mais correto e porque não dizer lógico, que se permita à instância revisora *ad quem* debruçar-se sobre o conteúdo de decisão interlocutória, o que se dará certamente sem maiores traumas, obedecendo uma hierarquia e lógica jurisdicionais.

Dessa forma, na esteira do caminho permeado pelo STJ e à míngua de previsão objetiva, entende-se que a hipótese de taxatividade mitigada do rol do artigo 1.015 do CPC deve prevalecer como forma de melhor amoldar e adequar o texto do novel CPC a uma realidade que não poderia ser relegada apenas ao suplício do remédio heroico mandamental.

À luz dos princípios constitucionais retro citados e considerando que a sistemática do próprio CPC não mais permitirá o uso do recurso de Agravo de Instrumento como meio meramente protelatório, ante também as previsões mais rigorosas de penas por litigância de má-fé, entende-se que se houve com acerto o STJ ao permitir, por via interpretativa, seja analógica ou extensiva, que situações urgentes sejam elevadas a mais uma hipótese, embora não escrita, de veiculação do Agravo de Instrumento.

Obviamente, necessário que tal forma de pensar e interpretar a norma sistematicamente precisará ser mais amplamente difundida, justamente para mitigar a subjetividade introspectiva de forma que em futuro breve se possa esperar uma uniformização de entendimentos, que levará à harmonização da interpretação nos pretórios pátrios.

CONCLUSÃO

Diante das ponderações e digressões sobre as hipóteses de cabimento do recurso de Agravo de Instrumento no novo CPC, indubitável que o sistema precisa continuar a responder para situações urgentes, de iminente risco, como uma possibilidade não escrita para aviar e permitir a insurgência simultânea contra as decisões interlocutórias por meio do Agravo de Instrumento.

Não se permitir o movimento interpretativo que permita a mitigação da taxatividade do rol de hipóteses prevista no artigo 1.1015 seria um equívoco e exigência de mal maior aos jurisdicionados, na medida em que, apoiados na Carta Magna, necessário seria que o jurisdicionado se socorresse de outros remédios, como, *v.g.*, as ações mandamentais, para provocar um grau jurisdicional superior a fim de estancar ou repudiar um dano grave, iminente ou presente.

Conforme explicitado no texto, não se adequaria ao elevado grau da nova estruturação processual estabelecida admitir-se como prática recorrente o uso indiscriminado de remédios heroicos como o mandado de segurança. Seria um verdadeiro contrassenso inserir na rotina e praxes forenses o uso do mandado de segurança que, na verdade, deve ter outra finalidade, se mantendo apenas como sucedâneo recursal exógeno, admitido em estreitas situações quando a própria interpretação sistêmica da norma adjetiva falhar por completo na viabilidade do pleito recursal.

Tal, no entanto, não quer parecer constituir a melhor solução, eis que mais prático e perfeitamente amoldável à redação do artigo 1.015 do CPC permitir-se a veiculação do Agravo de Instrumento por hipóteses outras que envolvam risco imediato até mesmo ao resultado útil do processo ou em repúdio ao receio de se causar um dano grave ou de impossível e mesmo difícil reparação, a despeito da inexistência explícita do permissivo exegético literal.

Assim, a interpretação sistêmica que se propõe, de relativização ou mitigação da pretendida taxatividade daquele rol ecoa como medida salutar, de complementariedade ao ideário legislativo, como meio de melhor atender instrumentalmente aos anseios corriqueiros que a praxe forense impõe, sem soslaios aos princípios constitucionais. Ao contrário, melhor a eles se amoldando e trazendo segurança jurídica ao jurisdicionado

REFERÊNCIAS

BASTOS, Celso Ribeiro. **Comentários à Constituição do Brasil**. Vol. 7. São Paulo: Saraiva, 1990.

BRASIL, Constituição da República Federativa do Brasil, de 5 de outubro de 1988. Diário Oficial da União. Disponível em: http://www4.planalto.gov.br/legislação

_____. Lei 5.869, de 11 de janeiro de 1973. Institui o Código de Processo Civil.

Diário Oficial da União, Brasília/DF, 17 de janeiro de 1973. Disponível em: http://www.planalto.gov.br/legislação

_____. Lei nº 10.406, de 10 de janeiro de 2002. Institui o Código Civil. Diário Oficial da União, Brasília/DF, 11 de janeiro de 2002. Disponível em: http://www.planalto.gov.br/legislação

_____. Lei 13.105, de 16 de março de 2015. Institui o Código de Processo Civil. Diário Oficial da União, Brasília/DF, 17 de março de 2015. Disponível em: http://www.planalto.gov.br/legislação

BUENO, Cassio Scarpinella. **Curso Sistematizado de Direito Processual Civil**. vol. 5. São Paula: Saraiva, 2008.

FILHO, Vicente Greco. **Direito Processual Civil Brasileiro**. Vol 2. São Paulo: Saraiva, 2007.

GONÇALVES, Marcus Vinicius Rios, **Direito Processual Esquematizado**. 7. ed. São Paulo: Saraiva, 2016.

7

RECLAMAÇÃO CONSTITUCIONAL: UMA ALTERNATIVA POSSÍVEL PARA A SUPERAÇÃO DE PRECEDENTES ANTE A BARREIRA IMPOSTA PELO ART. 1.030 DO CPC

CONSTITUTIONAL COMPLAINT: AN ALTERNATIVE FOR OVERCOMING PRECEDENT CONSIDERING THE OBSTACLE IMPOSED BY ARTICLE 1.030 OF THE CPC

Tatiane Costa de Andrade[1]

Carlos Henrique Soares[2]

RESUMO

A reclamação constitucional é instituto jurídico tipicamente brasileiro, que surgiu na jurisprudência do STF e ganhou extrema importância ao longo de suas fases históricas, sobretudo a partir de sua codificação no CPC de 2015.

---

1 Mestranda em Direito Processual Civil pela PUC Minas. Graduada em Direito pela Faculdade Mineira de Direito da PUC Minas e Letras pela Faculdade de Letras da UFMG. Servidora pública efetiva do Ministério Público do Trabalho. E-mail: tatiane.costaandrade@gmail.com.

2 Doutor e Mestre em Direito Processual Civil pela PUC Minas, Professor da PUC Minas de Direito Processual Civil – Barreiro (Graduação e Pós-Graduação). Coordenador de Curso de Pós-Graduação em Direito Processual Civil do IEC-PUC Minas. Membro do Instituto Brasileiro de Direito Processual (IBDP), Instituto Pan-americano de Derecho Procesal (IPDP), Instituto de Direito de Língua Portuguesa (IDILP), Membro do Instituto dos Advogados de Minas Gerais (IAMG), Advogado e sócio da Pena, Dylan, Soares & Carsalade Sociedade de Advogados. Escritor de diversas obras e artigos jurídicos. Palestrante. E-mail: carlos@pdsc.com.br.

Tem como essência a finalidade de preservar a competência dos tribunais e garantir a autoridade de suas decisões. Todavia, no atual contexto de dificuldade de acesso dos jurisdicionados às cortes superiores, por força da redação do art. 1.030 do CPC, apresenta-se como mecanismo de garantia dos sujeitos processuais para instar as cortes superiores a promover a revisão de seus precedentes, evitando-se, com isso, o engessamento do direito pátrio e promovendo a natural e desejada dialeticidade das cortes com seus próprios julgados.

Palavras-chave: Reclamação. Estabilidade. Precedentes. Superação. Dialeticidade.

ABSTRACT

The constitutional complaint is a typically Brazilian legal institute, which emerged in the jurisprudence of the Supreme Court (STF) and gained extreme importance throughout its historical phases, especially since its codification in the Code of Civil Procedure of 2015 (CPC). Its essence is the purpose of preserving the jurisdiction of the courts and ensuring the authority of their decisions. However, in the current context of difficult access of the upper courts, due to the obstacle of art. 1030 of the CPC, is presented as a mechanism to guarantee the procedural subjects to urge the superior courts to promote the revision of their precedents, thereby avoiding the stiffening of the right of the country and promoting the natural and desired dialogue of the courts with their own decisions.

Key Words: Complaint. Stability. Precedents. Overcoming. Dialogue.

INTRODUÇÃO

Este trabalho tem como objetivo realizar uma breve reflexão sobre a utilidade do instituto da reclamação constitucional, discorrendo sobre como se deu o aumento de sua importância no ordenamento jurídico desde a sua criação, pela jurisprudência do STF, até a sua recente fase de codificação pelo CPC de 2015.

Intenta-se demonstrar que, atualmente, a reclamação constitui relevante ferramenta para o controle da estabilidade da jurisprudência de todos os tribunais, ao mesmo tempo em que se apresenta como garantia de acesso do jurisdicionado aos tribunais superiores, para promover a distinção e a superação de seus precedentes. Afinal, o engessamento do direito jurisprudencial é hipótese que passa ao largo dos escopos de uma teoria de precedentes e de um modelo constitucional de processo.

1. HISTÓRICO DA RECLAMAÇÃO CONSTITUCIONAL NO BRASIL

A reclamação constitucional configura instituto jurídico tipicamente brasileiro[3] e o estudo de sua trajetória histórica é crucial para que se entenda a importância que ele foi alcançando no ordenamento jurídico ao longo dos tempos, sobretudo após a vigência do Código de Processo Civil de 2015.

Inicialmente, importa frisar que a presente reflexão não tem como escopo adentrar às controvérsias doutrinárias e jurisprudenciais existentes acerca da natureza jurídica da reclamação. Com Fredie Didier Jr. e Leonardo Carneiro da Cunha, compreende-se a reclamação como "ação autônoma, de competência originária de tribunal, prevista na Constituição Federal, nas Constituições Estaduais e no CPC, com vistas a obter a preservação de sua competência ou garantir a autoridade de seus julgados ou de seus precedentes obrigatórios", através da cassação da decisão impugnada.[4]

Os estudiosos que se dedicaram a esse instituto costumam dividir sua evolução em fases, com finalidade didática, embora o número de fases nem sempre seja coincidente entre eles. Gustavo Azevedo, em obra recente destinada exclusivamente ao estudo da reclamação constitucional, a partir da contribuição de autores como José da Silva Pacheco, Marcelo Navarro Ribeiro Dantas e Leonardo Lins Morato, propõe a divisão histórica desse instituto jurídico em apenas três fases, a saber: a) fase pré-constitucional; b) fase constitucional e c) fase codificada.[5]Essa é a divisão que se adota também ao longo deste trabalho.

---

3 DANTAS, Marcelo Ribeiro Navarro. A reclamação constitucional no Direito comparado. In: COSTA, Eduardo José da Fonseca; NOGUEIRA, Pedro Henrique Pedrosa (Org.). Reclamação constitucional. Salvador. Salvador: Juspodium, 2013. P.336.

4 DIDIER JR.,Fredie; CUNHA, Leonardo Carneiro. Curso de direito processual civil: meios de impugnação às decisões judiciais e processo nos tribunais. 13. Ed. Salvador: Juspodium, 2016. V.3.p.533-535.

5 "A primeira fase vai desde a apreciação pelo STF das primeiras reclamações até a promulgação da CF. A segunda fase possui como marco inicial a alçada do instituto a nível constitucional (CF, arts. 102, I, l, e 105, I, f), até 2016. A última fase começa com a vigência do CPC, que regulamenta, no texto codificado, o procedimento, hipóteses de cabimento e competência de todo tribunal para apreciar reclamações." (AZEVEDO, Gustavo. Reclamação constitucional no direito processual civil. Rio de Janeiro: Forense, 2018.p.44-48). A respeito da evolução histórica da reclamação, confira-se também MENDONÇA NETO, Jouberto Uchôa de. A reclamação constitucional no novo código de processo civil. p. 4-6. Disponível em <http://www.esasergipe.org.br/wp-content/uploads/2016/11/A-reclama%C3%A7%C3%A3o-constitucional-no-Novo C%C3%B3digo-de-Processo-Civil.pdf> Acesso em 11 dez. 2018.

Em linhas gerais, a reclamação constitucional teve sua origem na jurisprudência do Supremo Tribunal Federal (STF), ao longo da década de 1940,[6] sem que houvesse, à época, qualquer previsão legal que autorizasse o seu cabimento. Explica Gustavo Azevedo que o STF utilizou como fundamento para legitimar o uso da reclamação a chamada "teoria dos poderes implícitos", de origem norte-americana.

De acordo com essa teoria, quando a Constituição estabelece competências explícitas a determinado órgão, ela também confere a ele, ainda que de forma implícita, todos os poderes necessários para exercê-las. No caso, se a Constituição atribui competências ao STF, natural que dela se extraiam também os mecanismos para que a Corte preserve tais competências e faça valer a autoridade de suas decisões.[7]

Em 1957 o STF positivou o instituto, inserindo-o em seu Regimento Interno, com vistas a afastar as discussões sobre sua legitimidade. Mais tarde, a Constituição de 1967, em seu artigo 115, parágrafo único, alínea "c", dispôs que o Regimento Interno do STF estabeleceria o processo e o julgamento dos feitos de sua competência originária ou recursal. Essa redação legitimou a disposição regimental do STF sobre a reclamação constitucional, afastando as polêmicas em torno da (in)constitucionalidade do instituto.

De acordo com a divisão feita por Gustavo Azevedo, a segunda fase (fase constitucional) tem início a partir da Constituição de 1988, quando a reclamação passa a ter previsão não só no Regimento Interno do STF como também nos artigos 102, I, "l" e 105, I, "f" da Constituição, inaugurando o cabimento da reclamação também perante o Superior Tribunal de Justiça (STJ), recém criado pela Constituição de 1988.

Na sequência, adveio a lei 8.038/90, que instituiu normas procedimentais para os processos perante o Superior Tribunal de Justiça e o Supremo Tribunal Federal, e, em seus artigos 13 a 18 regulamentou o procedimento da reclamação perante essas duas cortes. Os referidos dispositivos foram todos revogados pela Lei nº 13.105/2015, que instituiu o novo Código de Processo Civil.

---

6 A doutrina suscita como marco da reclamação constitucional a Reclamação nº 141-SP, Rel. Min. Rocha Lagoa, de 25/1/1942).

7 AZEVEDO, Gustavo. **Reclamação constitucional no direito processual civil**. Rio de Janeiro: Forense, 2018. p. 54.

Ainda na fase constitucional, sobreveio a edição da EC 45/2004, conhecida popularmente como "reforma do Judiciário", que, dentre suas inúmeras novidades, inseriu na Constituição Federal o artigo 103-A, dispondo sobre a possibilidade de edição de Súmula Vinculante pelo STF. O parágrafo 3º do referido dispositivo tratou sobre a reclamação constitucional, exatamente para prever o cabimento do instituto contra ato administrativo ou decisão judicial que contrarie ou que aplique erroneamente o conteúdo de súmula vinculante.[8]

A partir de então, o número de reclamações no STF aumentou consideravelmente, pois o instituto que até 2004 era praticamente desconhecido, parece ter se tornado familiar aos profissionais do direito, atentos à importância das súmulas vinculantes. Para se ter uma ideia, tal como informa Gustavo Azevedo, com base em estatística disponível na página do STF na internet, em 2004, antes da vigência da EC/2004 foram distribuídas nesse órgão apenas 491 reclamações, passando para 933 em 2005 e para 2.353 em 2014.[9] Em 2018, a estatística aponta a distribuição de 3.295 reclamações na Corte[10]. No STJ, os números apontam para a distribuição de 456 reclamações em 2009, 1.247 em 2010, chegando a 6.947 em 2014[11], vindo a cair para 2.014 em 2017[12], ano da última atualização estatística nesse órgão até a presente data.[13]

O advento CPC/2015, com redação alterada pela lei nº 13.256/2016, dá ensejo à fase codificada da reclamação. O instituto passou a ser objeto de disposição dos artigos 988 a 993 do Novo CPC, em que se encontram regulados a legitimidade para ajuizar, as hipóteses de cabimento, a competência e o

8 Art. 103-A[...] § 3º: Do ato administrativo ou decisão judicial que contrariar a súmula aplicável ou que indevidamente a aplicar, caberá reclamação ao Supremo Tribunal Federal que, julgando-a procedente, anulará o ato administrativo ou cassará a decisão judicial reclamada, e determinará que outra seja proferida com ou sem a aplicação da súmula, conforme o caso.

9 AZEVEDO, Gustavo. *Reclamação constitucional no direito processual civil.* Rio de Janeiro: Forense, 2018. p. 54.

10 Dados disponíveis em http://portal.stf.jus.br/textos/verTexto.asp?servico=estatistica&pagina=pesquisaClasse. Acesso em 12 dez. 2018.

11 AZEVEDO, Gustavo. *Reclamação constitucional no direito processual civil.* Rio de Janeiro: Forense, 2018. p. 62.

12 Dado disponível em http://www.stj.jus.br/webstj/Processo/Boletim/sumario.asp. Acesso em 12 dez. 2018.

13 A data em referência é 12-12-2018.

procedimento. Isso, todavia, não retira dos regimentos internos a atribuição de regulamentar, no âmbito do respectivo tribunal, qual o órgão competente para apreciar, a atribuição da relatoria e as regras de prevenção.[14]

Em relação à competência, o que ocorreu foi a sua ampliação, haja vista que o CPC não deixa dúvidas de que a reclamação agora é cabível em qualquer tribunal, não mais se restringindo ao STF e ao STJ, conforme dispõe o art. 988, § 1º, do CPC.[15] A propósito, esse entendimento se mostra mais condizente com a razão de ser da reclamação, cujo fundamento, como se viu, se encontra na teoria dos poderes implícitos. Na linha dessa teoria, é viável que todos os tribunais possam lançar mão de um instrumento para preservar sua competência e a autoridade de suas decisões.

Ampliam-se também as hipóteses de cabimento, na medida em que foram acrescentadas novas técnicas de formação de precedente obrigatório no novo Código, a exemplo do Incidente de Assunção de Competência (IAC) e do Incidente de Resolução de Demandas Repetitivas (IRDR), passando a reclamação a ser admitida nas seguintes situações: I) para preservar a competência do tribunal; II) para garantir a autoridade das decisões do tribunal; III) para garantir a observância de enunciado de súmula vinculante e de decisão do Supremo Tribunal Federal em controle concentrado de constitucionalidade; e IV) para garantir a observância de acórdão proferido em julgamento de incidente de resolução de demandas repetitivas ou de incidente de assunção de competência.

Esse acréscimo das hipóteses de cabimento da reclamação, em meio ao contexto de criação de um sistema de precedentes a partir do CPC de 2015, elevou sobremaneira a importância do instituto, que, conforme se abordará nos próximos tópicos, transformou-se em um importante meio de controle da estabilidade das decisões e de garantia da segurança jurídica, premissas bastante caras para o Novo CPC.

---

[14] DIDIER JR.,Fredie; CUNHA, Leonardo Carneiro. *Curso de direito processual civil*: meios de impugnação às decisões judiciais e processo nos tribunais. 13. Ed. Salvador: Juspodium, 2016. V.3. p. 532.

[15] Art. 988 [...]

§ 1º. A reclamação pode ser proposta perante qualquer tribunal, e seu julgamento compete ao órgão jurisdicional cuja competência se busca preservar ou cuja autoridade se pretenda garantir.

2. NOVOS RUMOS DO DIREITO JURISPRUDENCIAL A PARTIR DO CPC DE 2015

A preocupação com a segurança jurídica e com a eficiência e celeridade na prestação jurisdicional sempre foi tema recorrente ao se falar em reformas legislativas do sistema de direito processual de qualquer país, ainda que, por vezes, tais reformas sejam, em verdade, reflexo do que se passa na ordem econômica.[16]

No Brasil, país de tradição legiferante e codificadora, denominada *civil law*, essa preocupação vem se acentuando, sobretudo a partir do advento da Constituição de 1988, quando teve início por aqui o movimento de constitucionalização do direito, decorrente do fenômeno que se convencionou chamar de "neoconstitucionalismo."[17]

Trata-se de um fenômeno que despontou na Europa ocidental após o término da II Guerra Mundial e levou os teóricos do Direito a refletirem sobre premissas do positivismo jurídico clássico e a repensar o excesso de formalismo decorrente da clássica noção de supremacia das regras sobre os princípios. A experiência vivenciada com os totalitarismos e a premente necessidade de se garantir a efetividade dos direitos fundamentais impulsionou o fortalecimento das Constituições, a reaproximação do direito e da moral e, sobretudo, o reconhecimento da força normativa dos princípios jurídicos, o que, consequentemente, ocasionou uma radical mudança nas teorias da argumentação.

No contexto brasileiro, em que tais tendências foram tardiamente recepcionadas, a Constituição deixou de ser um mero programa, adquirindo força normativa, elevando os direitos fundamentais a normas de eficácia imediata, além de prever mecanismos sérios de controle de constitucionalidade. Paralelamente a isso, assiste-se a um exacerbado fortalecimento do Poder Judiciário, que adquire maior liberdade interpretativa das normas,

---

16 Para uma maior compreensão sobre o que está por trás das reformas processuais, recomenda-se a leitura da consistente obra de NUNES, Dierle José Coelho. *Processo jurisdicional democrático*: uma análise crítica das reformas processuais. Curitiba: Juruá, 2012. Especificamente sobre o sistema processual brasileiro, vide capítulo 5 da referida obra, p.141-176.

17 Para um maior esclarecimento sobre o que consiste o "neoconstitucionalismo", recomenda-se a leitura de SARMENTO, Daniel. *O neoconstitucionalismo no Brasil*: riscos e possibilidades. Rio de Janeiro, 2009. Texto disponível em <http://www.dsarmento.adv.br/content/3-publicacoes/16-o-neoconstitucionalismo-no-brasil-riscos-e-possibilidades/o-neoconstitucionalismo-no-brasil.riscos-e-possibilidades-daniel-sarmento.pdf> Acesso em 13. Dez. 2018.

especialmente através da aplicação da técnica da ponderação de princípios, e passa a ser palco, inclusive, da judicialização de políticas públicas e de um crescente ativismo judicial.

Essa nova realidade contribuiu para o fortalecimento do direito jurisprudencial no Brasil, que, conforme bem pontuado por Aurélio Viana e Dierle Nunes, já era utilizado desde o tempo do direito colonial[18], sobretudo em face da inevitável e progressiva convergência entre as tradições jurídicas do *civil law* e do *common law.*[19]

Fato é que, a partir do neoconstitucionalismo, o direito jurisprudencial ganhou mais forças, embora sem uma necessária sistematização. A amplitude interpretativa e a criatividade conferida aos juízes nesse contexto acarretaram a instauração de um verdadeiro caos no âmbito jurisprudencial, pois os tribunais em geral não se preocuparam tanto em estabilizar seus julgados, vindo a produzir uma série de decisões incoerentes, por vezes pautadas em questões políticas, deixando pairar bastante insegurança jurídica no sistema jurídico.

As tentativas de racionalização da jurisprudência, por meio de reformas pontuais, sobretudo a partir da década de 1990, não foram suficientes para trazer maior padronização e coerência às decisões judiciais. Dentre as legislações que se seguiram com propósito de uniformização de jurisprudência, a exemplo das leis 8.038/1990, 9.139/1995, 9.756/1998, 10.352/2001 e 10.522/2002, merece destaque a EC 45/2004, que, como dito alhures, trouxe a possibilidade de edição de súmulas vinculantes pelo STF, importante mecanismo de contenção da interpretação do ordenamento jurídico pelos demais órgãos jurisdicionais e pela própria administração pública.

Após a referida Emenda, seguiram-se as leis 11.276/2006, 11.417/2006, 11.418/2006, 11.672/2008, 12.322/2010 e 12.844/2013, todas com o mesmo propósito de fortalecer o papel da jurisprudência no sistema jurídico brasileiro.[20]

---

18 VIANA, Aurélio; NUNES, Dierle. *Precedentes*: a mutação no ônus argumentativo. Rio de Janeiro: Forense,2018.p.178-181.

19 Acerca das razões e circunstâncias em que ocorre a convergência entre as tradições civil law e common law, vide VIANA, Aurélio; NUNES, Dierle. *Precedentes*: a mutação no ônus argumentativo. Rio de Janeiro: Forense, 2018.p.149-175.

20 VIANA, Aurélio; NUNES, Dierle. *Precedentes*: a mutação no ônus argumentativo. Rio de Janeiro: Forense,2018. p.187-190.

A iniciativa de estruturar um verdadeiro sistema de precedentes no Brasil somente veio a correr, de fato, a partir do CPC de 2015. Isso porque, até então, o que se presenciou a partir da edição das referidas leis ordinárias, com ressalva feita à EC 45/2004, foi uma incipiente tentativa de incentivar a aplicação do direito jurisprudencial, tornando a jurisprudência mais persuasiva, e não propriamente a formação de um sistema organizado de padronização decisória.

Conforme salientam Humberto Theodoro Jr., Dierle Nunes, Alexandre Bahia e Flávio Pedron, a formação de precedentes implica a observância da "parametricidade que induz a aplicação dos fundamentos determinantes de casos passados ao caso em julgamento, mas permitindo distinções quando seja possível a demonstração de diferenças.".[21]

Ao contrário disso, no Brasil, ementas de julgados e enunciados de súmulas vêm, há muito, sendo utilizados de forma abstrata para fundamentar os casos sob julgamento, sem que se faça qualquer remissão às situações fáticas que lhes deram ensejo, nem se explique qual a semelhança dos julgados paradigma com a situação fática em análise. Não foi outra a razão pela qual o CPC

[21] THEODORO JÚNIOR, Humberto et al. *Novo CPC*: fundamentos e sistematização.3. ed. Rio de Janeiro: Forense, 2016. p. 393. Ainda sobre a conceituação de precedentes, confira-se trecho extraído do glossário da obra de Aurélio Viana e Dierle Nunes: "De modo mais singelo, o precedente é compreendido como uma decisão anterior que servirá de base para a decisão de um caso presente ou futuro. Contudo, essa concepção extremamente simplória acaba se tornando imprestável tendo em vista a necessidade de se debruçar sobre aquilo que, exatamente, no precedente, servirá para outros casos futuros e ainda quais os limites de invocação de uma decisão anterior como padrão decisório a ser observado. O precedente judicial, em nossa visão, deve ser visto como *starting points* ou *principium*, de tal modo que não é possível concordar com um fechamento argumentativo quanto ao uso de precedentes judiciais. Cada precedente possui ou deveria possuir uma *ratio decidendi*, isto é, um motivo determinante. Não é incomum se deparar, entretanto, com um precedente que possua mais de uma *ratio decidendi*, o que torna o método comparativo bastante complexo. Há necessidade de que se faça uma comparação entre os fatos operativos dos casos, inaugurando técnicas de analogias e contra-analogias exatamente para que seja testada a adequação de uso de uma decisão passada. Pensamos que o uso do direito jurisprudencial, por expressa disposição enunciativa, guarda conexão com a teoria dworkiniana da integridade e coerência do direito. Dito de outro modo, essa proposta interpretativa repercute em todos os enunciados do CPC/2015 que recomendam ou resvalam de qualquer maneira na aplicação do direito a partir de casos passados."(VIANA, Aurélio; NUNES, Dierle. *Precedentes*: a mutação no ônus argumentativo. Rio de Janeiro: Forense, 2018. p.414).

de 2015, em seu artigo 489, § 1º, V, considerou como decisão não fundamentada aquela que "se limitar a invocar precedente ou enunciado de súmula, sem identificar seus fundamentos determinantes nem demonstrar que o caso sob julgamento se ajusta àqueles fundamentos.".

Os artigos 926 e 927 do CPC, por sua vez, acomodam as técnicas para a formação de precedentes que deverão necessariamente vincular os demais órgãos jurisdicionais.[22]Isso porque a nova legislação impõe, a partir da redação do *caput* do artigo 926, que os tribunais uniformizem sua jurisprudência, mantendo-a estável, íntegra e coerente. Busca-se com isso ampliar o caráter vinculante das decisões, limitando ao máximo as possibilidades de interpretação para casos repetitivos, com vistas a colocar fim a tamanha insegurança jurídica que assola os tribunais pátrios e deixam os jurisdicionados perplexos perante a falta de isonomia de entendimento em casos que se assemelham.

---

[22] Art. 926. Os tribunais devem uniformizar sua jurisprudência e mantê-la estável, íntegra e coerente.
§ 1º. Na forma estabelecida e segundo os pressupostos fixados no regimento interno, os tribunais editarão enunciados de súmula correspondentes a sua jurisprudência dominante.
§ 2º. Ao editar enunciados de súmula, os tribunais devem ater-se às circunstâncias fáticas dos precedentes que motivaram sua criação.
Art. 927. Os juízes e os tribunais observarão:
I - as decisões do Supremo Tribunal Federal em controle concentrado de constitucionalidade;
II - os enunciados de súmula vinculante;
III - os acórdãos em incidente de assunção de competência ou de resolução de demandas repetitivas e em julgamento de recursos extraordinário e especial repetitivos;
IV - os enunciados das súmulas do Supremo Tribunal Federal em matéria constitucional e do Superior Tribunal de Justiça em matéria infraconstitucional;
V - a orientação do plenário ou do órgão especial aos quais estiverem vinculados.
§ 1º. Os juízes e os tribunais observarão o disposto no art. 10 e no art. 489, § 1o, quando decidirem com fundamento neste artigo.
§ 2º. A alteração de tese jurídica adotada em enunciado de súmula ou em julgamento de casos repetitivos poderá ser precedida de audiências públicas e da participação de pessoas, órgãos ou entidades que possam contribuir para a rediscussão da tese.
§ 3º. Na hipótese de alteração de jurisprudência dominante do Supremo Tribunal Federal e dos tribunais superiores ou daquela oriunda de julgamento de casos repetitivos, pode haver modulação dos efeitos da alteração no interesse social e no da segurança jurídica.
§ 4º. A modificação de enunciado de súmula, de jurisprudência pacificada ou de tese adotada em julgamento de casos repetitivos observará a necessidade de fundamentação adequada e específica, considerando os princípios da segurança jurídica, da proteção da confiança e da isonomia.
§ 5º. Os tribunais darão publicidade a seus precedentes, organizando-os por questão jurídica decidida e divulgando-os, preferencialmente, na rede mundial de computadores.

Consequentemente, as técnicas constantes dos artigos 926 e 927 geram impacto ao longo de outros dispositivos do CPC, a exemplo dos artigos 311, II (concessão de tutela de evidência quando as alegações de fato podem ser comprovadas por documentos e há tese firmada em julgamento de casos repetitivos ou súmula vinculante), 332 (improcedência liminar do pedido que contraria precedente obrigatório), 489, § 1º (exigência de que o julgador realize a comparação entre os casos para que se considere fundamentada decisão baseada em súmula, jurisprudência ou precedente obrigatório) e 932, IV e V (prerrogativas do relator, que pode dar ou negar provimento a recurso, conforme esteja ou não em conformidade com precedente obrigatório).

Esse fato demonstra que todo o Código se mostra voltado para a preocupação em reduzir o grau de incoerência dentro do sistema, reduzindo as possibilidades interpretativas para conferir integridade à jurisprudência e incentivando o respeito à tradição institucional no âmbito dos tribunais.

Espera-se com essas novas regras uma mudança de postura tanto das partes quanto dos órgãos jurisdicionais no trato do direito jurisprudencial, pois ambos deverão agora dialogar com os precedentes, realizando o cotejo analítico entre os casos que lhes deram origem e o caso concreto que está sob julgamento. Não há mais espaço para a aplicação descontextualizada de enunciados de súmulas e ementas de julgados, o que acarreta um aumento da responsabilidade argumentativa de todos sujeitos processuais.[23]

O afastamento das decisões vinculantes, seja por meio da distinção entre os casos em comparação, seja por meio da superação dos fundamentos determinantes de uma decisão, requer um maior esforço tanto na elaboração da petição inicial pelo advogado, quanto na fundamentação da decisão por parte do julgador, na direção do que determina o art. 489, § 1º, V, do CPC.[24]

Feitas estas breves considerações sobre a nova sistemática de precedentes apresentada pelo CPC de 2015, passa-se a discorrer sobre a importância assumida pelo instituto da reclamação constitucional em meio a esse novo cenário.

---

23 VIANA, Aurélio; NUNES, Dierle. *Precedentes*: a mutação no ônus argumentativo. Rio de Janeiro: Forense, 2018.p.301-399.

24 Art. 489 [...] § 1º. Não se considera fundamentada qualquer decisão judicial, seja ela interlocutória, sentença ou acórdão, que: [...] V - se limitar a invocar precedente ou enunciado de súmula, sem identificar seus fundamentos determinantes nem demonstrar que o caso sob julgamento se ajusta àqueles fundamentos;

3. IMPORTÂNCIA DA RECLAMAÇÃO NO SISTEMA DE PRECEDENTES

Conforme se apontou ao se apresentar a trajetória histórica da reclamação, o instituto teve origem na jurisprudência do STF, a partir da aplicação da teoria norte-americana dos poderes implícitos. Isso porque o STF necessitava, naquele momento, de uma ferramenta hábil para fazer preservar a sua competência e impor a autoridade de suas decisões perante os inúmeros órgãos jurisdicionais brasileiros.

Já na fase codificada da reclamação, o CPC de 2015 ampliou a competência para apreciação do instituto, estendendo sua possibilidade de cabimento perante todos os tribunais. Esse fato somado ao empenho na busca por maior padronização decisória, o que se consolida com a sistematização dos precedentes no novo Código, transformou a reclamação em um dos mecanismos mais importantes de controle da aplicação dos precedentes obrigatórios e de manutenção da integridade e coerência do sistema jurídico.

O CPC ampliou também as hipóteses de cabimento da reclamação anteriormente previstas na Constituição, em seus artigos 102, "l", 105, "f" e 103-A, § 3º, devido ao surgimento das novas técnicas surgidas para formação de precedentes obrigatórios. Assim, na atual sistemática, a reclamação continua se prestando à finalidade tanto de preservar a competência dos tribunais quanto de garantir a autoridade de suas decisões. Porém, neste último caso, conforme ensinam Fredie Didier Jr. e Leonardo Carneiro da Cunha, o CPC explicita, em rol exaustivo, todas as decisões que poderão ter a autoridade garantida através da reclamação, a saber: a) enunciado de súmula vinculante e decisão do STF em controle concentrado de constitucionalidade; b) precedente proferido em julgamento de Incidente de Resolução de Demandas Repetitivas (IRDR) ou em Incidente de Assunção de Competência (IAC); e c) acórdão proferido em recurso extraordinário com repercussão geral reconhecida ou em recurso repetitivo, após esgotadas as vias ordinárias (conforme artigo 988, § 5º, II, do CPC).[25]

Sob essa perspectiva, não é difícil perceber que a reclamação, ao lado dos recursos, se tornou peça chave para garantia da observância dos precedentes obrigatórios formados sob a égide do artigo 927 do CPC. A reclamação

---

[25] DIDIER JR., Fredie; CUNHA, Leonardo Carneiro. *Curso de direito processual civil*: meios de impugnação às decisões judiciais e processo nos tribunais. 13. Ed. Salvador: Juspodium, 2016. V.3. p. 540.

é cabível tanto em decorrência da relutância na aplicação de um precedente obrigatório quanto em razão de sua aplicação equivocada, em decorrência de um erro de interpretação, seja por algum órgão jurisdicional, seja por entidade da administração pública (art. 988, § 4º, do CPC).[26] Sua importância é tamanha que Gustavo Azevedo, seguindo o escólio de Marcelo Navarro Ribeiro Dantas, chega a equipará-la aos remédios constitucionais, ao lado do habeas corpus e do mandado de segurança.[27]

Por meio da reclamação, portanto, o jurisdicionado tem a oportunidade de demonstrar se houve negação de aplicação de um dado precedente obrigatório ou equívoco em sua interpretação. O tribunal respectivo, de seu turno, poderá analisar a controvérsia e verificar se ocorreu distinção equivocada por parte da autoridade prolatora da decisão impugnada ou se a autoridade deixou de fazer a devida distinção (*distinguishing*) quando esta se mostrava necessária.[28] É possível ainda, através do julgamento da reclamação, que o tribunal

[26] Art. 988. Caberá reclamação da parte interessada ou do Ministério Público para: I - preservar a competência do tribunal; II - garantir a autoridade das decisões do tribunal; III - garantir a observância de decisão do Supremo Tribunal Federal em controle concentrado de constitucionalidade; III – garantir a observância de enunciado de súmula vinculante e de decisão do Supremo Tribunal Federal em controle concentrado de constitucionalidade; IV - garantir a observância de enunciado de súmula vinculante e de precedente proferido em julgamento de casos repetitivos ou em incidente de assunção de competência. IV – garantir a observância de acórdão proferido em julgamento de incidente de resolução de demandas repetitivas ou de incidente de assunção de competência; [...] § 4o As hipóteses dos incisos III e IV compreendem a aplicação indevida da tese jurídica e sua não aplicação aos casos que a ela correspondam.

[27] "A reclamação equipara-se – em valor e relevância – no sistema jurídico como remédio constitucional, ao habeas corpus e ao mandado de segurança. Cada um com sua finalidade. A reclamação contribui para o bom funcionamento do Poder Judiciário. É útil para que os juízes tratem isonomicamente os jurisdicionados, ao forçá-los a observarem os precedentes obrigatórios. É uma ação constitucional voltada à proteção das competências dos tribunais e garantia da autoridade de seus julgados." (AZEVEDO, Gustavo. *Reclamação constitucional no direito processual civil*. Rio de Janeiro: Forense, 2018.p.88).

[28] Dá-se o nome de distinção (*distinguish* ou *distinguishing*) à técnica processual empregada no raciocínio por precedentes, através da qual se realizam comparações, analogias e contra-analogias entre situações, fatos hipóteses, qualidades e atributos, buscando-se compreender se determinado caso anterior deve servir de orientação para a decisão (conforme VIANA, Aurélio; NUNES, Dierle. *Precedentes*: a mutação no ônus argumentativo. Rio de Janeiro: Forense, 2018.p 383).

reveja o seu próprio precedente, promovendo a sua superação (*overruling*)[29] após perceber que houve mudanças no cenário social.

Essa possibilidade de realização da distinção e da superação de precedentes pelos tribunais ficou evidente após o julgamento da Rcl 4.374/PE no STF[30], cuja ementa ora se transcreve, por oportuno e necessário aos desígnios deste trabalho, com destaques que não constam do original:

> Benefício assistencial de prestação continuada ao idoso e ao deficiente. Art. 203, V, da Constituição. A Lei de Organização da Assistência Social (LOAS), ao regulamentar o art. 203, V, da Constituição da República, estabeleceu critérios para que o benefício mensal de um salário mínimo fosse concedido aos portadores de deficiência e aos idosos que comprovassem não possuir meios de prover a própria manutenção ou de tê-la provida por sua família. 2. Art. 20, § 3º da Lei 8.742/1993 e a declaração de constitucionalidade da norma pelo Supremo Tribunal Federal na ADI 1.232. Dispõe o art. 20, § 3º, da Lei 8.742/93 que "considera-se incapaz de prover a manutenção da pessoa portadora de deficiência ou idosa a família cuja renda mensal per capita seja inferior a 1/4 (um quarto) do salário mínimo". O requisito financeiro estabelecido pela lei teve sua constitucionalidade contestada, ao fundamento de que permitiria que situações de patente miserabilidade social fossem consideradas fora do alcance do benefício assistencial previsto constitucionalmente. Ao apreciar a Ação Direta de Inconstitucionalidade 1.232-1/DF, o Supremo Tribunal Federal declarou a constitucionalidade do art. 20, § 3º, da LOAS. **3. Reclamação como instrumento de (re)interpretação da decisão proferida em controle de constitucionalidade abstrato**. Preliminarmente, arguido o prejuízo da reclamação, em virtude do prévio julgamento dos recursos extraordinários 580.963 e 567.985, o Tribunal, por maioria de votos, conheceu da reclamação. **O STF, no exercício da competência geral de fiscalizar a compatibilidade formal e material de qualquer ato normativo com a Constituição, pode declarar a inconstitucionalidade, incidentalmente, de normas tidas como fundamento da decisão ou do ato que é impugnado na reclamação. Isso decorre da própria competência atribuída ao STF para exercer o denominado controle difuso da constitucionalidade das leis**

---

[29] Denomina-se *overruling* a técnica de superação do precedente, ou, de outro modo, a substituição ou modificação dos fundamentos determinantes (*ratio decidendi*) anterior (conforme VIANA, Aurélio; NUNES, Dierle. *Precedentes*: a mutação no ônus argumentativo. Rio de Janeiro: Forense, 2018.p 414).

[30] BRASIL, Supremo Tribunal Federal, Plenário, Rcl 4374/PE, Rel. Min. Gilmar Mendes, j. 18//2013, Dje 4/9/2013.

e dos atos normativos. A oportunidade de reapreciação das decisões tomadas em sede de controle abstrato de normas tende a surgir com mais naturalidade e de forma mais recorrente no âmbito das reclamações. É no juízo hermenêutico típico da reclamação – no "balançar de olhos" entre objeto e parâmetro da reclamação – que surgirá com maior nitidez a oportunidade para evolução interpretativa no controle de constitucionalidade. Com base na alegação de afronta a determinada decisão do STF, o Tribunal poderá reapreciar e redefinir o conteúdo e o alcance de sua própria decisão. E, inclusive, poderá ir além, superando total ou parcialmente a decisão-parâmetro da reclamação, se entender que, em virtude de evolução hermenêutica, tal decisão não se coaduna mais com a interpretação atual da Constituição. 4. Decisões judiciais contrárias aos critérios objetivos preestabelecidos e Processo de inconstitucionalização dos critérios definidos pela Lei 8.742/1993. A decisão do Supremo Tribunal Federal, entretanto, não pôs termo à controvérsia quanto à aplicação em concreto do critério da renda familiar per capita estabelecido pela LOAS. Como a lei permaneceu inalterada, elaboraram-se maneiras de contornar o critério objetivo e único estipulado pela LOAS e avaliar o real estado de miserabilidade social das famílias com entes idosos ou deficientes. Paralelamente, foram editadas leis que estabeleceram critérios mais elásticos para concessão de outros benefícios assistenciais, tais como: a Lei 10.836/2004, que criou o Bolsa Família; a Lei 10.689/2003, que instituiu o Programa Nacional de Acesso à Alimentação; a Lei 10.219/01, que criou o Bolsa Escola; a Lei 9.533/97, que autoriza o Poder Executivo a conceder apoio financeiro a municípios que instituírem programas de garantia de renda mínima associados a ações socioeducativas. O Supremo Tribunal Federal, em decisões monocráticas, passou a rever anteriores posicionamentos acerca da intransponibilidade do critérios objetivos. Verificou-se a ocorrência do processo de inconstitucionalização decorrente de notórias mudanças fáticas (políticas, econômicas e sociais) e jurídicas (sucessivas modificações legislativas dos patamares econômicos utilizados como critérios de concessão de outros benefícios assistenciais por parte do Estado brasileiro). 5. Declaração de inconstitucionalidade parcial, sem pronúncia de nulidade, do art. 20, § 3º, da Lei 8.742/1993. 6. Reclamação constitucional julgada improcedente. (Rcl 4374, Relator(a): Min. GILMAR MENDES, Tribunal Pleno, julgado em 18/04/2013, ACÓRDÃO ELETRÔNICO DJe-173 DIVULG 03-09-2013 PUBLIC 04-09-2013)

Nesse referido caso, a Reclamação foi ajuizada pelo Instituto Nacional do Seguro Social (INSS) contra decisão proferida pela Turma Recursal dos Juizados Especiais Federais do Estado de Pernambuco, que teria violado decisão proferida pelo STF na ADI 1.232/DF. No julgamento dessa Ação Direta de Inconstitucionalidade, o STF havia declarado a constitucionalidade do § 3º do artigo 20 da Lei 8.742/1993, que estabelece critérios para concessão o benefício assistencial previsto no artigo 203, V, da Constituição. De acordo com a autarquia reclamante, a parte reclamada teria afastado o requisito legal expresso no dispositivo constitucional, violando, pois, o precedente firmado em controle concentrado de constitucionalidade.

Sem nos adentrarmos aos pormenores do caso concreto subjacente à Rcl 4374/PE, o que importa para esta reflexão é que, ao julgar esta reclamação, o Relator, Ministro Gilmar Mendes, ao fundamento de ocorrência de mutação constitucional, revogou o acórdão proferido na ADI 1.232, decretando inconstitucional o art. 20, § 3º, da Lei nº 8.742/1993, julgando, ao final, improcedente a reclamação. Com isso, conforme bem explica Gustavo Azevedo, foi possível extrair do julgado duas importantes razões de decidir, a saber:

> (1) é possível na reclamação, na condição de ação protetiva da ordem constitucional, a reinterpretação, distinção e superação de razões de decidir de acórdão proferido em ação de controle concentrado de constitucionalidade; e (2) a reclamação pode implicar revogação do acórdão de ação de controle concentrado de constitucionalidade, nos casos de mutação constitucional e processo de inconstitucionalização de norma, nesse caso, a reclamação possui eficácia constitutiva negativa, pois elimina do mundo jurídico (desfaz, desconstitui, quebra, extirpa...) norma jurídica concreta no acórdão parâmetro da demanda reclamatória[31].

Seguindo a linha adotada por Gustavo Azevedo, entendemos também que o STF, bem como os demais tribunais, pode realizar a superação de seus precedente obrigatório no âmbito do julgamento de reclamação, oportunidade em que se revisitam os motivos determinantes das decisões com certo distanciamento e em cotejo com a nova ordem social que se apresenta.[32]Contudo, nesse caso, há que se observar a necessidade de estrita observância do devido processo legal, respeitando-se a competência dos órgãos para formação dos

---

[31] AZEVEDO, Gustavo. *Reclamação constitucional no direito processual civil*. Rio de Janeiro: Forense, 2018.p 197.

[32] Com opinião contrária, cite-se BECKER, Rodrigo; TRIGUEIRO, Victor. Reclamação Constitucional para superação de precedentes. *Jota Info*, 8/12/2016. Disponível em < https://www.jota.info/opiniao-e-analise/colunas/coluna-cpc-nos-tribunais/reclamacao-constitucional-para-superacao-de-precedentes-08122016> Acesso em 17-12-2018.

precedentes, a abertura do efetivo contraditório às partes, a publicidade e a eventual necessidade de modulação dos efeitos da decisão.

Gustavo Azevedo pondera, todavia, que a possibilidade de haver distinção e superação do precedente obrigatório em sede de reclamação é tão-somente consequência do ajuizamento da ação reclamatória, não podendo a aplicação das referidas técnicas processuais serem objeto do pedido da reclamação feito pelo jurisdicionado, por entender que esta opção não consta do rol taxativo do artigo 988 do CPC.[33] Ousamos discordar desse posicionamento, pelas razões que serão expostas no próximo tópico.

4. RECLAMAÇÃO COMO TÉCNICA PARA A DISTINÇÃO E SUPERAÇÃO DE PRECEDENTES ANTE A BARREIRA IMPOSTA PELO ART. 1.030 DO CPC.

Conforme já se abordou, a reclamação foi se transformando, ao longo de sua história, em importante garantia para a integridade e coerência do direito jurisprudencial no Brasil, sobretudo após a edição do CPC de 2015, quando houve a organização de um verdadeiro sistema de precedentes. O escopo dessa nova estrutura processual é trazer maior estabilidade à jurisprudência, por meio de um incremento na padronização decisória, mas sem que se promova, é claro, o engessamento do Direito.

Para que se evite isso, o próprio ordenamento jurídico, como se viu, apresenta técnicas para que se faça a distinção dos casos concretos em relação ao caso que embasa um precedente obrigatório (*distinguishing*) ou para que se promova a superação de determinado precedente (*overruling*), quando este não mais se adapta ao contexto social ou à ordem jurídica vigente (art. 927, § 4º, do CPC).[34]

A superação e a distinção tanto podem partir dos próprios órgãos jurisdicionais, ao tecerem seus julgados, momento em que dialogam efetivamente com o sistema de precedentes, quanto podem ser provocadas pelos jurisdicionados, a partir da petição inicial, caso a pretensão seja contrária a determinado

---

[33] AZEVEDO, Gustavo. *Reclamação constitucional no direito processual civil*. Rio de Janeiro: Forense, 2018.p 202.

[34] Art. 927 [...] § 4º. A modificação de enunciado de súmula, de jurisprudência pacificada ou de tese adotada em julgamento de casos repetitivos observará a necessidade de fundamentação adequada e específica, considerando os princípios da segurança jurídica, da proteção da confiança e da isonomia.

precedente obrigatório, ou por meio da interposição de recursos. Esta última opção tem se mostrado mais comum, na medida em que é perante os tribunais que os precedentes obrigatórios se formam.

Faz parte da própria dinâmica do raciocínio através de precedentes, portanto, que haja constante dialeticidade entre os jurisdicionados e os tribunais, a ponto de que estes órgãos, quando convencidos, modifiquem entendimentos anteriormente firmados em seus precedentes.

Esse pode até parecer o melhor dos mundos no âmbito de um processo de base democrática, mas não é o cenário que se tem apresentado no âmbito dos tribunais superiores brasileiros. Estas cortes, mais preocupadas em conter o aumento do volume de demandas que chegam para sua apreciação, têm ignorado a dinâmica inerente ao sistema de precedentes e se encontram agora praticamente blindadas contra a subida de recursos excepcionais quando já existe precedente obrigatório sobre o objeto da controvérsia. A blindagem, que antes já fazia parte do entendimento jurisprudencial do STF e do STJ, tornou-se legalmente possível a partir da alteração do artigo 1.030 do CPC, com redação dada pela Lei nº 13.256/2016.

A redação original do CPC de 2015 continha previsão de que o juízo de admissibilidade dos recursos destinados aos tribunais superiores fosse realizado tão somente pelos próprios tribunais superiores,[35],dispensando o juízo provisório previsto na sistemática do CPC de 1973, em seu antigo artigo 542, § 1º.[36] Com isso, tornar-se-ia desnecessária a interposição de inúmeros agravos nos tribunais locais, para promover o destrancamento dos recursos excepcionais inadmitidos. Esse intento, todavia, não vingou.

O temor dos ministros do STF e do STJ em relação a um possível aumento desenfreado da subida de recursos excepcionais a essas cortes, a partir da pretensa extinção do duplo juízo de admissibilidade recursal, gerou pressão

---

[35] Essa previsão vinha contida na redação original do artigo 1.030, dada pela Lei 13.105/2015, que, de forma simplória, dispunha:
Art. 1.030. Recebida a petição do recurso pela secretaria do tribunal, o recorrido será intimado para apresentar contrarrazões no prazo de 15 (quinze) dias, findo o qual os autos serão remetidos ao respectivo tribunal superior.
Parágrafo único. A remessa de que trata o caput dar-se-á independentemente de juízo de admissibilidade.

[36] Art. 542. Recebida a petição pela secretaria do tribunal, será intimado o recorrido, abrindo-se-lhe vista, para apresentar contra-razões. §1º - Findo esse prazo, serão os autos conclusos para admissão ou não do recurso, no prazo de 15 (quinze) dias, em decisão fundamentada.

política sobre as casas legislativas,[37] o que acabou culminando na publicação da Lei 13.256, de 4 de fevereiro de 2016, que alterou disposições do Novo CPC antes mesmo do início de sua vigência.

Dentre as alterações promovidas pela referida legislação, destaca-se a inteira modificação do conteúdo do artigo 1.030 do CPC, que trouxe de volta a necessidade de um juízo provisório de admissibilidade dos recursos especial e extraordinário pelo tribunal local (art. 1.030, V, do CPC).[38] Além disso, o dispositivo legal conferiu ao presidente ou ao vice-presidente do tribunal de origem o dever de negar seguimento a recurso extraordinário e ao recurso especial quando, havendo precedente judicial obrigatório já formado no STF ou no STJ, o acórdão recorrido o contraria, ou, em outra situação, deixa de aplicá-lo.

---

[37] Para um maior aprofundamento sobre as discussões que culminaram na elaboração da Lei nº 13.256/2016, sugere-se a leitura de: NUNES, Dierle; FREITAS, Marina Carvalho. A necessidade de meios para superação dos precedentes. *Revista de Processo*: RePro, São Paulo, v. 43, n. 281, p. 433-489, jul.2018.

[38] Art. 1.030. Recebida a petição do recurso pela secretaria do tribunal, o recorrido será intimado para apresentar contrarrazões no prazo de 15 (quinze) dias, findo o qual os autos serão conclusos ao presidente ou ao vice-presidente do tribunal recorrido, que deverá: I – negar seguimento: a) a recurso extraordinário que discuta questão constitucional à qual o Supremo Tribunal Federal não tenha reconhecido a existência de repercussão geral ou a recurso extraordinário interposto contra acórdão que esteja em conformidade com entendimento do Supremo Tribunal Federal exarado no regime de repercussão geral; b) a recurso extraordinário ou a recurso especial interposto contra acórdão que esteja em conformidade com entendimento do Supremo Tribunal Federal ou do Superior Tribunal de Justiça, respectivamente, exarado no regime de julgamento de recursos repetitivosII – encaminhar o processo ao órgão julgador para realização do juízo de retratação, se o acórdão recorrido divergir do entendimento do Supremo Tribunal Federal ou do Superior Tribunal de Justiça exarado, conforme o caso, nos regimes de repercussão geral ou de recursos repetitivos; (Incluído pela Lei nº 13.256, de 2016). III – sobrestar o recurso que versar sobre controvérsia de caráter repetitivo ainda não decidida pelo Supremo Tribunal Federal ou pelo Superior Tribunal de Justiça, conforme se trate de matéria constitucional ou infraconstitucional; IV – selecionar o recurso como representativo de controvérsia constitucional ou infraconstitucional, nos termos do § 6º do art. 1.036; V – realizar o juízo de admissibilidade e, se positivo, remeter o feito ao Supremo Tribunal Federal ou ao Superior Tribunal de Justiça, desde que: a) o recurso ainda não tenha sido submetido ao regime de repercussão geral ou de julgamento de recursos repetitivos; b) o recurso tenha sido selecionado como representativo da controvérsia; ou c) o tribunal recorrido tenha refutado o juízo de retratação § 1º Da decisão de inadmissibilidade proferida com fundamento no inciso V caberá agravo ao tribunal superior, nos termos do art. 1.042. § 2º Da decisão proferida com fundamento nos incisos I e III caberá agravo interno, nos termos do art. 1.021.

Em que pese haver outros desdobramentos importantes a partir da redação do artigo 1.030 do CPC, nosso interesse nesta reflexão se volta unicamente para a mencionada hipótese em que o tribunal de origem deve negar seguimento aos recursos extremos, quando o acórdão do tribunal local está em conformidade com entendimento fixado em precedente obrigatório sobre o objeto da controvérsia (artigo (art. 1.030, I, "a", *in fine*, e art. 1.030, I, "b"). Isso porque essa realidade impede que as técnicas da distinção e da superação de precedentes sejam direcionadas à apreciação dos tribunais superiores, em clara afronta à própria dinâmica da estrutura dos precedentes e às competências constitucionalmente atribuídas a estas cortes.[39]

Pela nova sistemática, após firmado o precedente obrigatório pelo STF ou pelo STJ (entendimento firmado pelo STF em repercussão geral ou pelo STF ou STJ em julgamento de recursos repetitivos), parece não ter sobrado alternativa recursal para que o jurisdicionado instigue o STF ou o STJ a fazer a distinção ou a superação do precedente que embasou a negativa de seguimento de seu recurso excepcional.

Isso porque, de acordo com o § 2º do artigo 1.030 do CPC, caso o recurso extraordinário ou especial tenha sido inadmitido pelo fato de o acórdão recorrido estar em conformidade com precedente obrigatório do STF ou do STJ, o recurso cabível não será o agravo a que se refere o artigo 1.042, destinado ao tribunal superior (art. 1.030, § 1º, do CPC), mas o agravo interno a que se refere o artigo 1.021 do CPC, destinado ao Pleno ou ao órgão especial do próprio tribunal de origem, a depender do que estiver previsto em seu regimento interno.

Essa realidade implica que, caso o requerente queira demonstrar que o seu caso concreto contém peculiaridades que o diferenciam do precedente vinculante, ele deverá fazê-lo perante o tribunal local, por meio do agravo interno. O tribunal local, em caráter definitivo, é quem deverá se pronunciar sobre a adequação ou não do caso em análise ao precedente obrigatório paradigma, fazendo a necessária distinção, se for o caso. Isso significa que, nesse caso, como bem aponta Lucas Buril de Macêdo, o tribunal intermediário estará decidindo o mérito do recurso extremo, usurpando a missão constitucional

---

39 MACÊDO, Lucas Buril. A análise dos recursos excepcionais pelos tribunais intermediários: o pernicioso art. 1.030 do CPC e sua inadequação técnica como fruto de uma compreensão equivocada do sistema de precedentes vinculantes. *Revista de Processo*: RePro, São Paulo, v. 41, n. 262, p. 187-221, dez. 2016.

atribuída ao tribunal superior.[40] O STF e o STJ, portanto, permanecem alijados à técnica do *distinguishing*, que passou a constituir atribuição exclusiva dos diversos tribunais de segunda instância.

A situação se agrava quando se pensa na necessidade de se promover a superação dos precedentes oriundos do STF e do STJ (*overrulling*), porquanto esta somente pode ser feita pela própria Corte no âmbito da qual o precedente se formou. Diante do cenário que se apresenta a partir da nova redação do artigo 1.030 do CPC, em um primeiro momento, o que se vislumbra é que se tornou impossível ao jurisdicionado acessar as referidas cortes superiores, por meio do sistema recursal, se o objetivo for promover a superação de um precedente. Isso ficou claro, aliás, em diversos julgados do STJ, dentre estes o AREsp 1.170.332/SP[41], objeto de comentário, em outra oportunidade, por Dierle Nunes e Marina Carvalho Freitas.[42]

Nesse referido Agravo em Recurso Especial, observa-se que o Tribunal de Justiça do Estado de São Paulo negou seguimento ao recurso especial, com base no artigo 543-C, § 7º, I, do CPC de 1973, porque o acórdão recorrido encontrava-se em consonância com entendimento firmado em sede de recurso repetitivo (art. 543-C do CPC/1973), ou seja, um tipo de orientação jurisprudencial que, ao tempo da vigência do antigo Código, possuía caráter meramente persuasivo.

O Relator, ao julgar o agravo, confirmou o entendimento que o STJ já vinha apresentando à época, no sentido de que somente o Tribunal de origem pode, com exclusividade e em caráter definitivo, proferir juízo de adequação do caso concreto ao precedente formado em repetitivo, não sendo viável, daí em diante, a apresentação de qualquer outro recurso dirigido ao STJ. Foi esse o entendimento transportado para a atual redação do artigo 1.030 do CPC de 2015 e que fechou as portas do STF e do STJ ao jurisdicionado para a tentativa

---

40 MACÊDO, Lucas Buril. A análise dos recursos excepcionais pelos tribunais intermediários: o pernicioso art. 1.030 do CPC e sua inadequação técnica como fruto de uma compreensão equivocada do sistema de precedentes vinculantes. *Revista de Processo*: RePro, São Paulo, v. 41, n. 262, p. 187-221, dez. 2016.

41 BRASIL, Superior Tribunal de Justiça, 4ªT., AREsp 1.170.332/SP, rela. Min. Luiz Felipe Salomão, j. 18/10/2017, DJe 7/11/2017.

42 NUNES, Dierle; FREITAS, Marina Carvalho. O STJ e a necessidade de meios para superação dos precedentes. Consultor Jurídico, 22 de novembro de 2017. Disponível em: <https://www.conjur.com.br/2017-nov-22/opiniao-stj-meios-superacao-precedentes> Acesso em 19 dez. 2018.

de superação de entendimento firmado por essas cortes em recursos repetitivos ou em repercussão geral.

Diante disso, a doutrina tem se esforçado na tentativa de elucidar quais os meios viáveis atualmente para ultrapassar essa barreira, haja vista que a vedação que se colocou de acesso aos tribunais superiores para a superação de seus padrões decisórios vinculantes não condiz com o atual modelo de precedentes instituído no CPC. Além disso, esse panorama destoa da premissa do artigo 1º do CPC, no sentido de que o processo civil se delineia a partir das normas fundamentais estabelecidas na Constituição, na medida em que, impõe absoluta restrição de acesso à jurisdição, contrariando o disposto no artigo 5º, XXXV, da Carta Magna.

Dierle Nunes e Marina Freitas, em minucioso estudo acerca do tema, destrincham as soluções apontadas pela literatura jurídica para permitir o acesso às cortes superiores, em que pese a barreira imposta pelo art. 1.030 do CPC, que podem ser sintetizadas em duas possíveis hipóteses.[43] A primeira se refere à aplicação de sugestões interpretativas para viabilizar a superação, a saber: opor embargos de declaração com fundamento nos artigos 1.022, parágrafo único, inciso II e artigo 489, § 1º, incisos V e VI do CPC; interpretar o artigo 1.030 em conformidade com a Constituição, devendo o tribunal local permitir a subida do recurso extraordinário ou especial ao STF ou ao STJ, mesmo quando houver contrariedade a precedente obrigatório dessas cortes, quando o recorrente alegar a possibilidade de superação; ou realizar a alteração legislativa do artigo 1.030 do CPC para adequá-lo ao sistema de precedentes.

Uma segunda possibilidade apresentada, segundo o referido estudo, consiste em aplicar os seguintes mecanismos dogmáticos, apontados com algumas divergências entre os diversos doutrinadores que os defendem: a) ajuizar ação rescisória contra a decisão transitada em julgado que nega provimento ao agravo interno e impede a subida do recurso especial ou extraordinário à respectiva Corte Superior, com fulcro no artigo 966, §§ 5º e 6º, do CPC; c) aplicar a técnica do julgamento-alerta, por meio da qual o tribunal superior indica aos tribunais locais que determinado precedente perdeu sua força e está em vias de ser superado; d) interpor o agravo previsto no artigo 1.042 do CPC contra a decisão que negou provimento ao agravo interno interposto anteriormente com base no artigo 1.021 do CPC; e) ajuizar reclamação contra

---

[43] NUNES, Dierle; FREITAS, Marina Carvalho. A necessidade de meios para superação dos precedentes. *Revista de Processo*: RePro, São Paulo, v. 43, n. 281, p. 433-489, jul.2018.

a decisão do agravo interno que mantém a inadmissibilidade do recurso especial ou extraordinário, sob o fundamento de que houve aplicação indevida da tese jurídica objeto do precedente obrigatório ou sua não aplicação aos casos correspondentes, com fulcro no artigo 988, § 4º, do CPC; e f) interpor novo recurso especial ou extraordinário, alternativa defendida por Dierle Nunes e Marina Freitas.[44]

Este ensaio não tem como objetivo dissertar sobre o procedimento e a (in)eficácia de cada um dos mecanismos apontados pela doutrina, o que já fora realizado com propriedade por Dierle Nunes e Marina Freitas, nem mesmo defender a prevalência de uma ou outra técnica para viabilizar a superação de precedentes obrigatórios pelo STF ou pelo STJ. Acredita-se que, no atual cenário de aplicação do artigo 1.030 do CPC, todas as medidas suscitadas são bem-vindas para permitir o acesso do jurisdicionado às referidas cortes, de forma a impedir que a dinâmica do sistema de precedentes sucumba ao império da jurisprudência defensiva daqueles tribunais. O que se deseja nesta sede, uma vez mais, é demonstrar a importância adquirida pela reclamação no curso de sua trajetória histórica, apontando a possibilidade de sua utilização como técnica de *overruling* na atualidade.

Já tivemos oportunidade de nos referir, em linhas anteriores, que a possibilidade de haver distinção e superação do precedente obrigatório em sede de reclamação foi reconhecida pelo STF a partir do julgamento da Rcl 4.374/PE. Abordou-se também que Gustavo Azevedo considera essa possibilidade uma das consequências do ajuizamento da reclamação, embora não possa, segundo esse autor, constar do pedido da ação reclamatória.[45]

Dierle Nunes e Marina Freitas também se posicionam contrariamente ao ajuizamento de reclamação com vistas à superação de precedentes, por entenderem que essa intenção contraria o escopo constitucionalmente atribuído à reclamação, a qual se presta exatamente a garantir a autoridade das decisões

---

[44] NUNES, Dierle; FREITAS, Marina Carvalho. A necessidade de meios para superação dos precedentes. *Revista de Processo*: RePro, São Paulo, v. 43, n. 281, p. 433-489, jul.2018. Esse é o entendimento compartilhado também por Alexandre Freitas Câmara: CÂMARA, Alexandre Freitas. Novo CPC reformado permite superação de decisões vinculantes. *Consultor Jurídico*, 12 de fevereiro de 2016. Disponível em < https://www.conjur.com.br/2016-fev-12/alexandre-camara-cpc-permite-superacao-decisoes-vinculantes> Acesso em 17-12-2018.

[45] AZEVEDO, Gustavo. *Reclamação constitucional no direito processual civil*. Rio de Janeiro: Forense, 2018.p 202.

dos tribunais e não a refutá-la.[46] Esse mesmo entendimento é compartilhado por Rodrigo Becker e Victor Trigueiro em artigo sobre o assunto.[47]

Em sentido contrário, com Fredie Didier Jr. e Leonardo Carneiro da Cunha, defende-se aqui que a reclamação constitui um valioso mecanismo disponível ao jurisdicionado para acessar as cortes superiores quando o que se deseja é a superação de seus precedentes. Não se está negando, com isso, que a essência do instituto é preservar a autoridade das decisões desses tribunais. Todavia, a partir da sistematização de padrões decisórios instituída pelos artigos 926 e 927 do CPC, consolidando uma teoria de precedentes vinculantes no Brasil, torna-se natural que a autoridade das decisões possa ser questionada pelo jurisdicionado em algum momento, não havendo óbice para que isso seja feito pela mesma via através da qual se intenta preservá-la.

Afinal, se, conforme pronunciado pelo STF na Rcl 4.374/PE, a reclamação confere aos tribunais oportunidade de redefinir o alcance e o conteúdo de suas decisões, no "balançar de olhos" entre o caso concreto e o precedente paradigma, não há razões, então, para que o jurisdicionado seja impedido de utilizar dessa mesma ferramenta de acesso para provocar a superação de entendimento pelos tribunais superiores. Essa compreensão parece ter ficado clara no julgamento da Rcl 25.078/SP[48], em que o Relator, Ministro Dias Toffoli, assim se pronunciou, com destaques presentes no original:

> Por atribuição constitucional, presta-se a reclamação para preservar a competência do STF e garantir a autoridade de suas decisões (art. 102, inciso I, alíne L, CF/88), bem como para resguardar a correta aplicação das súmulas vinculantes (art. 103-A, § 3º, CF/88).
>
> A reclamatória, neste aspecto, exsurge como instrumento de promoção do diálogo, nesta Suprema Corte, entre o caso concreto e os precedentes obrigatórios, cuja admissibilidade está condicionada à efetiva demonstração de

---

[46] NUNES, Dierle; FREITAS, Marina Carvalho. A necessidade de meios para superação dos precedentes. *Revista de Processo*: RePro, São Paulo, v. 43, n. 281, p. 433-489, jul.2018.

[47] Com opinião contrária, cite-se BECKER, Rodrigo; TRIGUEIRO, Victor. Reclamação Constitucional para superação de precedentes. *Jota Info*, 8/12/2016. Disponível em <https://www.jota.info/opiniao-e-analise/colunas/coluna-cpc-nos-tribunais/reclamacao-constitucional-para-superacao-de-precedentes-08122016> Acesso em 17-12-2018.

[48] BRASIL, Supremo Tribunal Federal, 2ª T., Rcl 25078 AgR/SP, Rel. Min. Dias Toffoli, j. 13/12/2016. DJE nº 34 de 20/02/2017.

> a) **desrespeito à autoridade da decisão do STF**, porquanto configurada erronia na aplicação do entendimento vinculante a evidenciar teratologia da decisão reclamada;
>
> b) **usurpação da competência do STF**, pois existente, i) no caso concreto, peculiaridades que impossibilitam a aplicação adequada da norma de interpretação extraída do precedente (**distinguishing**) a demandar pronunciamento desta Suprema Corte acerca da matéria constitucional no caso concreto, acaso verificada repercussão geral, ou, ii) **em hipóteses excepcionais**, a necessidade de revisitação dos fundamentos do precedente, tendo em vista a alteração do ordenamento jurídico vigente ao tempo do julgamento ou das circunstâncias fáticas históricas que impactaram a interpretação da norma, com possibilidade de sua superação (**overruling**).
>
> Respeitada a necessidade de racionalização e estabilização da prestação jurisdicional – com vistas à promoção do princípio da segurança jurídica -, porém com o cuidado de não gerar a petrificação da jurisprudência desta Corte, é lídimo que se outorgue, em matéria constitucional, a esta Suprema Corte a última palavra também sobre a aplicação de seus precedentes, oportunizando-se sua preservação ou evolução, quando for o caso, ao mesmo tempo em que se respeita a competência recursal ordinária para fins de subsunção dos fatos e das provas do caso concreto à tese constitucional firmada pelo STF em repercussão geral[49].

Na perspectiva desse raciocínio, quando o tribunal local nega seguimento a recurso extraordinário interposto contra acórdão em conformidade com entendimento do STF exarado no regime de repercussão geral ou a recurso extraordinário ou especial interposto contra acórdão em conformidade com entendimento do STF ou do STJ, respectivamente, proferido conforme a sistemática de julgamento de recursos repetitivos (art. 1.030, alíneas "a" e "b", do CPC), tem-se a seguinte situação: o recorrente deve necessariamente interpor agravo interno a que se refere o artigo 1.021 do CPC (cf. determina o art. 1.030, § 2º, do CPC), demonstrando ao tribunal local as razões pelas quais o precedente não se aplica ao caso em análise. Desprovido o agravo interno, caberá reclamação nos termos do artigo 988, §5º, II, do CPC.

[49] Decisão monocrática disponível em <http://portal.stf.jus.br/processos/downloadPeca.asp?id=310465620&ext=.pdf> Acesso em 20 dez. 2018.

Isso porque a redação do artigo 988, § 5º, II, do CPC, a nosso ver, amplia o conteúdo de sentido do art. 988, § 4º, caso haja o implemento da condição imposta, qual seja, o esgotamento das vias ordinárias. Isso leva ao entendimento de que, se o tribunal local deixou de aplicar ou aplicou indevidamente a tese jurídica proferida em acórdão de recurso extraordinário com repercussão geral reconhecida ou de acórdão proferido em julgamento de recursos extraordinário ou especial repetitivos (situação não contida nos incisos III e IV do art. 988) e, além disso, houve o esgotamento das instâncias ordinárias, caberá reclamação. Essa parece ser a melhor interpretação que se deve dar ao conjunto do artigo 988 do CPC, sobretudo considerando o fato de que a lei não costuma trazer palavras inúteis.

A reclamação terá, na situação acima descrita, seu pressuposto de admissibilidade preenchido, qual seja, o esgotamento das vias ordinárias, porque após a interposição de agravo interno não há outro recurso a ser interposto. No mérito, deverá o reclamante fundamentar o pedido: a) no desrespeito à autoridade da decisão do tribunal superior, se foi o caso de erro do tribunal local na aplicação da tese jurídica fixada em precedente obrigatório ou se deixou de aplicá-la; ou b) na usurpação de competência do tribunal superior em questão, hipótese em que o requerente deverá apresentar os argumentos que deverão levar a corte superior a realizar o *distinguishing* ou o *overruling*.

O mesmo entendimento restou consignado recentemente no julgamento da Rcl 28.605/DF[50], de relatoria também do Ministro Dias Toffoli. Denota-se do caso concreto que a reclamação foi ajuizada contra decisão do Tribunal Superior do Trabalho (TST), que negou seguimento a recurso extraordinário com fundamento na aplicação equivocada de precedente obrigatório do STF (repercussão geral conferida no julgamento dos ARE nºs 748.371/MT-RG e 742.083/DF-RG). Neste caso, verifica-se que a aplicação indevida da tese jurídica pelo tribunal de origem não se deu em relação aos precedentes a que se referem os incisos III e IV do artigo 988, em conformidade com o que determina o art. 988, § 4º, do CPC, mas, ainda assim, a reclamação foi aceita pelo STF, porque houve esgotamento das instâncias ordinárias, enquadrando-se na situação descrita no art. 988, § 5º, II, do CPC.

---

50 BRASIL, Supremo Tribunal Federal, 2ª T., Rcl 28605 AgR/DF, Rel. Min. Dias Toffoli, j. 29/6/2018. DJE nº 174 de 24/08/2018.

Uma ressalva merece ser feita caso a hipótese seja de superação do precedente vinculante a partir do julgamento de reclamação. Não se pode permitir que um precedente forte, formado a partir do julgamento do órgão colegiado competente do tribunal superior, que observou o contraditório dinâmico ao longo de todo o procedimento, seja desconstituído de forma simplista, a partir de um órgão fracionário do respectivo tribunal, de forma autoritária. É preciso que o mesmo procedimento de formação do precedente seja aplicado em sua alteração, respeitando-se, ainda, a competência para realizá-la.

Cite-se, a título de exemplo, hipótese em que o tribunal superior opta por revogar uma decisão proferida em controle concentrado de constitucionalidade, com eficácia *erga omnes*, tal como ocorreu no julgamento da Rcl 4.374/PE no STF, a que se fez referência no terceiro tópico deste ensaio. Deve-se observar, nesse tipo de situação, a necessidade de manifestação da Advocacia-Geral da União, de intimação da Procuradoria-Geral da República para emissão de parecer e de abertura à participação de *amici curiae*, nos mesmos moldes em que se deu a formação do precedente a ser desconstituído.

Em tais condições, endossando o posicionamento de Fábio Lima Quintas e Alcebíades Galvão César Filho[51], entende-se que, recebida a reclamação pelo tribunal superior respectivo e tendo a turma julgadora se convencido da necessidade de revisão do precedente, deve submeter o feito ao julgamento do Plenário, conforme o procedimento previsto no respectivo regimento interno. O Plenário, de seu turno, deve providenciar para que se observe o efetivo contraditório, em respeito ao devido processo legal.

Advoga-se, portanto, que a reclamação se transformou ao longo dos tempos em importante espaço procedimental para promoção do diálogo dos tribunais com os seus próprios precedentes, bem como entre os jurisdicionados e os tribunais, com vistas a manter o direito jurisprudencial em constante evolução.

[51] QUINTAS, Fábio Lima; CÉSAR FILHO, Alcebíades Galvão. **Serve a reclamação constitucional para modificar precedentes?** *Consultor Jurídico*, 10 de fevereiro de 2018. Disponível em < https://www.conjur.com.br/2018-fev-10/observatorio-constitucional-serve-reclamacao-constitucional-modificar-precedentes> Acesso em 21 dez. 2018.

CONCLUSÃO

A reclamação constitucional foi adquirindo, ao longo de sua evolução histórica, importância inimaginável ao tempo de sua origem, na jurisprudência do STF. É inegável o quanto o instituto se aprimorou, passando da fase jurisprudencial à fase constitucionalizada, tendo seus contornos recentemente ampliados na fase processual codificada.

Pode-se dizer que se trata hoje de um dos mais relevantes meios de controle da autoridade das decisões dos tribunais, sobretudo na atual sistemática de precedentes vinculantes instituída no CPC de 2015. Por outro lado, a reclamação se tornou o *locus* em que o próprio tribunal rediscute a aplicação de sua decisão vinculante, perquirindo sobre a sua sustentabilidade.

Conforme ressaltado pelo próprio STF, é no momento em que a Corte Superior aprecia uma reclamação, que surge a oportunidade de dialogar com seus próprios precedentes, de rever o conteúdo e o alcance de suas decisões, vindo a reinterpretá-las ou até mesmo a superá-las caso não mais se mostrem pertinentes no novo cenário social ou perante a ordem jurídica vigente.

É consenso entre os juristas que os padrões decisórios não são imutáveis, o que iria de encontro à doutrina de precedentes e à própria Constituição. Logo, os tribunais superiores não podem petrificar sua jurisprudência, vindo a alterá-la somente quando lhes convier. Há de haver meios para que os jurisdicionados, de forma comparticipada, levem suas ponderações até essas cortes, demonstrando que seus entendimentos precisam ser revistos.

Por essa razão é que não se pode considerar absurdo o manejo da reclamação para provocar o STF e o STJ à superação de seus julgados, já que o artigo 1.030 do CPC estabeleceu uma indesejada barreira ao acesso dos sujeitos processuais a essas cortes. A reclamação se apresenta, nesse caso, como uma via de mão dupla entre os jurisdicionados e as cortes para impulsionar o constante diálogo entre as situações jurídicas concretas e os motivos determinantes dos precedentes vinculantes.

REFERÊNCIAS

AZEVEDO, Gustavo. **Reclamação constitucional no direito processual civil.** Rio de Janeiro: Forense, 2018.

BECKER, Rodrigo; TRIGUEIRO, Victor. **Reclamação Constitucional para superação de precedentes.** *Jota Info*, 8/12/2016. Disponível em < https://www.jota.info/

opiniao-e-analise/colunas/coluna-cpc-nos-tribunais/reclamacao-constitucional-para-superacao-de-precedentes-08122016> Acesso em 17-12-2018.

BRASIL. Constituição (1988). **Constituição da República Federativa do Brasil.** Brasília: Senado, 1988.

BRASIL. Lei 5.869, de 11 de janeiro de 1973. Código de Processo Civil. **Diário Oficial da União,** Brasília, DF, 17 jan. 1973. Disponível em: http://www.planalto.gov.br/ccivil_03/LEIS/L5869.htm> Acesso em 19 dez. 2018.

BRASIL. Lei n. 13.105, de 16 de março de 2015. Código de Processo Civil. **Diário Oficial da União**, Brasília, DF, 17 mar. 2015. Disponível em: <http://www.planalto.gov.br/ccivil_03/_Ato2015-2018/2015/Lei/L13105.htm> Acesso em: 19 dez. 2018.

BRASIL, Supremo Tribunal Federal, Plenário, Rcl 4374/PE, Rel. Min. Gilmar Mendes, j. 18//2013, Dje 4/9/2013.

BRASIL, Supremo Tribunal Federal, 2ª T., Rcl 25078 AgR/SP, Rel. Min. Dias Toffoli, j. 13/12/2016. DJE nº 34 de 20/02/2017.

BRASIL, Superior Tribunal de Justiça, 4ªT., AREsp 1.170.332/SP, Rel. Min. Luiz Felipe Salomão, j. 18/10/2017, DJe 7/11/2017.

BRASIL, Supremo Tribunal Federal, 2ª T., Rcl 28605 AgR/DF, Rel. Min. Dias Toffoli, j. 29/6/2018. DJE nº 174 de 24/08/2018.

CÂMARA, Alexandre Freitas. Novo CPC reformado permite superação de decisões vinculantes. *Consultor Jurídico*, 12 de fevereiro de 2016. Disponível em < https://www.conjur.com.br/2016-fev-12/alexandre-camara-cpc-permite-superacao-decisoes-vinculantes> Acesso em 17-12-2018.

DANTAS, Marcelo Ribeiro Navarro. A reclamação constitucional no Direito comparado. In: COSTA, Eduardo José da Fonseca; NOGUEIRA, Pedro Henrique Pedrosa (Org.). *Reclamação constitucional.* Salvador: Juspodium, 2013.

DIDIER JR., Fredie; CUNHA, Leonardo Carneiro. *Curso de direito processual civil*: meios de impugnação às decisões judiciais e processo nos tribunais. 13. Ed. Salvador: Juspodium, 2016. V.3.

MENDONÇA NETO, Jouberto Uchôa de. *A reclamação constitucional no novo código de processo civil.* p. 4-6. Disponível em > http://www.esasergipe.org.br/wp-content/uploads/2016/11/A-reclama%C3%A7%C3%A3o-constitucional-no-Novo-C%C3%B3digo-de-Processo-Civil.pdf> Acesso em 11 dez. 2018.

NUNES, Dierle José Coelho. *Processo jurisdicional democrático*: uma análise crítica das reformas processuais. Curitiba: Juruá, 2012.

NUNES, Dierle; FREITAS, Marina Carvalho. O STJ e a necessidade de meios para superação dos precedentes. *Consultor Jurídico*, 22 de novembro de 2017.

Disponível em: < https://www.conjur.com.br/2017-nov-22/opiniao-stj-meios-superacao-precedentes> Acesso em 19 dez. 2018.

NUNES, Dierle; FREITAS, Marina Carvalho. A necessidade de meios para superação dos precedentes. *Revista de Processo*: RePro, São Paulo, v. 43, n. 281, p. 433-489, jul.2018.

QUINTAS, Fábio Lima; CÉSAR FILHO, Alcebíades Galvão. Serve a reclamação constitucional para modificar precedentes? *Consultor Jurídico*, 10 de fevereiro de 2018. Disponível em < https://www.conjur.com.br/2018-fev-10/observatorio-constitucional-serve-reclamacao-constitucional-modificar-precedentes> Acesso em 21 dez. 2018.

SARMENTO, Daniel. *O neoconstitucionalismo no Brasil: riscos e possibilidades*. Rio de Janeiro, 2009. Texto disponível em <http://www.dsarmento.adv.br/content/3-publicacoes/16-o-neoconstitucionalismo-no-brasil-riscos-e-possibilidades/o-neoconstitucionalismo-no-brasil.riscos-e-possibilidades-daniel-sarmento.pdf> Acesso em 13. Dez. 2018.

THEODORO JÚNIOR, Humberto et al. *Novo CPC*: fundamentos e sistematização. 3.ed. Rio de Janeiro: Forense, 2016.

VIANA, Aurélio; NUNES, Dierle. *Precedentes*: a mutação no ônus argumentativo. Rio de Janeiro: Forense, 2018.

8

A EFETIVAÇÃO DO PRINCÍPIO DA PREVENÇÃO COMO GARANTIA À QUALIDADE DE VIDA DA COLETIVIDADE: UM OLHAR SOBRE A ATUAÇÃO ESTATAL À LUZ DO DIREITO AMBIENTAL E DO DIREITO À SAÚDE

THE EFFECTIVENESS OF THE PRINCIPLE OF PREVENTION AS A GUARANTEE TO THE QUALITY OF LIFE OF THE COLLECTIVITY: A LOOK AT THE STATE'S PERFORMANCE IN LIGHT OF ENVIRONMENTAL LAW AND THE RIGHT TO HEALTH

Michelle Lucas Cardoso Balbino[1]
Simone Letícia Severo e Sousa Dabés Leão[2]

1 Coordenadora do Curso de Direito da Faculdade Cidade Patos de Minas (FPM). Professora Universitária. Advogada. Doutoranda em Direito pelo Uniceub/Brasília. Mestre em Sustentabilidade Socioeconômico e Ambiental pela Escola de Minas pela Universidade Federal de Ouro Preto (UFOP). Especialização em Direito, Impacto e Recuperação Ambiental pela Escola de Minas pela Universidade Federal de Ouro Preto (UFOP). Pós-graduação em Gestão Pública Municipal pela Universidade Federal de Uberlândia (UFU). E-mail: michellebalbino@hotmail.com.

2 Pós-doutoranda em Direitos Sociais na Universidade de Salamanca/Espanha. Doutora em Direito Público pela PUCMINAS. Mestre em Direito das relações econômico-empresariais (UNIFRAN-SP). Professora Universitária. Assessora Judiciária TJMG. E-mail: simoneleticia77@gmail.com

RESUMO

Os casos do rompimento das barragens de Mariana e Brumadinho em Minas Gerais/Brasil, os quais deixaram danos ambientais e sociais irreparáveis a curto prazo, resultando em um grave impacto na qualidade de vida de toda a comunidade do entorno e na sociedade em geral, representando um verdadeiro exemplo de afronta a qualidade de vida coletiva, que ocasionou o surgimento de novas preocupações em relação à saúde, relacionadas à qualidade da vida urbana, ao bem-estar no meio ambiente, à saúde física e mental e à segurança. O presente trabalho tem o objetivo verificar como o princípio da prevenção vem sendo aplicado na garantia à qualidade de vida da coletividade, tendo em vista o direito ambiental e o direito à saúde. Para tanto, o artigo foi dividido em 02 (duas) partes, a primeira busca mapear as normas existentes para a garantia da qualidade de vida coletiva, com a efetivação do princípio da prevenção no aspecto ambiental e na proteção da saúde coletiva. A segunda parte apresentou uma análise da jurisprudência existente para a efetivação destas políticas públicas que garantam a qualidade de vida coletiva, quanto à questão ambiental e a garantia da saúde coletiva, através do princípio da dignidade da pessoa humana. Concluiu-se que, o causador do dano ambiental, independentemente de culpa, deve ser responsabilizado, uma vez que estar-se-á tratando de direito inerente à coletividade.

Palavras-chave: Princípios da Prevenção. Qualidade de Vida Coletiva. Direito Ambiental. Direito à Saúde.

ABSTRACT

The cases of the rupture of Mariana and Brumadinho' dams in Minas Gerais / Brazil, which left irreparable environmental and social damages in the short term, resulting in a serious impact on the quality of life of the entire community and society in general , representing a real example of an affront to the quality of collective life, which has given rise to new health concerns related to the quality of urban life, wellbeing in the environment, to physical and mental health and safety.

The present study intends to verify how the principle of prevention has been applied to guarantee the quality of the community' life in view of environmental law and the right to health. Therefore, the article was divided into 02 (two) parts. The first one seeks to map the existing norms related to guarantee the quality of collective life, with the effectiveness of the principle of prevention in the environmental aspect and in the protection of collective health.

The second part presents an analysis of the existing jurisprudence for the effectiveness of these public policies that guarantee the quality of collective life, regarding the environmental issue and the guarantee of collective health, through the principle of the dignity of the human person. It was concluded that the cause of environmental damage, regardless of fault, should be held responsible, since it will be dealing with the inherent right of the collectivity.

Key Words: Principles of Prevention. Quality of Collective Life. Environmental Law. Right to health.

INTRODUÇÃO

Saúde, meio ambiente e qualidade de vida são três temas estreitamente relacionados. A saúde contribui para melhorar a qualidade de vida do indivíduo. Logo, promover a saúde é promover a qualidade de vida. Contudo, para que se tenha uma saúde equilibrada é necessário viver em um ambiente no mínimo sustentável e adequado.

Evidencia-se que ao tratar de saúde urbana, necessariamente pensa-se em qualidade ambiental, tendo em vista que existe uma relação entre o cidadão e o meio ambiente que ele está inserido. Ingo Wolfgang Sarlet (2007, p. 296) equipara vida saudável à vida digna, aproximando os conceitos de qualidade de vida e dignidade da pessoa humana, já que é no direito à saúde, que se manifesta de forma mais contundente a vinculação do seu objeto (prestações materiais na esfera da assistência médica, hospitalar, etc.), com o direito à vida e ao princípio da dignidade da pessoa humana. Para além do direito à vida, o direito à saúde encontra-se umbilicalmente atrelado à proteção da integridade física (corporal e psicológica) do ser humano, exigindo-se igualmente posições jurídicas de fundamentos indiscutíveis.

O conceito de qualidade de vida não é um termo literal definido em normas ambientais. O termo existe e é aplicado em diversas legislações, porém não existe uma definição normativa do que seria essa qualidade de vida. Importante portanto, definir como o termo qualidade de vida será exposto neste trabalho.

Para fins didáticos deste trabalho, qualidade de vida é toda consideração de vida que garanta uma condição mínima de sobrevivência humana, com a efetivação de um ambiente ecologicamente equilibrado e garanta uma saúde mínima aos seres humanos (MACHADO, 2016, p. 153-154). Observa-se que essa definição está em consonância com a determinação constitucional que define no caput do art. 225, que "todos têm direito ao meio ambiente ecologicamente equilibrado, bem de uso comum do povo e essencial à sadia qualidade de vida, impondo-se ao Poder Público e à coletividade o dever de defendê-lo e preservá-lo para as presentes e futuras gerações".

Verifica-se aqui que qualidade de vida está vinculada diretamente a uma concepção sadia, que possui peculiar delimitação a garantia do direito de saúde, bem como ao meio ambiente ecologicamente equilibrado, o que repercute em uma vinculação a garantia de um direito a prevenção ambiental. E, por fim, a condição responsável do Estado e da coletiva na prevenção e defesa dessa qualidade de vida.

Assim, a qualidade de vida configura a somatória de fatores decorrentes da interação entre sociedade e ambiente. Partindo da premissa que o ser humano vive em sociedade e agrupado em centros urbanos, sendo extremamente interligado e dependente um do outro, verifica-se que sempre deve estar em busca da tão sonhada qualidade de vida coletiva.

Ver-se-á que quando se trata da preservação da vida no plano coletivo, vem à baila o chamado 'princípio da precaução', que atualmente norteia as condutas de todos aqueles que atuam no campo da proteção do meio ambiente e da saúde pública. Aspectos individuais e coletivos inerentes à convivência em sociedade vão influenciar visivelmente na qualidade de vida. A irregular ocupação do solo urbano e o aumento de consumo, o processo da urbanização acelerada e incontrolável, pela ausência de gestão e controle, bem como o desenvolvimento tecnológico induzem à degradação ambiental.

Diante disso, aprecem novas preocupações em relação à saúde, relacionadas à qualidade da vida urbana, ao bem-estar no meio ambiente, à saúde física e mental e à segurança. Desse modo, evidencia-se que o crescimento industrial desenfreado contribui para o crescimento populacional desordenado, o que por vezes, gera falta de insumos e recursos naturais, o que consequentemente, prejudica a qualidade de vida. Exemplo disso são os casos do rompimento das barragens de Mariana e Brumadinho em Minas Gerais/Brasil, os quais deixaram danos ambientais e sociais irreparáveis a curto prazo, resultando em um grave impacto na qualidade de vida de toda a comunidade do entorno e na sociedade em geral, representando um verdadeiro exemplo de afronta a qualidade de vida coletiva.

Nasce aqui a responsabilidade estatal para com a garantia da qualidade de vida coletiva. O cumprimento desta responsabilidade pelo Estado é prestado através da realização, eficaz, de políticas públicas que visem a proteção ao meio ambiental, e, por via indireta, a garantia da saúde pública. Até porque, "em sede de formulação e implementação de políticas ambientais, não basta afastar a possibilidade concreta de dano ambiental" (SAMPAIO, 2003, p. 174), sendo essencial que as políticas também definam como deve-se agir caso ocorra o dano ambiental e as consequências à saúde coletiva e à qualidade de vida dos cidadãos.

Importante destacar que, tais ações devem ser realizadas com o objetivo de prevenir futuros impactos socioambientais e que ocasione falhas na garantia da saúde pública e da proteção ao direito à vida. Assim, o presente trabalho tem como foco a prevenção, que representa o agir antecipadamente. Logo, evidencia-se que o princípio da prevenção efetiva a proteção ao meio ambiente sustentável e à saúde coletiva. Não serão considerados para análise as políticas públicas que embasam na efetivação do princípio da precaução, afinal, referido princípio considera a atuação do Estado para a garantia contra "riscos potenciais que, de acordo com o estado atual do conhecimento, não podem ser ainda, identificados" (THOMÉ, 2017, p. 66-67), não sendo este o objetivo do presente trabalho

Assim, a pergunta problema que norteará este trabalho é: como o princípio da prevenção vem sendo aplicado na garantia à qualidade de vida da coletividade, tendo em vista o direito ambiental e o direito à saúde? Para responder a presente pergunta, foi realizada inicialmente uma análise do quadro normativo brasileiro em relação as legislações existentes em relação a garantia da qualidade de vida à luz do direito ambiental e direito à saúde. Após, realizou-se a análise da jurisprudência nacional existente acerca do tema.

Portanto, o presente trabalho busca apresentar, primeiramente, um mapeamento das normas existentes para a garantia da qualidade de vida coletiva (1), tendo como filtro normativo de definição aquelas realizadas para a prevenção de impactos ambientais (1.1), como para aquelas definidas para a proteção da saúde coletiva (1.2). Diante do mapeamento realizado, apresenta-se uma análise da jurisprudência existente para a efetivação destas políticas públicas que garantam a qualidade de vida coletiva (2). Observa-se que, o princípio da prevenção representa tanto como fundamento para a efetivação contra impactos socioambientais (2.1), como na garantia da saúde coletiva através do princípio da dignidade da pessoa humana (2.2).

1 O MAPEAMENTO DAS NORMAS EXISTENTES NA GARANTIA DA QUALIDADE DE VIDA COLETIVA

As normas existente na garantia da qualidade de vida podem ser definidas diante de um padrão de legislações que priorizam a prevenção de impactos socioambientais, que tem a qualidade de vida coletiva como condição para efetivação de uma boa atuação ambiental (1.1) e, as políticas públicas de proteção à saúde coletiva, que tem a qualidade de vida como principal objetivo a ser efetivado (1.2).

1.1 A qualidade de vida coletiva como condição para a efetivação de uma boa atuação ambiental diante das normas de prevenção de impactos socioambientais

Existe uma gama de normas que garantem a prevenção de impactos socioambientais, as quais possuem a qualidade de vida como condição para a efetivação de uma boa atuação ambiental. Apesar do aspecto individual do termo qualidade de vida, sua percepção acaba por refletir no coletivo, ou seja, na "qualidade de vida da população, como um todo, somente poderá ser avaliada mediante o uso de indicadores concretos" (FORATTINI, 1991, p.76). Para tanto, referidas normas definem padrões, através de instrumentos próprios, para a redução dos impactos causados à saúde humana e à qualidade ambiental, refletindo o papel desenvolvido pela a qualidade de vida coletiva como condição dessa efetivação.

Em que pese a consideração literal da qualidade de vida como parâmetro para a efetivação do meio ambiente pela Constituição Federal de 1988 no caput do art. 225, já destacado na introdução deste trabalho. A percepção da qualidade de vida como condição de efetivação de uma boa condição ambiental é reflexo uma atuação mundial em prol da interrelação entre o meio ambiental e condição de vida com qualidade. O que é observado desde a Declaração de Estocolmo que destaca em seu Princípio 1 que "o homem tem o direito fundamental à liberdade, à igualdade e ao desfrute de condições de vida adequadas em um meio ambiente de qualidade tal que lhe permita levar uma vida digna e gozar de bem-estar [...]" (ONU, 1972). Tais fundamentos condicionam a uma obrigação na proteção e melhoria da qualidade ambiental. Essa atuação internacional em prol da qualidade de vida tendo a prevenção do meio ambiental como vetor resultou em uma gama de legislações internas que hoje definem o quadro normativo brasileiro. Esse é o ponto que será destacada nesta secção.

Desde a instituição da Políticas Nacional de Meio Ambiente (Lei 6.938/1981), norma reflexo das negociações realizadas na Conferência de Estocolmo em 1972, observa-se que o estado da qualidade ambiental passa a ser preocupação do Estado brasileiro. Pois define o caput do art. 2º que a Política Nacional do Meio Ambiente tem por objetivo "a preservação, melhoria e recuperação da qualidade ambiental propícia à vida, visando assegurar, no País, condições ao desenvolvimento socioeconômico, aos interesses da segurança nacional e à proteção da dignidade da vida humana". E ainda define como princípio necessários a essa efetivação a realização de acompanhamento do estado da qualidade ambiental (art. 2º, inciso VII).

A mesma norma estabelece ainda a necessidade de "estabelecimento de critérios e padrões de qualidade ambiental e de normas relativas ao uso e manejo de recursos ambientais" como sendo objetivos da Política Nacional de Meio Ambiente (art. 4º, inciso III). O observa uma definição do que seria qualidade ambiental através de métodos de comparativos com os padrões estabelecidos como mínimos, cabendo ao Conselho Nacional do Meio Ambiente (CONAMA), órgão consultivo e deliberativo que compõem o Sistema Nacional do Meio Ambiente – SISNAMA definir referidos padrões compatíveis com o meio ambiente ecologicamente equilibrado e essencial à sadia qualidade de vida (art. 6º, II), bem como "estabelecer normas, critérios e padrões relativos ao controle e à manutenção da qualidade do meio ambiente com vistas ao uso racional dos recursos ambientais, principalmente os hídricos" (art. 8º, VII). Para tanto a própria Política Nacional de Meio Ambiente definiu como instrumentos de sua efetivação o estabelecimento de padrões de qualidade ambiental (inciso I do art. 9º) e a instituição do Relatório de Qualidade do Meio Ambiente (art. 9º, inciso X).

Observa-se aqui uma atuação indissociável do meio ambiente e da sadia qualidade de vida (definido em uma percepção de garantia do direito à saúde do homem), que deverá ser pautada em padrões mínimos de aferição pelo Estado e pela coletividade.

Neste aspecto, a Política Nacional de Recursos Hídricos (Lei n.º 9.433/1997) também define a necessidade de uma padronização da qualidade adequada ao uso dos recursos hídricos, principalmente com o objetivo de assegurar a disponibilidade de água as presentes e futuras gerações (art. 2º, inciso I). Para tanto determina em suas diretrizes gerais a realização de uma gestão sistematizada dos recursos hídricos, considerando além da quantidade, também a qualidade da água a ser ofertada (art. 3º), definindo inclusive um balanço entre disponibilidades e demandas futuras destes recursos (art. 7º, inciso III). Além do que define o enquadramento dos corpos de água em classes, segundo os usos preponderantes da água, como instrumento capaz de assegurar e respaldar a qualidade ambiental e combate a degradação e poluição ambiental (art. 9º), ou seja, o combate a impactos socioambientais nas águas brasileiras. Observa-se que desde 1997 a Política Nacional de Recursos Hídricos já definia fator de ligação direta entre a prevenção de impactos socioambientais e a garantia da qualidade ambiental, e por consequência a qualidade de vida da coletividade. A Lei de Gestão de Florestas Públicas (Lei n.º 11284/2006) que normatiza o sistema de gestão florestal em áreas públicas e cria o Serviço Florestal Brasileiro também considera a necessidade de definir critérios, indicadores, fórmulas e parâmetros para condicionar a garantia da qualidade do meio ambiente (art. 30, inciso VI).

Importante destacar que os impactos socioambientais são aqui definidos como qualquer alteração [física, química ou biológica] proveniente de atividade humana, e que cause, direta ou indiretamente, danos à saúde, segurança, bem-estar da população, além de reflexos nas atividades sociais e econômicas e na qualidade dos recursos ambientais (Resolução CONAMA nº 001/1986 - art. 1º). Isto é, uma perspectiva além da questão puramente ambiental, também considerando o aspecto social que envolve todo o posicionamento do impacto.

Cabe ressaltar ainda que, o princípio da prevenção não é aplicável em qualquer situação de perigo de dano, estando apoiado certeza científica do impacto ambiental de determinada atividade (THOMÉ, 2017, p. 65 e 69). Paulo Affonso de Leme Machado, por sua vez, complementa:

> O dever jurídico de evitar a consumação de danos ao meio ambiente vem sendo salientado em convenções, declarações e sentenças de tribunais internacionais, como na maioria das legislações internacionais. *Prevenir* é agir antecipadamente, evitando o dano ambiental. Deixa-se de prevenir por comodismo, por ignorância, por hábito da imprevisão, por pressa e pela vontade de lucrar indevidamente... No Brasil, quando a Lei 6.938-1981 diz, em seu art. 2º, que em sua Política Nacional do Meio Ambiente observará como princípios a "proteção dos ecossistemas, com a preservação das áreas representativas" e "a proteção de áreas ameaçadas de degradação", está indicando especificamente onde aplicar-se o princípio da prevenção. Não seria possível proteger sem aplicar medidas de prevenção (MACHADO, 2016, p. 119-121).

Carina Costa de Oliveira et al (2004, p. 342) destacam que o princípio da precaução se distingue da prevenção em razão do risco que ele deve atuar:

> A aplicação do princípio da prevenção é feita quando os perigos resultantes de uma de uma atividade econômica são conhecidos, mesmo se uma incerteza mínima sobre a ocorrência, ou a gravidade, ou a dimensão do dano exista. Há uma certeza que a exposição ao perigo conduzirá ao dano e ao direito à reparação. Por sua vez, o princípio da precaução deve ser utilizado quando há um risco segundo o qual de desconhece quais são as repercussões da atividade no meio ambiente ou na saúde.

Conclui que é possível delinear uma nítida diferença entre o princípio da prevenção e o princípio da precaução, salientando que o princípio da prevenção é aplicado quando são conhecidos os males provocados ao meio ambiente decorrentes da atividade potencialmente predadora ou poluidora, possuindo elementos seguros para afirmar se a atividade é efetivamente perigosa (atividades sabidamente perigosas). Como exemplo temos as atividades de mineração, seara na qual os impactos sobre o meio ambiente são notórios. Por outro lado, quando não se conhece o impacto de atividades potencialmente causadoras de degradação ambiental, deve-se aplicar o princípio da precaução, ou seja, como não se tem certeza quanto aos possíveis efeitos negativos, por precaução, impõem-se restrições ou impede-se a intervenção no meio ambiente até que se comprove que a atividade não acarreta efeitos diversos ao meio ambiente (THOMÉ, 2017, p. 65 e 69).

No ordenamento jurídico pátrio, algumas leis referem-se expressamente ao princípio da precaução, tais como a Lei de Biossegurança (Lei n. 11.105-2005), que elenca como diretrizes, em seu art. 1º, "o estímulo ao avanço científico na área de biossegurança e biotecnologia, a proteção à vida e à saúde humana, animal e vegetal, e a observância do princípio da precaução para a proteção do meio ambiente", e a Lei de Política Nacional sobre Mudança do Clima (Lei 12.187-2009) que, nos termos do seu art. 3º., deverá observar "os princípios da precaução, da prevenção, da participação cidadã, do desenvolvimento sustentável e o das responsabilidades comuns, porém, diferenciadas (...)". A Lei 12.608-2012 (Lei de desastres ambientais) no parágrafo 2º do art. 2º, refere-se implicitamente ao princípio da precaução, ao dispor que "a incerteza quanto ao risco de desastre não constituirá óbice para adoção de medidas preventivas e mitigadoras de situação de risco." (SILVA, 2004, p. 46).

Assim, no presente trabalho estão atrelados apenas a atuação da prevenção dos impactos socioambientais já conhecidos. Definindo uma importante delimitação na construção do presente trabalho acerca da qualidade de vida e sua construção pautada na prevenção dos impactos socioambientais. Afinal, são temas indissociáveis, tendo em vista que a degradação ambiental ocasiona problemas na qualidade de vida de toda a coletividade.

Neste sentido, outras normas também definem essa interrelação entre a prevenção de impactos socioambientais e a garantia da qualidade de vida da coletividade. Como destaque aponta-se a proteção atribuída pelo Sistema Nacional de Unidades de Conservação (Snuc), instituído pela Lei 9.985/2000, ao definir as APA's (Área de Proteção Ambiental) como importantes instrumentos de garantia da qualidade de vida e o bem-estar das populações humanas. Afinal referidas áreas, dotada de atributos abióticos, bióticos, estéticos ou culturais especialmente importantes, buscam proteger a diversidade biológica, disciplinar o processo de ocupação e assegurar a sustentabilidade do uso dos recursos naturais (art. 15). Além da Reserva da Biosfera, prevista no art. 41 da mesma norma que define modelo de gestão internacional realizado de forma "integrada, participativa e sustentável dos recursos naturais", buscando a preservação da diversidade biológica para a melhoria da qualidade de vida das populações.

O Snuc ainda garante as populações tradicionais, através da Reserva de Desenvolvimento Sustentável, uma proteção maior a sua qualidade de vida (art. 20, §1º). A Reserva de Desenvolvimento Sustentável é uma área natural que permite a realização de exploração sustentável dos recursos, com conservação e aperfeiçoamento de técnicas tradicionais das populações, garantindo o conhecimento e a manutenção da cultura e da autossuficiência e desenvolvimento econômico destes povos (art. 20). Tal questão está em consonância com a Convenção n.º 169 da Organização Internacional do Trabalho - OIT sobre Povos Indígenas e Tribais (1989) (art. 23), Convenção sobre Biodiversidade Biológica (1992) (art. 8º); Declaração das Nações Unidas sobre os Direitos dos Povos Indígenas (mar. 2008) (art. 27) e do Protocolo de Nagoia no Âmbito da Convenção da Diversidade Biológica sobre acesso a Recursos Genéticos e a Repartição Justa e Equitativa dos Benefícios Decorrentes de Sua Utilização (29 de outubro de 2010), quando da garantia da repartição justa e equitativa de benefícios (art. 5º). O que também é verificado na Decisão 155/96 da Comissão Africana dos Direitos Humanos e dos Povos (CADHP) [Centro de Ação pelos Direitos Sociais e Econômicos (SERAC) e Centro de Direitos Econômicos e Sociais (CESR) Vs. Nigéria] que reconhece "a importância de um ambiente limpo e seguro, intimamente ligado aos direitos económicos e sociais, na medida em que o ambiente afeta a qualidade de vida e segurança do indivíduo" (item 51).

Importante destacar também que a Lei n.º 11.445/2007, que estabelece a Política Nacional de Saneamento Básico destaca entre os princípios para a prestação dos serviços públicos de saneamento básico a necessidade de articulação de políticas de desenvolvimento urbano e regional para melhoria da qualidade de vida, utilizando para tanto o estímulo à pesquisa, ao desenvolvimento e à utilização de tecnologias apropriadas (art. 3º, inciso VI e VIII). Assim, cabendo a União estabelecer políticas de saneamento básico para a melhoria da qualidade de vida e das condições ambientais e de saúde pública (art. 48, inciso V). A Política Nacional de Resíduos Sólidos (PNRS), Lei 12.305/2010, também destaca o papel da qualidade de vida coletiva como condição para a efetivação de uma boa condição ambiental diante das normas de prevenção de impactos socioambientais, tendo em vista a relevância do interesse social, ao trazer a responsabilidade compartilhada pelo ciclo de vida dos produtos como instrumento de redução dos impactos causados à saúde humana e à qualidade ambiental decorrentes do ciclo de vida dos produtos (art. 3º, inciso XVII). Observa-se que está responsabilidade compartilhada representa um conjunto de atribuições individualizadas e encadeadas de diversas partes que integram o ciclo do produto (fabricantes, importadores, distribuidores, comerciantes e consumidores), todos em prol da qualidade de vida coletiva, garantida as presentes e futuras gerações. Tendo inclusive a ecoeficiência como princípio norteador da Política Nacional de Resíduos Sólidos (art. 6º, inciso V) que considera a qualidade de vida como parâmetro para essa definição da eficiência ecológica do ciclo de vida do produto.

Por fim, cabe ressaltar que o atual Código Florestal (Lei n.º 12.651/2012) destaca como importante instrumento para o desenvolvimento sustentável a preservação das florestas e demais formas de vegetação nativa, utilizando a atividade agropecuária de forma estratégica para o crescimento econômico e a melhoria da qualidade de vida da população brasileira, tanto em mercados nacional e internacional de alimentos e bioenergia (inciso II do parágrafo único do art. 1º).

Portanto, diante das normas brasileiras que garantem a prevenção de impactos socioambientais, pode-se observar o papel dado pela legislação à qualidade de vida coletiva como condição para a efetivação de uma boa condição ambiental. Essa atuação estando condicionada à definição de padrões de qualidade ambiental através dos diversos instrumentos de garantia do bem-estar das populações humanas estabelecidos nas leis analisadas.

1.2 A qualidade de vida coletiva como principal objetivo que deveria ser efetivado pelas normas de proteção à saúde

Nesse subtópico, ver-se- á que saúde não é apenas uma obrigação do Estado, mas constitui um elemento de efetivação da dignidade da pessoa humana. Ver-se-á que a implantação de políticas públicas sociais carece de recurso e há uma disparidade entre a realidade e o garantido constitucionalmente

A saúde é um direito fundamental social que, para ser otimizado, precisa da atuação positiva do Estado, a fim de assegurar a qualidade de vida dos cidadãos e respeito à dignidade humana. Desse modo, a Constituição de 1988 trata as ações e serviços de saúde com o enfoque de bem-estar social, definindo claramente que o sistema que adotou envolve tanto a participação do setor público, quanto da iniciativa privada na prestação de serviços de saúde à população. (SOUSA, 2015, p. 3)

Conforme o art. 2º da Lei Orgânica da Saúde, Lei n. 8.080, de 19 de setembro de 1990: "a saúde é um direito fundamental do ser humano, devendo o Estado prover as condições indispensáveis ao seu pleno exercício".

O art. 3º da Lei n. 8.080 de 1990 (Lei Orgânica da Saúde) dispõe que:

> Art. 3º Os níveis de saúde expressam a organização social e econômica do País, tendo a saúde como determinantes e condicionantes, entre outros, a alimentação, a moradia, o saneamento básico, o meio ambiente, o trabalho, a renda, a educação, a atividade física, o transporte, o lazer e o acesso aos bens e serviços essenciais.(Redação dada pela Lei nº 12.864, de 2013)
>
> Parágrafo único. Dizem respeito também à saúde as ações que, por força do disposto no artigo anterior, se destinam a garantir às pessoas e à coletividade condições de bem-estar físico, mental e social.

Nos termos do art. 196 da Constituição Federal:

> A saúde é direito de todos e dever do Estado, garantido mediante políticas sociais e econômicas que visem à redução do risco de doenças e outros agravos, e ao acesso universal e igualitário às ações e serviços para sua promoção, proteção e recuperação.

A saúde consta como um dos direitos sociais previstos no art. 6º, que abre o Capítulo II ('Dos Direitos Sociais') do Título II ('Dos Direitos Fundamentais') da Constituição de 1988. Além disso, o caput do art. 196, já referido, define a saúde como direito de todos e dever do Estado.

Nos termos do art. 6º da Constituição Federal "são direitos sociais a educação, a saúde, o trabalho, a moradia, o lazer, a segurança, a previdência social, a proteção à maternidade e à infância, a assistência aos desamparados na forma desta Constituição."

De acordo com o inc. VIII do art. 200 da Constituição Federal que "ao sistema único de saúde compete, além de outras atribuições, nos termos da lei [...] colaborar na proteção do meio ambiente, nele compreendido o do trabalho."

Com a Constituição de 1988, o direito à saúde foi elevado à categoria de direito subjetivo público, no reconhecimento de que o sujeito é detentor do direito que o Estado está obrigado a garantir, além, é óbvio, de ser responsabilidade do próprio sujeito, que também deve cuidar de sua saúde e contribuir para a saúde coletiva. (BRAUNER, 2012, p. 85)

Janaína Machado Sturza e Juliana Bedin Grando tratam da real necessidade de interconexão entre a preservação do meio ambiente ecologicamente equilibrado e o direito à saúde, no intuito de se garantir um meio ambiente sadio, assegurando melhores condições sanitárias:

> A proteção ao meio ambiente pode ser considerada uma forma de efetivação dos direitos humanos, pois quando ocorre um dano ambiental, consequentemente há afronta a outros direitos do homem, tais como o direito à saúde, ao bem-estar, à vida, etc. E, em contrapartida, se as Nações contribuírem para a preservação do ambiente sadio, os povos terão garantidos a segurança e igualdade e os direitos inerentes à vida digna. Percebe-se, desse modo, que a efetivação dos direitos humanos e do direito a um meio ambiente saudável estão interligados, pois a violação de um deles invade o campo do outro, constituindo um duplo desequilíbrio, uma vez que ambos buscam preservar o direito a uma vida digna. A violação do meio ambiente acarreta inevitavelmente a violação dos direitos humanos. (STURZA, 2015, p. 132).

A Portaria nº 1.820, de 13 de agosto 2009 - dispõe sobre os direitos e deveres dos usuários da saúde:

> Art. 2º Toda pessoa tem direito ao acesso a bens e serviços ordenados e organizados para garantia da promoção, prevenção, proteção, tratamento e recuperação da saúde.
>
> § 1º O acesso será preferencialmente nos serviços de Atenção Básica integrados por centros de saúde, postos de saúde, unidades de saúde da família e unidades básicas de saúde ou similares mais próximos de sua casa.

> § 2º Nas situações de urgência/emergência, qualquer serviço de saúde deve receber e cuidar da pessoa bem como encaminhá-la para outro serviço no caso de necessidade.
>
> § 3º Em caso de risco de vida ou lesão grave, deverá ser assegurada a remoção do usuário, em tempo hábil e em condições seguras para um serviço de saúde com capacidade para resolver seu tipo de problema.
>
> § 4º O encaminhamento às especialidades e aos hospitais, pela Atenção Básica, será estabelecido em função da necessidade de saúde e indicação clínica, levando-se em conta a gravidade do problema a ser analisado pelas centrais de regulação.
>
> § 5º Quando houver alguma dificuldade temporária para atender as pessoas é da responsabilidade da direção e da equipe do serviço, acolher, dar informações claras e encaminhá-las sem discriminação e privilégios.
>
> Art. 3º Toda pessoa tem direito ao tratamento adequado e no tempo certo para resolver o seu problema de saúde.
>
> Parágrafo único. É direito da pessoa ter atendimento adequado, com qualidade, no tempo certo e com garantia de continuidade do tratamento, para isso deve ser assegurado.

De acordo com o parágrafo único do art. 4º, dessa mesma Portaria, é direito da pessoa, na rede de serviços de saúde, ter atendimento humanizado, acolhedor, livre de qualquer discriminação, restrição ou negação em virtude de idade, raça, cor, etnia, religião, orientação sexual, identidade de gênero, condições econômicas ou sociais, estado de saúde, de anomalia, patologia ou deficiência.

Desse modo, evidencia-se que na legislação pátria há legislação que confere aos cidadãos o Direito à Saúde. Contudo, faz-se necessária a adoção de políticas públicas adequadas, bem como a efetivação de normas, principalmente aquelas atinentes à ANVISA e ANS, no intuito de garantir a qualidade de vida coletiva.

2 A EFETIVAÇÃO DAS NORMAS EXISTENTES PARA A GARANTIA DA QUALIDADE DE VIDA COLETIVA

Em uma análise jurisprudencial, as normas que garantem à qualidade de vida coletiva têm a prevenção tanto como fundamento para a efetivação contra impactos socioambientais (2.1) e, quanto como instrumento de efetivação do direito à saúde coletiva através do princípio da dignidade da pessoa humana (2.2).

2.1 O princípio da prevenção como fundamento para a efetivação da qualidade de vida coletiva frente aos impactos socioambientais

Os casos de desastres ambientais ocorridos em Minas Gerais, Brasil [Mariana em 05 de novembro de 2015 e Brumadinho em 25 de janeiro de 2019] aumentaram as indagações acerca dos impactos socioambientais causados, o que determina uma afronta a qualidade de vida da coletividade. Nos dois casos as empresas, mineradores e transnacionais [Samarco-Mariana e Vale-Brumadinho], causaram impactos socioambientais em virtude de rompimento de barragens de rejeitos de minério. Com os rompimentos houve a liberação de rejeitos que atingiram vários estados brasileiros, inclusive com a morte de pessoas que compõem as comunidades do entorno do empreendimento.

Inclusive o Grupo de Trabalho da ONU sobre Empresas e Direitos Humanos ao Brasil, em dezembro de 2015, realizou visita ao Brasil, após rompimento da primeira barragem [Mariana], momento em que emitiu Relatório sobre a questão dos direitos humanos e corporações transnacionais e outros negócios realizados no Brasil. O Grupo de Trabalho enfatizou a necessidade de restaurar a confiança, melhorar a consulta às partes interessadas e garantir o acesso à informação e aos serviços essenciais. Bem como aconselhou a Samarco a criar um ambiente no qual as pessoas, incluindo seus funcionários, pudessem expressar preocupações sem medo de represália (ONU, 2016, p.10).

Observa-se que os referidos desastres ambientais representaram muitos impactos na vida de toda a comunidade, não apenas da população mineira do entorno, mas refletindo em uma população de amplitude coletiva. Os impactos socioambientais são aqui definidos como qualquer alteração [física, química ou biológica] proveniente de atividade humana, e que cause, direta ou indiretamente, danos à saúde, segurança, bem-estar da população, além de reflexos nas atividades sociais e econômicas e na qualidade dos recursos ambientais (CONAMA, 1986 - art. 1º). Isto é, uma perspectiva além da questão puramente ambiental, mas também considerando o aspecto social que envolve todo o posicionamento do impacto.

Assim, é notório o impacto destes desastres na qualidade de vida coletiva, que é aqui considerada como sendo aquela qualidade "resultante de condições socioambientais e estruturais que se desenvolvem na sociedade" (PELICIONI, 1998, p. 24). Como se pode observa qualidade de vida é ponto a ser considerado por todos, inclusive empresas, mas principalmente representa um dever do Poder Público. Devendo o Estado estabelecer todos os esforços para a tutela e preservação do meio ambiente, inclusive impondo aos demais entes federativos a garantia da preservação ambiental, sob pena de não o fazê-lo, compactuar com a degradação ambiental e com a piora da qualidade de vida de toda sociedade. Sobre este aspecto vale citar importante decisão proferida em sede de Reexame Necessário em Apelação Cível no TJMG no ano de 2013, veja:

> REEXAME NECESSÁRIO E APELAÇÃO CÍVEL. AÇÃO CIVIL PÚBLICA. PROCEDÊNCIA. DESCABIMENTO. MUNICÍPIO DE CONTAGEM. OBRA DE SANEAMENTO. DANO AO MEIO AMBIENTE, PATRIMÔNIO URBANÍSTICO E À SAÚDE DA POPULAÇÃO. AUSÊNCIA DE VIOLAÇÃO AO PRINCÍPIO DA SEPARAÇÃO DOS PODERES. MULTA COMINATÓRIA. LIMITAÇÃO.
>
> - Não há dispositivo na lei 7.347/85, estabelecendo a obrigatoriedade do duplo grau de jurisdição para a hipótese de um Ente Público sair vencido em ação civil pública. De acordo com a doutrina e jurisprudência atuais, há que se realizar a integração, preferencialmente, por meio de normas atinentes à tutela coletiva, o que justifica a aplicação analógica do art. 19 da Lei nº 4717/65 (Lei da Ação Popular).
>
> - No caso sob análise, o MM. Juiz a quo decidiu pela procedência da ação civil pública, hipótese em que, segundo o dispositivo da lei de ação popular, caberá apelação com efeito suspensivo e não remessa oficial.
>
> - "O meio ambiente, como um bem extraordinariamente relevante ao ser humano, é tutelado pela Constituição Federal. Assim, é dever inafastável do Estado empreender todos os esforços para a sua tutela e preservação, sob pena de violação ao art. 225 da CF. **O Poder Judiciário, no exercício de sua alta e importante missão constitucional, deve e pode impor ao Poder Executivo Municipal o cumprimento da disposição constitucional que garante a preservação do meio ambiente, sob pena de não o fazê-lo, compactuar com a degradação ambiental e com piora da qualidade de vida de toda sociedade**. A judicialização de política pública, aqui compreendida como implementação de política pública pelo Poder Judiciário, harmoniza-se com a Constituição de 1988. A concretização do texto constitucional não é dever apenas do Poder Executivo e Legislativo, mas também do Judiciário. É certo que, em regra a implementação de política pública, é da alçada do Executivo e do Legislativo, todavia, na hipótese de injustificada omissão, o Judiciário deve e pode agir para forçar os outros poderes a cumprirem o dever constitucional que lhes é imposto. A mera alegação de falta de recursos financeiros, destituída de qualquer comprovação objetiva, não é hábil a afastar o dever constitucional imposto ao Município de Luz de preservar o

meio ambiente. Assim, a este caso não se aplica à cláusula da Reserva do Possível, seja porque não foi comprovada a incapacidade econômico-financeira do Município de Luz, seja porque a pretensão social de um meio ambiente equilibrado, preservado e protegido se afigura razoável, estando, pois, em plena harmonia com o devido processo legal substancial." (Agravo de Instrumento 1.0388.04.004682-2/001, Rel. Des.(a) Maria Elza, 5ª CÂMARA CÍVEL, julgamento em 21/10/2004, publicação da súmula em 12/11/2004). [...] - Reexame necessário não conhecido. Preliminares rejeitadas, recurso parcialmente provido. (MINAS GERAIS, 2013) (destaque).

Verifica-se que, cabe ao poder público a garantia da qualidade de vida coletiva. Nos casos em que não foi assegurada a garantia dessa qualidade de vida coletiva, a judicialização na busca de uma efetivação de política pública, aqui compreendida como implementação de política pública é a garantia constitucional estabelecida. Ciente, pois, o dever estatal da garantia da qualidade de vida coletiva, cabendo inclusive, a obrigação de apresentar tutela frente aos entes federativos para a efetivação de políticas públicas de implementação e garantia da qualidade de vida coletiva.

Cabendo ao Ministério Público a legitimidade na judicialização de casos para a tutela e garantia da qualidade de vida, sendo que o princípio da prevenção presenta fundamento peculiar na efetivação da qualidade de vida coletiva frente aos impactos socioambientais que, veja entendimento neste sentido:

DIREITO AMBIENTAL. CONSTRUÇÃO EM ÁREA DE PRESERVAÇÃO PERMANENTE. LEI ESTADUAL N. 14.309/2002. É cediço que a Constituição da República assegura a todos, inclusive às gerações futuras, o direito ao meio ambiente ecologicamente equilibrado, como bem de uso comum do povo e essencial à qualidade de vida. Assim, toda ação que possa gerar dano ao meio ambiente deve ser previamente analisada a fim de se evitar, ou minimizar, o impacto ambiental, conforme dispõe os princípios da precaução e prevenção. Por mais que o Ministério Público tenha legitimidade para a busca da tutela coletiva junto ao Poder Judiciário, também os procedimentos por ele buscados submetem-se ao princípio da legalidade, devendo eventual busca pelo interesse coletivo limitar-se aos parâmetros da Constituição e da lei. Embora a construção feita em área de preservação permanente seja vedada pela legislação ambiental, a denominada construção consolidada poderá eventualmente ser mantida, desde que seja formalizado perante o IEF o processo administrativo para a regularização da ocupação e da edificação conforme previsto expressamente pelo próprio art. 11 da Lei Estadual n. 14.309/2002 e por seu decreto regulamentador, Decreto n. 43.710/2004. (MINAS GERAIS, 2010).

Assim, existe uma vinculação direta da qualidade de vida coletiva com o dano moral na questão ambiental, estando atrelado tanto ao dano moral extrapatrimonial como ao dano moral ambiental. O dano moral extrapatrimonial não se restringe às pessoas individualmente consideradas, definido também pela lesão na esfera moral de uma comunidade, com violação de valores coletivos, atingidos injustificadamente do ponto de vista jurídico. Portanto, "o dano extrapatrimonial ocorre em razão da degradação do meio ambiente, piorando a qualidade de vida da comunidade do local, prescindindo da prova da dor, sentimento ou abalo psicológico sofridos pelo indivíduo" (RIO GRANDE DO SUL, 2018). Assim, a aplicação efetiva do princípio da prevenção garante a não lesão da moral extrapatrimonial, evitando a necessidade de uma reparação da lesão extrapatrimonial coletiva.

Cabe registrar que o dano moral ambiental diverge do dano moral extrapatrimonial, afinal, o primeiro não tem repercussão no mundo físico, ao contrário do dano ao patrimônio ambiental. O dano moral ambiental representa sofrimento de diversas pessoas dispersas em uma certa coletividade ou grupo social (dor difusa ou coletiva), tendo em conta o dano concreto e efetivo ao patrimônio ambiental. Assim, para existir dano moral ambiental coletivo necessário a configuração de três aspectos: ausência de dano ambiental efetivo e concreto; omissão e negligência do Poder Público Municipal e, por fim, ausência de abalo na autoestima e na imagem da coletividade e de redução da qualidade de vida. Veja julgado neste sentido:

> APELAÇÃO CÍVEL. DIREITO PÚBLICO NÃO ESPECIFICADO. MEIO AMBIENTE. MUNICÍPIO DE PORTO ALEGRE. CONDOMÍNIO. (DES)ESTABILIZAÇÃO DE MACIÇO ROCHOSO. DANO MORAL AMBIENTAL COLETIVO NÃO CONFIGURADO. 1. No dia 24/11/2000, o Município de Porto Alegre ajuizou ação civil pública em desfavor do Condomínio Edifício Engenheiro João Machado Fortes alegando ter procedido vistorias onde localizado o condomínio, destacando que não teria sido adotada providência para a solução dos problemas existentes de desmoronamento do maciço rochoso. Referiu que a situação de perigo não se restringiria aos moradores do local, mas alcançaria a todos que o frequentam. Dessa forma, existiria um dano concreto, que se traduziria na situação de perigo a que estariam submetidos os ocupantes do prédio e os que nele transitariam, requerendo a indenização pela existência de dano moral ambiental coletivo. [...]

> 4. Outrossim, o dano moral coletivo se refere à perda pública ocasionada pela não fruição do bem ambiental, à privação, imposta à coletividade, do equilíbrio ecológico, do bem-estar e da qualidade de vida que o recurso ambiental proporciona. E, no caso concreto, não há comprovação de qualquer alteração da paisagem, apta a trazer consequências negativas para a comunidade. Não há comprovação de qualquer devastação. Pelo contrário, porquanto a recuperação ambiental já realizada (que não é alvo do recurso) teve o condão de restaurar integralmente o ambiente, que está sob constante vigilância, tanto do réu quanto do ente público municipal. 5. O dano moral extrapatrimonial, portanto, não se restringe às pessoas individualmente consideradas. A configuração desse dano se dá pela lesão na esfera moral de uma comunidade, ou seja, na violação de valores coletivos, atingidos injustificadamente do ponto de vista jurídico. Tal lesão pode decorrer de dano ambiental (lesão ao equilíbrio ecológico, à qualidade de vida e à saúde da coletividade), desrepeito aos direitos do consumidor (publicidade abusiva, por exemplo), danos ao patrimônio histórico e artístico, violação da honra de determinada comunidade e até fraude a licitações. Dessa forma, o dano extrapatrimonial ocorre em razão da degradação do meio ambiente, piorando a qualidade de vida da comunidade do local, prescindindo da prova da dor, sentimento ou abalo psicológico sofridos pelo indivíduo. A reparação da lesão extrapatrimonial coletiva advém da necessidade da reparação integral da lesão causada ao meio ambiente. 6. O dano moral ambiental, pleiteado pelo Município, não tem repercussão no mundo físico, ao contrário do dano ao patrimônio ambiental. O dano moral ambiental é o sofrimento de diversas pessoas dispersas em uma certa coletividade ou grupo social (dor difusa ou coletiva), tendo em conta o dano concreto e efetivo ao patrimônio ambiental. Nesse cenário, caso a desestabilização do maciço rochoso fosse considerado um dano ambiental e houvesse aptidão a causar impacto no sentimento da comunidade da região, haveria um dano moral ambiental indenizável. **Sendo assim, considerando esses três aspectos (ausência de dano ambiental efetivo e concreto, omissão e negligência do Poder Público Municipal e ausência de abalo na autoestima e na imagem da coletividade e de redução da qualidade de vida), não há configuração de dano moral ambiental coletivo**. NEGARAM PROVIMENTO À APELAÇÃO. UNÂNIME. (RIO GRANDE DO SUL, 2018) (destaque).

Observa-se que a qualidade de vida coletiva está consagrada no sistema jurídico de proteção ao meio ambiente, conforme aponta as normas constitucionais (art. 225, § 3°, da CF) e infraconstitucionais (arts. 2° e 4° da Lei n. 6.938/81), contudo, tem como princípio basilar o princípio da prevenção.

Cabendo mencionar que a vinculação da qualidade de vida coletiva está vinculada diretamente ao fato de que o dano ambiental, relação jurídica derivada dos impactos socioambientais, é considerado um dano multifacetário, incorporando questões éticas, temporais, ecológicas e patrimoniais, com um universo de vítimas, incorporando aqui a coletividade, além dos danos individuais causados (Recurso Especial n. 1.328.753/MG, Herman Benjamin, julgado no dia 28/05/2013) (BRASIL, 2013).

Portanto, o princípio da prevenção representa como fundamento para a efetivação da qualidade de vida coletiva frente aos impactos socioambientais, sendo que nos casos de negligência ou não implementação, cabe ao Estado e seus legitimados a efetivação da garantia desse direito à qualidade de vida coletiva. Nos casos dos desastres ambientais ocorridos em Minas Gerais, somente com uma real fiscalização será possível garantir a efetivação do princípio da prevenção e com isso implementar uma verdadeira qualidade de vida coletiva.

2.2 A prevenção como instrumento de efetivação do Direito à Saúde Coletiva através do princípio da dignidade da pessoa humana

Indubitavelmente, a saúde está relacionada com o modo de viver das pessoas. São inúmeras as vantagens de aplicar recursos em ações preventivas, de maneira a evitar o posterior adoecimento da população.

A necessidade de *priorizar as atividades preventivas* está disposta no art. 198, inciso II, da Constituição Federal de 1988, que dispõe sobre o princípio da integralidade da saúde como **atendimento integral, <u>com prioridade para as atividades preventivas</u>, sem prejuízo dos serviços assistenciais.**

A prevenção na saúde envolve intervenções dirigidas no intuito de evitar o surgimento de determinadas doenças, diminuindo sua incidência e prevalência. Logo, deve basear-se em ações de detecção, controle e enfraquecimento dos fatores de risco, tendo como foco a doença e as formas de atacá-la.

O princípio da prevenção atua na saúde como uma prestação positiva, no intuito de fortalecer o princípio da dignidade da pessoa humana:

> No que concerne à saúde, a prevenção atua mitigando a proliferação de doenças nas populações, evitando eventos danosos à saúde das pessoas, repercutindo nas condições de vida de toda a sociedade, tendo em vista que, com o advento da globalização e da interdependência

> funcional que assolam os aglomerados urbanos, permanece a sociedade intimamente ligada, o que a sensibiliza quando da afetação e da repercussão de doenças (MEDEIROS, 2013, p.87).

Tal princípio envolve tanto o direito ambiental, quanto à saúde pública.

Para André Ramos Tavares:

> A concretização da sadia qualidade de vida. Uma vida com dignidade. Algo a ser continuamente afirmado diante da profunda miséria por que atravessa a maioria da nossa população. Consequentemente a discussão e a compreensão da saúde passa pela afirmação da cidadania plena e pela aplicabilidade dos dispositivos garantidores dos direitos sociais da Constituição Federal. (TAVARES, 2006. p. 744).

É importante ressaltar que para que haja um sistema de saúde eficaz, cabe ao Estado definir políticas públicas adequadas, principalmente no tocante ao direcionamento do orçamento estatal para a área respectiva, pois se deve fortalecer o sistema público, e também permitir que a regulação do setor privado permita corrigir falhas de mercado, garantindo a qualidade na prestação de serviços à sociedade. (GREGORI, 2010, p. 37).

As políticas públicas aplicadas na prática podem contribuir substancialmente para a elevação do nível de qualidade de vida das populações. Para isso, faz-se necessário um direito regulatório eficiente.

A função das agências reguladoras é disciplinar e controlar certas atividades, que podem consistir em serviços públicos propriamente ditos, atividades que podem ser desempenhadas pelo Estado e por particulares, no exercício da livre iniciativa e atividades cuja realização pelos particulares decorre do contrato com o Estado. (SAMPAIO, 2007, p. 74).

A Agência Nacional de Saúde - ANS, com o objetivo de produzir saúde e não apenas tratar a doença, busca uma mudança de paradigma e tem estimulado as operadoras de planos privados de assistência à saúde a repensarem a gestão com vistas a contribuir para mudanças do modelo de atenção no qual haja incorporação progressiva de ações de Promoção da Saúde e Prevenção de Riscos e Doenças.[3]

---

[3] A ANS define como programa para promoção da saúde e prevenção de riscos e doenças aquele que contém um conjunto orientado de estratégias e ações programáticas integradas que objetivam: a promoção da saúde; a prevenção de riscos, agravos e doenças; a compressão da morbidade; a redução dos anos perdidos por incapacidade e o aumento da qualidade

Destaca-se, ainda, que a regulação realizada pela ANVISA é de importância para a estruturação do Sistema Único de Saúde, pois suas ações impactam no desenvolvimento de setores produtivos, na regulação das indústrias do complexo industrial da saúde, na prevenção de riscos à saúde da população e na organização do mercado da saúde. (ALVES, 2011, p. 802-805)

Urge salientar, que o Supremo Tribunal Federal decidiu recentemente (em 22/05/2019), que o Judiciário só poderá sair da lista da ANVISA em situações excepcionais. Para o Supremo Tribunal Federal, o dever é de fornecimento de medicamentos previstos na ANVISA (RE 657.718 – 22/05/2019).

Logo, de acordo com o entendimento do Supremo Tribunal Federal, o Estado não pode ser obrigado a fornecer medicamento experimental ou sem registro na ANVISA, salvo em casos excepcionais[4].

Indubitavelmente, tal decisão permitirá situações de adequamento, quando estritamente necessário. Dependerá, pois, do caso concreto.

A decisão foi tomada, por maioria dos votos no julgamento do Recurso Extraordinário (RE) 657718, com repercussão geral reconhecida, de relatoria do Ministro Marco Aurélio.[5]

---

de vida dos indivíduos e populações. (Promoção à Saúde, Prevenção de riscos e doenças. Disponível em: www.ans.gov.br)

[4] Decisão: O Tribunal, apreciando o tema 500 da repercussão geral, deu parcial provimento ao recurso extraordinário, nos termos do voto do Ministro Roberto Barroso, Redator para o acórdão, vencidos os Ministros Marco Aurélio (Relator) e Dias Toffoli (Presidente). Em seguida, por maioria, fixou-se a seguinte tese: "1. O Estado não pode ser obrigado a fornecer medicamentos experimentais. 2. A ausência de registro na ANVISA impede, como regra geral, o fornecimento de medicamento por decisão judicial. 3. É possível, excepcionalmente, a concessão judicial de medicamento sem registro sanitário, em caso de mora irrazoável da ANVISA em apreciar o pedido (prazo superior ao previsto na Lei nº 13.411/2016), quando preenchidos três requisitos: (i) a existência de pedido de registro do medicamento no Brasil (salvo no caso de medicamentos órfãos para doenças raras e ultrarraras);(ii) a existência de registro do medicamento em renomadas agências de regulação no exterior; e (iii) a inexistência de substituto terapêutico com registro no Brasil. 4. As ações que demandem fornecimento de medicamentos sem registro na ANVISA deverão necessariamente ser propostas em face da União", vencido o Ministro Marco Aurélio. Ausente, justificadamente, o Ministro Celso de Mello. Plenário, 22.05.2019. (Disponível em www.stf.jus.br).

[5] No entendimento do Supremo Tribunal Federal, a regulação pela ANVISA é necessária para fomentar a responsabilidade social das empresas que, comumente, promovem a ampla divulgação de seus produtos, em geral diretamente à classe médica, comercializam-no em razão de decisões judiciais em larga escala e em altos valores, mas não requerem a submissão do medicamento à ANVISA, onde ele teria ainda seu preço regulado, evitando "dispêndio excessivo e muitas vezes abusivo do Poder Público". (Disponível em wwwstf.

Concluiu a Ministra Rosa Weber, o Supremo Tribunal Federal deve estabelecer que o registro na Anvisa é indispensável para que o Judiciário autorize o fornecimento, devendo ser analisado o caso concreto em situações diversas.[1]

O Supremo Tribunal Federal ainda na data de 22-05-2019, fixou a tese de repercussão geral sobre a matéria constitucional contida no Recurso Extraordinário (RE) 855178, no sentido de que há responsabilidade solidária entre os entes federados para o fornecimento de medicamentos e tratamentos à saúde.[6]

Urge destacar, que o Supremo Tribunal Federal tem decidido que o direito à integridade do meio ambiente constitui prerrogativa jurídica de titularidade coletiva, refletindo, dentro do processo de afirmação dos direitos humanos, a expressão significativa de um poder deferido, não ao indivíduo identificado em sua singularidade, mas, num sentido verdadeiramente mais abrangente, atribuído à própria coletividade social:

> Recurso extraordinário. Repercussão geral reconhecida. Direito Constitucional e Ambiental. Acórdão do tribunal de origem que, além de impor normativa alienígena, desprezou norma técnica mundialmente aceita. Conteúdo jurídico do princípio da precaução. Ausência, por ora, de fundamentos fáticos ou jurídicos a obrigar as concessionárias de energia elétrica a reduzir o campo eletromagnético das linhas de transmissão de energia elétrica abaixo do patamar legal. Presunção de constitucionalidade não elidida. Recurso provido. Ações civis públicas julgadas improcedentes. 1. O assunto corresponde ao Tema nº 479 da Gestão por Temas da Repercussão Geral do portal do STF na internet e trata, à luz dos arts. 5º, caput e inciso II, e 225, da Constituição Federal, da possibilidade, ou não, de se impor a concessionária de serviço público de distribuição de energia elétrica, por observância ao princípio da precaução, a obrigação de reduzir o campo eletromagnético de suas linhas de transmissão, de acordo com padrões internacionais de segurança, em face de eventuais efeitos nocivos à saúde da população. 2. O princípio da precaução

---

jus.br) Na ocasião, destacou-se que as ações que demandem o fornecimento de medicamentos sem registro na ANVISA deverão ser necessariamente propostas em face da União.

6 STF fixa tese de repercussão e reafirma responsabilidade solidária de entes federados na assistência à saúde: os entes da federação, em decorrência da competência comum, são solidariamente responsáveis nas demandas prestacionais na área da saúde e, diante dos critérios constitucionais de descentralização e hierarquização, compete à autoridade judicial direcionar o cumprimento das regras de repartição de competências e determinar o ressarcimento a quem suportou o ônus financeiro. (Disponível em www.portal.stf.jus.br).

> é um critério de gestão de risco a ser aplicado sempre que existirem incertezas científicas sobre a possibilidade de um produto, evento ou serviço desequilibrar o meio ambiente ou atingir a saúde dos cidadãos, o que exige que o estado analise os riscos, avalie os custos das medidas de prevenção e, ao final, execute as ações necessárias, as quais serão decorrentes de decisões universais, não discriminatórias, motivadas, coerentes e proporcionais. 3. Não há vedação para o controle jurisdicional das políticas públicas sobre a aplicação do princípio da precaução, desde que a decisão judicial não se afaste da análise formal dos limites desses parâmetros e que privilegie a opção democrática das escolhas discricionárias feitas pelo legislador e pela Administração Pública. 4. Por ora, não existem fundamentos fáticos ou jurídicos a obrigar as concessionárias de energia elétrica a reduzir o campo eletromagnético das linhas de transmissão de energia elétrica abaixo do patamar legal fixado. 5. Por força da repercussão geral, é fixada a seguinte tese: no atual estágio do conhecimento científico, que indica ser incerta a existência de efeitos nocivos da exposição ocupacional e da população em geral a campos elétricos, magnéticos e eletromagnéticos gerados por sistemas de energia elétrica, não existem impedimentos, por ora, a que sejam adotados os parâmetros propostos pela Organização Mundial de Saúde, conforme estabelece a Lei nº 11.934/2009. 6. Recurso extraordinário provido para o fim de julgar improcedentes ambas as ações civis públicas, sem a fixação de verbas de sucumbência. (BRASIL, 2016).

A ADI 3.510-DF objetivou a declaração de constitucionalidade do artigo 5º da lei nº 11.105/2005 (Lei de Biossegurança), cujo fragmentos principais da Ementa segue abaixo:

> CONSTITUCIONAL. AÇÃO DIRETA DE INCONSTITUCIONALIDADE. LEI DE BIOSSEGURANÇA. IMPUGNAÇÃO EM BLOCO DO ART. 5º DA LEI Nº 11.105, DE 24 DE MARÇO DE 2005 (LEI DE BIOSSEGURANÇA). PESQUISAS COM CÉLULAS-TRONCO EMBRIONÁRIAS. INEXISTÊNCIA DE VIOLAÇÃO DO DIREITO À VIDA. CONSITUCIONALIDADE DO USO DE CÉLULAS-TRONCO EMBRIONÁRIAS EM PESQUISAS CIENTÍFICAS PARA FINS TERAPÊUTICOS. DESCARACTERIZAÇÃO DO ABORTO. NORMAS CONSTITUCIONAIS CONFORMADORAS DO DIREITO FUNDAMENTAL A UMA VIDA DIGNA, QUE PASSA PELO DIREITO À SAÚDE E AO PLANEJAMENTO FAMILIAR. DESCABIMENTO DE UTILIZAÇÃO DA TÉCNICA DE INTERPRETAÇÃO CONFORME PARA ADITAR À LEI DE BIOSSEGURANÇA CONTROLES DESNECESSÁRIOS QUE

IMPLICAM RESTRIÇÕES ÀS PESQUISAS E TERAPIAS POR ELA VISADAS. IMPROCEDÊNCIA TOTAL DA AÇÃO. I - O CONHECIMENTO CIENTÍFICO, A CONCEITUAÇÃO JURÍDICA DE CÉLULAS-TRONCO EMBRIONÁRIAS E SEUS REFLEXOS NO CONTROLE DE CONSTITUCIONALIDADE DA LEI DE BIOSSEGURANÇA. As "células-tronco embrionárias" são células contidas num agrupamento de outras, encontradiças em cada embrião humano de até 14 dias (outros cientistas reduzem esse tempo para a fase de blastocisto, ocorrente em torno de 5 dias depois da fecundação de um óvulo feminino por um espermatozóide masculino). Embriões a que se chega por efeito de manipulação humana em ambiente extra-corpóreo, porquanto produzidos laboratorialmente ou "in vitro", e não espontaneamente ou "in vida". Não cabe ao Supremo Tribunal Federal decidir sobre qual das duas formas de pesquisa básica é a mais promissora: a pesquisa com células-tronco adultas e aquela incidente sobre células-tronco embrionárias. A certeza científico-tecnológica está em que um tipo de pesquisa não invalida o outro, pois ambos são mutuamente complementares. II - LEGITIMIDADE DAS PESQUISAS COM CÉLULAS-TRONCO EMBRIONÁRIAS PARA FINS TERAPÊUTICOS E O CONSTITUCIONALISMO FRATERNAL ... III - A PROTEÇÃO CONSTITUCIONAL DO DIREITO À VIDA E OS DIREITOS INFRACONSTITUCIONAIS DO EMBRIÃO PRÉ-IMPLANTO... IV - AS PESQUISAS COM CÉLULAS-TRONCO NÃO CARACTERIZAM ABORTO. MATÉRIA ESTRANHA À PRESENTE AÇÃO DIRETA DE INCONSTITUCIONALIDADE... V - OS DIREITOS FUNDAMENTAIS À AUTONOMIA DA VONTADE, AO PLANEJAMENTO FAMILIAR E À MATERNIDADE... VI - DIREITO À SAÚDE COMO COROLÁRIO DO DIREITO FUNDAMENTAL À VIDA DIGNA. O § 4º do art. 199 da Constituição, versante sobre pesquisas com substâncias humanas para fins terapêuticos, faz parte da seção normativa dedicada à "SAÚDE" (Seção II do Capítulo II do Título VIII). Direito à saúde, positivado como um dos primeiros dos direitos sociais de natureza fundamental (art. 6º da CF) e também como o primeiro dos direitos constitutivos da seguridade social (cabeça do artigo constitucional de nº 194). Saúde que é "direito de todos e dever do Estado" (caput do art. 196 da Constituição), garantida mediante ações e serviços de pronto qualificados como "de relevância pública" (parte inicial do art. 197). A Lei de Biossegurança como instrumento de encontro do direito à saúde com a própria Ciência. No caso, ciências médicas, biológicas e correlatas, diretamente postas pela Constituição a serviço desse bem inestimável do indivíduo que é a sua própria higidez físico-mental. VII - O DIREITO CONSTITUCIONAL À LIBERDADE DE EXPRESSÃO CIENTÍFICA E A LEI DE BIOSSEGURANÇA COMO

> DENSIFICAÇÃO DESSA LIBERDADE... VIII - SUFICIÊNCIA DAS CAUTELAS E RESTRIÇÕES IMPOSTAS PELA LEI DE BIOSSEGURANÇA NA CONDUÇÃO DAS PESQUISAS COM CÉLULAS-TRONCO EMBRIONÁRIAS. ... IX - IMPROCEDÊNCIA DA AÇÃO. Afasta-se o uso da técnica de "interpretação conforme" para a feitura de sentença de caráter aditivo que tencione conferir à Lei de Biossegurança exuberância regratória, ou restrições tendentes a inviabilizar as pesquisas com células-tronco embrionárias. Inexistência dos pressupostos para a aplicação da técnica da "interpretação conforme a Constituição", porquanto a norma impugnada não padece de polissemia ou de plurissignificatidade. Ação direta de inconstitucionalidade julgada totalmente improcedente. (BRASIL, 2008)

A ação direta de inconstitucionalidade foi julgada improcedente, vencidos, parcialmente, os Ministros Menezes Direito, Ricardo Lewandowski, Eros Grau, Cezar Peluso e Gilmar Mendes.

In casu, verifica-se o uso da ciência no intuito de se alcançar o progresso da medicina, principalmente diante da indefinição de resultados desconhecidos.

No caso em epígrafe, convém destacar alguns posicionamentos. O Ministro Ricardo Lewandowski julgou de forma semelhante o Ministro Menezes Direito, e votou pela inconstitucionalidade do dispositivo legal sem redução de texto, destacando que muito embora a ciência tenha trazido progresso à humanidade, essa não detém o monopólio da verdade e da razão. Pontuou também sobre período crítico vivenciado pela humanidade, salientando a importância de fazer uso do princípio da precaução, bem como a necessidade de estabelecer balizas éticas e jurídicas sobre o uso da ciência sem prejuízos ao princípio constitucional da liberdade de pesquisa.

O Ministro Relator Carlos Brito foi favorável à constitucionalidade do artigo impugnado na ação direta, destacando os benefícios do conhecimento à saúde humana, bem como o apreço dos embriões congelados *in vitro* para o alcance destes benefícios, principalmente para aqueles portadores de graves doenças e que possivelmente terão condições de se beneficiar destas pesquisas. O Ministro Joaquim Barbosa votou pela improcedência da ADI, pontuando que a proibição das pesquisas evita o progresso da ciência. Entretanto, efetuou críticas sobre a falta de critérios rigorosos para regulamentar a matéria. O Ministro Marco Aurélio, acompanhando os fundamentos do Ministro Relator (Ministro Celso de Melo), votou pela improcedência da ADI proposta, ressaltando que o avanço conhecimento científico é necessário para preservar o fundamento constitucional, da dignidade da pessoa humana.

Ao que se percebe, diante da decisão dos Eminentes Ministros nessa ADI, é que se deve levar em conta as possíveis vantagens que a sociedade trará com tal pesquisa. Portanto, os benefícios que a sociedade venha a ter com o avanço da ciência é muito maior que os riscos desse avanço tecnológico.

CONCLUSÃO

O direito ao meio ambiente ecologicamente consagrado está constitucionalmente assegurado no art. 225 da Constituição Federal de 1988. A conservação do meio ambiente saudável está intimamente ligada ao direito à vida. A saúde humana, por sua vez, está diretamente relacionada ao meio ambiente. Portanto, a saúde, além de direito, constitui um dever do Estado que, juntamente com o direito à vida, integra a própria noção de dignidade humana.

O incremento desmesurado e a aceleração do processo de urbanização, com a concentração cada vez maior da população humana, além de deteriorar a qualidade de vida, evidencia uma tendência em exaurir os recursos ambientais.

Uma vez concretizado o dano ambiental, este se torna de difícil reversão, tornando-se por vezes sem efetividade as medidas jurídicas tomadas. Logo, o causador do dano ambiental, independentemente de culpa, deve ser responsabilizado, uma vez que estar-se-á tratando de direito inerente à coletividade.

Indubitavelmente, o Sistema Único de Saúde representa um grande avanço no tocante às políticas públicas, vez que está baseado no financiamento público, bem como na cobertura universal das ações à saúde. Entretanto, a legislação do SUS deve ser efetivamente utilizada, fazendo com que tal lei saia do papel e seja aplicada na prática.

Em matéria de políticas públicas de saúde e meio ambiente, desafios práticos, concretos e estratégicos devem ser aplicados, no intuito de se obter um meio ambiente sustentável e uma promoção à saúde, em direção à universalização, busca da equidade, a integralidade do cuidado e respeito aos cidadãos.

REFERÊNCIAS

ALVES FNR, Peci A. Análise de Impacto Regulatório: uma nova ferramenta para a melhoria da regulação da Anvisa. **Revista Saúde Publica**. 2011; 45(4):802-805.

ANTUNES, Paulo de Bessa. **Direito ambiental.** 12. ed. amplamente reformulada. Rio de Janeiro: Lumen Juris, 2010. 16 ed. 2014.

BOTELHO, Catarina Santos. **Os direitos sociais num contexto de austeridade: um elogio fúnebre ao princípio da proibição do retrocesso social?** (Social Rights in a Context of Austerity: An Eulogy to the Principle of the Prohibition of Social Retrogression?) 2015. Revista da Ordem dos Advogados, v. I/II, pp. 259-294, 2015. Disponível em: https://ssrn.com/abstract=2911142.

BRASIL. Lei n.º 9.985, de 18 de julho de 2000. Regulamenta o art. 225, § 1o, incisos I, II, III e VII da Constituição Federal, institui o Sistema Nacional de Unidades de Conservação da Natureza e dá outras providências. **Planalto**. Disponível em: http://www.planalto.gov.br/ccivil_03/leis/l9985.htm.

BRASIL. Lei nº 11.284, de 2 de março de 2006. Dispõe sobre a gestão de florestas públicas para a produção sustentável; institui, na estrutura do Ministério do Meio Ambiente, o Serviço Florestal Brasileiro - SFB; cria o Fundo Nacional de Desenvolvimento Florestal - FNDF; altera as Leis nos 10.683, de 28 de maio de 2003, 5.868, de 12 de dezembro de 1972, 9.605, de 12 de fevereiro de 1998, 4.771, de 15 de setembro de 1965, 6.938, de 31 de agosto de 1981, e 6.015, de 31 de dezembro de 1973; e dá outras providências. **Planalto**. Disponível em: http://www.planalto.gov.br/ccivil_03/_Ato2004-2006/2006/Lei/L11284.htm.

BRASIL. Lei nº 11.445, de 5 de janeiro de 2007. Estabelece as diretrizes nacionais para o saneamento básico, cria o Comitê Interministerial de Saneamento Básico, altera a Lei nº 6.766, de 19 de dezembro de 1979, a Lei nº 8.036, de 11 de maio de 1990, a Lei nº 8.666, de 21 de junho de 1993, e a Lei nº 8.987, de 13 de fevereiro de 1995, e revoga a Lei nº 6.528, de 11 de maio de 1978. (Redação dada pela Medida Provisória nº 868, de 2018). **Planalto**. Disponível em: http://www.planalto.gov.br/ccivil_03/_ato2007-2010/2007/lei/l11445.htm.

BRASIL. Lei nº 12.305, de 2 de agosto de 2010. Institui a Política Nacional de Resíduos Sólidos; altera a Lei no 9.605, de 12 de fevereiro de 1998; e dá outras providências. **Planalto**. Disponível em: http://www.planalto.gov.br/ccivil_03/_ato2007-2010/2010/lei/l12305.htm.

BRASIL. Lei nº 12.651, de 25 de maio de 2012. Dispõe sobre a proteção da vegetação nativa; altera as Leis nos 6.938, de 31 de agosto de 1981, 9.393, de 19 de dezembro de 1996, e 11.428, de 22 de dezembro de 2006; revoga as Leis nos 4.771, de 15 de setembro de 1965, e 7.754, de 14 de abril de 1989, e a Medida Provisória no 2.166-67, de 24 de agosto de 2001; e dá outras providências. **Planalto**. Disponível em: http://www.planalto.gov.br/ccivil_03/_ato2011-2014/2012/lei/l12651.htm.

BRASIL. Lei nº 6.938, de 31 de agosto de 1981. Dispõe sobre a Política Nacional do Meio Ambiente, seus fins e mecanismos de formulação e aplicação, e dá outras providências. **Planalto**. Disponível em: http://www.planalto.gov.br/ccivil_03/leis/l6938.htm.

BRASIL. Lei nº 9.433, de 8 de janeiro de 1997. Institui a Política Nacional de Recursos Hídricos, cria o Sistema Nacional de Gerenciamento de Recursos Hídricos, regulamenta o inciso XIX do art. 21 da Constituição Federal, e altera o art. 1º da Lei nº 8.001, de 13 de março de 1990, que modificou a Lei nº 7.990, de 28 de dezembro de 1989. **Planalto**. Disponível em: http://www.planalto.gov.br/ccivil_03/leis/l9433.htm.

BRASIL. Lei nº 9.605, de 12 de fevereiro de 1998. Dispõe sobre as sanções penais e administrativas derivadas de condutas e atividades lesivas ao meio ambiente, e dá outras providências. **Planalto**. Disponível em: http://www.planalto.gov.br/ccivil_03/leis/l9605.htm.

BRASIL. Superior Tribunal de Justiça. **Recurso Especial n. 1.328.753/MG**, Herman Benjamin, julgado no dia 28/05/2013.

BRASIL. Supremo Tribunal Federal. **RE 627189 / SP**. Min. Rel. Dias Toffoli. Data de julgamento: 08-06-2016.

BRASIL. Supremo Tribunal Federal. **ADI 3510-DF**. Rel. Min. Ayres Brito. DJe: 25-0-2008.

BRAUNER, Maria Claudia Crespo; ZARO, Luciana. **Saúde e Meio Ambiente: fatores condicionantes para a concretização do Direito à Saúde**. JURIS, Rio Grande, 2012, p. 53-74.

CADHP. Comissão Africana dos Direitos Humanos e dos Povos. **Decisão 155/96**. Centro de Ação pelos Direitos Sociais e Econômicos (SERAC) e Centro de Direitos Econômicos e Sociais (CESR) Vs. Nigéria. Disponível em: http://caselaw.ihrda.org/doc/155.96/pdf/en/.

CANOTILHO, José Joaquim Gomes; LEITE, José Rubens Morato (Coords.). **Direito constitucional ambiental brasileiro**. São Paulo: Saraiva, 2007.

CONAMA. Resolução nº 001, de 23 de janeiro de 1986. **D.O.U.** 17 fev. 1986. Disponível em: http://www2.mma.gov.br/port/conama/res/res86/res0186.html.

CORREIA, Sérvulo. Introdução ao Direito à saúde. In **Direito da Saúde e Bioética**, Lisboa: Lex Edições Jurídicas, 1991.

CZERESNIA, Dina. O conceito de saúde e a diferença entre prevenção e promoção. In. CZERESNIA D.; FREITAS, C. M. (org.). **Promoção da saúde: conceitos, reflexões, tendências.** Rio de Janeiro: Fiocruz, 2003.

DI PIETRO, Maria Sylvia Zanella. **Direito administrativo**. 8. Ed. São Paulo: Atlas, 1997.

FENSTERSEIFER, Tiago. **Direitos fundamentais e proteção do ambiente**: a dimensão ecológica da dignidade humana no marco jurídico constitucional do estado socioambiental de direito. 2008.

FERREIRA, Renata Marques. Competências Constitucionais em Matéria Ambiental e seus Reflexos no Âmbito da Tutela Jurídica da Saúde Ambiental. **Revista Brasileira de Direito Ambiental**, v. 35, 2013.

FIORILLO, Celso Antonio Pacheco. Natureza jurídica da saúde ambiental e seus reflexos no desenvolvimento sustentável. **Revista Direito & Paz**, [s.l.], v. 1, n. 36, p. 18-41, jul. 2017. ISSN 2359-5035. Disponível em: http://www.revista.unisal.br/lo/index.php/direitoepaz/article/view/618.

FIORILLO, Celso Antônio. **Curso de direito ambiental brasileiro**. São Paulo: Saraiva, 2000.

FORATTINI, Oswaldo Paulo. Qualidade de vida e meio urbano. Acidade de São Paulo, Brasil. **Revista Saúde Pública**. São Paulo, v. 25, n.2, p. 76-86, 1991.

FREITAS, Juarez. **Sustentabilidade**: direito ao futuro. Belo Horizonte: Fórum, 2011.

FURLAN, Anderson; FRACALOSSI, Willian. **Direito ambiental**. Rio de Janeiro: Forense, 2010.

GAVIÃO FILHO, Anízio Pires. **Direito fundamental ao ambiente**. Porto Alegre: Livraria do Advogado, 2005.

GREGORY, M. S. **Planos de saúde**: a ótica da proteção do consumidor. 2.ed. São Paulo: Revista dos Tribunais, 2010.

HÖRNQUIST, J.O. *The concept of quality of life*. ***Scand. J. soc.Med.***, v.10, p. 51-61, 1982.

MACHADO, Paulo Affonso Leme. **Direito Ambiental Brasileiro**. 24. Ed. São Paulo: Malheiros, 2016.

MEDEIROS, Leandro Peixoto. **O princípio da prevenção sob o enfoque ambiental e da saúde**: um imperativo sociodemocrático. Universitas-JUS, v. 24, n. 1, p. 79-80, jan.-jun. 2013.

MEIRELLES, Hely Lopes. **Direito Administrativo Brasileiro**. São Paulo: Malheiros, 2008.

MEIRELLES, Hely Lopes. **Urbanismo e proteção ambiental**. RDP nº 39/40, ERT, São Paulo, 1976.

MILARÉ, Edis. **Direito administrativo e meio ambiente**. 4.ed. São Paulo: Atlas, 2011.

MILARÉ, Edis. **Direito do ambiente**; a gestão ambiental em foco; doutrina; jurisprudência; glossário. 7. ed. rev., atual. e reformulada. São Paulo: Revista dos Tribunais, 2011.

MINAS GERAIS. Tribunal de Justiça de Minas Gerais. **Ap Cível/Reex Necessário 1.0079.10.039021-4/001**, Relator(a): Des.(a) Heloisa Combat, 4ª CÂMARA CÍVEL, julgamento em 07/02/2013, publicação da súmula em 18/02/2013.

MINAS GERAIS. Tribunal de Justiça de Minas Gerais. **Apelação Cível 1.0105.08.264265-0/001**, Relator(a): Des.(a) Maria Elza, 5ª CÂMARA CÍVEL, julgamento em 27/05/2010, publicação da súmula em 17/06/2010.

MOARES, Luís Carlos Silva de. **Direito Ambiental**, São Paulo: Atlas, 2002.

MUKAI, Toshio. **Direito ambiental sistematizado**. São Paulo: Forense, 1992.

OLIVEIRA, Carina Costa de et al. Os limites do princípio da precaução nas decisões judiciais brasileiras em matéria ambiental. **Revista Veredas do Direito. Direito Ambiental e Desenvolvimento Sustentável**, v. 1, janeiro-junho de 2004, Belo Horizonte: Escola Superior Dom Helder. p. 327-355.

ONU. Organização das Nações Unidas. Declaração da Conferência das Nações Unidas sobre o Meio Ambiente Humano – 1972. **Conferência das Nações Unidas sobre o Meio Ambiente Humano**. Estocolmo, 5 a 16 jun. 1972.

ONU. Organização das Nações Unidas. *Report of the Working Group on the issue of human rights and transnational corporations and other business enterprises on its mission to Brazil.* ***Human Rights Council***. 12 maio 2016. Disponível em: https://documents-dds-ny.un.org/doc/UNDOC/GEN/G16/096/43/PDF/G1609643.pdf?OpenElement.

PELICIONI, Maria Cecília Focesi. Educação ambiental, qualidade de vida e sustentabilidade. **Saúde e Sociedade**. v.7, n.2, p. 19-21, 1998. Disponível em: https://www.scielosp.org/pdf/sausoc/1998.v7n2/19-31/pt

RASLAN, Alexandre Lima (Org.). **Direito ambiental**. Campo Grande: UFMS, 2010.

RIO GRANDE DO SUL. Tribunal de Justiça do Rio Grande de Sul. **Apelação Cível Nº 70074630716**, Segunda Câmara Cível, Tribunal de Justiça do RS, Relator: Laura Louzada Jaccottet, Julgado em 26/06/2018

SAMPAIO, G. J. M. de C. **O Estado regulador**. Dissertação de mestrado apresentada na Universidade de São Paulo, São Paulo: USP, 2007.

SAMPAIO, José Adércio leite; WOLD, Chris; NARDY, Afrânio. **Princípios do direito ambiental**. Belo Horizonte: Del Rey, 2003.

SARLET, Ingo Wolfgang. **Algumas considerações em torno do conteúdo, eficácia e efetividade do direito à saúde na Constituição de 1988.** Salvador/BA, n. 11. set./nov. 2007. Disponível em http://www.egov.ufsc.br/portal/sites/default/files/rere-11-setembro-2007-ingo_sarlet_1.pdf.

SETTE, Maerli T. Deon. **Direito ambiental**. São Paulo: MP, 2010.

SILVA, José Afonso da. **Direito ambiental constitucional**. 2. Ed. São Paulo: Malheiros, 1998.

SILVA, Romeu Faria Thomé; DIZ, Jamile Bergamaschine Mata. Princípio da precaução: definição de balizas para a prudente aplicação. **Revista Veredas do Direito**. Direito Ambiental e Desenvolvimento Sustentável, v. 1, janeiro-junho de 2004, Belo Horizonte: Escola Superior Dom Helder. p. 39-66.

SIRVINSKAS, Luís Paulo. **Manual de direito ambiental**. 12. Ed. São Paulo: Saraiva, 2014.

SOUSA, Simone Letícia Severo e. **Direito à Saúde e Políticas Públicas: do ressarcimento entre os gestores públicos e privados da saúde**, Belo Horizonte: Del Rey, 2015.

SPITZCOVSKY, Ceslo. **Direito Administrativo**. 10. ed. São Paulo: Método, 2008.

STURZA, Juliana Machado; GRANDO, Juliana Bedin. O meio ambiente sustentável e a promoção do direito à saúde: uma interconexão necessária. **Revista de Direito Ambiental e Sociedade**. V. 05, n. 2, 2015, p. 128-150.

TAVARES, A. R. **Direito Constitucional econômico**. São Paulo: Método, 2003.

THOMÉ, Romeu. **Manual de direito ambiental**. 7. Ed. Salvador: Juspodivm, 2017.

9

TRIBUTAÇÃO E POLÍTICAS PÚBLICAS: O CASO ROTA 2030 E O INCENTIVO À INDÚSTRIA AUTOMOBILÍSTICA

TAXATION AND PUBLIC POLICIES: THE ROUTE 2030 CASE AND THE BRAZILIAN AUTOMOTIVE INDUSTRY

Paulo Roberto Coimbra Silva[1]

RESUMO

O presente trabalho tem como objetivo estudar a utilização do tributo como instrumento de políticas públicas em face dos incentivos fiscais concedidos à indústria automotiva brasileira por meio do programa ROTA 2030, instituído e regulado, respectivamente, pela Lei nº 13.755/2018 (objeto de conversão da Medida Provisória nº 843/2018) e pelo Decreto nº 9.557/2018. Para tanto, parte-se de detida análise do conceito de extrafiscalidade e sua pertinência no Estado Democrático de Direito. Neste contexto, passa-se a analisar a importância dos incentivos de investimentos em tecnologia – principal contrapartida para o gozo do benefício fiscal em tela – no país. Em seguida, são relatadas as principais caraterísticas do programa ROTA 2030.

Palavras-chave: ROTA 2030, políticas públicas, extrafiscalidade.

---

[1] Professor de Direito Tributário e Financeiro da UFMG; Doutor e Mestre em Direito Tributário pela UFMG; Professor convidado da *Faculté de Droit de L'Université Panthéon-Sorbonne* (2011) e da *Facultat de Dret da Universidade de Barcelona* (2009); Advogado.

ABSTRACT

The objective of this work is to study the use of tax as an instrument of public policies in the face of fiscal incentives granted to the Brazilian automotive industry through the ROTA 2030 program, established and regulated, respectively, by Law nº 13.755/2018 (object of conversion of Provisional Measure nº 843/2018) and by Decree nº 9.557 / 2018. Therefore, we analyze the concept of extrafiscality and its relevance in the Democratic State of Law. In this context, the importance of incentives for investments in technology - the main counterpart for the enjoyment of the tax benefit on screen - is analyzed in the country. The key features of the ROTA 2030 program are related below.

Key Words: ROTA 2030, public policies, extrafiscality.

INTRODUÇÃO

Com o advento da Lei nº 13.755/2018 (objeto de conversão da Medida Provisória nº 843/2018), regulada pelo Decreto nº 9.557/2018, foi instituído o programa ROTA 2030, que concede incentivos fiscais à indústria automotiva brasileira, condicionados a investimentos em tecnologia. Está-se, inequivocamente, diante da utilização do tributo como instrumento de políticas públicas.

A tributação extrafiscal da indústria automotiva com vistas a incentivar o desenvolvimento tecnológico e a inovação é assunto de notável importância, uma vez que a ciência, tecnologia e inovação constituem temário digno de estatura constitucional (a saber, o Capítulo IV do Título VIII de nossa Constituição, este último dedicado à Ordem Social[2]), o que reforça a relevância do fomento estatal ao seu desenvolvimento e incremento na indústria nacional, na qual o setor automotivo conquistou merecido destaque.

A relevância do setor automotivo para a economia nacional é fato histórico, público e notório. O faturamento bruto do referido setor no ano de 2017 superou a cifra de US$ 59,2 bilhões (R$240 bilhões) e proporcionou arrecadação tributária direta de aproximadamente R$55 bilhões. O aludido faturamento denota o início de uma recuperação do setor após a forte e ressentida crise econômica

---

2 Reconhecendo a sua altaneira relevância, o artigo 218 da CR/88, especialmente com a redação de seu §1º, após lapidar alteração promovida pela EC 85/2015, erige como um dos deveres do Estado a função promocional e indutora de investimentos em desenvolvimento científico, pesquisa, capacitação tecnológica e em inovação, determinando ser o esse desenvolvimento digno de tratamento prioritário.

que acometeu o país nos anos de 2015 e 2016, embora esteja ainda distante dos números obtidos no período de 2008 a 2014 (ANFAVEA, 2019, p. 40).

O Brasil ocupa o posto de 9º maior produtor mundial de veículos e possui o 8º maior mercado interno. Há no país 67 complexos automotivos industriais, localizados em 10 Estados e 44 Municípios. A geração de empregos, ademais, direta e indiretamente, corresponde a 1,3 milhões de vagas (ANFAVEA, 2019, p.7). Impressiona também a estimativa da frota nacional de veículos automotores (abrangendo automóveis de passeio, veículos comerciais leves, caminhões e ônibus) que, em 2018, alcançou o número de 44.439.253 (ANFAVEA, 2019, p. 52). Saliente-se que a participação dos tributos sobre automóveis atingiu, em 2018, 30,4% do valor do preço ao consumidor. A título comparativo, tal percentual, em Itália, Espanha, Reino Unido, França, Alemanha, Japão e Estados Unidos é de 18,0%, 17,3%, 16,7%, 16,7%, 16,0%, 9,9% e 6,8%, respectivamente (ANFAVEA, 2019, p. 51).

O programa ROTA 2030 consiste em uma política pública idealizada com meta de duração de 15 anos, divididos em três ciclos quinquenais. A legislação até então instituída trata do primeiro destes ciclos, tendo os benefícios concedidos previsão de vigência máxima pelo prazo de 05 anos. Os benefícios condiconaidos previstos no ROTA 2030 consistem em créditos para abatimento nos valores devidos a título de IRPJ e CSLL, em contrapartida a investimento em PD&I.

O presente ensaio possui a seguinte estrutura: *primus*, uma abordagem da utilização da tributação como instrumento de políticas públicas, a induzir comportamentos dos particulares – comissivos ou omissivos – com vistas à consecução de valores albergados pela CR/88, com a constatação de que *"as políticas públicas representam o esforço do Estado na busca das finalidades traçadas na Constituição"* (MONTEIRO; JÚNIOR, 2015, p. 247) ; *secundus*, a apresentação da reconhecida importância de investimentos em tecnologia e inovação em âmbito mundial e no Brasil, com alguns dados comparativos; *tertius*, uma breve exposição sobre os principais aspectos relativos ao Programa 2030, com enfoque em seus objetivos, requisitos e condições, modalidades de habilitação, acompanhamento, fiscalização e sanções correlatas.

1. A UTILIZAÇÃO DO TRIBUTO COMO INSTRUMENTO DE POLÍTICAS PÚBLICAS: EXTRAFISCALIDADE.

Já tivemos a oportunidade de comentar sobre a utilização do tributo como valioso instrumento de políticas públicas (SILVA, 2012, p. 721-732) voltadas para a realização de valores albergados pela Constituição.

No Estado Democrático de Direito, mormente com a superação do liberalismo clássico, altera-se o próprio papel da Constituição na organização da sociedade. Por certo, o Estatuto Político deve preservar princípios do constitucionalismo clássico, como a separação de poderes e a segurança jurídica, organização do Estado, distribuição de competências e limitações às potestades estatais, mediante o estabelecimento de direitos e garantias individuais. Simultaneamente, porém, o Estado é incumbido de deveres positivos que demandam sua ação ou intervenção, atribuindo-se-lhe papel de agente em busca da igualdade material e da democracia.

Não basta, pois, que a *Lex Mater* estipule fundamentos e objetivos da República, nem mesmo que atribua ao Estado o dever para a sua consecução. Necessário, em verdade, é efetivá-los, mediante o estabelecimento de políticas públicas, concretizando o abstrato:

> O Estado e o próprio Direito Público passaram uma importante renovação, com a reafirmação da normatividade dos princípios e das regras constitucionais, a inclusão paulatina da sociedade civil nos processos decisórios e a mudança de comportamento dos poderes públicos, no sentido de buscar, na utilização das políticas públicas, os resultados pretendidos pela norma fundamental, pois a promulgação da Constituição de 1988 por si só não leva à imediata realização fática das suas normas. As políticas públicas são a forma de o estado responder aos comandos da Constituição Democrática que requer mecanismos jurídicos hábeis para sua concretização (MONTEIRO; JÚNIOR, 2015, p. 248).

A tributação, nesse espeque, adquire fundamental importância. O Estado tanto pode arrecadar e prestar diretamente, *per se*, os serviços públicos que a Constituição lhe impõe, como utilizar-se da tributação para induzir condutas dos particulares, sejam elas comissivas ou omissivas, consideradas convenientes, ou desejáveis, à luz de ao menos um dos valores albergados pela *Lex Mater*. Nesta última hipótese, trata-se da função extrafiscal dos tributos, voltada precipuamente à indução de comportamentos.

Por esta razão, necessário se faz discernir os efeitos fiscais dos efeitos extrafiscais da tributação. Aqueles restam caracterizados quando a tributação tem por objetivo primordial a arrecadação, a obtenção receitas para o custeio do aparato estatal e consecução de seus fins. Os efeitos extrafiscais, por sua vez, configuram-se pelo papel direto da tributação na concreção de valores constitucionalmente estabelecidos e amparados. Em seus efeitos fiscais, os tributos se prestam como fonte de financiamento para a consecução dos fins constitucionalmente estabelecidos; os efeitos extrafiscais, por sua vez, buscam efetivá-los pela indução de comportamentos a partir da tributação.

Maurício Chagas destaca alguns dos significados dados pela doutrina ao termo 'extrafiscalidade', tomando posição ao final, justamente no sentido de compreendê-lo como instrumento para a implementação de políticas públicas. Por sua utilidade, ao viabilizar maior segurança terminológica, confira-se:

> Embora exista uma certa zona comum, não há na doutrina ainda um conceito uniforme do que são as normas de caráter extrafiscal. Há a denominação como extrafiscal da função intervencionista do tributo, caracterizada quando ele é utilizado com o objetivo de interferência no domínio econômico. Há ainda a conceituação de tributação extrafiscal como aquela que é orientada para fins diferentes da arrecadação de dinheiro para o Erário. Nesta linha, se reconhece que na extrafiscalidade o tributo é um instrumento de políticas públicas. A extrafiscalidade é definida ainda como a utilização dos instrumentos tributários para objetivos não fiscais, mas ordinatórios. A extrafiscalidade é tratada também como um princípio decorrente da supremacia do direito público, legitimando a tributação com objetivos distintos do puramente arrecadatório. Há quem sustente até o reconhecimento da extrafiscalidade quando se está diante de tributos cuja arrecadação é previamente direcionada à satisfação de um fim específico. A extrafiscalidade é empregada ainda como gênero, extrafiscalidade *lato sensu*, ou ainda como espécie, descreve as normas tributárias com fim indutor. **Cabe, contudo optar neste trabalho por uma definição mais objetiva da extrafiscalidade como a utilização do tributo como mecanismo para o fomento ou o desestímulo a atividades consideradas como convenientes ou inconvenientes à sociedade, ou seja, a utilização de normas tributárias com fim indutor, visando a implementação de políticas públicas.**[3](CHAGAS, 2015, p. 29-30)

---

[3] O posicionamento do citado autor, é convergente com o nosso. Evitando maiores celeumas em torno do tema, e afastando-a dos conceitos de parafiscalidade ou de tributação finalística, entendemos a extrafiscalidade como a instituição de tributos com a finalidade primordial de indução de comportamentos, comissivos ou omissivos, considerados desejáveis, se não necessários, à luz de determinado(s) princípio(s) constitucional(is), *v. g.*, preservação ambiental, função social da propriedade, pleno emprego, erradicação da pobreza e das desigualdades, desenvolvimento tecnológico e da inovação *et al.*

A rigor, a função extrafiscal dos tributos, e, em *ultima ratio*, a justificativa e legitimidade de sua própria existência (ou não), está intimamente relacionada com o paradigma de Estado predominante. Em virtude do diminuto papel conferido ao Estado Liberal, nele prevaleceu a crença na neutralidade dos tributos, com a consequente abstenção de intervenção econômica. Lado outro, a partir do Estado Social, demandou-se a atuação estatal com maior amplitude, de forma que os efeitos desejados com as exações fiscais ultrapassaram o mero abastecimento dos cofres públicos.

No Estado Democrático de Direito, a arrecadação tributária, maior fonte provedora de receitas públicas, não consiste e nem representa a finalidade estatal, possuindo caráter mera e inerentemente instrumental. Desse modo, a atividade arrecadatória não corresponde a um fim em si mesma, *i.e.*, o Estado não tem por fim enriquecer-se ou acumular riquezas. Arrecada-se, pois, para assegurar aos cofres públicos os valores estritamente necessários à consecução das finalidades constitucionalmente estabelecidas ao Estado, e, por isso, dele exigíveis juridicamente.

Nesse sentido, pode-se entender que as atividades estatais são suscetíveis de serem divididas em atividade mediata e atividade imediata. Por atividade estatal mediata, classificam-se aquelas que, embora imprescindíveis à manutenção do aparato estatal e ao desempenho de suas demais finalidades, não são vocacionadas à satisfação direta de qualquer necessidade da coletividade. As atividades estatais imediatas, por sua vez, são aquelas voltadas ao cumprimento das finalidades essenciais do próprio Estado, lapidarmente esculpidas no art. 3º da CR/88 e ao longo de todo o texto constitucional.

Tendo a atividade arrecadatória caráter instrumental, consiste a arrecadação em atividade estatal mediata. Contudo, em não raras ocasiões, podem os tributos se prestar a fins outros que não o mero abastecimento dos cofres públicos, por meio do fomento a comportamentos desejados ou o desestímulo daqueles indesejados, com o fito de militar para a concreção de valores e objetivos constitucionalmente estabelecidos. Nesse diapasão, sem a pretensão de

> ... superar a inegável feição instrumental da atividade arrecadatória do Estado, é certo que esta, a exemplo de outras proposições teóricas, por vezes carece de uma conformação à realidade que se manifesta com notável volubilidade na sociedade plural, em constante mutação. Nesse rumo, por um lado, a atividade de arrecadação continua sendo preponderantemente uma atividade mediata ou instrumental, porquanto a finalidade primordial que inspira é a obtenção de receitas públicas, ou seja, auferir recursos financeiros para que

> o Estado possa desenvolver as diversas e elevadas funções que lhe são imputadas e teleologicamente justificam sua própria existência. D'outra margem, a tributação por vezes assume feições e propósitos que transcendem o simples municiamento dos cofres públicos, contribuindo diretamente para a realização dos fins imediatos do Estado (SILVA, 2012, p. 722-723).

Nessa ordem de ideias, para além da obtenção de receitas para a realização de despesas públicas, o Estado pode buscar outros objetivos com as exações tributárias, induzindo condutas privadas para efetivar valores e objetivos constantes dos mandamentos constitucionais. Estas finalidades, registre-se, podem ser de naturezas diversas - *verbi gratia,* econômicas, sociais, agrárias, urbanas, ambientais - de modo que adquire o tributo *status* de instrumento para a efetivação de políticas públicas diretamente estribadas na *Lex Mater.*

De se ver que, na sociedade moderna, caracterizada primordialmente pela sua complexidade, não é suficiente a clássica divisão dos atos jurídicos em lícitos e ilícitos. Especialmente para o estudo da extrafiscalidade, faz-se conveniente, se não necessário, subdividir os atos lícitos, à luz de cada e de determinado(s) valor(es) constitucional(is), em desejáveis, indesejáveis ou neutros, sendo os dois primeiros grupos aqueles de interesse para efeitos de extrafiscalidade, ao evidenciarem (i) comportamentos desejáveis, a serem incentivados, e (ii) comportamentos que, apesar de não transbordarem as raias da licitude, são indesejáveis e, por isso, devem ser inibidos.

De se ver que a extrafiscalidade é fenômeno que envolve a introjeção no Direito Tributário de valores afetos a outros ramos do Direito, que passam a ser relevantes na prescrição do tratamento tributário de determinados fatos relevantes sob a ótica, *e. g.*, do meio ambiente, da urbanidade, da inclusão social, da geração de postos de trabalhos, da inovação, da tecnologia, do desenvolvimento econômico sustentável... A comunicabilidade de diversos valores constitucionais, e a permeabilidade do Direito Tributário às suas influências, não raro oriundas de outros subsistemas jurídicos, é realidade cujo reconhecimento se impõe de forma inexorável.[4]

---

4 Sobre a comunicabilidade de valores estruturantes e (sobre) princípios constitutivos nos diversos sub-ramos da Ciência Jurídica, que se revelam permeáveis às suas influências já tivemos a oportunidade de sustentar que: "*... como resultado de contingências próprias da dinâmica rica, pluralista e contraditória dos interesses heterônomos que se refletem no Direito, que, não raramente, revela-se complexo e conflituoso, abarcando contradições de técnica legislativa, antinomias, princípios jurídicos contrapostos e colisões normativas de bens e interesses. Paradoxalmente, tamanha complexidade e conflituosidade não contradiz,*

A função extrafiscal, dessa forma, pode ser exercida de duas maneiras:

- Por meio de uma *indução positiva*, *i.e*, através de um estímulo a uma ou mais condutas *comissivas*, especialmente mediante a concessão de incentivos fiscais. Nesta hipótese, induz-se tributariamente o particular à prática de uma ação desejável, ao prever uma redução, parcial ou mesmo total, do(s) tributo(s) que a onera(m). A exoneração, pode, frise-se, ser parcial (redução de base de calculo, de alíquota, concessão de créditos presumidos ou adicionais etc) ou total (imunidade, isenção, redução de base de calculo a zero, alíquota 0% etc), mas, independentemente de qual seja, no caso concreto, deve-se observar dois requisitos: (i) o valor perseguido deve ser apto a mitigar o grau de eficácia dos

---

mas demanda a lembrança da certeza de que todas as normas jurídicas se encontram em mútua relação. O Direito não consiste em uma coletânea aleatória de normas jurídicas desprovidas de qualquer conexão de sentido, criadas e aplicadas à margem de quaisquer critérios racionais, como resultado do mero acaso ou de decisão arbitrária, conforme descrito por KARL ENGISH como 'caos informe'. Muito ao contrário, o Direito é um conjunto organizado de normas jurídicas, e de sua natureza organizada exsurge a convicção de sua 'ordem', da qual advém a ideia de 'ordenamento jurídico'. O Direito contempla um conjunto de normas organizadas e articuladas, cuja conexão lógica lhes confere um sentido unitário. Duas de suas características emergentes, a saber, a ordenação e a unidade, impedem que suas normas dissipem-se 'numa multitude de singularidades desconexas'; antes, reconduzem essa 'multiplicidade do singular a alguns poucos princípios constitutivos'. Afirma-se, assim, o Direito como um sistema abrangente de 'um complexo homogêneo e harmonicamente solidário de pensamentos jurídicos'. A par da ordem e da unidade – características comuns a todos os sistemas - , o Direito, enquanto sistema, fundamenta-se em dois postulados interdependentes, quais sejam: a adequação valorativa e a unidade interna do sistema. (...) Na revisão do alcance e abrangência dos princípios que integram o sistema jurídico não deve causar espécie o trespasse de princípios e normas gerais entre seus subsistemas. Se ao próprio sistema – sem prejuízo de seu fechamento operacional – são admitidos acoplamentos estruturais, inevitavelmente o mesmo há de ocorrer entre seus subsistemas, cujos lindes tendem a ser operacionalmente fechados, mas permeáveis à vigorosa influência dos princípios gerais fundantes e estruturantes. Apesar da presença de subsistemas no sistema do Direito, assim compreendidos os seus ramos dotados de relativa autonomia didática, não se pode esquecer de que a unidade sistêmica interna é característica essencial do sistema jurídico. No contexto de uma ordenação sistêmica, é preciso compreender que quando se trata de aplicar um determinado dispositivo de lei, aplica-se toda a lei, devendo intervir no processo decisório em torno de um artigo o conteúdo geral da ordem jurídica. A par disso, a crescente riqueza da complexidade fática tem demandado, frequentemente, o intercâmbio entre os diversos subsistemas do Direito na elaboração de soluções satisfatórias. Por tal motivo, destaca MENEZES CORDEIRO que 'perante um problema a resolver, não se aplica, apenas, a norma primacialmente vocacionada para a solução: todo o Direito é chamado a depor. Por isso, há que lidar com os diversos ramos do Direito, em termos articulados..." (SILVA, 2007, p. 266-267 e 269-270).

princípios da isonomia e da capacidade contributiva, e (ii) o saldo da renúncia fiscal deve ser positivo para o interesse público. De se notar, portanto, que as induções positivas também podem ser chamadas *exonerações positivas condicionadas*.[5]

- Por meio de uma *indução negativa* i.e, através de um estímulo a um comportamento *omissivo*, mediante agravamento da incidência tributária incidente sobre uma conduta que, a despeito de lícita, revela-se inconveniente sob a ótica de um ou mais valores constitucionalmente albergados. Dessa forma, pretende o Estado inibir a ação do sujeito alvejado pela tributação. O agravamento, note-se, pode se dar pela criação de um tributo específico ou pela majoração de tributo existente. Aqui também há a observância de requisito: o agravamento deve render vassalagem às limitações constitucionais ao poder de tributar e, a exemplo da indução positiva, o comportamento induzido (neste omitido) deve viabilizar a concreção de valores que justifiquem a mitigação no nível de eficácia das peias constritoras do *ius tributandi*, com especial destaque à isonomia e à capacidade contributiva.

Feitas tais considerações, procedendo-se um juízo de compatibilidade e propensão entre as diferentes espécies de tributo e as funções extrafiscais,

[5] Sobre as induções positivas, por meio de exonerações totais ou parciais, é ver que: "*A exoneração total pode ocorrer em virtude de imunidade, da concessão de isenção ou, ainda, de alteração drástica no critério quantitativo do comando da norma tributária (hipóteses mais raras), seja mediante redução total da base de cálculo (100%) ou da alíquota (definindo-a em 0%). De se ver que mesmo o legislador constituinte pode induzir comportamentos ao afastar determinados fatos do universo tributável, delimitando a competência tributária dos entes federados mediante a previsão de imunidades, de forma a afastar a tributação que poderia ser sufocante e inibidora à realização de atos dotados de alta carga axiológica e considerados caros à consecução das finalidades constitucionalmente contempladas. Servem de exemplo as imunidades concedidas às atividades do Terceiro Setor, que abrange as ações organizadas da iniciativa privada, sem fins lucrativos, voltadas a suprir as notáveis carências e insuficiências do Estado na efetivação dos direitos fundamentais afetos à educação (art.150, VI, c, da CR/88) e assistência social (arts. 150, VI, c, e 195, §7º, ambos da CR/88). De se ver que, nos casos de imunidades, os valores albergados foram considerados tão preciosos que o legislador constituinte, reconhecendo desde logo sua prevalência sobre as necessidades arrecadatórias dos entes públicos, decidiu não confiar sua exoneração infraconstitucional. (...) A exoneração parcial é técnica aliviadora do ônus fiscal que se implementa mediante modificações (favoráveis ao sujeito passivo da obrigação tributária principal) no critério quantitativo do comando da norma tributária. São seus exemplos a redução de alíquotas, a redução de base de cálculo, a concessão de créditos fiscais, a depreciação acelerada ou a depreciação especial (essas últimas mais peculiares ao IR)*" (SILVA, 2012, p. 726).

pode-se concluir no sentido de serem os impostos a espécie mais propensa à sua consecução.

Nos tributos vinculados – taxas e contribuições de melhoria – o fato jurígeno da obrigação tributária depende de uma atuação estatal específica, de modo que os efeitos extrafiscais, caracterizados pela indução de comportamentos, a rigor, deveriam ser desnecessários, porquanto dirigidos ao próprio Estado. Ademais, a tendência de inibição de propósitos e efeitos indutores é dificultada pelo caráter signalagmático dessas espécies tributárias.

Quanto aos tributos não vinculados – impostos, contribuições especiais e, eventualmente, empréstimos compulsórios – faz-se mister distingui-los, em virtude de suas peculiaridades. As contribuições especiais, enquanto tributos finalísticos que são, têm por função precípua e legitimadora de usa instituição a obtenção de recursos necessários à contrapartida de dotações orçamentárias específicas (recorde-se, o mote da instituição de qualquer contribuição especial é a necessidade de uma fonte de custeio específica para o financiamento de certa atividade estatal), conferindo-lhes caráter notadamente fiscal, razão pela qual não são as espécies mais adequadas para o exercício de funções extrafiscais (se a oneração da conduta tributável ensejar um desvalor que se sobreponha à finalidade que legitimou a instituição e cobrança do tributo finalístico, este deve deixar de ter razão de ser), embora não sejam com elas incompatíveis. O mesmo raciocínio aplica-se aos empréstimos compulsórios.

Os impostos, cujas hipóteses de incidência descrevem atos e situações próprias dos particulares[6], em virtude seu caráter afinalístico[7], revelam-se a espécie tributária mais apta para a consecução de efeitos extrafiscais. A título de ressalva, a competência regulatória, estampada entre os artigos 22 e 30 da

---

6 CTN, art. 16: *"Imposto é o tributo cuja obrigação tem por fato gerador uma situação independente de qualquer atividade estatal específica, relativa ao contribuinte."*

7 CR/88, art. 167, IV:
"Art. 167. São vedados:
(...)
IV - a vinculação de receita de impostos a órgão, fundo ou despesa, ressalvadas a repartição do produto da arrecadação dos impostos a que se referem os arts. 158 e 159, a destinação de recursos para as ações e serviços públicos de saúde, para manutenção e desenvolvimento do ensino e para realização de atividades da administração tributária, como determinado, respectivamente, pelos arts. 198, § 2º, 212 e 37, XXII, e a prestação de garantias às operações de crédito por antecipação de receita, previstas no art. 165, § 8º, bem como o disposto no § 4º deste artigo;"

Carta Magna, e a competência tributária devem estar cumuladas no mesmo ente federado para que possa atribuir os efeitos indutores.

Nesse sentido, deve-se registrar que extrafiscalidade e Estado Democrático de Direito são conceitos que se interrelacionam. Ora, o tributo não mais se caracteriza apriorística e eideticamente como mera imposição de poder do Estado sobre os seus súditos, como ocorria no estado Absolutista, tampouco é marcado pela neutralidade tipicamente liberal, mas sim como instrumento para a concretização, mediata ou imediata, de valores e objetivos consagrados constitucionalmente.

No Estado Democrático de Direito, ademais, é patente a possibilidade de convivência entre as funções fiscal e extrafiscal dos tributos. A preponderância de uma função sobre a outra, na análise de determinado tributo, "*requer uma análise do contexto de instituição da norma tributária, de seu conteúdo, das circunstâncias fáticas de aplicação e de seus efeitos*" (CHAGAS, 2015, p. 31). Conforme pudemos salientar em outra oportunidade,

> (...) difícil é o juízo sobre a função preponderante de determinados tributos, sobretudo alguns impostos, se fiscal ou extrafiscal. Nesse rumo, útil se revela a *teoria da finalidade acessória*[8] que, se inicialmente se inclinara para reconhecer a presença de finalidades extrafiscais como secundárias, evoluiu ao ponto de admitir que a finalidade acessória não precisaria ser, necessariamente, a indutora, podendo voltar-se a incidência dos impostos primordialmente para fins extrafiscais e infimamente aos propósitos arrecadatórios. Efeitos fiscais e extrafiscais, pois, podem conviver e revelar-se em gradações diversas, podendo um deles preponderar parcial ou totalmente (SILVA, 2012, p. 731).[9]

Nessa sequência de ideias, pode-se afirmar que o Programa Rota 2030 – Mobilidade e Logística consiste em exemplo concreto de tudo o que acima buscou-se expor. Enquanto política pública que é, cujos propósitos visam à

---

[8] Nesse sentido, ver SCHOUERI, 2005, p. 159 e segs.

[9] No mesmo sentido, milita a abalizada opinião de Marciano Seabra de Godói: "*Con la expresión 'tributación extrafiscal' nos referimos a la utilización deliberada de los tributos (principalmente el impuesto) como instrumentos para el logro de fines primordialmente dirigidos a aspectos no recaudatorios. Acentuamos que 'efectos no fiscales o extrafiscales' (económicos, sociales, psicológicos) existen em mayor o menor grado en todos los tributos com independencia de su previa ponderación por el legislador. De hecho, es de la naturaleza patrimonial y coactiva de los tributos, por más neutrales que sean, incidir materialmente en el medio económico y social, no siendo más que una abstracción lógica la idea de impuestos puramente recaudatorios o fiscales*" (GODÓI, 2004, p. 222).

consecução de valores albergados constitucionalmente, como, *exempli gratia*: o desenvolvimento tecnológico[10], a proteção do meio ambiente[11], a proteção à indústria nacional[12], o desenvolvimento nacional[13] e a geração de empregos[14], utilizou-se a tributação para induzir comportamentalmente o setor privado, mais especificamente, a indústria automobilística brasileira.

Para tanto, o legislador utilizou-se de exonerações parciais ao conceder benefícios fiscais (melhor explicitados *infra*) frise-se, condicionados, em contrapartida a investimentos de determinadas naturezas desejadas pela sociedade, conforme percepção do legislador positivada em lei, com destaque para os dispêndios em projetos de PD&I.

Registre-se que o Rota 2030 foi criado com a participação da sociedade civil organizada, aspecto fundamental para a sua legitimidade, a evidenciar os contornos de uma Administração Pública dialógica, em consonância com o sentido que lhe deu o constituinte de 1988.[15] Para tanto, foi o criado o GAN – Grupo de Alto Nível Rota 2030 – Mobilidade e Logística, pela Portaria nº 516-SEI, de 19 de abril de 2017, do Ministério da Indústria, Comércio Exterior e Serviços. Por meio do diálogo com a sociedade civil[16],o GAN Rota 2030 contou com seis grupos de trabalho[17], responsáveis pela elaboração das principais

---

[10] CR/88, art. 218

[11] CR/88, art. 225

[12] CR/88, art. 170, I

[13] CR/88. art. 3º, II

[14] CR/88, art. 170, VIII

[15] Délia Monteiro e Bruno Wanderley Júnior alertaram para a importância da participação da sociedade civil na elaboração de políticas públicas: "*Os novos desafios que a Constituição de 1988 trouxe para o Estado brasileiro refletem na criação de instrumentos de participação da sociedade civil no processo de elaboração e implementação de políticas públicas. Somente com o efetivo comprometimento dos poderes públicos na consolidação da democracia participativa é que a vontade popular se refletirá nas ações do Estado*" (MONTEIRO; JÚNIOR, 2015, p. 252).

[16] Portaria nº 516-SEI, art.3º, § 2º: "*O Ministério da Indústria, Comércio Exterior e Serviços poderá, sempre que necessário, convidar representantes de outros órgãos públicos e de entidades públicas ou privadas ligadas ao setor para colaborar com as atividades do GAN 2030 Mobilidade e Logística.*"

[17] Portaria nº 516-SEI, art. 4º: "*Para o cumprimento de suas atribuições, o GAN 2030 Mobilidade e Logística, contará com o apoio de 6 (seis) Grupos de Trabalho responsáveis pela definição dos projetos a serem desenvolvidos em cada um dos 6 (seis) eixos definidos para a Rota 2030 -*
Mobilidade e Logística:

diretrizes que inspiraram, informam e regem esta importante política pública no Brasil.

Diante do exposto, faz-se mister promover um esclarecimento a respeito da escorreita compreensão dos benefícios fiscais e seus correlatos requisitos. Mais recentemente, o Poder Executivo da União, eleito após a aprovação dos projetos de lei que instituíram o Programa Rota 2030, em sua incontida e, por vezes, pouco refletida verborragia, tem proferido declarações no sentido de colocar nas exonerações fiscais a peita de privilégios odiosos, que, em decorrência, deveriam ser extirpados da política tributária nacional, sobretudo em função do déficit fiscal ora enfrentado pelo país.[18]

Ab initio, devem ser evitadas conclusões apriorísticas, fruto de preconceito ideológico profundamente arraigado na concepção liberal do conceito de tributo, apegando-se a uma neutralidade tributária que, numa sociedade plural, complexa, carente e repleta de desafios, nem sempre há de ser absoluta.

Ora, por certo, a concessão de incentivos fiscais incondicionados, motivados por eventuais favores não republicanos devem ser sumariamente revogados, porquanto tendem a aviltar, a um só tempo, a igualdade, a isonomia, a capacidade contributiva, que devem inspirar a tributação, bem como a impessoalidade e a moralidade que regem as atividades da administração pública, inclusive, a fazendária.

Contudo, após estudo e reflexão, conclui-se que ao conceder benefícios fiscais às empresas do setor automotivo em contrapartida a dispêndios em PD&I, o Programa Rota 2030 não está a conceder privilégios e vantagens indevidas, mas sim a incentivar o incremento tecnológico e a inovação do país,

---

I - Eixo 01: reestruturação da cadeia de autopeças, com foco nos fornecedores de nível 2, 3 e 4;
II - Eixo 02: pesquisa e desenvolvimento (P&D) e engenharia, envolvendo conectividade e manufatura avançada;
III - Eixo 03: eficiência energética e novas tecnologias de motorização, e alinhamento com as políticas governamentais para emissões e biocombustíveis;
IV - Eixo 04: segurança veicular ao longo de todo o ciclo devida do veículo;
V - Eixo 05: produção em baixos volumes, envolvendo veículos premium, eletrônica embarcada e sistemas automotivos estratégicos; e
VI - Eixo 06: estrutura de custos para integração competitiva.
Parágrafo único. O GAN 2030 Mobilidade e Logística disporá sobre o funcionamento dos Grupos de Trabalho."

[18] À guisa exemplificativa, é ver: https://g1.globo.com/economia/blog/joao-borges/post/2018/12/07/equipe-de-paulo-guedes-faz-pente-fino-em-isencoes-tributarias.ghtml

conforme expressamente estampado em suas diretrizes. O desenvolvimento nacional, repita-se, é objetivo da República Federativa do Brasil, nos termos do art. 3º, II, da CR/88. Em notável coerência, o artigo 218 da *Lex Mater* preceitua ser dever do Estado promover e incentivar o desenvolvimento científico, a pesquisa, a capacitação tecnológica e a inovação, exigindo, em seu § 1º, tratamento prioritária do Estado em prol do bem público e do progresso da ciência, tecnologia e inovação.

Com efeito, a concessão de benefícios fiscais condicionados, a exemplo do que ocorre no Programa Rota 2030, não comporta juízos apriorísticos de valor. A par disso, não se olvide, tratando-se de benefícios fiscais condicionados e por prazo determinado, sua eventual revogação não poderá alterar os contribuintes e projetos já habilitados, sob pena de inadmissível violação da confiança, segurança jurídica, ambas positivamente tuteladas no preceito do art. 178 do CTN.[19]

Revela-se imprescindível a disposição, descurada de para se promover o balanceamento (axiológico) da relação custo-benefício representada, respectivamente, pelo sopesamento entre o custo da renúncia fiscal e o resultado almejado pelas políticas públicas. Tal sopesamento há de se fazer nos campos *teórico* e *empírico*.

Na primeira análise, teórica, deve-se buscar verificar se (i) os objetivos colimados pelos benefícios condicionados estão amparados em valores estruturantes constitucionalmente albergados; (ii) os requisitos impostos como condição à fruição dos benefícios fiscais são adequados e contribuem para a consecução de seus objetivos e estão alinhados com os valores que se pretendem concretizar com base constitucional; e (iii) os mecanismos criados são necessários aos investimentos e ao desenvolvimento almejados. Se positivas as respostas acima, não merecem prosperar a apologia indiscriminada à revogação de programas e políticas públicas, sem criteriosa e objetiva análise de sua eficácia.

Numa análise empírica e quantitativa, que, via de regra, não prescinde de uma experimentação para a avaliação de resultados, deve-se investigar se os fins alcançados com a política indutora justificaram (ou superaram) a intensidade do correlato sacrifício (renúncia fiscal). Neste particular, imprescindível

[19] A isenção, salvo se concedida por prazo certo e função de determinadas condições, pode ser revogada ou modificada por lei, a qualquer tempo, e observado o disposto no inciso III do art. 104.

a experiência vivenciada com a política pública para que ela possa ser avaliada. Somente dessa forma se poderá avaliar se houve sucesso ou insucesso com a sua instituição.

Na senda do sopesamento teórico, inevitável a polêmica do conflito entre o tratamento discriminatório promovido pela norma indutora e as limitações constitucionais ao poder de tributar, notadamente os princípios da isonomia e da capacidade contributiva. Quanto a esta questão, o arguto de Maurício Chagas conduz a uma boa compeensão da controvérsia, ao demonstrar que, em caso de utilização de norma infraconstitucional de caráter indutor – caso do Rota 2030 –, pode o ente tributante estabelecer a norma extrafiscal desde que esteja ela fundamentada em objetivos constitucionalmente estabelecidos e sem caráter sancionador, de modo que a flexibilização do princípio da isonomia somente poderia ocorrer diante da "*necessidade de realização de outro princípio que no caso lhe é contraposto*" (CHAGAS, 2015, p.84).[20]

Exsurge, pois, a necessidade do juízo de proporcionalidade, "*princípio jurídico constitucional que se concretiza através do processo de interpretação do Direito*" (PONTES, 2000, p.11). Helenilson Cunha Pontes, senhor de valiosa monografia sobre o tema, ao filiar-se à concepção alexyana de princípio, enxerga na proporcionalidade mandamento de otimização (embora implícito no texto constitucional), *i.e*, norma jurídica que impõe sua realização na maior medida possível. [21]

---

[20] Este é o posicionamento do Pretório Excelso: STF, AI nº 360.461 AgR/MG, Rel. Min. Celso de Mello, jul. 06/12/2005, DJe 28.03.2008.

[21] Segundo o magistério de Helenilson, o princípio da proporcionalidade deriva de uma concepção constitucionalizante do Direito, evidenciadora da supremacia da Constituição, constituindo-se, por isso mesmo, seu próprio fundamento:
"*Não obstante o princípio da proporcionalidade tenha sido, no seu nascedouro, um instrumento de concretização dos direitos fundamentais, o passar do tempo o transformou em um princípio geral vinculante de toda a atividade estatal. A proporcionalidade é princípio que já não se aplica somente às relações jurídicas nas quais se discute os direitos fundamentais; ao lado desta função, constitui também princípio jurídico de concretização de todo o rol de direitos e garantias constitucionais, bem como princípio geral de vedação ao arbítrio estatal. A discussão acerca da localização constitucional do princípio da proporcionalidade – se o mesmo deriva da opção constitucional por um Estado de Direito ou da consagração constitucional dos direitos fundamentais – assume relevância mais doutrinária do que prática. Com efeito, a opção por este ou aquele fundamento jurídico-constitucional não altera a natureza normativa do princípio que, segundo o Tribunal Constitucional Federal Alemão (BVerfG), onde tal princípio foi construído e desenvolvido, representa a "base" da ordem jurídica, pois está relacionado com um dos problemas ancilares do regime constitucional de Estado, qual seja, os limites do relacionamento Estado-indivíduos.*

Para a verificação da juridicidade da norma tributária extrafiscal em face do princípio constitucional da isonomia[22], deve-se ressaltar que o crivo da proporcionalidade desdobra-se em três aspectos: (i) adequação; (ii) necessidade e (iii) pertinência (proporcionalidade em sentido estrito).

A adequação, sinteticamente, consiste na compatibilidade, dentro das possibilidades fáticas, entre os fins desejados pelo Direito e os meios utilizados para alcançá-los: "*o dever de adequação (utilidade ou aptidão) exige que o meio (medida ou instrumento), utilizado pelo Estado para alcançar a finalidade desejada, seja apropriado(a) ao alcance de tal desiderato*" (PONTES, 2000, p.66).

Já a necessidade "*consubstancia a exigência da adoção do meio limitador mais suave, menos deletério para o interesse jurídico que teve o seu exercício limitado*" (PONTES, 2000, p.68). Nesse sentido, a necessidade não se refere à própria medida – tarefa esta pertinente ao aspecto da adequação –, mas ao seu resultado, *i.e.*, exigindo-se que ele seja o menos restritivo de direitos possível, ensejando o menor grau possível de interferência no direito de terceiros.[23]

O aspecto da proporcionalidade em sentido estrito (conformidade) representa, em verdade, a ideia principal subjacente ao princípio em comento. Nele, quando da análise entre os fins desejados pelo Estado e os meios por ele escolhidos, procede-se o sopesamento, justificando-se a limitação de determinado

---

Portanto, mais importante do que situar o princípio da proporcionalidade em um dispositivo específico da Constituição, é reconhecê-lo como uma inescapável exigência do constitucionalismo moderno e de um novo Estado de Direito, os quais, mais do que protegerem a esfera de liberdade dos indivíduos contra intervenções estatais arbitrárias, buscam a realização concreta dos direitos fundamentais e das demais pretensões constitucionalmente asseguradas. O fundamento da proporcionalidade encontra-se precisamente na aceitação do compromisso de realização daqueles objetivos e de afirmação da própria normatividade constitucional" (PONTES, 2000, p. 53).

[22] Helenilson Cunha Pontes pontifica que admitindo-se que a Constituição constitui uma unidade, diante dos casos concretos faz-se necessário que a coordenação entre os bens jurídicos tutelados seja feita da melhor maneira possível. Tal tarefa será realizada pelo princípio da proporcionalidade. Nesse sentido, somente as peculiaridades de um caso concreto poderão determinar qual dos princípios ou bens em colisão terá elevação de eficácia em face daquele outro que lhe contrapõe. Ressalve-se que tal situação não pode significar, em nenhuma hipótese, o "*aniquilamento do princípio que teve sua carga normativa diminuída*" (PONTES, 2000, p. 61).

[23] Elucidativa a definição do aspecto da necessidade pelo Tribunal Constitucional Federal da Alemanha (Bundesverfassungsgericht): "*um meio é considerado necessário quando nenhum outro, igualmente efetivo e que represente nenhuma ou menor limitação a um direito fundamental, pudesse ter sido adotado pelo legislador*" (PONTES, 2000, p.68).

princípio ou bem jurídico em face de outro. Nas palavras de Helenilson Cunha Pontes:

> A relação entre o meio adotado e o fim com ele perseguido revela-se proporcional quando a vantagem representada pelo alcance desse fim supera o prejuízo decorrente da limitação concretamente imposta a outros interesses igualmente protegidos *prima facie*. Daí porque o sacrifício imposto por uma intervenção estatal a uma parcela de liberdade constitucionalmente protegida não deve estar fora de proporção (*ausser Verhältnis*) com o efeito (positivo ou negativo) que se pretende promover com tal intervenção (PONTES, 2000, p. 70).

Nesse sentido, conclui-se que norma tributária extrafiscal que apresente as características supracitadas e que se adeque ao tríplice crivo da proporcionalidade revela-se apta a mitigar a eficácia dos princípios da isonomia e da capacidade contributiva. A princípio, em exame prévio (teórico), parece ser o caso do Rota 2030, uma vez que:

- O benefício fiscal foi editado pelo ente competente para instituir os tributos parcialmente exonerados, bem como para instituir e implementar políticas públicas vocacionadas à concreção dos valores almejados pelo Programa, cf estampado em suas diretrizes;
- Fundamenta-se o Rota 2030 em valores e objetivos constitucionalmente estabelecidos, tais como o desenvolvimento nacional e o inventivo à Ciência, Tecnologia e Inovação, que devem ser perseguidos também pela União (ente tributante);
- Não possui feição sancionadora; e
- Atende à realização do princípio da proporcionalidade, porquanto parece superar, numa análise prévia e teórica, aos crivos de adequação, necessidade e razoabilidade (proporcionalidade *stricto sensu*), mercê dos objetivos a que se propõe alcançar. Nesse sentido, não há violação dos princípios da capacidade contributiva e da isonomia, muito embora mitigue sua eficácia a níveis mais tênues.

Atente-se para o fato de que a referida flexibilização deve sempre se dar em caráter excepcional e mediante sólida e razoável fundamentação[24] – como

[24] *"Em relação aos demais princípios objetos deste estudo (igualdade, capacidade contributiva e não confisco) a possibilidade de flexibilização por normas infraconstitucionais sustentadas por objetivos constitucionais ainda deve ser considerada em caráter excepcional, mas pode ser admitida com maior naturalidade em razão do seu conteúdo menos concreto e, portanto, mais propenso a diferentes graus de realização"* (CHAGAS, 2015, p. 78).

ocorre *in casu* – devido à supina relevância do princípio da isonomia, que veda discriminações arbitrárias e desarrazoadas.[25]

Conclusão distinta depende da análise empírica (desempenho, *performance*), para se medir a eficácia e a eficiência da política pública instituída. Com o sopesamento empírico, pode-se verificar se a arrecadação dos tributos renunciados, sob condições especiais e concretas, poderia contribuir mais ou menos para a consecução dos valores constitucionais.

Acredita-se que o momento oportuno para o sopesamento empírico relativo ao Rota 2030 seria o ano de 2023, período no qual se encerrará o primeiro ciclo desta política pública. Indicadores, portanto, relativos ao setor automotivo e às áreas da Ciência, Tecnologia e Inovação seriam de grande valia para o escrutínio do sucesso ou insucesso do programa.

2. INCENTIVOS A INVESTIMENTOS EM TECNOLOGIA: EXEMPLOS NO BRASIL.

Tecnologia é a mola propulsora para o desenvolvimento sustentável. Hodiernamente, países desenvolvidos são aqueles que produzem, dominam e lucram com o setor tecnológico. Para além de sua importância social, adquire o tema indiscutível magnitude econômica.

Não é recente a constatação de que o desenvolvimento das nações e seu sucesso econômico tendem a guardar relação direta à sua capacidade de agregar valor à produção nacional – o que tende a maximizar a geração de riquezas – e à capacitação do trabalho humano aplicado.

---

25 Marciano Seabra de Godói, em uso de seu notório domínio e familiaridade ao direito espanhol, ensina: *"Palao Taboada afirma que los limites constitucionales a los llamados por la doctrina alemana impuestos intervencionistas son 'fundamentalmente los derivados del principio de igualdad y de los derechos fundamentales'. En efecto, si en el ámbito de los impuestos recaudatorios el parâmetro para las discriminaciones en la carga estará estrechamente vinculado al criterio de capacidad económica (aunque no exclusivamente), no cabe decir lo mismo en el ámbito de los impuestos com predominancia de fines no fiscales. En éstos últimos, el legislador dispone de mayor libertad de configuración para estabelecer criterios diferenciadores entre los contribuyentes, lo que puede conllevar a discriminaciones arbitrarias en contra del derecho fundamental a la igualdad previsto en el art. 3º de la Ley Fundamental alemana y en el art.14 de la Constitucíon española. Como las posibilidades de diferenciación en las cargas tributarias son mayores en ese campo, es necesario redoblada atención para la necesaria razonabilidad o no-arbitrariedad de las diferencias de trato, buscando su justificación en algún precepto o valor constitucional y verificando la adecuación de medida fiscal intervencionista para el logro de su finalidad"* (GODÓI, 2004, p. 250-251).

Hodiernamente percebe-se um genuína corrida, entre os países, no investimento em tecnologia. Tecnologia esta, advirta-se, destinada aos mais variados setores da sociedade: comunicação, saúde, informação, científica, militar, *et cetera*. Tecnologia que traduz soberania nacional, que agrega valor aos produtos nacionais, que qualifica a mão-de-obra, que incrementa a renda nacional, que eleva a renda *per capita*, que tende a elevar o IDH, que representa, em síntese, desenvolvimento econômico.

Globalmente, são países que se destacam no setor tecnológico: Estados Unidos, Japão, Alemanha, Coréia do Sul, China e Reino Unido. Nos referidos países, os pesquisadores de dedicação integral encontram-se majoritariamente ligados às empresas e ao ensino superior, e apenas em menor medida ao Estado. O número de pesquisadores nestes países é maior e mais concentrado na população, em virtude do alto investimento na qualificação de sua mão-de-obra por meio da educação, o que acarreta um aumento da porcentagem dos dispêndios com PD&I no PIB (MCTIC, 2018, p. 146-147).

Tal assertiva reflete-se, por exemplo, quanto a pedidos e concessões de patentes de invenção. Dados do *United State Patent and Trademark Office* (USPTO) indicam que o Brasil, em 2017, enviou junto àquela instituição 892 pedidos, sendo 374 concedidos. Apenas a título comparativo, no mesmo ano, a Coréia do Sul solicitou 35.565 pedidos, com 20.717 aprovações. Já o Japão, obteve 49.677 concessões dos 86.113 pedidos (MCTIC, 2018, p. 151).

A importância dos dispêndios em P&D refulge com a sua comparação a nível global. Segundo dados do MCTIC, em 2016, o Brasil realizou U$ 40,5 bilhões nesse setor, o que correspondeu a 1,27% de seu PIB. Países como Alemanha, China, EUA e França apresentaram números que superaram 2%. O Japão, 3,14%. A Coréia do Sul alcançou a impressionante marca de 4,23% (MCTIC, 2018, p. 132-134).

Ainda segundo o MCTIC, no Brasil, 52,4% dos dispêndios supracitados foram financiados pelo governo. Diferentemente, nos países com maiores investimentos em P&D a situação se inverte. Em Alemanha (65,2%), China (76,1%), EUA (62,3%), Japão (78,1%) e Coréia do Sul (75,4%) a maioria dos dispêndios em P&D é realizada por empresas privadas (MCTIC, 2018, p. 132-134).

Nesse sentido, as políticas públicas de incentivo de dispêndios em P&D por empresas, tendo por contrapartida incentivos fiscais é medida louvável para que o Brasil possa acompanhar a tendência dos países desenvolvidos e buscar competitividade de seus produtos no mercado internacional. Em princípio, parece ser possível justificar e compensar a perda de receita tributária em prol do desenvolvimento tecnológico e econômico do país, desde que se apure um saldo positivo. No entanto, uma análise mais segura requer o sopesamento entre a renúncia concedida e os benefícios dela decorrentes, o que não é resulta de uma conta equação simples, porquanto permeada de inúmeras variáveis e intangibilidades. No entanto, pode-se identificar algumas experiências no passado recente.

A Lei nº 11.196/05, disciplinada pelo Decreto nº 6.798/06 e conhecida sob a alcunha de Lei do Bem, concede incentivos fiscais às pessoas jurídicas que realizem atividades de PD&I.[26] Para fazer jus aos incentivos fiscais da Lei do Bem, as empresas devem (i) ser tributadas em regime de Lucro Real; (ii) possuir Lucro Fiscal, ou seja, ter tributos a pagar no exercício de realização dos dispêndios elegíveis para os benefícios da Lei do Bem; (iii) estar em situação de regularidade fiscal (mediante emissão de Certidão Negativa de Débito ou Certidão Positiva de Débito com Efeitos de Negativa) e (iv) investir em PD&I[27], além de prestar contas ao Ministério da Ciência, Tecnologia Inovações e Comunicações.

O principal incentivo fiscal previsto na Lei do Bem consiste na possibilidade de dedução adicional de percentual variável entre 60% e 100% dos dispêndios com PD&I da base de cálculo do IRPJ/CSLL (sem prejuízo da dedução

---

[26] No ano de 2018, o valor relativo à renúncia fiscal da Lei do Bem foi de R$ 2.153.162.510,00, correspondente a 24,9% de toda a renúncia fiscal pertinente às leis de incentivo à pesquisa, desenvolvimento e capacitação tecnológica (MCTIC, 2018, p. 37-38).

[27] A Lei do Bem utilizou-se dos conceitos obtidos no Manual de Frascati para definir pesquisa e desenvolvimento. Ressalte-se que tais conceitos também foram adotados pelos programas INOVAR-AUTO e Rota 2030. Nesses termos, eis o que dispõe o art. 2º do Decreto nº 5.798/06:
"Art. 2º Para efeitos deste Decreto, considera-se:
I - inovação tecnológica: a concepção de novo produto ou processo de fabricação, bem como a agregação de novas funcionalidades ou características ao produto ou processo que implique melhorias incrementais e efetivo ganho de qualidade ou produtividade, resultando maior competitividade no mercado;
II - pesquisa tecnológica e desenvolvimento de inovação tecnológica, as atividades de:
a) pesquisa básica dirigida: os trabalhos executados com o objetivo de adquirir conhecimentos quanto à compreensão de novos fenômenos, com vistas ao desenvolvimento de produtos, processos ou sistemas inovadores;
b) pesquisa aplicada: os trabalhos executados com o objetivo de adquirir novos conhecimentos, com vistas ao desenvolvimento ou aprimoramento de produtos, processos e sistemas;
c) desenvolvimento experimental: os trabalhos sistemáticos delineados a partir de conhecimentos pré-existentes, visando a comprovação ou demonstração da viabilidade técnica

regular destes dispêndios, na condição de despesas necessárias). Desse modo, as empresas beneficiárias, a um só tempo, tornam-se mais competitivas no mercado, melhoram a qualidade de seus produtos e/ou serviços e podem reinvestir os valores relativos às referidas deduções em PD&I.

Ainda mais antiga, a Lei nº 8.248/91 (alterada pelas leis nº 10.176/01, nº 11.077/04 e nº 13.023/14), intitulada Lei de Informática, concede incentivos fiscais, consistentes em redução do IPI, a empresas do setor de tecnologia de *hardware* e automação, também condicionando o seu aproveitamento ao investimento em PD&I[28]. Além dos investimentos mencionados, devem as empresas comprovar regularidade fiscal e produzir itens cujo NCM (Nomenclatura Comum do Mercosul) conste na lista de produtos incentivados pelo diploma legal.

Digno de nota ser, no Brasil, a Tecnologia tema de magnitude constitucional, versada nos artigos 218 e 219 da Carta Magna. Ao comentar ao *caput* do art. 218, que determina que "*O Estado promoverá e incentivará o desenvolvimento científico, a pesquisa, a capacitação científica e tecnológica e a inovação*", Cláudia Lima Marques afirma que

> o *caput* do art. 218 é a norma principal deste Capítulo IV do Título III, dedicado – pela primeira vez na história constitucional brasileira – somente à Ciência e Tecnologia, e impõe uma forte e clara diretriz

ou funcional de novos produtos, processos, sistemas e serviços ou, ainda, um evidente aperfeiçoamento dos já produzidos ou estabelecidos;
d) tecnologia industrial básica: aquelas tais como a aferição e calibração de máquinas e equipamentos, o projeto e a confecção de instrumentos de medida específicos, a certificação de conformidade, inclusive os ensaios correspondentes, a normalização ou a documentação técnica gerada e o patenteamento do produto ou processo desenvolvido; e
e) serviços de apoio técnico: aqueles que sejam indispensáveis à implantação e à manutenção das instalações ou dos equipamentos destinados, exclusivamente, à execução de projetos de pesquisa, desenvolvimento ou inovação tecnológica, bem como à capacitação dos recursos humanos a eles dedicados;
III - pesquisador contratado: o pesquisador graduado, pós-graduado, tecnólogo ou técnico de nível médio, com relação formal de emprego com a pessoa jurídica que atue exclusivamente em atividades de pesquisa tecnológica e desenvolvimento de inovação tecnológica; e
IV - pessoa jurídica nas áreas de atuação das extintas Superintendência de Desenvolvimento do Nordeste - SUDENE e Superintendência de Desenvolvimento da Amazônia - SUDAM: o estabelecimento, matriz ou não, situado na área de atuação da respectiva autarquia, no qual esteja sendo executado o projeto de pesquisa tecnológica e desenvolvimento de inovação tecnológica."

28 No ano de 2018, o valor relativo à renúncia fiscal da Lei de Informática foi de R$ 5.618.793.580,00, correspondente a 64,9% de toda a renúncia fiscal pertinente às leis de incentivo à pesquisa, desenvolvimento e capacitação tecnológica (MCTIC, 2018., p. 37-38).

> constitucional da função promocional do Estado em relação ao desenvolvimento científico, pesquisa em geral e capacitação tecnológica. Trata-se de um dever [ativo] do Estado em geral, uma tarefa positiva do Estado (diretriz vinculando o Estado-Legislador, Estado-Executivo e Estado-Juiz) ou uma competência [legislativa] do Estado (art. 218 c/c art. 23, V, da CF/88, a vincular os atos legislativos do Estado) de "promover" e "incentivar" as ciência e a tecnologia. A norma menciona três focos para esta função promocional do Estado: 1) o desenvolvimento científico ou evolução positiva, progresso das ciências em geral (o §1° menciona o "progresso das ciências" ao lado do "bem público"). 2) A pesquisa científica em geral, como demonstram também os parágrafos do art. 218, que encontram (e devem encontrar seu fundamento no caput). Note-se, pois, que o §1° menciona e assegura mesma prioridade à pesquisa científica básica, a evidenciar que a menção do caput do art. 218 à pesquisa é ampla e não somente à pesquisa tecnológica mencionada no §2°, também o §4° menciona a pesquisa *tout court*, como forma de englobar ambas e o §5° faz questão de mencionar que o fomento deve ser à pesquisa científica e à pesquisa tecnológica". Por fim, mencione-se que a importância constitucional da pesquisa e seu valor "político" (Derani, p.172) no contexto geral do art. 218 e seus parágrafos é tamanha que vem ela, no §3° mencionada ao lado dos elementos principais do capítulo: "ciência, pesquisa e tecnologia". 3) A capacitação tecnológica, envolvendo formação, aperfeiçoamento e ensino de pesquisadores, cientistas e técnicos, isto é, a formação de recursos humanos em tecnologia e ciência mencionada no §4°, e formação através também do ensino, mencionado no §5° e, em especial, da formação para a pesquisa científica básica e tecnológica em geral dos §§ 1° e 2° (MARQUES, 2013, p. 1196-1197).

Ainda na linha de fomento aos investimentos em PD&I, desta feita com foco no setor automotivo, foram instituídos os programas INOVAR-AUTO e ROTA 2030. Com vistas ao desenvolvimento da indústria automobilística nacional, o Estado utilizou-se de exonerações positivas condicionadas para a consecução de valores albergados pela Carta Magna. Trata-se de demonstração de preocupação do Brasil com o desenvolvimento da indústria nacional, atento para a importância da tecnologia no contexto mundial que se instaurou, sobretudo, nos últimos 30 anos[29].

---

[29] Saliente-se que os incentivos fiscais à inovação, embora de inegável e extrema relevância, não são suficientes, sozinhos, para levar o Brasil a uma posição de destaque em PD&I. Aliado a eles, deve-se investir na melhoria educacional, condição sem a qual o país tende a permanecer convivendo com bolsões de miséria inadmissíveis não só do ponto de vista humano e moral, mas também jurídico, a denotar situações constitucionalmente intoleráveis.

3. O PROGRAMA ROTA 2030: MOBILIDADE E LOGÍSTICA

3.1. Introdução, objetivo e diretrizes

O objetivo do presente artigo não é uma análise pormenorizada do Programa Rota 2030, mas sim a demonstração da utilização da tributação como instrumento para o implemento de políticas públicas – no caso, relacionadas ao setor automobilístico. Por esta razão, limitar-se-á a aduzir suas principais características.

Anteriormente ao ROTA 2030 vigorou o INOVAR-AUTO[30], que, em apertada síntese, tratou-se de política pública cuja vigência se deu até 31 de dezembro de 2017 e que concedeu incentivos fiscais, consistentes em créditos presumidos de IPI, às empresas habilitadas que realizassem dispêndios em pesquisa e desenvolvimento, mediante o cumprimento de seus demais requisitos.

O Programa ROTA 2030, instituído na sequência da extinção de seu antecessor, tem como objetivo declarado em sua legislação de regência *apoiar o desenvolvimento tecnológico, a competitividade, a inovação, a segurança veicular, a proteção ao meio ambiente, a eficiência energética e a qualidade de automóveis, de caminhões, de ônibus, de chassis com motor e de autopeças* (Lei nº 13.755/2018, art. 7º e Decreto nº 9.557/2018, art. 9º).

O referido programa foi instituído pela Medida Provisória nº 843/2018, posteriormente convertida na Lei nº 13.755/2018, e encontra-se regulamentado pelo Decreto nº 9.557/2018. Esta legislação está estruturada em três partes distintas, destinadas:

primus, ao estabelecimento de requisitos obrigatórios para a comercialização e a importação de veículos novos no país[31] (vigência a partir de

[30] Originalmente apresentado pela Medida Provisória nº 563/12, convertido na Lei nº 12.715/12 e regulamentado pelo Decreto nº 7.819/12.

[31] Na vigência do já extinto programa INOVAR-AUTO, os requisitos agora estabelecidos como condição para a comercialização e importação de veículos no Brasil constavam dentre as contrapartidas exigidas para o gozo do incentivo fiscal. O programa ROTA 2030, contudo, concedeu relevância ainda mais intensa às referidas condições, que não são mais meras exigências para o gozo (facultativo) de um benefício fiscal, mas requisitos obrigatórios para o próprio exercício da atividade. Como contrapartida para o gozo do benefício do ROTA 2030 é exigido, ainda, a par de outros requisitos, o incremento no atendimento destas condições, que devem ser observadas em níveis iguais ou mais elevados do que aqueles estabelecidos como requisito para o exercício da atividade, conforme detalhado em regulamento.

11/12/2018) e à previsão da possibilidade, com vigência a partir do ano de 2022, de se ter a redução da alíquota do IPI aplicável a

(i) veículos que atenderem a requisitos específicos de eficiência energética,

(ii) veículos que atenderem a requisitos específicos de desempenho estrutural associado a tecnologias assistivas à direção e

(iii) veículos híbridos equipados com motor que utilize alternativa ou simultaneamente gasolina e álcool,

secundus, ao Programa ROTA 2030 propriamente dito (vigência a partir de 01/08/2018), e

tertius, ao regime tributário de autopeças não produzidas nacionalmente (vigência a partir de 01/01/2019).

As diretrizes que informam o programa, e revelam os objetivos tecnológicos e de inovação a serem perseguidos e que se pretende sejam alcançados pelo Programa ROTA 2030, por sua vez, estão indicadas no art. 8º da Lei nº 13.755/2018[32], e consistem no(a):

- Incremento da *eficiência energética*, do *desempenho estrutural* e da disponibilidade de *tecnologias assistivas* à direção dos veículos comercializados no país;
- Aumento dos *investimentos* em *pesquisa, desenvolvimento* e *inovação* no país;
- Estímulo à produção de *novas tecnologias* e *inovações*, de acordo com as tendências tecnológicas globais;
- *Incremento da produtividade* para as indústrias para a *mobilidade* e *logística*;
- Promoção do uso de *biocombustíveis* e de *formas alternativas de propulsão* e valorização da *matriz energética brasileira*;
- Garantia da *capacitação técnica* e da *qualificação profissional* no setor de mobilidade e logísticas; e
- Garantia da *expansão* ou *manutenção do emprego* no setor de mobilidade e logística.

[32] Redação similar àquela constante do art. 10 do Decreto nº 9.557/18, mas deste último constam algumas outras previsões, como "*integrar a indústria automotiva brasileira às cadeias globais de valor*" (Decreto nº 9.557/18, art. 10, VI).

Vê-se, portanto, que o espírito que inspirou e anima o Rota 2030 é o de modernização tecnológica do setor automobilístico brasileiro, com o aumento da produtividade e eficiência, buscando, dentre outros louváveis objetivos, assegurar sua competitividade no mercado mundial e a supressão das notórias carências logísticas e de mobilidade. A contrapartida estatal, para tanto, consistirá na concessão de benefícios fiscais condicionados, conforme se verá mais adiante.

4.2. Contribuintes elegíveis ao benefício e habilitação

A Lei nº 13.755/2018, em seu art. 9º, I, faculta a adesão ao programa ROTA 2030 a:

(i) fabricantes que produzam, em território nacional, os veículos classificados entre os códigos 87.01 a 87.06 da Tabela de Incidência do Imposto sobre Produtos Industrializados (TIPI)[33];

(ii) fabricantes de autopeças ou sistemas estratégicos para a produção dos veículos classificados nos referidos códigos da TIPI, conforme regulamento do Poder Executivo federal, desde que estejam submetidos à sistemática de apuração do IRPJ e da CSLL pelo Lucro Real e tenham centro de custo específico para PD&I; e

(iii) empresas que tenham projeto de desenvolvimento e produção tecnológica aprovado para a produção, no País, de novos produtos ou de novos modelos de produtos já existentes classificados entre os códigos 87.01 a 87.06 da TIPI, ou de novas soluções estratégicas para a mobilidade e logística, conforme regulamento do Poder Executivo federal.

Ademais, poderão habilitar-se ao Programa Rota 2030, como parte do grupo (iii) acima indicado, as empresas que

(a) possuíam projeto de desenvolvimento e produção tecnológica para a instalação de novas plantas ou de projetos industriais na data de publicação da MP nº 843/18,

(b) possuíam projeto de investimento nos termos do Programa Inovar-Auto, relativos à instalação de até 35.000 veículos leves, com investimento específico[34] de, no mínimo, R$17.000, 00, por veículo;

---

[33] Aprovada pelo Decreto nº 8.950, de 29 de dezembro de 2016.

[34] O conceito de investimento específico é dado pelo art. 13, §3º do Decreto nº 9.557/18, em conjunto com o respectivo §4º, que faz referência à capacidade produtiva anual: " §3º *Para*

(c) tenham projeto de investimento relativo à instalação de fábrica de veículos leves com capacidade produtiva anual de até 35.000 unidades e com investimento específico de, no mínimo, R$ 23.300,00 por veículo; ou

(d) tenham projeto de investimento relativo à instalação, no País, de linha de produção de veículos com tecnologias de propulsão alternativas à combustão. Essa é a redação do art. 9º, §3º da Lei nº 13.755/2018 e do art. 31, § 2º do Decreto nº 9.557/2018.

Em qualquer hipótese, a habilitação é de competência do Ministério da Indústria, Comércio Exterior e Serviços, que a concederá às empresas solicitantes, por ato específico, mediante comprovação anual dos compromissos assumidos[35] (o qual constará de termo de compromisso[36]), indicando a modalidade de habilitação[37]. O termo inicial de vigência da habilitação será o 1º dia do mês-calendário em que houver sido solicitada[38], desde que cumpridos todos os seus requisitos e ela será automaticamente cancelada quando expirado o prazo para o gozo dos benefícios, a saber, em 2023[39].

4.3 Requisitos para a habilitação

A habilitação ao Programa Rota 2030 é condicionada ao cumprimento de um extenso rol de requisitos relacionados na Lei nº 13.755/2018 e detalhados no Decreto nº 9.557/2018 e seus anexos, que podem assim ser sintetizados:

---

efeito do disposto nos incisos II e III do § 2º, entende-se como investimento específico a relação entre o valor do investimento em ativo fixo e a capacidade produtiva anual informada no projeto da empresa, observado o disposto no § 4º. (...) § 4º A capacidade de produção anual de que tratam os § 2º e § 3º deverá observar os parâmetros de duzentos e cinquenta dias por ano, dois turnos de trabalho e oito horas em cada turno de trabalho."

35 Lei nº 13.755/18, art. 9º, §1º e Decreto nº 9.557/18, art. 14, I.

36 Decreto nº 9.557/18, art. 14, § 2º.

37 Decreto nº 9.557/18, art. 14, §1º.

38 Decreto nº 9.557/18, art. 14, §3º.

39 Importante salientar que a vigência da habilitação corresponde à vigência do próprio programa – 30 de novembro de 2023 – razão pela qual nessa data serão consideradas canceladas todas as habilitações. Louvável, porém, o teor daquilo disposto no art. 9º, § 5º da Lei nº 13.755.18 c/c art. 14, §4º do Decreto nº 9.557/18, que garante o aproveitamento, pelas empresas, dos direitos adquiridos a título de benefícios fiscais, bem como exige o cumprimento dos compromissos anteriormente assumidos. Não é demais lembrar que a Constituição da República protege o direito adquirido, o ato jurídico perfeito e a coisa julgada (CR/88, art. 5º, XXXVI).

MODALIDADE DE HABILITAÇÃO	REQUISITOS E CONDIÇÕES
(i) fabricantes que produzam, em território nacional, os veículos classificados entre os códigos 87.01 a 87.06 da TIPI	À observância dos requisitos estabelecidos pelo Poder Executivo Federal quanto à rotulagem veicular, eficiência energética e desempenho estrutural associado a tecnologias assistivas à direção (Lei nº 13.755/18, art. 10, I, II, III); À comprovar autorização formal de realização, no território nacional, de atividades de prestação de serviços de assistência técnica e organização de rede de distribuição, bem como de utilização de marcas do fabricante do veículo, em caso de importação; À comprovação da realização de dispêndios com PD&I em montante igual ou inferior a percentuais mínimos indicados no Anexo XI do Decreto nº 9.557/2018; À regularidade em relação a tributos federais
(ii) fabricantes de autopeças ou sistemas estratégicos para a produção dos veículos classificados nos referidos códigos da TIPI	À observância dos requisitos estabelecidos pelo Poder Executivo Federal quanto à rotulagem veicular, eficiência energética e desempenho estrutural associado a tecnologias assistivas à direção (Lei nº 13.755/18, art. 10, I, II, III); À comprovar autorização formal de realização, no território nacional, de atividades de prestação de serviços de assistência técnica e organização de rede de distribuição, bem como de utilização de marcas do fabricante do veículo, em caso de importação; À comprovação da realização de dispêndios com PD&I em montante igual ou inferior a percentuais mínimos indicados no Anexo XI do Decreto nº 9.557/2018; À regularidade em relação a tributos federais; À estar sujeito à apuração do IRPJ e CSLL pelo Lucro Real; À possuir centro de custos de PD&I
(iii) às empresas que tenham projeto de desenvolvimento e produção tecnológica aprovado para a produção, no País, de novos produtos ou de novos modelos de produtos já existentes classificados entre os códigos 87.01 a 87.06 da TIPI, ou de novas soluções estratégicas para a mobilidade e logística	À observância dos requisitos estabelecidos pelo Poder Executivo Federal quanto à rotulagem veicular, eficiência energética e desempenho estrutural associado a tecnologias assistivas à direção (Lei nº 13.755/18, art. 10, I, II, III); À comprovar autorização formal de realização, no território nacional, de atividades de prestação de serviços de assistência técnica e organização de rede de distribuição, bem como de utilização de marcas do fabricante do veículo, em caso de importação; À comprovação da realização de dispêndios com PD&I em montante igual ou inferior a percentuais mínimos indicados no Anexo XI do Decreto nº 9.557/2018; À regularidade em relação a tributos federais; À Aprovação do projeto pelo MDIC

Os percentuais da Receita Bruta, excluídos os impostos e as contribuições incidentes sobre venda, que devem ser destinados a dispêndios com pesquisa e desenvolvimento tecnológico e inovação, PD&I (Lei nº 13.755/18, art. 10, IV c/c §3º), estão indicados no Anexo XI do Decreto nº 9557/18 conforme tabela a seguir:

PERCENTUAL MÍNIMO ANO-CALENDÁRIO	2018	2019	2020	2021	2022	2023
Receita decorrente da fabricação ou importação de automóveis e comerciais leves	0,50%	0,70%	0,85%	1,00%	1,20%	1,20%
Receita decorrente da fabricação ou importação de caminhões, ônibus e chassis com motor	0,25%	0,40%	0,50%	0,60%	0,75%	0,75%
Receita decorrente da fabricação ou importação de autopeças, sistemas estratégicos ou soluções para a mobilidade e logística	0,50%	0,70%	0,85%	1,00%	1,20%	1,20%

Estas porcentagens devem incidir sobre a receita bruta total da venda de bens e serviços relacionados aos produtos automotivos, ou em soluções estratégicas para mobilidade e logística, excluídos os impostos e as contribuições incidentes sobre a venda, nos termos do art. 15, II, do Decreto nº 9557/18.

Nos termos do art. 15, §1º, I, do Decreto nº 9.557/18, os dispêndios deverão observar os conceitos normativos de pesquisa e desenvolvimento, trazidos na regulamentação infralegal em seus artigos 22 e 23[40], respectivamente.

[40] "*Art. 22. Para fins do disposto no art. 19, são atividades de pesquisa:*
I - pesquisa básica dirigida - trabalhos executados com o objetivo de adquirir conhecimentos quanto à compreensão de novos fenômenos, com vistas ao desenvolvimento de produtos, processos ou sistemas inovadores;
II - pesquisa aplicada - trabalhos executados com o objetivo de adquirir novos conhecimentos com vistas ao desenvolvimento ou aprimoramento de produtos, processos e sistemas;
III - desenvolvimento experimental - trabalhos sistemáticos delineados a partir de conhecimentos preexistentes, visando a comprovação ou demonstração da viabilidade técnica ou funcional de novos produtos, processos, sistemas e serviços ou, ainda, um evidente aperfeiçoamento dos já produzidos ou estabelecidos; e
IV - projetos estruturantes - conjunto de recursos físicos, de conhecimentos, de tecnologias e metodologias reunidas com a finalidade de criar ou ampliar as condições necessárias ao funcionamento de um centro de desenvolvimento, envolvendo formação profissional, instalações físicas para laboratórios, centros de pesquisa aplicada, pista de testes e da infraestrutura para seu funcionamento com os respectivos equipamentos, softwares para

atividades de pesquisa e desenvolvimento, tecnologias de suporte que permitam a plena operação das atividades, desde a concepção à pré-produção, no caso do produto, e da fase conceitual até a aceleração e cadenciamento da produção, no caso dos processos e meios de produção da manufatura de produtos."

"Art. 23. Para fins do disposto no art. 19, são atividades de desenvolvimento:
I - desenvolvimento - trabalhos sistemáticos baseados em conhecimentos obtidos por meio de pesquisa ou experiência prática, destinados ao desenvolvimento ou à fabricação de novos produtos, processos, meios de produção, serviços, ou à melhoria daqueles já existentes, que se caracterizam por estudos técnicos destinados ao esclarecimento de incertezas no uso de tecnologias ou na combinação de diversas tecnologias em novas aplicações, ou melhoram as tecnologias existentes, desde a concepção do produto até a pré-produção, no caso do produto, e da fase conceitual até a aceleração e o cadenciamento da produção, no caso dos processos e dos meios de produção da manufatura de produtos;
II - capacitação de fornecedores - conceitos e práticas sobre planejamento, estratégias, processos de produção, tecnologias, inovação, desenvolvimento de novos produtos, gestão e esforço cooperativo entre a organização compradora e os fornecedores do segmento de autopeças para atingir as melhorias desejadas, abrangidos os esforços da organização compradora de insumos para desenvolver capacidades e habilidades dos fornecedores e estabelecer em conjunto programas com o objetivo de elevar a produção nacional de insumos e melhorar o nível de competitividade, que devem ser aplicados nas atividades de:
a) certificação, metrologia e normalização, incluída a consultoria preparatória;
b) criação e fomento de redes de desenvolvimento que envolvam o desenvolvimento conjunto de produtos e qualidade, projetos de extensionismo industrial e empresarial;
c) capacitação de mão de obra por meio de treinamentos, cursos profissionalizantes, de graduação e de pós-graduação, vinculados à atividade produtiva do fabricante de autopeças;
d) melhorias no processo produtivo que visem ao aperfeiçoamento de técnicas e procedimentos com foco no ganho de produtividade, incluída a consultoria especializada;
e) projetos relativos a sistemas de gestão, governança corporativa, profissionalização de empresas e monitoramento de indicadores;
f) desenvolvimento e implementação de projetos de automação industrial, incluída a consultoria especializada; e
g) engenharia, pesquisa e desenvolvimento para incorporação de tecnologias a serem utilizadas na produção de partes, peças e componentes; e
III - manufatura básica - desenvolvimento de processo industrial ou manufatura que promova a integração e a interação entre os diversos níveis, sequenciais ou não, de sistemas ou etapas produtivas ou de organizações.
Parágrafo único. Poderão ser contempladas na composição dos dispêndios das atividades de que trata o caput as despesas operacionais com:
I - tecnologia industrial básica, que envolva a aferição e a calibração de máquinas e equipamentos, o projeto e a confecção de instrumentos de medida específicos, a certificação de conformidade, inclusive os ensaios correspondentes, a normalização ou a documentação técnica gerada e o patenteamento do produto ou do processo desenvolvido; e
II - serviços de apoio técnico, que envolvam os serviços necessários à implantação e à manutenção das instalações ou dos equipamentos de laboratórios e centros de desenvolvimento, vinculados às atividades de pesquisa e desenvolvimento."

A operacionalização dos investimentos em PD&I, por sua vez, pode ser dar por uma dentre as seguintes (quatro) modalidades:

(i) diretamente;

(ii) por intermédio de fornecedor contratado;

(iii) por intermédio da contratação de universidade, de instituição científica, tecnológica e de inovação - ICT ou de empresa especializada; ou

(iv) por meio de aportes para financiamento de projetos de pesquisa, desenvolvimento e inovação e programas prioritários de apoio ao desenvolvimento industrial e tecnológico para o setor automotivo e a sua cadeia de produção (Dec. nº 9.557/18, art. 15, §1º, II, a, b, c e d).

Os projetos de pesquisa, desenvolvimento e inovação e os programas prioritários elegíveis para a realização de aportes enquadráveis como investimentos em PD&I para os fins do ROTA 2030 são aqueles aprovados pelo Conselho Gestor dos recursos a serem alocados nos referidos projetos e programas[41] e credenciados por ato do Ministro de Estado da Indústria, Comércio Exterior e Serviços. Os referidos projetos e programas devem ser realizados com a participação de

(i) ICT's;

(ii) instituições de ensino brasileiras, oficiais ou reconhecidas pelo Poder Público;

(iii) empresas públicas dotadas de personalidade jurídica de direito privado que mantenham fundos de investimento destinados a empresas de base tecnológica, com foco no desenvolvimento e na sustentabilidade industrial e tecnológica para mobilidade e logística; ou

(iv) organizações sociais, qualificadas conforme a Lei nº 9.637, de 15 de maio de 1998, ou serviços sociais autônomos, que mantenham contrato de gestão com a administração pública federal e promovam e incentivem a realização de projetos de pesquisa aplicada, desenvolvimento e inovação para o setor automotivo e a sua cadeia de produção.[42]

---

[41] Órgão a ser instituído por ato do Ministro de Estado da Indústria, Comércio Exterior e Serviços, ouvido o Ministério da Ciência, Tecnologia, Inovações e Comunicações, conforme determina o art. 31, §1º do Decreto nº 9.557/2018.

[42] Lei nº 13.755/18, art. 10, §3º e Decreto nº 9.557/18, art. 15, §2º.

Em relação aos valores aportados em projetos e programas prioritários nos termos acima citados, o contribuinte fica desonerado da responsabilidade quanto à utilização efetiva dos recursos nos respectivos programas e projetos[43]. Ademais, em caso de glosa ou necessidade de complementação residual dos dispêndios, os dispositivos legais e infralegais garantem, ainda, às empresas beneficiárias do programa, a possibilidade de depositar os respectivos valores em contas específicas para aplicação em programas prioritários, limitada esta complementação a 20% do montante mínimo necessário para atender ao requisito de investimentos em PD&I[44].

4.4 Incentivos fiscais

Cumpridos os requisitos previamente expostos, as empresas habilitadas no Programa ROTA 2030 fazem jus a incentivo fiscal correspondente a créditos para a redução dos valores por elas devidos a título de IRPJ e CSLL, calculados por meio da aplicação das respectivas alíquotas sobre até 30% dos dispêndios realizados no Brasil no respectivo período de apuração que tenham sido aplicados em PD&I[45], desde que sejam classificáveis como despesas operacionais pela legislação do IRPJ[46].

Quando os dispêndios forem considerados estratégicos, a lei prevê um crédito suplementar calculado aplicando-se as alíquotas do IRPJ e da CSLL sobre um percentual adicional de até 15% dos dispêndios estratégicos, limitando-se o valor total do crédito ao percentual de 45% do resultado da aplicação

---

[43] Lei nº 13.755/18, art. 10, §4º e Decreto nº 9.557/18, art. 15, §3º.

[44] Lei nº 13.755/18, art. 10, §5º e Decreto nº 9.557/18, art. 15, §4º.

[45] Lei nº 13.755/18:
"Art. 11. A pessoa jurídica habilitada no Programa Rota 2030 - Mobilidade e Logística poderá deduzir do Imposto sobre a Renda das Pessoas Jurídicas (IRPJ) e da Contribuição Social sobre o Lucro Líquido (CSLL) devidos o valor correspondente à aplicação da alíquota e adicional do IRPJ e da alíquota da CSLL sobre até 30% (trinta por cento) dos dispêndios realizados no País, no próprio período de apuração, desde que sejam classificáveis como despesas operacionais pela legislação do IRPJ e aplicados em:
I - pesquisa, abrangidas as atividades de pesquisa básica dirigida, de pesquisa aplicada, de desenvolvimento experimental e de projetos estruturantes; e
II - desenvolvimento, abrangidas as atividades de desenvolvimento, de capacitação de fornecedores, de manufatura básica, de tecnologia industrial básica e de serviços de apoio técnico."

[46] Nos termos do art. 47, *caput* da Lei nº 4.506/64, acompanhado pelo art. 311 do Regulamento do Imposto de Renda de 2018 – RIR 2018 – o Decreto nº 9.580/18, "*São operacionais as despesas não computadas nos custos, necessárias à atividade da empresa e a manutenção da respectiva fonte produtora.*"

das alíquotas do IRPJ e da CSLL sobre os respectivos dispêndios[47]. A relação dos investimentos considerados estratégicos pelo legislador consta da própria Lei nº 13.755/2018[48].

---

[47] Lei nº 13.755/18, art. 11, §4º e Decreto nº 9.557/18, art. 19, §4º

[48] Lei nº 13.755/18, art. 11, §5º. O conceito de dispêndios estratégicos consta do art. 24 do Decreto nº 9.557/18: "*São considerados dispêndios estratégicos, para fins do disposto no § 4º do art. 19, aqueles aplicados nas atividades previstas nos art. 22 e art. 23 e que sejam relativos a:*
I - manufatura avançada, que se caracteriza pelo desenvolvimento de processo industrial ou manufatura que utilize sistemas ciberfísicos de forma integrada e controlados ou automaticamente ajustados ou compensados por algum tipo de inteligência artificial e que promova a integração e a interação entre os diversos níveis, sequenciais ou não, de sistemas ou etapas produtivas ou de organizações;
II - conectividade, que se caracteriza pelo desenvolvimento de produto ou processo de comunicação entre equipamentos, máquinas e sistemas, embarcados em veículos ou equipamentos ou sistemas, que permitam que dados ou informações sejam transmitidos de um ponto a outro e envolvam uma ou mais das seguintes modalidades:
a) conectividade veículo com ambiente interno;
b) conectividade veículo com ambiente externo; e
c) conectividade industrial;
III - mobilidade, que se caracteriza pelo desenvolvimento de processos, atividades, produtos ou projetos que visem à melhoria do deslocamento ou da acessibilidade ou à inclusão de pessoas e que envolvam uma ou mais das seguintes modalidades:
a) por meio de veículos na cidade e nas rodovias;
b) por meio de transportes públicos; e
c) por meio de transportes individuais;
IV - logística, que se caracteriza pelo desenvolvimento de soluções destinadas ao incremento da eficiência do transporte de bens e mercadorias, da gestão de suprimentos e da armazenagem, considerado o uso de diferentes modais de transporte;
V - novas tecnologias de propulsão, alternativas à combustão fóssil;
VI - autonomia veicular;
VII - desenvolvimento de ferramental, moldes e modelos para moldes, matrizes e dispositivos, como instrumentos e aparelhos industriais e de controle de qualidade, novos, e seus acessórios e peças, utilizados no processo produtivo, contempladas as etapas de planejamento, projeto, construção, testes e acabamento;
VIII - nanotecnologia, que se caracteriza pelo desenvolvimento ou pelas aplicações de nanotecnologias e materiais avançados para produtos, seus componentes ou sistemas, com foco na inovação, na otimização, no melhoramento ou na agregação de novas funcionalidades ou características;
IX - pesquisadores exclusivos, que são aqueles com dedicação exclusiva a projetos de pesquisa e desenvolvimento no País; e
X - big data, sistemas analíticos e preditivos (data analytics) e inteligência artificial, que se caracterizam pelo desenvolvimento de processos e soluções para análise, tratamento e cruzamento de grandes volumes de dados, com ou sem a interferência humana.

O valor a ser deduzido a cada ano-calendário não poderá exceder o total devido a título de IRPJ e CSLL com base (i) no lucro real e no resultado ajustado trimestral; (ii) no lucro real e no resultado ajustado apurado no ajuste anual ou (iii) na base de cálculo estimada, calculada com base na receita bruta e acréscimos ou com base no apurado em balanço ou balancete de redução[49]. Saliente-se que, neste último caso, o valor não será considerado imposto pago por estimativa, mas poderá ser considerado na dedução do IRPJ e CSLL devidos no ajuste anual[50].

Caso o valor total do crédito apurado em um determinado período exceda os limites acima indicados, a parcela excedente poderá ser deduzida em períodos de apuração subsequentes, mas o valor a ser deduzido nos anos seguintes deverá observar como limite o percentual de 30% do valor dos tributos devidos no período em que se der o aproveitamento[51].

Os benefícios fiscais previstos no programa ROTA 2030 são cumuláveis com outros incentivos, inclusive nos casos em que estes incidem sobre bases similares, a exemplo daqueles concedidos pela Lei do Bem[52]. A par disso, a contrapartida contábil do benefício fiscal em comento não será base para a incidência das contribuições ao PIS/PASEP e COFINS e tampouco para a incidência do IRPJ e da CSLL, conforme previsão expressa da Lei nº 13.755/2018[53].

4.5. Acompanhamento do programa

A par dos objetivos, requisitos e benefícios do programa, é relevante a disciplina de seu acompanhamento e gestão. Trata-se de técnica legislativa apropriada para verificação de que a iniciativa do legislador, sancionada pelo chefe do Poder Executivo, seja cumprida de forma escorreita, e que os objetivos do programa sejam alcançados.

Nesse sentido, foram criados: o Grupo de Acompanhamento e o Observatório Nacional das Indústrias para Mobilidade e Logística, e seu respectivo Conselho Gestor, disciplinados, minuciosamente, pela Portaria nº 2.203/18, do Ministério da Indústria, Comércio Exterior e Serviços.

---

49 Lei nº 13.755/18, art. 11, §1º e Decreto nº 9.557/18, art. 19, §1º.

50 Lei nº 13.755/18, art. 11, §2º e Decreto nº 9.557/18, art. 19, §2º.

51 Lei nº 13.755/18, art. 11, §3º e Decreto nº 9.557/18, art. 19, §3º.

52 Lei nº 13.755/18, art. 12 e Decreto nº 9.557/18, art. 20.

53 Lei nº 13.755/18, art. 11, §8º e Decreto nº 9.557/18, art. 19, §7º.

O Grupo de Acompanhamento do Programa Rota 2030, cuja composição envolve apenas agentes governamentais, vinculados ao Ministério da Fazenda, Ministério da Indústria, Comércio Exterior e Serviços e Ministério da Ciência, Tecnologia, Inovações e Comunicações[54], tem por objetivo "*definir os critérios para monitoramento dos impactos do Programa*"[55], a serem estabelecidos em até 6 meses após a publicação da Portaria[56], além da divulgação, anual, de um relatório, elaborado conjuntamente pelo Ministério da Indústria, Comércio Exterior e Serviços, abordando os resultados econômicos e técnicos referentes à aplicação do programa, sobretudo no que diz respeito aos impactos dos dispêndios no setor automobilístico[57].

O Observatório Nacional das Indústrias para Mobilidade e Logística, e seu Conselho Gestor, composto por representantes do governo e da sociedade civil organizada[58], por sua vez, têm como competência "*apoiar a implementação do*

---

54 O art. 2º da Portaria nº 2.203/18, estabelece a composição do Grupo de Acompanhamento: "Art. 2º O Grupo de Acompanhamento será coordenado pelo Ministério da Indústria, Comércio Exterior e Serviços, órgão responsável pela gestão do Programa Rota 2030 - Mobilidade e Logística, e composto por membros titulares e suplentes, representantes dos seguintes órgãos:
I - dois do Ministério da Indústria, Comércio Exterior e Serviços, sendo um titular e um suplente;
II - dois do Ministério da Ciência, Tecnologia, Inovações e Comunicações, sendo um titular e um suplente; e
III - dois do Ministério da Fazenda, sendo um titular e um suplente.
§ 1º Os membros titulares e respectivos suplentes serão indicados pelos dirigentes dos órgãos integrantes do Grupo de Acompanhamento por meio de comunicação dirigida ao órgão coordenador do referido Grupo.
§ 2º A designação dos membros titulares e suplentes, e suas alterações, serão formalizados em ata das reuniões do Grupo de Acompanhamento.
§ 3º A participação no Grupo de Acompanhamento será considerada função relevante, não remunerada.
§ 4º A secretaria-executiva do Grupo de Acompanhamento será exercida pelo Departamento das Indústrias para a Mobilidade e Logística, do Ministério da Indústria, Comércio Exterior e Serviços, que prestará o apoio administrativo necessário para o funcionamento e a execução dos trabalhos."

55 Lei nº 13.755/2018, art. 13, *caput* e Decreto nº 9.557/18, art. 32, *caput*.

56 Portaria nº 2.203/18, art. 5º, I.

57 Lei nº 13.755/18, art. 13, §2º, Decreto nº 9.557/18, art. 32, §2º e Portaria nº 2.203/18, art. 4º.

58 Portaria nº 2.203/18, art. 7º:
"Art. 7º O Conselho Gestor será presidido pelo Secretário de Desenvolvimento e Competitividade Industrial, do Ministério da Indústria, Comércio Exterior e Serviços, e composto por membros titulares e suplentes, representantes dos seguintes órgãos, entidades, setores e comunidade:

Observatório Nacional das Indústrias para a Mobilidade e Logística"; "propor diretrizes e linhas prioritárias de atuação do Observatório Nacional das Indústrias para a Mobilidade e Logística"; "coordenar a formulação, execução, monitoramento e avaliação do Observatório Nacional das Indústrias para a Mobilidade e Logística"; "acompanhar os impactos do Programa Rota 2030 - Mobilidade e Logística no setor automobilístico e na sociedade"; e "propor aprimoramentos e avanços na estratégia Rota 2030 - Mobilidade e Logística."[59]. As informações solicitadas pelo Conselho Gestor deverão ser fornecidas pelas empresas beneficiárias do programa, cujo sigilo será observado nas hipóteses previstas no ordenamento jurídico[60].

A par dos órgãos acima indicados, o Decreto nº 9.557/2018 cria, ainda, o Conselho Gestor dos recursos a serem alocados em projetos de pesquisa, desenvolvimento e inovação e programas prioritários de apoio ao desenvolvimento industrial e tecnológico para o setor automotivo e a sua cadeia de

---

I - dois do governo, sendo um titular e um suplente indicado pelo Ministério da Indústria, Comércio Exterior e Serviços, e um titular e um suplente indicado pelo Ministério da Ciência, Tecnologia, Inovações e Comunicações;
II - dois de entidades públicas ou paraestatais, sendo um titular e um suplente indicado pela Agência Brasileira de Desenvolvimento Industrial, e um titular e um suplente indicado pelo Banco Nacional de Desenvolvimento Econômico e Social;
III - três do setor produtivo, sendo um titular e um suplente indicado pela Associação Nacional dos Fabricantes de Veículos Automotores, um titular e um suplente indicado pelo Sindicato Nacional da Indústria de Componentes para Veículos Automotores, e um titular e um suplente indicado pela Associação Brasileira das Empresas Importadoras e Fabricantes de Veículos Automotores;
IV - dois de entidades sindicais, sendo um titular e um suplente indicado pela Confederação Nacional dos Metalúrgicos, e um titular e um suplente indicado pelo Sindicato dos Metalúrgicos do ABC; e
V - dois da comunidade científica, sendo um titular e um suplente indicado pela Associação Brasileira de Engenharia Automotiva, e um titular e um suplente indicado pela Associação Nacional de Pesquisa e Desenvolvimento das Empresas Inovadoras.
§ 1º Os membros titulares e respectivos suplentes serão indicados por meio de comunicação dirigida ao Presidente do Conselho Gestor.
§ 2º A designação dos membros titulares e suplentes, e suas alterações, serão formalizados em ata das reuniões do Conselho Gestor.
§ 3º A participação no Conselho Gestor será considerada função relevante, não remunerada.
§ 4º A secretaria-executiva do Conselho Gestor será exercida pelo Departamento das Indústrias para a Mobilidade e Logística, do Ministério da Indústria, Comércio Exterior e Serviços, que prestará o apoio administrativo necessário para o funcionamento e a execução dos trabalhos."

[59] Portaria nº 2.203/18, art. 6º.

[60] Portaria nº 2.203/18, arts. 11 e 12.

produção, ao qual compete "*propor as diretrizes para a utilização dos recursos*", "*aprovar a classificação de projetos de pesquisa, desenvolvimento e inovação e programas de apoio ao desenvolvimento industrial e tecnológico para o setor automotivo e a sua cadeia de produção como prioritários e avaliar os resultados de programas e projetos desenvolvidos*[61].

4.6. Sanções administrativas

Por fim, vale destacar as sanções administrativas pertinentes ao Programa Rota 2030 que deverão ser aplicadas em caso de descumprimento de obrigações acessórias, requisitos, compromissos e condições previstas na respectiva legislação de regência[62]. São elas:

- Cancelamento da habilitação com efeitos retroativos (Lei nº 13.755/18, art. 15, I): poderá ser aplicada no caso de a empresa habilitada não promover dispêndios com pesquisa e desenvolvimento tecnológico e não realizar o projeto de desenvolvimento e produção tecnológica. Nesse caso, haverá o "*recolhimento do valor equivalente ao IRPJ e à CSLL não recolhido ou o estorno do prejuízo fiscal e da base de cálculo negativa de CSLL formados em função do benefício até o último dia útil do mês seguinte ao cancelamento da habilitação*". Assegura a Lei que o cancelamento de uma habilitação não prejudicará as demais[63];
- Suspensão da habilitação (Lei nº. 13.755/18, art. 15, II): dar-se-á sua aplicação no caso de irregularidade fiscal quanto a tributos federais e descumprimento por mais de 03 meses consecutivos de obrigação acessória, hipótese na qual "*ficará suspenso o usufruto dos benefícios de que trata esta Lei enquanto não forem sanados os motivos que deram causa à suspensão da habilitação*";[64]
- Multa de até 2% sobre o faturamento apurado no mês anterior à prática da infração em caso de descumprimento de obrigação acessória.

---

[61] Decreto nº 9.557/2018, art. 31.

[62] Lei nº 13.755/18, art. 15 *caput* e Decreto nº 9.557/18, art. 25, *caput*.

[63] Lei nº 13.755/18, art. 16 e Decreto nº 9.57/18, art. 26.

[64] Lei nº 13.755/18, art. 17 e Decreto nº 9.557/18, art. 27.

CONSIDERAÇÕES FINAIS

Enfim, o Programa Rota 2030, sucessor do INOVAR-AUTO, representa genuíno exemplo prático da utilização do tributo como instrumento de políticas públicas. Visando o desenvolvimento econômico e tecnológico nacional, o programa concede benefícios fiscais em contrapartida a dispêndios de empresas do ser automotivo em PD&I.

Tais benefícios, fundamentados em princípios e valores constitucionalmente estabelecidos, estão revestidos de altaneira relevância social, econômica e tecnológica. Dessa forma e sob o crivo do juízo de proporcionalidade, mostram-se aptos a mitigar a eficácia do princípio da igualdade, a justificar tratamento fiscal diferenciado para esse importante setor da economia.

De mais a mais, a indução da realização de dispêndios em PD&I por empresas privadas acompanha a tendência global dos países com maior desenvolvimento tecnológico, que, a longo prazo, possa posicionar o país em um nível superior àquele por ele atualmente ocupado, em diferentes sentidos.

Ressalte-se que não basta criar a Constituição: é preciso cumpri-la, efetivá-la e respeitá-la, tornando concreto o projeto político esculpido pelo constituinte. Com o Programa Rota 2030, ganha o setor automotivo, desenvolve-se o setor tecnológico nacional, moderniza-se a economia, eleva-se a educação – tudo isto estribado em nossa *Lex Mater*.

REFERÊNCIAS.

ANFAVEA - Associação Nacional dos Fabricantes de Veículos Automotores. **Anuário da Indústria Automobilística Brasileira** 2019.

CHAGAS, Maurício Saraiva de Abreu. **O Tributo e as Políticas Públicas** – Belo Horizonte: Editora D'Plácido, 2015.

MARQUES, Cláudia Lima. **Comentário ao artigo 218, *caput*.** IN: CANOTILHO, J.J. Gomes; MENDES, Gilmar F.; SARLET, Ingo W.; STRECK, Lênio L. (Coords.) Comentários à Constituição do Brasil. São Paulo: Saraiva/Almedina, 2013, p.1196-1997.

MONTEIRO, Délia Maria Vilani; JÚNIOR, Bruno Wanderley. **Considerações sobre as políticas públicas no Estado Democrático de Direito**. IN: SOUSA, Simone Letícia Severo e; SILVA, Paulo Roberto Coimbra. [Orgs.] Direito e políticas públicas. – Belo Horizonte: Editora D'Plácido, 2015, p.247.

SCHOUERI, Luís Eduardo. **Normas Tributárias Indutoras e Intervenção Econômica**. São Paulo: Saraiva, 2005.

SILVA, Paulo Roberto Coimbra. **Direito Tributário Sancionador**. São Paulo: Quartier Latin, 2007.

SILVA, Paulo Roberto Coimbra. **A substituição tributária progressiva nos impostos plurifásicos e não-cumulativos**. – Belo Horizonte: Del Rey, 2001

SILVA, Paulo Roberto Coimbra. **A Utilização do Tributo como Instrumento de Políticas Públicas.** IN: MANEIRA, Eduardo; TORRES, Heleno Taveira (coord.) – Direito Tributário e a Constituição: Homenagem ao Prof. Sacha Calmon Navarro Coelho. São Paulo: Quartier Latin, 2012, p. 721-732.

10

TRINTA E UM ANOS DA CONSTITUIÇÃO DE 1988 E A EVOLUÇÃO DO DIREITO ADMINISTRATIVO, DO ESTADO E DO CONTROLE

THIRTY ONE YEARS OF THE CONSTITUTION OF 1988 AND THE EVOLUTION OF AMINISTRATIVE LAW, STATE AND CONTROL

Délia Mara Villani Monteiro[1]

RESUMO

Este artigo tem como objetivo refletir sobre os avanços trazidos pela Constituição de 1988 nos seus trinta e um anos de existência, bem como sobre as mudanças que provocou no Direito Administrativo, no Estado e no controle da gestão pública. Foi um período em que, a partir do surgimento de novas tecnologias da informação, a sociedade sofreu transformações, aí incluídas as relações sociais. Nesse contexto, o Direito Administrativo teve que se ajustar às novas demandas e o Estado teve que se adaptar para responder de forma adequada às exigências sociais. Nada mais razoável que o controle também se modificasse, aprimorando sua atuação.

Palavras-Chave: Constituição de 1988; novas demandas; transformações.

---

[1] Advogada. Professora de Direito Administrativo. Analista de Controle Externo do Tribunal de Contas do Estado de Minas Gerais. Especialista em Direito Público.

ABSTRACT

This article aims to reflect on the advances brought by the Constitution of 1988 in its thirty and one years of existence, as well as on the changes it has brought about in Administrative Law, in the State and in the control of public management. It was a period in which, from the emergence of new information technologies, society underwent transformations, including social relations. In this context, Administrative Law had to adjust to the new demands and the State had to adapt to respond adequately to social demands. Nothing more reasonable than the control also changed, improving its performance.

Key Words: Constitution of 1988; new demands; transformations.

INTRODUÇÃO

Ao completar 31 anos, a Constituição da República Federativa do Brasil, marco da redemocratização do País, mantém ativos o perfil humanitário e a garantia de direitos sociais. A sétima Constituição Brasileira foi promulgada após vinte meses de intenso debate envolvendo representantes da sociedade civil, especialistas jurídicos e o Congresso Nacional. A consagração constitucional de uma série de direitos fundamentais sociais pode ser apontada como um dos principais avanços da Constituição de 1988, que a liga, nesse ponto, ao constitucionalismo de cunho democrático-social, desenvolvido a partir do período posterior à Segunda Guerra Mundial. Disse Ulisses Guimarães em 5 de outubro de 1988:

> [...] A Constituição durará com a democracia. E só com a democracia sobrevivem, para o povo, a dignidade, a liberdade e a justiça.
>
> [...] A exposição panorâmica da lei fundamental que hoje passa a reger a Nação permite conceituá-la, sinoticamente, como a Constituição coragem, a Constituição cidadã, a Constituição federativa, a Constituição representativa e participativa, a Constituição do Governo síntese Executivo-Legislativo, a Constituição fiscalizadora. (GUIMARÃES, 2018)

A Constituição de 1988 deve ser entendida dentro de um contexto histórico. Ela espelha o momento em que foi criada, após anos de ditadura. Por essa razão procurou proteger os cidadãos traçando limites à atuação do Estado. Entre os pontos importantes, destaca-se a garantia de direitos fundamentais, como saúde, educação, moradia e o sistema de previdência social, além da afirmação da legitimidade dos direitos civis e políticos no Brasil. Foi apenas a partir de 1988, por exemplo, que os brasileiros passaram a contar com o Sistema Único de Saúde (SUS), que garante acesso à saúde a todos. Apesar de receber críticas, o modelo é considerado um dos maiores e melhores sistemas de saúde públicos no mundo.

Para que a Constituição permaneça atual e reflita as demandas do País, ela é atualizada por meio de emendas. Nesses 31 anos, foram feitas 6 emendas constitucionais de revisão, em 1994, e 99 emendas constitucionais ordinárias. As emendas têm o objetivo de adequarem o texto ou alterar sua interpretação, entendida à luz de uma nova realidade. O sentido das normas, por mais claro que seja, depende dos resultados de sua interpretação por tribunais e juristas.Texto constitucional e realidade social, econômica e política estão em permanente inter-relação, de modo que toda interpretação acaba sendo uma construção da realidade jurídica, que depende também dos processos históricos que conformam o contexto no qual a Constituição é aplicada, três décadas após sua promulgação.

Assim, a Constituição, além de ser a legitimadora dos demais textos legais, exerce o papel de promover mudanças econômicas e transformações sociais. As sociedades complexas, que não encontram soluções previamente determinadas pelas regras para todos os seus problemas, exigem soluções baseadas em princípios constitucionais. A Constituição deve ser vista como uma construção hermenêutica sobre as inspirações históricas subjacentes à sua elaboração e às circunstâncias do momento em que é aplicada. Tal contexto diz muito mais sobre a estrutura de uma ordem constitucional e do sistema normativo de organização e legitimação do poder político do que a ideia de que um simples conjunto de palavras elaborado no passado é, por si só, responsável pelo sucesso da democracia contemporânea.

As constituições democráticas são marcadas por uma abertura para o futuro. São documentos constitucionais que devem ser apropriados por gerações que se sucedem na história de uma sociedade política. Essas gerações são responsáveis pela tarefa de conceder sentido e atualização a preceitos originais do texto. Considerando o caso brasileiro, ainda hoje persistem índices alarmantes de desigualdade na sociedade, fazendo com que dois daqueles preceitos originais permaneçam muito atuais: liberdade e igualdade – principalmente este último, pois ainda há muito a ser feito no sentido de que venha a alcançar nível satisfatório.

Mudanças ocorreram no Brasil nos últimos 31 anos, a sociedade brasileira está cada vez mais exigente e consciente de seus direitos, a informática é ferramenta utilizada em todAs as atividades e as comunicações são feitas de modo quase imediato. Nesse cenário, novo perfil é exigido do Estado: que atue com probidade, eficiência, transparência, diálogo com a sociedade e consenso nas decisões administrativas.

1. O DIREITO ADMINISTRATIVO NA CONSTITUIÇÃO DE 1988 E SUA EVOLUÇÃO AO LONGO DESSES TRINTA ANOS

A inserção da dignidade da pessoa humana como fundamento da República Federativa do Brasil foi um marco na consolidação do Estado Democrático de Direito. Repercutiu no Direito Administrativo com o reconhecimento de que o cidadão não deve ser visto como mero objeto da ação do Estado, mas como sujeito a quem o Estado deve assegurar o direito de conhecer e participar das questões de seu interesse. Segundo Diogo de Figueiredo Moreira Neto:

> Observa-se, nesse caminhar, que, pouco a pouco, se vai critalizando nas modernas Constituições, um autêntico substrato humanista de poder refletindo certos valores inextricáveis da natureza humana, que não admitem subordinação ou redução, porque são reconhecidos como atributos inalienáveis e próprios da dignidade das pessoas. (MOREIRA NETO, 2006, p. 22)

O Direito Administrativo na Constituição de 1988 é um conjunto de princípios que informam o regime jurídico-administrativo, exigindo, desde a promulgação, uma transição da Administração Pública autoritária para a democrática. Na concepção de Estado Democrático de Direito, o Direito Administrativo deve fornecer os instrumentos para que o agente público exerça suas obrigações sempre voltado à finalidade de promover o bem-estar da coletividade. Tais instrumentos resumem-se em restrições e prerrogativas dadas aos agentes públicos para o cumprimento do seu dever.

Por um lado, para garantir a liberdade individual, condiciona-se a atuação administrativa à lei, expressa no princípio da legalidade. Por outro, para que as finalidades do Estado sejam alcançadas, são outorgados à Administração Pública prerrogativas. Esses benefícios são concedidos pela ordem jurídica para viabilizar a realização satisfatória dos encargos assumidos pelo Estado. Porém, tais poderes são simples instrumentos à disposição da Administração para viabilizar a consecução do interesse público que se encontra sob sua tutela, de modo que seu exercício só será legítimo se voltado única e exclusivamente para o atendimento dessa finalidade, sob pena de desvio de poder, o que torna o ato administrativo ilegal.

A Constituição da República, ao vincular a atuação administrativa aos princípios da legalidade, impessoalidade, moralidade, publicidade e eficiência, dentre outros que decorrem de forma implícita do texto constitucional, deixa clara a preponderância das sujeições da Administração em face das prerrogativas. Assim, atualmente, fala-se em funcionalização da atividade administrativa, voltada à concretização dos direitos fundamentais, conforme leciona Diogo de Figueiredo Moreira Neto:

> Como importante conclusão, que se retira de todos esses recentes escritos produzidos nessa linha, destaca-se a evolução do vetusto conceito imperial de poder de Estado. Fala-se, destarte, na funcionalização da atividade administrativa para a realização dos direitos das pessoas, o que passa a ser a nova e adequada abordagem constitucional em que se nega, especialmente, a natureza de Poder do Estado aos órgãos que conformam a administração pública. (...) E assim se caracterizam as duas modalidades básicas de funções estatais: as de prestação e as de propulsão, ambas auferindo dos direitos fundamentais as suas referências: as de prestação, como limite, e as de propulsão, como orientação. Portanto, sob o prisma da legitimidade, serão consideradas constitucionais as ações públicas referentes à função de prestação, que respeitem os limites impostos pelos direitos fundamentais. Ao revés, serão inconstitucionais, as ações públicas referentes às ações de prestações que os excedam. Por outro lado, sob o mesmo critério de legitimidade, serão consideradas constitucionais, as ações públicas relativas à propulsão, que se norteiem pela realização otimizada dos direitos fundamentais. Ao revés, serão inconstitucionais, as ações públicas relativas às ações de propulsão que por eles não se orientem. (MOREIRA NETO, 2007, p. 158 e 159)

A doutrina majoritária defende que o princípio da legalidade seja interpretado em sentido mais amplo, pois a conduta da Administração deve amoldar-se ao ordenamento jurídico como um todo e não apenas à lei formal. Há, portanto, a necessidade de adequação da conduta administrativa ao conjunto de normas e princípios que formam o regime jurídico-administrativo. O novo entendimento do princípio da legalidade tem sido denominado como princípio da juridicidade, como afirma a Ministra Carmen Lúcia Antunes Rocha:

> Em sua primeira afirmação de conteúdo, o princípio da legalidade administrativa era entendido como a obrigatoriedade de adequação entre um ato da Administração Pública e uma previsão legal na qual ele tivesse a sua fonte. Daí por que Hauriou baseou-se no princípio "da legalidade" para elaborar a sua teoria sobre o regime administrativo, no qual não era a lei que se submetia à Administração Pública, antes era esta que à lei se sujeitava. A lei passou a ser considerada, então, sede única do comportamento administrativo, sua fonte e seu limite. Sendo a lei, entretanto, não a única, mas principal fonte do Direito, absorveu o princípio da legalidade administrativa toda a grandeza do Direito em sua mais vasta expressão, não se limitando à lei formal,

> mas à inteireza do arcabouço jurídico vigente no Estado. Por isso este não se bastou como Estado de Lei, ou Estado de Legalidade. Fez-se Estado de Direito, num alcance muito maior do que num primeiro momento se vislumbrava no conteúdo do princípio da legalidade, donde a maior justeza de sua nomeação como "princípio da juridicidade". (ROCHA,1994, p. 79)

Para que a conduta administrativa goze de juridicidade, é necessário que esteja em perfeita harmonia com o conjunto de regras e princípios que informam o regime jurídico-administrativo, não bastando a simples compatibilidade com a lei formal.

Atualmente, os avanços sociais e tecnológicos são muito rápidos e se incorporaram com a mesma velocidade ao quotidiano social fazendo com que não se consigam prever seus inconvenientes e efeitos colaterais. A partir desta imprevisibilidade, a sociedade passa a carecer de respostas preventivas e atuais por parte da ordem jurídica. Fica, então, prejudicada a resolução dos efeitos colaterais indesejáveis sobre a sociedade desses rápidos avanços conquistados. O Estado, pela sua reduzida capacidade de reação, passa a falhar cada vez mais como instrumento social para trazer segurança e superar crises.

Pode ser observado claramente que a sociedade passa a exigir mudanças do Estado. Inicialmente, nasce a demanda por eficiência, pela facilidade do acesso à informação através dos meios eletrônicos de comunicação. Passa a não mais ser suficiente a eficácia do Estado – o simples desempenho dos entes e órgãos públicos –, pois a sociedade exige eficiência e efetividade – o bom desempenho que traz a satisfação das necessidades.

Segundo Diogo de Fiqueiredo Moreira Neto (2006, p. 233), quatro consequências principais advêm da interferência recíproca entre o Estado e o Direito: "o enriquecimento ético do Direito; a perda de expressão do direito positivo; a emergência de uma principiologia dotada de eficácia própria; e a afirmação do constitucionalismo como fonte direta de direitos". O Estado passa a ser instrumento atuante na compensação da insuficiência da legalidade estrita, assim como na transferência do referencial jurídico da lei para o Direito.

A legitimidade – entendida como o que está em conformidade com a vontade da maioria, com as leis morais da sociedade, com a justiça e a razão – passa a ser pressuposto da juridicidade. A licitude da atuação do Estado vem como perspectiva da moralidade. Assim, a licitude junto à legalidade e à legitimidade formam a ideia de juridicidade. Diogo de Fiqueiredo Moreira Neto esclarece:

> O resultado jurídico mais importante dessas alterações foi, portanto, o ressurgimento da legitimidade enquanto valor jurídico e não apenas político, pois que, para superar a limitação conceitual racionalista da legalidade à mera produção legislativa, tornou-se necessário recorrer a uma caracterização mais rica, complexa e abrangente de valores — a de juridicidade — que, assim, passava a ser o resultado não só da integração da legalidade com a legitimidade, como da proveitosa adição do reforço da quase abandonada licitude, que, após longo tempo desprezada pelo positivismo jurídico, auspiciosamente ressurgia no bojo desse processo evolutivo para garantir o indispensável norte ético do Direito, que, sem aposentar a conquista moderna da racionalidade, o levava a conviver comodamente com a razoabilidade. (MOREIRA NETO, 2013, p. 711)

A flexibilidade e a adaptação são aplicadas ao Direito, o que dá abertura para os juízes e os juristas se manifestarem efetivamente pela sua interpretação e aplicação. Não apenas resultado de legisladores distantes dos fatos da vida, o Direito passa a ser expresso de forma mais aberta e próxima, adequado ao caso concreto.

Como aconteceu com os demais ramos, o Direito Administrativo sofreu lentas mudanças. Porém, nos anos finais do século XX, a evolução acontece rapidamente. Destaca-se a emergência do Estado Democrático de Direito e a modernização da Administração Pública. O Estado Democrático de Direito exige que não basta ao Estado submeter-se ao Direito legislado, mas que tais leis sejam submetidas ao Direito com todos os seus princípios. Em consequência, a Administração Pública foi levada a se modernizar. Tarcísio Carvalho Neto ensina:

> Os princípios do Direito Administrativo não podem desconsiderar um ambiente teórico fortemente revigorado, em que se trabalha, diuturnamente, a superação de uma legalidade formal, meramente semântica, simples legalismo, por uma legalidade material, amalgamada com valores e ideias de proteção do ser humano, em sua dignidade constitucionalmente assegurada, como começo e fim das ações do Estado, sujeito e destinatário de direitos, não mais como objeto inanimado, mas sim como partícipe principal de uma relação jurídica que se constrói em prol de sua emancipação. (CARVALHO NETO, 2013, p. 401)

O Direito Administrativo transforma-se no final do século XX para atender às exigências da sociedade e, principalmente, para conformar-se ao Estado Democrático de Direito, instituído pela Constituição da República de 1988, que tem como princípio maior a dignidade da pessoa humana.

2. MUDANÇAS NO ESTADO EM FUNÇÃO DA CONSTITUIÇÃO DEMOCRÁTICA

A organização político-administrativa do Estado passa a ser vislumbrada a partir da lógica democrática, não mais prevalecendo a concepção de uma organização autocentrada, hermética e incomunicável, com rígida divisão de competências legislativas e administrativas, atuando com imperatividade. Ao contrário, características como descentralização, horizontalidade, cooperação, consensualidade, participação, transparência, gestão integrada e compartilhada entre as esferas federativas, bem como controle interno e externo estão presentes na composição e organização do Estado contemporâneo. Conforme leciona Diogo de Figueiredo Moreira Neto:

> A participação e a consensualidade tornaram-se decisivas para as democracias contemporâneas, pois contribuem para aprimorar a governabilidade (eficiência); propiciam mais freios contra o abuso (legalidade), garantem a atenção a todos os interesses (justiça); proporcionam decisão mais sábia e prudente (legitimidade); desenvolvem a responsabilidade das pessoas (civismo); e tornam os comandos estatais mais aceitáveis e facilmente obedecidos (ordem). Em suma, a consensualidade, posta como alternativa preferível à imperatividade, sempre que possível, ou em outros termos, sempre que não seja necessário aplicar o poder coercitivo, o que se vai tornando válido até mesmo nas atividades delegadas, em que a coerção não é mais que uma fase eventual ou excepcional do emprego do poder (ex: poder de polícia). (MOREIRA NETO, 2007, p. 41)

O Estado Democrático de Direito exige, por consequência, um novo modelo de Administração Pública, que tenha uma estrutura apta a responder aos desafios de forma ágil, inclusive para que possa propiciar um desenvolvimento sustentável. Nesse sentido é que se fala em Governança Pública, modelo que surgiu com o objetivo de apresentar respostas às questões pertinentes à governabilidade de sociedades complexas, à capacidade de financiamentos do moderno Estado social e à legitimidade estatal.

Com efeito, verifica-se a transformação de um Estado produtor do bem público em um que assegura a produção desse bem. Assiste-se à transição para um Estado que convoca e coordena outros agentes para auxiliá-lo na sua função. Constata-se a mudança para um Estado capaz de produzir o bem público em cooperação com outros agentes. Esse novo modelo acarreta uma diversificação de atribuições, não ficando mais a cargo do Estado a prestação exclusiva de todos os serviços públicos, pois há uma transferência de ações para o setor privado ou para agentes sociais.

O desenvolvimento contínuo e rápido das ferramentas tecnológicas trouxe um novo cenário para a comunicação entre as pessoas, as formas de relação entre consumidores e empresas e o contato entre a Administração Pública e os cidadãos. Tal fenômeno aconteceu pela enorme capacidade de produção e armazenamento de dados proporcionados pelo desenvolvimento das novas tecnologias da informação, às quais o Estado busca, cada vez mais, integrar seus serviços. O objetivo é incorporar ferramentas tecnológicas para a melhoria da prestação dos serviços públicos. Algumas áreas, como a saúde e a educação, ainda podem ampliar muito essa incorporação e qualificar melhor os serviços públicos.

Nessa nova modelagem, o Estado estimula a atuação na esfera privada e no terceiro setor, com o escopo de mobilizar recursos e ativar as forças da sociedade civil. Tudo isso porque o Estado está consciente do seu papel de assegurar a consecução das necessidades da sociedade, justamente em face do regime jurídico que lhe é imposto, de predominância dos deveres constitucionais e não das prerrogativas, e também da sua impossibilidade de, sozinho, assegurar todas as demandas que a sociedade lhe faz, daí por que se impõe a formalização de parcerias com a sociedade civil.

3. O DEVER DE O ESTADO PRESTAR CONTAS À SOCIEDADE

O dever da prestação de contas abrange todos os atos de administração e de governo, e não apenas aqueles relacionados com o dinheiro público ou a gestão financeira. O Estado deve prestar contas dos planos de governo, deixando claro o que pretendia fazer e o que foi alcançado, destacando, assim, as razões do êxito e as do fracasso. O dever de prestar contas é tão abrangente que, inclusive, particulares aos quais de algum modo sejam entregues recursos públicos de qualquer espécie, para gestão ou aplicação, têm o dever de cumprir essa incumbência, conforme preconiza o art. 70 da Constituição de 1988:

> Art. 70. A fiscalização contábil, financeira, orçamentária, operacional e patrimonial da União e das entidades da administração direta e indireta, quanto à legalidade, legitimidade, economicidade, aplicação das subvenções e renúncia de receitas, será exercida pelo Congresso Nacional, mediante controle externo, e pelo sistema de controle interno de cada Poder.

> Parágrafo único. Prestará contas qualquer pessoa física ou jurídica, pública ou privada, que utilize, arrecade, guarde, gerencie ou administre dinheiros, bens e valores públicos ou pelos quais a União responda, ou que, em nome desta, assuma obrigações de natureza pecuniária. (BRASIL, 1988)

O legislador constituinte originário, atento à importância da prestação de contas, não se satisfez com o mero estabelecimento do dever e o elevou a verdadeiro princípio constitucional sensível. Isso significa que o descumprimento desse dever legal pode gerar a mais extrema sanção institucional possível em um Estado federativo, qual seja, o afastamento temporário da autonomia do ente federado (intervenção), consoante estabelece o art. 34, VII, "d", da Carta Magna (intervenção da União nos Estados ou no Distrito Federal) e no art. 35, II (intervenção dos Estados nos Municípios ou da União nos Municípios localizados em Território Federal).

O dever de prestar contas do Estado reflete-se na prerrogativa dos cidadãos de exigir as informações do Estado. Novamente, destaca-se o pronunciamento de Ulisses Guimarães, em 1988:

> Pela Constituição, os cidadãos são poderosos e vigilantes agentes da fiscalização, através do mandado de segurança coletivo; do direito de receber informações dos órgãos públicos, da prerrogativa de petição aos poderes públicos, em defesa de direitos contra ilegalidade ou abuso de poder; da obtenção de certidões para defesa de direitos; da ação popular, que pode ser proposta por qualquer cidadão, para anular ato lesivo ao patrimônio público, ao meio ambiente e ao patrimônio histórico, isento de custas judiciais; da fiscalização das contas dos Municípios por parte do contribuinte; podem peticionar, reclamar, representar ou apresentar queixas junto às comissões das Casas do Congresso Nacional; qualquer cidadão, partido político, associação ou sindicato são partes legítimas e poderão denunciar irregularidades ou ilegalidades perante o Tribunal de Contas da União, do Estado ou do Município. A gratuidade facilita a efetividade dessa fiscalização. (GUIMARÃES, 1988)

A Constituição do Estado Democrático exige dos governantes a racionalização dos gastos públicos, o equilíbrio fiscal, a estabilidade monetária e investimentos em infraestrutura, saúde, educação, mobilidade urbana, habitação e, principalmente, a segurança jurídica. Por isso, é imprescindível contar com a boa governança de organizações públicas para a superação desses desafios. Heleno Torres adverte:

> Nesse Estado Constitucional, a segurança jurídica deixará de ser examinada como um "princípio geral do direito" (a priori), libertar-se-á da dependência e derivação do princípio do Estado de Direito e densificar-se-á com novas funções, como a proteção da confiança, a proibição de excesso, a proporcionalidade, a ponderação de princípios e outros. A segurança jurídica assume, assim, o papel de "princípio-matriz" da síntese dessas novas feições jurígenas. Como todo princípio que se renova no tempo, na dinâmica entre valores e realidade, o princípio de segurança jurídica exige meditação sobre seu âmbito normativo e seu conteúdo essencial, o que merece uma compreensão mais abrangente, como segurança jurídica material. (TORRES, 2013, p. 76)

A função de controle da Administração Pública tornou-se cada vez mais importante, tendo em vista que a Constituição de 1988 foi um instrumento fundamental para estabelecer os controles interno, externo e social, assim como a prestação de contas, entendida como "um processo de avaliação e prestação de contas permanente dos funcionários públicos em relação às medidas adotadas como consequência do poder outorgado pela sociedade". (ROCHA, 2011, p. 14).

Esse novo marco constitucional atribuiu aos tribunais de contas brasileiros a possibilidade de suas ações terem um caráter de avaliação de políticas públicas. Dessa forma, essas instituições podem apurar a legitimidade dos programas sob sua jurisdição e propor melhorias, envolvendo planejamento, formulação e execução dessas políticas. Com a Lei Complementar n. 101, de 4 de maio de 2000, conhecida como Lei de Responsabilidade Fiscal (BRASIL, 2000), foram criados diversos setores no âmbito da estrutura de controle externo que vêm aprimorando seu trabalho de fiscalização.

As auditorias dos tribunais de contas se limitavam aos aspectos financeiros e orçamentários. Por essa razão, o controle da reestruturação do setor público instituída pela Constituição de 1988 foi decisivo para integrar aspectos relativos ao controle e à prestação de contas dos agentes públicos, conforme indicado por Rocha (2011).

Os tribunais de contas são instituições que fomentam a ética e a transparência na gestão pública, sendo considerados verdadeiras agências de accountability em virtude da capacidade de prestar informações de qualidade à sociedade. Para Rocha:

> Pode-se considerar que a accountability, como conceito, é central nos regimes democráticos, e sua existência como processo é fundamental para a preservação do regime republicano. Neste sentido, a

> democracia pressupõe uma dupla obrigação: dos governantes, de prestar contas das suas ações perante a sociedade que lhes outorga o poder; e dos cidadãos, de manter uma estreita vigilância sobre o uso do poder concedido aos governantes. Daí inferir-se que um governo democrático é um governo accountable. Paradoxalmente, um governo não será accountable se os cidadãos não buscarem estabelecer e utilizar os mecanismos de participação que assegurarão a realização da accountability. (ROCHA, 2011, p. 33 e 34)

Essa reflexão torna-se útil para ratificar o papel que os órgãos de controle desempenham para além dos seus mecanismos fiscalizadores e coercitivos, evidenciando que, ao avaliar programas, projetos e quaisquer ações, também podem ser corresponsáveis pela formulação, implementação e disseminação de resultados atingidos pelas políticas públicas de reponsabilidade do Estado, analisando o que foi proposto, sua implementação e o resultado. Esse diagnóstico deve ajudar a melhorar tais políticas públicas.

Sem dúvida, de todas as inovações ocorridas a partir de 1988, algumas das mais importantes são as que conferem aos tribunais de contas brasileiros esse caráter de instituição capaz de fazer amplas e complexas avaliações de políticas públicas e que, portanto, funcionam também como auxiliar da sua formulação. Em outras palavras, além de seu aperfeiçoamento ao longo dos anos, do ponto de vista procedimental e técnico para a fiscalização do cumprimento das leis, os tribunais de contas estão capacitados, também, para fazer avaliações de políticas públicas, analisando concretamente o resultado que produzem para a sociedade. Conforme ensina Diogo de Figueiredo Moreira Neto:

> Nesse renovado quadro, a gestão fiscal pública se vai tornando, cada vez mais intensamente, a necessária, obrigatória e transparente expressão financeira de políticas públicas legítimas, portanto, consentidas e subsidiárias, que devem, por isso, prever riscos fiscais, e no dempenho das quais, os agentes políticos e administrativos devem atuar com qualidades de prudência, responsabilidade e responsividade, abrindo, em consequência, a todas as cortes de contas, amplas e fascinantes fronteiras nesse novo e delicado, mas superiormente concebido, controle fiscal da legitimidade, assim inaugurado. (MOREIRA NETO, 2006, p. 139)

As auditorias operacionais realizadas pelos tribunais como instrumentos de fiscalização já possuem caráter de avaliação de políticas públicas, uma vez que sua ação não se restringe somente à fiscalização do cumprimento das leis, mas também amplia o seu escopo com foco em diversos aspectos de determinada situação. A variedade e a complexidade das questões tratadas fazem com que haja maior flexibilidade na escolha dos objetos de auditoria e da metodologia a ser adotada, da qual devem fazer parte métodos de análise e investigação de diferentes áreas do conhecimento, em especial das ciências sociais.

A Auditoria operacional é o processo de coleta e análise sistemáticas de informações sobre características, processos e resultados de um programa, atividade ou organização, com base em critérios fundamentados, com o objetivo de aferir o desempenho da gestão governamental, subsidiar os mecanismos de responsabilização por desempenho e contribuir o aperfeiçoamento da gestão pública. (BRASIL, 2010).

Uma experiência bem sucedida de avaliação de políticas públicas do Tribunal de Contas do Estado de Minas Gerais foi o desenvolvimento, em 2017, do Indice de Efetividade da Gestão Estadual – IEGE (MINAS GERAIS, 2018).

O objetivo do IEGE é avaliar a efetividade da gestão estadual, considerando, sobretudo, os aspectos do bem-estar social. Na definição dos quesitos, é considerada sua evolução anual, tendo em vista a necessidade de adequação e implementação de ações para que se possam atingir os objetivos em tempo hábil. Ele reflete as principais responsabilidades do Estado na repartição de competências dentro da Federação, a qual se fundamenta no princípio da predominância do interesse. Assim, à União cabe satisfazer os interesses gerais; aos Estados-Membros, os interesses regionais; aos Municípios, os interesses locais; e ao Distrito Federal, interesses regionais e locais.

As sete dimensões avaliadas pelo IEGE quanto à qualidade das políticas, ações e gastos públicos são: (a) Planejamento: i-PLANEJ: Índice Estadual do Planejamento; (b) Gestão Fiscal: i-FISCAL: Índice Estadual da Gestão Fiscal; (c) Educação: i-EDUC: Índice Estadual da Educação; (d) Saúde: i-SAÚDE: Índice Estadual da Saúde; (e) Segurança Pública: i-SEGP: Índice Estadual da Segurança Pública; (f) Meio Ambiente: i-AMB: Índice Estadual do Meio Ambiente; (g) Desenvolvimento Econômico: i-DES: Índice Estadual de Desenvolvimento Econômico.

Sua escolha não considerou, exclusivamente, os maiores montantes dos gastos públicos, tendo essas dimensões sido selecionadas, sobretudo, pela importância no contexto de uma gestão efetiva que busca a materialização dos direitos fundamentais. Discriminam-se, abaixo, os itens que, combinados, compõem o IEGE:

1. Dados da execução orçamentária, financeira e patrimonial do Estado;
2. Dados estatísticos de instituições oficiais (IBGE, IPEA, etc.);
3. Dados oriundos das Prestações de Contas Anuais do Governo do Estado;
4. Dados provenientes dos sistemas do Governo do Estado;
5. Relatórios da Lei de Responsabilidade Fiscal (Relatório Resumido de Execução Orçamentária – RREO e Relatório de Gestão Fiscal – RGF);
6. Informações obtidas a partir de questionários preenchidos pelo Governo Estadual;
7. Informações obtidas a partir de sites oficiais como os das Secretarias de Estado e Poder Legislativo;
8. Dados e informações obtidos a partir de ações de controle externo do Tribunal;
9. Dados e informações de bases de entidades e organizações parceiras.

Ao Poder Executivo do Estado de Minas Gerais, foram apresentados sete questionários, um para cada dimensão, em formato eletrônico. Os questionários foram respondidos pelos servidores de cada área de atuação, com a indicação do nome do responsável pelo preenchimento, e remetidos ao Tribunal de Contas do Estado.

O resultado apurado foi objeto de relatório técnico, que foi anexado ao Processo n. 1040601, BALANÇO GERAL DO ESTADO (MINAS GERAIS, 2018), o qual, por sua vez, resulta na emissão do Parecer Prévio do Tribunal de Contas do Estado de Minas Gerais que subsidia o julgamento, pela Assembleia Legislativa, das contas de Governo.

A nota final obtida no IEGE pelo Estado de Minas Gerais, em 2017, foi 74,30, estando na faixa de resultado: B (Efetiva). No entanto, cumpre ressaltar que essa nota foi influenciada pela característica dos quesitos de se relacionarem, na sua quase totalidade, com a existência de meios ou insumos para uma gestão efetiva, razão por que as respostas, em regra, foram positivas, podendo-se inferir que o Estado está aparelhado para exercer sua missão institucional em cada uma das sete dimensões pesquisadas. As questões que mediram realmente a efetividade do trabalho do Estado em cada dimensão eram em menor número e algumas delas, apenas informativas, destinadas a alimentar banco de dados, com vista a subsidiar tanto as ações de controle externo quanto as ações do gestor, na busca pela melhoria da Administração Estadual.

A validação das informações prestadas pelo Estado também faz parte do processo do IEGE, não tendo sido ora completamente realizada, por falta de tempo hábil, devendo ser implementada a partir das próximas versões. Sendo essa a primeira edição do IEGE e levando-se em consideração que toda nova metodologia sujeita-se, com maior intensidade, a ajustes e aprimoramentos, destaca-se que, embora o objetivo fosse aferir a efetividade da gestão governamental, o resultado demonstrou que o Estado está apto a realizar as políticas públicas pesquisadas, pois os quesitos que se identificavam com a natureza finalística, representando aspectos de efetividade, foram classificados, em grande parte, como informativos, não impactando o resultado do índice.

Corroborando a importância de um controle que estimule a gestão pública eficiente e que ofereça ao cidadão resultados concretos está a Proposta de Emenda Constitucional – PEC 26/2017, aprovada na Comissão de Constituição e Justiça – CCJ do Senado, em 21/02/2019, e pronta para deliberação do Plenário. A PEC 26/2017 acrescenta o art. 75-A à Constituição Federal, para dispor sobre a criação de um sistema de avaliação de políticas públicas.

> Art. 1º A Constituição Federal passa a vigorar acrescida do seguinte art. 75-A:
>
> "Art. 75-A. Os Poderes Executivo, Legislativo e Judiciário manterão, de forma integrada, sistema de avaliação de políticas públicas, com o objetivo de promover o aperfeiçoamento da gestão pública, na forma da lei.
>
> Parágrafo único. O sistema de que trata o caput:
>
> I – avaliará a economicidade, a efetividade, a eficácia e a eficiência das ações governamentais;
>
> II – fornecerá subsídios técnicos para a formulação de novas políticas públicas;
>
> III – observará o princípio da periodicidade;
>
> IV – será exercido com o auxílio do Tribunal de Contas da União e dos órgãos integrantes do sistema de controle interno de cada Poder." (BRASIL, 2017)

O Estado Democrático de Direito requer o aprimoramento da gestão e do controle da gestão, levando-se em consideração que o povo é o destinário das ações do Estado, que existe para satisfazer suas necessidades.

CONCLUSÃO

A Constituição de 1988 introduziu uma série de mudanças na República Federativa do Brasil, sendo a mais notável delas a transformação do Estado brasileiro em Estado Democrático de Direito. A partir daí, o Direito Administrativo evoluiu, o Estado modificou-se e, principalmente, o controle foi aprimorado.

Os tribunais de contas assumiram papel importante na promoção de maior qualidade do controle ao se capacitarem para fazer avaliações de políticas públicas. Um exemplo foi a criação do Indice de Efetividade da Gestão Estadual – IEGE, em 2017, tendo sido aplicado questionário em sete dimensões, cujos resultados foram analisados e anexados ao processo que examina as contas do Governo do Estado.

Tem-se, pois, que a grande mudança no controle externo, trazida pelo Estado Democrático de Direito, diz respeito à abrangência. Abrangência que permitiu avanços consideráveis, na medida em que abriu caminho para a transformação de um controle meramente formal em um controle de resultados. A possibilidade de avaliação, com o acompanhamento das políticas públicas, fez surgirem as condições para opinar, a partir de resultados legitimados por ferramentas e sistemas inteligentes de avaliação, impulsionando as Cortes de Contas a uma ingerência positiva e determinante para tão significativa evolução.

Na esteira de todas essas mudanças e dando a elas continuidade, surge em 2017 a Proposta de Emenda Constitucional – PEC 26, buscando não só aprimorar a avaliação das políticas públicas, mas, também e especialmente, aferir a efetividade das ações governamentais, levando em conta que as mesmas são criadas para mudar a realidade socioeconômica brasileira não apenas na execução financeira, mas também nos resultados concretos que delas advêm.

REFERÊNCIAS.

BRASIL. **Constituição da República Federativa do Brasil, de 5 de outubro de 1988**. Disponível em: http://www.planalto.gov.br/ccivil_03/Constituicao/Constituicao.htm Acesso em: 7 nov. 2018.

BRASIL. **Emendas Constitucionais.** Disponível em: http://www.planalto.gov.br/ccivil_03/Constituicao/Emendas/Emc/quadro_emc.htm Acesso em 7 nov. 2018.

BRASIL. Instituto Rui Barbosa – IRB. **Índice de Efetividade da Gestão Estadual – IEGE.** Disponível em: https://www.irbcontas.org.br/site/index.php/2014-11-07-12-36-15/

publicacoes/item/774-publicacoes-grupo-de-trabalho-iege-brasil Acesso em: 9 nov. 2018.

BRASIL. **Lei Complementar n. 101, de 4 de maio de 2000.** Estabelece normas de finanças públicas voltadas para a responsabilidade na gestão fiscal e dá outras providências. Disponível em: http://www.planalto.gov.br/ccivil_03/Leis/LCP/Lcp101.htm Acesso em: 9 nov. 2018.

BRASIL. **Proposta de Emenda Constitucional - PEC 26/2017.** Acrescenta o art. 75-A à Constituição Federal, para dispor sobre a criação de um sistema de avaliação de políticas públicas. Disponível em: https://legis.senado.leg.br/sdleg-getter/documento?dm=5377314&ts=1550836356714&disposition=inline Acesso em: 22 fev. 2019.

BRASIL. **Sistema Único de Saúde (SUS):** estrutura, princípios e como funciona. Ministério da Saúde. Disponível em: http://portalms.saude.gov.br/sistema-unico-de-saude Acesso em: 7 nov. 2018.

BRASIL. Tribunal de Contas da União. **Manual de auditoria operacional.** 3. ed. Brasília, 2010. Disponível em: http://portal2.tcu.gov.br/portal/pls/portal/docs/2058980.PDF Acesso em: 9 nov. 2018.

CARVALHO NETO, Tarcisio Vieira de. O princípio da non reformatio in pejus e o controle de legalidade no processo administrativo. P. 389 - 404. In: ALMEIDA, Fernando Dias Menezes de. MARQUES NETO, Floriano de Azevedo. MIGUEL, Luiz Felipe Hadlich. SCHIRATO, Vitor Rhein. Coordenadores. **Direito Público em Evolução.** Estudos em homenagem à Professora Odete Medauar. Belo Horizonte: Editora Fórum, 2013.

GUIMARÃES, Ulisses. **Discurso proferido na sessão de 5 de outubro de 1988.** Diário do Congresso Nacional. Brasília: 5 out. 1988. Disponível em: http://www2.camara.leg.br/atividadelegislativa/plenario/discursos/escrevendohistoria/25-anos-da-constituicao-de-1988/constituinte19871988/pdf/Ulysses%20Guimaraes%20-%20DISCURSO%20%20REVISADO.pdf Acesso em: 7 nov. 2018.

MINAS GERAIS. Tribunal de Contas do Estado. **APÊNDICE II do PROCESSO Nº 1040601**, GUIA DO ÍNDICE DE EFETIVIDADE DA GESTÃO ESTADUAL - IEGE MINAS GERAIS/2017. Belo Horizonte, 2018.

MOREIRA NETO, Diogo de Figueiredo. **Mutações do Direito Administrativo**. Rio de Janeiro: Renovar, 2006.

MOREIRA NETO, Diogo de Figueiredo. **Mutações do Direito Administrativo.** 3. ed. Rio de Janeiro: Renovar, 2007.

MOREIRA NETO, Diogo de Figueiredo. Para a compreensão do direito pós-moderno. P. 701 - 714. In: ALMEIDA, Fernando Dias Menezes de. MARQUES NETO, Floriano de Azevedo. MIGUEL, Luiz Felipe Hadlich. SCHIRATO, Vitor Rhein. Coordenadores. **Direito Público em Evolução.** Estudos em homenagem à Professora Odete Medauar. Belo Horizonte: Editora Fórum, 2013.

ROCHA, A. **Realização de potencial de accountability dos pareceres prévios do Tribunal de Contas do Estado de Santa Catarina.** 2011. 336f. Tese (Doutorado) - Universidade Federal da Bahia, Escola de Administração, Salvador.

ROCHA, Cármen Lúcia Antunes. **Princípios constitucionais da administração pública**. Belo Horizonte: Del Rey,1994.

TORRES, Heleno Taveira. O princípio da proteção da confiança legítima no Direito Administrativo e no Direito Tributário, p. 75 – 95. In: ALMEIDA, Fernando Dias Menezes de. MARQUES NETO, Floriano de Azevedo. MIGUEL, Luiz Felipe Hadlich. SCHIRATO, Vitor Rhein. (Coord.). **Direito Público em Evolução.** Estudos em homenagem à Professora Odete Medauar**.** Belo Horizonte: Fórum, 2013.

11
EXECUÇÃO DE POLÍTICAS PÚBLICAS POR MEIO DE PARCERIAS COM O TERCEIRO SETOR

PUBLIC POLICIES AND PARTINERSHIPS WITH THE THIRD SECTOR

Renato Dolabella Melo[1]
Mariana Mendes A. S. Campos[2]

RESUMO

O Terceiro Setor é composto por Organizações da Sociedade Civil (OSC) e frequentemente se relaciona com o Poder Público, por meio de parcerias. Estas impactam em áreas de extrema relevância para a sociedade, como educação, saúde, assistência social, esporte, cultura, meio ambiente e pesquisa. Logo, é relevante que a legislação que trata dessas relações seja amplamente discutida, inclusive para fomentar o desenvolvimento de políticas públicas adequadas para o atendimento do interesse social.

Palavras-chave: Terceiro Setor; OSC; OS; OSCIP; MROSC.

---

[1] Doutor e Mestre em Propriedade Intelectual e Inovação pelo INPI. Mestre em Direito Econômico pela UFMG. Pós-graduado em Direito de Empresa pelo CAD/Universidade Gama Filho – RJ. Palestrante e professor de Propriedade Intelectual, Direito Econômico e da Concorrência, Direito do Consumidor, Direito da Cultura e do Entretenimento e Terceiro Setor em cursos de pós-graduação, graduação e extensão. Advogado.

[2] Pós-graduada em Direito Público pela PUC. Advogada.

ABSTRACT

The Third Sector is made up of Civil Society Organizations (CSOs) that usually work with the Government, through partnerships. They make impact on areas of extreme relevance to society, such as education, health, social work, sports, culture, environment and research. Thus, it is important to debate the legislation about those partnerships, specially to foster the development of public policies to meet the social interest.

Key Words: Third Sector, NGO.

INTRODUÇÃO

O conceito de Terceiro Setor se baseia na consideração de que haveria um Primeiro Setor, constituído pelo Estado, e um Segundo Setor, incorporado pela iniciativa privada com fins lucrativos. Seguindo essa lógica, o Terceiro Setor seria, portanto, composto por organizações da sociedade civil (OSCs), que planejam e executam ações de interesse social sem intuito econômico[3]. Nesse sentido, pode-se notar entre pontos de semelhança e diferença entre esses campos protagonizados, respectivamemte, pelo Poder Público, pelo Empresariado e pela Sociedade Civil.

O Primeiro e o Terceiro Setores atuam em atividades sociais em prol da coletividade. Incluem-se nesse campo escopos variados, como educação, saúde, assistência social, esporte, cultura, meio ambiente e pesquisa científica, entre outros. Porém, enquanto o Primeiro Setor é constituído por pessoas jurídicas de Direito público, o Terceiro é composto por entidades privadas. Isso implica em diferenças significativas, sobretudo quanto à forma de execução de projetos e programas de um modo geral. As OSCs tendem a ter mais agilidade nesse sentido, uma vez que podem fazer tudo aquilo que a lei não proibir[4]. Esse fator, aliado à possibilidade de atuar de forma especializada (ao contrário do Estado, que é obrigado a agir em todas as áreas de interesse social), tornam as entidades parceiras estratégicas do Poder Público para implementação de atividades em prol da coletividade.

---

[3] "Neste sentido, o Terceiro Setor pode ser definido como aquele setor que tangencia e comporta características dos outros dois setores clássicos da sociedade, quais sejam, o público, representado pelo Estado; e o privado, representado pela atividade empresarial. [...] Entende-se, pois, que revela a conformação de atividades voluntárias, implementadas por organizações privadas sem fins lucrativos, não governamentais, com a preocupação do atendimento dos anseios da sociedade, que ocorre de forma autônoma, muito embora possa ter auxílio financeiro e firmar parcerias com os demais setores". (CASTRO, 2008, p. 167)

[4] Estando sujeitas ao princípio da legalidade de forma inversa em relação ao Primeiro Setor, na medida em que este só pode fazer aquilo que a legislação expressamente o permita.

Já o Segundo e o Terceiro Setores têm como elemento comum o caráter privado. Porém, enquanto aquele atua de forma lucrativa, este age sem essa finalidade. Isso não quer dizer, contudo, que as OSCs não possam obter recursos financeiros ou até mesmo prestar serviços remunerados dentro de sua área. Na verdade, uma entidade sem fins lucrativos pode fazer qualquer atividade lícita que implique no recebimento de valores[5], desde que estes sejam integralmente aplicados em seus objetivos estatutários[6]. Isso não pode ser confundido com distribuição de lucros[7], que significa a partilha pura e simples do resultado financeiro entre os sócios de um empreendimento, que recebem os valores por serem titulares de cotas ou ações dessa sociedade[8]. Neste caso, o beneficado não precisaria sequer ter prestado algum serviço efetivo para receber tal montante, pois este é pago simplesmente em função da condição de sócio. Logo, a diferença entre as duas situações não está na forma de obtenção de recursos financeiros, mas sim na destinação posterior que é dada aos mesmos[9].

---

5 "A existência de superávit não significa, é lógico, a existência da finalidade econômica de circulação de riquezas. Mesmo uma entidade sem fins econômicos poderá se valer da remuneração de serviços próprios ou terceirizados ou, ainda, da venda de produtos para se manter e desenvolver seu objeto nuclear, que é a propagação de valores insuscetíveis de avaliação econômica direta". (LISBOA, 2003, p. 111)

6 Lei 9.532/97
Art 12, § 3º Considera-se entidade sem fins lucrativos a que não apresente superávit em suas contas ou, caso o apresente em determinado exercício, destine referido resultado, integralmente, à manutenção e ao desenvolvimento dos seus objetivos sociais.

7 "O que diferencia unicamente uma entidade do Terceiro Setor de uma empresa privada é basicamente o fato de nela inexistir a apropriação privada do superávit, do lucro, como na empresa capitalista. O superávit não se transforma em lucro. Por isso, inclusive, não deve existir taxação no sentido tributário. Nem presente, nem futura. Os mantenedores de uma fundação não distribuem entre si o superávit anual. Nem os dirigentes de uma associação comunitária se pagam dividendos. O que, no máximo, poderia se assemelhar a uma apropriação privada do superávit seria o eventual excesso de remuneração e benefícios para os empregados. Nada mais. Em princípio, inexiste apropriação privada". (FALCÃO, 2006, p. 159 e 160)

8 Código Civil (Lei 10.406/02)
Art 981. Celebram contrato de sociedade as pessoas que reciprocamente se obrigam a contribuir, com bens ou serviços, para o exercício de atividade econômica e a partilha, entre si, dos resultados.

9 "Não é o déficit ou o superávit, o lucro ou o prejuízo, o que caracteriza a finalidade lucrativa e sim a destinação ou aplicação do resultado financeiro. Uma entidade sem fins lucrativos pode e deve auferir receitas e, se estas superarem as despesas, há de ser aplicadas em projetos da entidade, que pode contar com um fundo institucional destinado a tanto. O que a entidade não pode fazer é distribuir qualquer parcela do sua receita a título de lucro ou participação nos resultados a seus sócios". (BARBOSA e OLIVEIRA, 2004, p. 56)

No mesmo sentido, eventual remuneração de funcionários ou de dirigentes de uma OSC não configura distribuição de lucros e pode ser perfeitamente realizada, pois isso pressupõe a efetiva prestação de um serviço em prol da entidade. Não se trata, portanto, de partilha de resultados econômicos, mas sim de pagamento em caráter contraprestacional a um trabalho realizado. Apesar desse tema, historicamente, ter sido cercado de polêmica, hoje várias normas referentes às OSCs preveem expressamente a possibilidade de remuneração de dirigentes[10].

Em relação à sua forma de organização, o Terceiro Setor usualmente se estrutura na forma de *associações ou fundações*[11] *de Direito privado. As primeiras se constituem por meio de uma reunião de pessoas e podem exercer qualquer atividade lícita, conforme artigo 5º, XVII da Constituição da República e artigo 53 do Código Civil*[12]. *Já as segundas são instituídas por um patrimônio, para execução de alguma das finalidades previstas no artigo 62 do Código Civil*[13]. *Ambas são criadas efetivamente*

---

[10] Como o artigo 12 da Lei 9.532/97, os artigos 4º, V e 7º, II da Lei 9.637/98, os artigos 4º, VI e 10, § 2º, IV da Lei 9.790/99 e o artigo 29 da Lei 12.101/09, por exemplo.

[11] "De forma diversa do que ocorre com as associações e sociedades, as fundações decorrem, não da união de pessoas (físicas ou jurídicas), mas da afetação de um patrimônio, por testamento ou por escritura pública, que faz seu instituidor, especificando o fim a que se destina". (PANTALEÃO, 2003, p. 177)

[12] Constituição da República de 1988
Art. 5º, XVII – é plena a liberdade de associação para fins lícitos, vedada a de caráter paramilitar;
Código Civil (Lei 10.406/02)
Art. 53. Constituem-se as associações pela união de pessoas que se organizem para fins não econômicos.

[13] Código Civil (Lei 10.406/02)
Art. 62. Para criar uma fundação, o seu instituidor fará, por escritura pública ou testamento, dotação especial de bens livres, especificando o fim a que se destina, e declarando, se quiser, a maneira de administrá-la.
Parágrafo único. A fundação somente poderá constituir-se para fins de: (Redação dada pela Lei nº 13.151, de 2015)
I – assistência social; (Incluído pela Lei nº 13.151, de 2015)
II – cultura, defesa e conservação do patrimônio histórico e artístico; (Incluído pela Lei nº 13.151, de 2015)
III – educação; (Incluído pela Lei nº 13.151, de 2015)
IV – saúde; (Incluído pela Lei nº 13.151, de 2015)
V – segurança alimentar e nutricional; (Incluído pela Lei nº 13.151, de 2015)
VI – defesa, preservação e conservação do meio ambiente e promoção do desenvolvimento sustentável; (Incluído pela Lei nº 13.151, de 2015)

por meio do registro do seu Estatuto junto ao cartório com competência para registro de pessoas jurídicas[14].

1. PARCERIAS

O Terceiro Setor é um parceiro histórico do Poder Público, sobretudo porque este não tem condições de atender todas as demandas da sociedade. Nesse sentido, durante décadas observou-se a celebração de convênios[15] para formalização de parcerias de interesse social[16]. Porém, o histórico de execução de convênios mostrou que o foco, ao longo do tempo, foi de um controle burocrático das relações, mais preocupado em avaliar as formalidades para gasto dos recursos do que os resultados efetivamente obtidos[17]. Evidentemente,

---

VII – pesquisa científica, desenvolvimento de tecnologias alternativas, modernização de sistemas de gestão, produção e divulgação de informações e conhecimentos técnicos e científicos; (Incluído pela Lei nº 13.151, de 2015)
VIII – promoção da ética, da cidadania, da democracia e dos direitos humanos; (Incluído pela Lei nº 13.151, de 2015)
IX – atividades religiosas;

14 Código Civil
Art. 45. Começa a existência legal das pessoas jurídicas de direito privado com a inscrição do ato constitutivo no respectivo registro, precedida, quando necessário, de autorização ou aprovação do Poder Executivo, averbando-se no registro todas as alterações por que passar o ato constitutivo.

15 "Convênio é acordo mas não é contrato. No contrato, as partes têm interesses diversos e opostos; no convênio, os partícipes têm interesses comuns e coincidentes. Por outras palavras: no contrato há sempre duas partes (podendo ter mais de dois signatários), uma que pretende o objeto do ajuste (a obra, o serviço, etc), outra que pretende a contraprestação correspondente (o preço ou qualquer outra vantagem), diversamente do que ocorre no convênio, em que não há partes, mas unicamente partícipes com as mesmas pretensões. Por essa razão, no convênio a posição jurídica dos signatários é uma só, idêntica para todos, podendo haver apenas diversificação na cooperação de cada um, segundo suas possibilidades, para a consecução do objetivo comum, desejado por todos" (MEIRELLES, 2008, p. 386). Em sentido contrário, MAGALHÃES (2012), que defende ser o convênio uma espécie de contrato administrativo.

16 Não se pode confundir esses instrumentos com as Parcerias Público-Privadas previstas na Lei 11.079/04. Estas consistem em contratos de prestação de serviços de que a Administração Pública seja a usuária direta ou indireta ou para concessão de serviços públicos ou de obras públicas. Uma PPP obrigatoriamente deve ter vigência mínima de 05 anos e valor igual ou superior a R$10.000.000,00. É celebrada com uma sociedade de propósito específico, pessoa jurídica com finalidade lucrativa e, portanto, não integrante do Terceiro Setor.

17 Nesse sentido, diz o Plano Diretor da Reforma do Aparelho do Estado, documento elaborado pelo governo federal na década de 1990: "O modelo burocrático tradicional que a

essa abordagem é extremamente nociva para a execução das políticas públicas relacionadas às parcerias e o interesse social. Assim, no final da década de 1990, surgiram novas formas de relacionamento entre o Poder Público e o Terceiro Setor, visando estabelecer novos paradigmas na busca de maior eficiência. As primeiras manifestações legislativas nesse sentido foram as leis de Organizações Sociais (OS) e Organizações da Sociedade Civil de Interesse Público (OSCIP).

1.1. Organizações Sociais (OS) e Contratos de Gestão

Em 1998, surgiu a Lei federal 9.637/98, que tratou da qualificação de entidades do Terceiro Setor como Organizações Sociais (OS). A legislação foi concebida dentro de um movimento de desburocratização do Estado. Nesse sentido, originalmente a intenção era estabelecer relações com as entidades privadas sem fins lucrativos, cujo objeto principal seria a gestão de atividades e espaços públicos, antes administradas diretamente pelo Poder Público. Para tanto, foi criado um processo de titulação de instituições do Terceiro Setor nas áreas do ensino, pesquisa científica, desenvolvimento tecnológico, proteção e preservação do meio ambiente, cultura e saúde.

A qualificação como OS é um ato discricionário[18], condicionado ainda ao cumprimento de certos requisitos pelas entidades. Entre as inovações da legislação, está a exigência de a instituição do Terceiro Setor possuir regras de governança interna, como a existência de um conselho de administração com participação de representantes do Poder Público e de membros da comunidade, de notória capacidade profissional e idoneidade moral; regulamento próprio contendo os procedimentos para a contratação de obras, serviços,

---

Constituição de 1988 e todo sistema de direito administrativo brasileiro privilegiam, está baseado no formalismo, no excesso de normas e na rigidez de procedimentos [...] a excessiva regulamentação é expressão da ênfase nas normas e processo, e ocorre em detrimento dos resultados". (BRASIL, 1995)

[18] Lei 9.637/98

Art. 1º O Poder Executivo poderá qualificar como organizações sociais pessoas jurídicas de direito privado, sem fins lucrativos, cujas atividades sejam dirigidas ao ensino, à pesquisa científica, ao desenvolvimento tecnológico, à proteção e preservação do meio ambiente, à cultura e à saúde, atendidos aos requisitos previstos nesta Lei.

Art. 2º São requisitos específicos para que as entidades privadas referidas no artigo anterior habilitem-se à qualificação como organização social:

II – haver aprovação, quanto à conveniência e oportunidade de sua qualificação como organização social, do Ministro ou titular de órgão supervisor ou regulador da área de atividade correspondente ao seu objeto social e do Ministro de Estado da Administração Federal e Reforma do Estado.

compras e alienações e mecanismos de transparência, por exemplo. Além disso, dentro da lógica de eficiência que embasa o modelo, foi a primeira norma relativa a uma titulação do Terceiro Setor que previu a possibilidade de remuneração de dirigentes que efetivamente atuasse na gestão executiva, sem que isso fosse um impedimento à obtenção do título.

A entidade qualificada como OS pode celebrar com o Poder Público uma parceria chamada de "contrato de gestão"[19]. Comparado com os convênios da época, o instrumento foi uma grande inovação, por privilegiar a gestão de resultados. Prova disso foi a previsão expressa de obrigatoriedade de existência de um plano de trabalho, contendo metas a serem cumpridas e prazos de execução da parceria[20], e de uma comissão de avaliação para acompanhamento periódico da execução dos trabalhos[21].

---

19 "Quanto aos contratos de gestão com as organizações sociais, a intenção é a mesma que já se concretizou no direito francês e em outros países que seguiram o mesmo modelo, ou seja, fixar metas a serem cumpridas pela entidade em busca da eficiência; para incentivá-las, o poder público concede auxílios de diversos tipos, sujeitando as entidades a um controle de resultados. O contrato de gestão é o instrumento pelo qual se concretiza a parceria e se estabelecem as referidas metas, formas de incentivo e controle". (DI PIETRO, 2006, p. 271)

20 Lei 9.637/98
Art. 7º Na elaboração do contrato de gestão, devem ser observados os princípios da legalidade, impessoalidade, moralidade, publicidade, economicidade e, também, os seguintes preceitos:
I – especificação do programa de trabalho proposto pela organização social, a estipulação das metas a serem atingidas e os respectivos prazos de execução, bem como previsão expressa dos critérios objetivos de avaliação de desempenho a serem utilizados, mediante indicadores de qualidade e produtividade;

21 Lei 9.637/98
Art. 8º A execução do contrato de gestão celebrado por organização social será fiscalizada pelo órgão ou entidade supervisora da área de atuação correspondente à atividade fomentada.
§ 1º A entidade qualificada apresentará ao órgão ou entidade do Poder Público supervisora signatária do contrato, ao término de cada exercício ou a qualquer momento, conforme recomende o interesse público, relatório pertinente à execução do contrato de gestão, contendo comparativo específico das metas propostas com os resultados alcançados, acompanhado da prestação de contas correspondente ao exercício financeiro.
§ 2º Os resultados atingidos com a execução do contrato de gestão devem ser analisados, periodicamente, por comissão de avaliação, indicada pela autoridade supervisora da área correspondente, composta por especialistas de notória capacidade e adequada qualificação.
§ 3º A comissão deve encaminhar à autoridade supervisora relatório conclusivo sobre a avaliação procedida.

1.2 Organizações da Sociedade Civil de Interesse Público (OSCIP) e Termos de Parceria

Na esteira do movimento que criou a legislação de OS e contratos de gestão, foi criada a Lei federal 9.790/99, sobre Organizações da Sociedade Civil de Interesse Público (OSCIP) e Termos de Parceria[22] que as entidades qualificadas podem celebrar com o Poder Público. Neste caso, não há necessariamente uma transferência de gestão de estruturas e atividades públicas para as entidades do Terceiro Setor, podendo a parceria ser efetivada para fomentar a atuação de associações e fundações.

As parcerias fundadas na legislação de OSCIP são baseadas na lógica de eficiência e controle de resultados, a exemplo do que foi estabelecido para as OS. Várias das regras de governança criadas na norma das Organizações Sociais também foram replicadas, de forma idêntica ou similar, na Lei 9.790/99. Uma diferença relevante entre as normas, contudo, é que o rol de atividades passíveis de qualificação na Lei 9.790/99 é substancialmente maior do que a prevista na legislação federal de Organizações Sociais[23]. Além disso, a concessão do

---

[22] "Quanto ao vínculo com a Administração Pública, é estabelecido, conforme visto, por meio de termo de parceria, em tudo semelhante ao contrato de gestão previsto em lei para as organizações sociais. Não tem, como esse último, natureza contratual, assemelhando-se muito mais aos convênios tradicionalmente celebrados entre o Poder Público e entidades privadas para formalizar o fomento. Da mesma forma que o contrato de gestão celebrado com organização social, o termo de parceria com as entidades qualificadas como organizações da sociedade civil de interesse público restringe a autonomia da entidade que, por receber diferentes tipos de ajuda, fica sujeita ao controle de resultado pelo Poder Público, além do controle do Tribunal de Contas, na medida em que administre bens ou valores de natureza pública". (DI PIETRO, 2006, p. 273)

[23] Lei 9.790/99

Art. 3º A qualificação instituída por esta Lei, observado em qualquer caso, o princípio da universalização dos serviços, no respectivo âmbito de atuação das Organizações, somente será conferida às pessoas jurídicas de direito privado, sem fins lucrativos, cujos objetivos sociais tenham pelo menos uma das seguintes finalidades:

I – promoção da assistência social;

II – promoção da cultura, defesa e conservação do patrimônio histórico e artístico;

III – promoção gratuita da educação, observando-se a forma complementar de participação das organizações de que trata esta Lei;

IV – promoção gratuita da saúde, observando-se a forma complementar de participação das organizações de que trata esta Lei;

V – promoção da segurança alimentar e nutricional;

VI – defesa, preservação e conservação do meio ambiente e promoção do desenvolvimento sustentável;

VII – promoção do voluntariado;

título de OSCIP é um ato vinculado[24]-[25], ao contrário da discricionariedade que se aplica à OS.

Apesar da Lei 9.790/99 ser bastante clara quanto à obrigatoriedade de concessão do título de OSCIP se a entidade assim o requerer e cumprir todas as exigências legais, deve-se destacar que o Ministério da Justiça (responsável pela análise dos requerimentos na esfera federal) mudou seu entendimento quanto à possibilidade de acumulação da OSCIP federal com títulos estaduais ou municipais. Até 2014, o Ministério não fazia objeção quanto a essa possibilidade. Porém, isso mudou com o Parecer nº 224/2014/CONJUR-MJ/CGU/

VIII – promoção do desenvolvimento econômico e social e combate à pobreza;
IX – experimentação, não lucrativa, de novos modelos sócio-produtivos e de sistemas alternativos de produção, comércio, emprego e crédito;
X – promoção de direitos estabelecidos, construção de novos direitos e assessoria jurídica gratuita de interesse suplementar;
XI – promoção da ética, da paz, da cidadania, dos direitos humanos, da democracia e de outros valores universais;
XII – estudos e pesquisas, desenvolvimento de tecnologias alternativas, produção e divulgação de informações e conhecimentos técnicos e científicos que digam respeito às atividades mencionadas neste artigo.
XIII – estudos e pesquisas para o desenvolvimento, a disponibilização e a implementação de tecnologias voltadas à mobilidade de pessoas, por qualquer meio de transporte.

[24] Lei 9.790/99
Art. 1º Podem qualificar-se como Organizações da Sociedade Civil de Interesse Público as pessoas jurídicas de direito privado sem fins lucrativos que tenham sido constituídas e se encontrem em funcionamento regular há, no mínimo, 3 (três) anos, desde que os respectivos objetivos sociais e normas estatutárias atendam aos requisitos instituídos por esta Lei. (Redação dada pela Lei nº 13.019, de 2014) (Vigência)
§ 1º Para os efeitos desta Lei, considera-se sem fins lucrativos a pessoa jurídica de direito privado que não distribui, entre os seus sócios ou associados, conselheiros, diretores, empregados ou doadores, eventuais excedentes operacionais, brutos ou líquidos, dividendos, bonificações, participações ou parcelas do seu patrimônio, auferidos mediante o exercício de suas atividades, e que os aplica integralmente na consecução do respectivo objeto social.
§ 2º A outorga da qualificação prevista neste artigo é ato vinculado ao cumprimento dos requisitos instituídos por esta Lei.

[25] "Atos Vinculados, como próprio adjetivo demonstra, são aqueles que o agente pratica reproduzindo os elementos que a lei previamente estabelece. Ao agente, nesses casos, não é dada liberalidade de apreciação da conduta, porque se limita, na verdade, a repassar para o ato o comando estatuído na lei. Isso indica que nesse tipo de atos não há qualquer subjetivismo ou valoração, mas apenas a averiguação de conformidade entre o ato e a lei. Exemplo de um ato vinculado: a licença para exercer profissão regulamentada em lei. Os elementos para o deferimento desse ato já se encontram na lei, de modo que ao agente caberá apenas verificar se quem o reivindica preenche os requisitos exigidos e, em caso positivo, deverá conferir a licença sem qualquer outra indagação" (CARVALHO FILHO, 2013, p. 131).

AGU e a interpretação que passou a ser dada ao artigo 18 da Lei 9.790/99[26]. A partir disso, a União passou a negar a concessão ou renovação do título de OSCIP federal para entidades que tivessem a mesma qualificação junto a Estados ou Municípios. Porém, a interpretação do artigo 18 de forma a restringir a manutenção apenas da qualificação federal não é a que mais se coaduna com o interesse público nem com os objetivos da Lei 9.790/99.

Verifica-se da exposição de motivos da Lei 9.790/99 que a intenção do legislador, quando da edição da Lei, foi fortalecer o Terceiro Setor:

> 2. O processo de negociação iniciado pelo Conselho da Comunidade Solidária sobre o marco legal do Terceiro Setor, que teve início em julho de 1997, foi realizado a partir da consulta e intenso diálogo com mais de 90 representantes do Governo Federal e das organizações do Terceiro Setor, incluídos os onze Ministros de Estado que compõem o Conselho. Desse modo, foram identificadas as principais fórum e as sugestões de como mudar e inovar a atual legislação relativa às organizações da sociedade civil que são de caráter público.
>
> 3. Nesse processo, foi possível aos interlocutores chegarem a alguns consensos básicos que constituíram parâmetros para a elaboração das propostas de mudança do marco legal:
>
> a) **o fortalecimento do Terceiro Setor, no qual se incluem as entidades da sociedade civil de fins públicos e não-lucrativos, constitui hoje uma orientação estratégica nacional em virtude da sua capacidade de gerar projetos, assumir responsabilidades, empreender iniciativas e mobilizar recursos necessários ao desenvolvimento social do país**; (BRASIL, 1998).

---

[26] Lei 9.790/99
Art. 18. As pessoas jurídicas de direito privado sem fins lucrativos, qualificadas com base em outros diplomas legais, poderão qualificar-se como Organizações da Sociedade Civil de Interesse Público, desde que atendidos aos requisitos para tanto exigidos, sendo-lhes assegurada a manutenção simultânea dessas qualificações, até cinco anos contados da data de vigência desta Lei. (Vide Medida Provisória nº 2.123-29, de 2001) (Redação dada pela Medida Provisória nº 2.216-37, de 2001)
§ 1º Findo o prazo de dois anos, a pessoa jurídica interessada em manter a qualificação prevista nesta Lei deverá por ela optar, fato que implicará a renúncia automática de suas qualificações anteriores.
§ 1o Findo o prazo de cinco anos, a pessoa jurídica interessada em manter a qualificação prevista nesta Lei deverá por ela optar, fato que implicará a renúncia automática de suas qualificações anteriores. (Vide Medida Provisória nº 2.123-29, de 2001) (Redação dada pela Medida Provisória nº 2.216-37, de 2001)
§ 2º Caso não seja feita a opção prevista no parágrafo anterior, a pessoa jurídica perderá automaticamente a qualificação obtida nos termos desta Lei.

Esse fortalecimento se daria pelo aperfeiçoamento do sistema de titulação federal, tendo em vista que os sistemas existentes à época eram classificados como burocráticos e imprecisos, pela exposição de motivos:

> 7. Tendo em vista os **problemas diagnosticados** pelos participantes da Interlocução Política do Conselho da Comunidade Solidária, a **necessidade de fortalecimento do Terceiro Setor no Brasil** e o **aperfeiçoamento das suas relações com o Estado** foi elaborada a Lei que dispõe sobre a qualificação de pessoas jurídicas de direito privado, sem fins lucrativos, como Organizações da Sociedade Civil de Caráter Público e que institui o Termo de Parceria.
>
> 8. Os participantes chegaram ao consenso de que **um dos principais objetivos da nova qualificação das organizações do Terceiro Setor seria, além de simplificar os procedimentos para o registro, possibilitar o reconhecimento institucional daquelas entidades de fato sem fins lucrativos e efetivamente voltadas para a produção de bens e serviços de caráter público ou de interesse geral da sociedade.**
>
> **9. A Lei visa simplificar o mecanismo de reconhecimento institucional das entidades sem fins lucrativos a fim de potencializar as relações entre o Estado e a sociedade civil. Atualmente, o sistema de qualificação é inadequado**, seja pela burocratizacão dos procedimentos, seja pelos efeitos vinculantes estabelecidos entre registros e incentivos.
>
> 10. A legislação vigente preocupa-se excessivamente com o fornecimento de documentos e registros contábeis em detrimento do acompanhamento do desempenho da entidade e do controle de resultados. Por ser pouco precisa na definição de requisitos para o reconhecimento dos títulos, permite uma apreciação discricionária da autoridade do ato de qualificação.
>
> (...)
>
> 15. O grupo de trabalho responsável pela elaboração da presente Lei coordenado pela Casa Civil da Presidência da República, entendeu que o melhor meio de imprimir, cada vez mais, credibilidade ao Terceiro Setor seria mediante uma lei que qualificasse, no universo das organizações do Terceiro Setor, o subconjunto das que atuam de acordo com os fins públicos. Desse modo, **a Lei que apresentamos objetiva regular a existência legal das entidades daquele subconjunto, ou seja, das organizações da sociedade civil de caráter público. Não terão acesso ao novo sistema entidades cujas finalidades e regime de funcionamento não condizem com a orientação geral que preside o atual esforço de mudança do marco legal do Terceiro Setor.**

Desta forma, vê-se que a intenção do legislador, ao redigir o art. 18 a Lei 9.790/99, era solucionar problemas referentes aos títulos já existentes à época da edição desta, quais sejam, Utilidade Pública, Certificado de Fins Filantrópicos e Registro no Conselho Nacional de Assistência Social, que eram considerados insuficientes para o pleno desenvolvimento e fiscalização das parcerias com o Terceiro Setor:

> 16. É preciso, ainda, esclarecer que esta Lei não interfere no regime atual composto pelos Títulos de Utilidade Pública, pelo Certificado de Fins Filantrópicos e pelo Registro no Conselho Nacional de Assistência Social. Esse regime será mantido e as entidades nele incluídas poderão ser qualificadas de acordo com os preceitos da presente Lei. **Essas entidades regidas pelo regime atual poderão acumular as duas qualificações por um prazo de dois anos, findo o qual terão que optar por um ou outro regime.**

O texto do artigo 18 – seja na sua redação original, seja na redação sua atual – materializa essa intenção do legislador, ao indicar possibilidade de manutenção dos títulos anteriores pela entidade, simultaneamente ao título de OSCIP federal, por determinado período:

> **Redação original:**
>
> Art. 18. As pessoas jurídicas de direito privado sem fins lucrativos, qualificadas com base em outros diplomas legais, poderão qualificar-se como Organizações da Sociedade Civil de Interesse Público, desde que atendidos os requisitos para tanto exigidos, sendo-lhes assegurada a manutenção simultânea dessas qualificações, até dois anos contados da data de vigência desta Lei
>
> § 1º **Findo o prazo de dois anos, a pessoa jurídica interessada em manter a qualificação prevista nesta Lei deverá por ela optar, fato que implicará a renúncia automática de suas qualificações anteriores**.
>
> **Redação dada pela Medida Provisória nº 2.216-37, de 2001:**
>
> Art. 18. As pessoas jurídicas de direito privado sem fins lucrativos, qualificadas com base em outros diplomas legais, poderão qualificar-se como Organizações da Sociedade Civil de Interesse Público, desde que atendidos aos requisitos para tanto exigidos, sendo-lhes assegurada a manutenção simultânea dessas qualificações, até cinco anos contados da data de vigência desta Lei.
>
> § 1º **Findo o prazo de cinco anos, a pessoa jurídica interessada em manter a qualificação prevista nesta Lei deverá por ela optar**,

> **fato que implicará a renúncia automática de suas qualificações anteriores.**

Assim, a intenção do legislador, no caso, foi de impedir a manutenção dos títulos anteriores à Lei 9.790/99, juntamente com o título de OSCIP federal. Não se buscou impedir a titulação da entidade qualificada como OSCIP federal por meio de mais leis, especialmente de outros entes da federação, e que instituam o mesmo título em suas respectivas esferas. Disso se conclui que não há impedimento à manutenção de títulos criados posterirormente, tal como, por exemplo, o título de OSCIP estadual do Estado de Minas Gerais, que foi instituído em 2003:

> **LEI 14870, DE 16/12/2003**
>
> Dispõe sobre a qualificação de pessoa jurídica de direito privado como Organização da Sociedade Civil de Interesse Público - OSCIP - e dá outras providências.
>
> O Povo de Minas Gerais, por seus representantes, decretou e eu, em seu nome, sanciono a seguinte Lei:
>
> CAPÍTULO I
>
> DISPOSIÇÕES PRELIMINARES
>
> Art. 1º - **O Estado poderá qualificar pessoa jurídica de direito privado como Organização da Sociedade Civil de Interesse Público - OSCIP -, nos termos desta Lei.**

Interpretação do artigo em comento em outro sentido não seria compatível com os objetivos da legislação. Como indicado na já citada exposição de motivos, a instituição da titulação de OSCIP federal visou permitir a identificação das entidades efetivamente qualificadas, fortalecendo suas relações com o Estado. Assim, a permissão de que a entidade mantenha mais de um título, podendo firmar parcerias com mais de um ente federativo, potencializa a sua relação com o Estado, o que corrobora os objetivos da Lei 9.790/99. Ademais, a finalidade da titulação é atestar que a entidade está qualificada conforme determinados requisitos. Nesse sentido, uma entidade com outros títulos, desde que compatíveis, é ainda mais qualificada do que aquela que possui apenas um, uma vez que atende a um conjunto maior de regras de certificação. Isso se coaduna com o objetivo de fortalecimento do Terceiro Setor.

Além disso, para embasar seu posicionamento, o referido Parecer argumenta, por exemplo, que haveria suposta incompatibilidade entre a Utilidade Pública e OSCIP federal. No entanto, deve-se destacar que o título de Utilidade Pública Federal foi extinto pela Lei 13.204/15:

> <u>**LEI Nº 13.204, DE 14 DE DEZEMBRO DE 2015.**</u>
>
> Art. 9º Ficam revogados:
>
> I – a Lei nº 91, de 28 de agosto de 1935; e
>
> <u>**LEI Nº 91, DE 28 DE AGOSTO DE 1935.**</u>
>
> Revogada pela Lei nº 13.204, de 2015
>
> (...)
>
> Determina regras pelas quais são as sociedades declaradas de utilidade publica.

Em outro ponto, menciona como incompatível com o título de OSCIP uma regra de vedação de remuneração de dirigentes, prevista na Lei 12.101/09. Porém, essa norma também foi revogada:

> Art. 29. A entidade beneficente certificada na forma do Capítulo II fará jus à isenção do pagamento das contribuições de que tratam os <u>arts. 22</u> e <u>23 da Lei nº 8.212, de 24 de julho de 1991</u>, desde que atenda, cumulativamente, aos seguintes requisitos:
>
> ~~I – não percebam seus diretores, conselheiros, sócios, instituidores ou benfeitores, remuneração, vantagens ou benefícios, direta ou indiretamente, por qualquer forma ou título, em razão das competências, funções ou atividades que lhes sejam atribuídas pelos respectivos atos constitutivos;~~
>
> ~~I – não percebam, seus dirigentes estatutários, conselheiros, sócios, instituidores ou benfeitores, remuneração, vantagens ou benefícios, direta ou indiretamente, por qualquer forma ou título, em razão das competências, funções ou atividades que lhes sejam atribuídas pelos respectivos atos constitutivos; (Redação dada pela Lei nº 12.868, de 2013)~~
>
> I – não percebam seus diretores, conselheiros, sócios, instituidores ou benfeitores remuneração, vantagens ou benefícios, direta ou indiretamente, por qualquer forma ou título, em razão das competências, funções ou atividades que lhes sejam atribuídas pelos respectivos atos constitutivos, exceto no caso de associações assistenciais ou fundações, sem fins lucrativos, cujos dirigentes poderão ser remunerados, desde que atuem efetivamente na gestão executiva, respeitados como limites máximos os valores praticados pelo mercado na região correspondente à sua área de atuação, devendo seu valor ser fixado pelo órgão de deliberação superior da entidade, registrado em ata, com comunicação ao Ministério Público, no caso das fundações; <u>(Redação dada pela Lei nº 13.151, de 2015)</u>

Desse modo, fica claro que vários dispositivos legais nos quais se fundamentou a AGU, quando da elaboração do parecer, estão desatualizados. Logo, não podem servir de fundamento para cancelamento ou negativa de renovação de título de OSCIP federal.

Além disso, a União não poderia negar a renovação de titulação a uma entidade com fundamento na sua qualificação com base em títulos de Estados, Municípios ou do Distrito Federal. Nesse sentido, é preciso considerar a necessidade de respeito à autonomia dos entes federativos, consagrada no texto constitucional[27], e que abrange a concretização das prerrogativas do ente no âmbito administrativo, não se restringindo ao exercício da competência legislativa[28]. Nesse sentido, a negativa de renovação do título de OSCIP federal constitui ingerência indevida na esfera federativa dos outros entes, pois implicaria limitação do exercício da atividade administrativa dos Estados, Municípios e DF. Apesar de permitida aos entes federativos a instituição de título de OSCIP em sua esfera de competência, na prática o exercício de tal competência seria infrutífero, uma vez que tais entes ficariam impedidos de celebrar ou manter parcerias com a entidade do Terceiro Setor qualificada como OSCIP federal. A imposição à entidade de opção por uma titulação ou outra implicaria necessariamente na limitação à possibilidade de firmar parcerias.

Deve-se destacar, ainda, que não haveria qualquer prejuízo na acumulação do título de OSCIP federal com qualificações dadas por outros entes. Pelo contrário: isso contribuiria para a ampliação de atividades da entidade e para o fortalecimento do Terceiro Setor. Logo, vê-se que a negativa de renovação do título de OSCIP, com fundamento em títulos de outras esferas obtidos pela entidade, vai contra o interesse público, não sendo possível interpretação nesse

---

[27] Constituição da República de 1988
Art. 18. A organização político-administrativa da República Federativa do Brasil compreende a União, os Estados, o Distrito Federal e os Municípios, todos autônomos, nos termos desta Constituição.

[28] "A autonomia consiste na capacidade de autodeterminação dentro de certos limites constitucionalmente estabelecidos. Em seu aspecto primordial, significa edição de normas próprias – do grego autos (próprios) + nomos (norma). Noção característica dos Estados nos quais o ordenamento jurídico é dividido em domínios parcelares, a autonomia pressupõe uma zona de autodeterminação (propriamente autônomo) restringida por um conjunto de limitações e determinantes jurídicas extrínsecas (heterônomo). [...] A autoadministração refere-se à capacidade conferida aos entes federativos para gerir, de forma autônoma, as competências constitucionais que lhes forem outorgadas, da maneira que melhor lhes aprouver, desde que não ponham em risco o pacto federativo. Relaciona-se, portanto, com a execução fática das competências constitucionalmente atribuídas." (NOVELINO, 2015, p 592-593)

sentido. Destaque-se que a interpretação das normas administrativas deve ser feita observando o disposto na Lei 9.784/99, de modo a garantir atendimento do fim público a que se dirige[29].

A conclusão é que não é possível impedir a manutenção simultânea da qualificação da entidade com base na Lei 9.790/99 e em legislação dos Estados, Municípios ou do DF. O posicionamento da União em sentido contrário é prejudicial à consecução de políticas públicas, pois limita a realização de parcerias com o Terceiro Setor, e precisa ser revisto.

1.3 Marco Regulatório das Organizações da Sociedade Civil: Termo de Fomento, Termo de Colaboração e Acordo de Cooperação.

Em 31/07/14, foi sancionado o novo "Marco Regulatório das Organizações da Sociedade Civil" (MROSC), a partir do projeto de lei 7.168/14. Apesar do nome que foi dado a essa legislação, é importante esclarecer que ela não lida com todas as questões jurídicas relativas às organizações da sociedade civil.

O que basicamente mudou com o novo "Marco" foi a criação de novos instrumentos para serem aplicados em parcerias entre as OSCs e o Poder Público, em substituição aos convênios (que, salvo exceções, passaram a ser aplicáveis apenas em relações firmadas entre instituições públicas). Muitas questões referentes ao Terceiro Setor não sofreram mudanças significativas ou nem foram tratadas na Lei 13.019/14, como temas tributários e trabalhistas, bem como a maioria dos títulos e certificados que podem ser requeridos pelas entidades sem fins lucrativos. Tampouco o "Marco" impõe que os instrumentos previstos no seu texto sejam os únicos instrumentos de parceria aplicáveis às OSCs. Na verdade, a própria Lei 13.019/14 indica expressamente várias exceções que não se submetem às suas regras[30].

---

[29] Lei 9.784/99
Art. 2º. A Administração Pública obedecerá, dentre outros, aos princípios da legalidade, finalidade, motivação, razoabilidade, proporcionalidade, moralidade, ampla defesa, contraditório, segurança jurídica, interesse público e eficiência.
Parágrafo único. Nos processos administrativos serão observados, entre outros, os critérios de:
(...)
XIII – interpretação da norma administrativa da forma que melhor garanta o atendimento do fim público a que se dirige, vedada aplicação retroativa de nova interpretação.

[30] Lei 13.109/14
Art. 3º Não se aplicam as exigências desta Lei:

Deve-se destacar que redação original da Lei 13.019/14 era extremamente restritiva e prejudicial às parcerias entre o Poder Público e as OSCs. A legislação partia de uma concepção absolutamente equivocada quanto à realidade do Terceiro Setor e estabelecia uma verdadeira criminalização das entidades. Diversos dos seus dispositivos burocratizavam ao extremo a dinâmica das parcerias, como limitações percentuais prévias e uniformes a gastos administrativos e remanejamento de rubricas, sem qualquer consideração quanto à realidade concreta de cada projeto e se este poderia ser executado adequadamente com tais restrições[31]. Tais disposições representavam um evidente retrocesso, contrário aos avanços que as leis das OS e das OSCIPs haviam implantado com a mudança do paradigma de um controle meramente burocrático para um olhar gerencial sobre as relações, focado no resultado. As disposições originais

I – às transferências de recursos homologadas pelo Congresso Nacional ou autorizadas pelo Senado Federal naquilo em que as disposições específicas dos tratados, acordos e convenções internacionais conflitarem com esta Lei; (Redação dada pela Lei nº 13.204, de 2015)
II – (revogado); (Redação dada pela Lei nº 13.204, de 2015)
III – aos contratos de gestão celebrados com organizações sociais, desde que cumpridos os requisitos previstos na Lei nº 9.637, de 15 de maio de 1998; (Redação dada pela Lei nº 13.204, de 2015)
IV – aos convênios e contratos celebrados com entidades filantrópicas e sem fins lucrativos nos termos do § 1º do art. 199 da Constituição Federal; (Incluído pela Lei nº 13.204, de 2015)
V – aos termos de compromisso cultural referidos no § 1º do art. 9º da Lei nº 13.018, de 22 de julho de 2014; (Incluído pela Lei nº 13.204, de 2015)
VI – aos termos de parceria celebrados com organizações da sociedade civil de interesse público, desde que cumpridos os requisitos previstos na Lei nº 9.790, de 23 de março de 1999; (Incluído pela Lei nº 13.204, de 2015)
VII – às transferências referidas no art. 2º da Lei nº 10.845, de 5 de março de 2004, e nos arts. 5º e 22 da Lei nº 11.947, de 16 de junho de 2009; (Incluído pela Lei nº 13.204, de 2015)
VIII – (VETADO); (Incluído pela Lei nº 13.204, de 2015)
IX – aos pagamentos realizados a título de anuidades, contribuições ou taxas associativas em favor de organismos internacionais ou entidades que sejam obrigatoriamente constituídas por: (Incluído pela Lei nº 13.204, de 2015)
a) membros de Poder ou do Ministério Público; (Incluída pela Lei nº 13.204, de 2015)
b) dirigentes de órgão ou de entidade da administração pública; (Incluída pela Lei nº 13.204, de 2015)
c) pessoas jurídicas de direito público interno; (Incluída pela Lei nº 13.204, de 2015)
d) pessoas jurídicas integrantes da administração pública; (Incluída pela Lei nº 13.204, de 2015)
X – às parcerias entre a administração pública e os serviços sociais autônomos. (Incluído pela Lei nº 13.204, de 2015)

[31] Artigos 15 e 56 da redação original da Lei 13.019/14.

do MROSC, nesse sentido, retrocediam ao controle burocrático e colocavam em risco a eficiência das parcerias.

Além disso, o texto original da Lei 13.019/14 impunha a responsabilização pessoal de ao menos um dirigente da OSC quanto à execução das atividades e cumprimento de metas, como se aquele fosse um verdadeiro fiador da relação[32]. Tratava-se de outro equívoco, uma vez que a experiência com convênios mostra que diversos problemas relacionados à execução desse tipo de parceria muitas vezes tinham origem em uma conduta do próprio Estado (especialmente atrasos ou cortes nos repasses dos recursos originalmente previstos). Causa também espécie perceber que a imposição desse tipo de garantia não encontrava paralelo sequer no caso de contratos administrativos, com essência lucrativa e de valor muitas vezes superior aos convênios celebrados com o Terceiro Setor[33], evidenciando que se tratava de medida absolutamente desproporcional.

Nessas condições, as entidades do Terceiro Setor minimamente experientes tenderiam a se afastar desse tipo de parceria, uma vez que, em caso de não cumprimento de metas ou problemas na execução – inclusive por fatores externos – teriam que, no mínimo, arcar com os custos de elaboração de justificativas e defesas junto ao Poder Público, sem qualquer garantia que

---

[32] Artigo 37 da redação original da Lei 13.019/14.

[33] Lei 8.666/93
Art. 56. A critério da autoridade competente, em cada caso, e desde que prevista no instrumento convocatório, poderá ser exigida prestação de garantia nas contratações de obras, serviços e compras.
§ 1º Caberá ao contratado optar por uma das seguintes modalidades de garantia: (Redação dada pela Lei nº 8.883, de 1994)
I – caução em dinheiro ou em títulos da dívida pública, devendo estes ter sido emitidos sob a forma escritural, mediante registro em sistema centralizado de liquidação e de custódia autorizado pelo Banco Central do Brasil e avaliados pelos seus valores econômicos, conforme definido pelo Ministério da Fazenda; (Redação dada pela Lei nº 11.079, de 2004)
II – seguro-garantia; (Redação dada pela Lei nº 8.883, de 1994)
III – fiança bancária. (Redação dada pela Lei nº 8.883, de 8.6.94)
§ 2º A garantia a que se refere o caput deste artigo não excederá a cinco por cento do valor do contrato e terá seu valor atualizado nas mesmas condições daquele, ressalvado o previsto no parágrafo 3º deste artigo. (Redação dada pela Lei nº 8.883, de 1994)
§ 3º Para obras, serviços e fornecimentos de grande vulto envolvendo alta complexidade técnica e riscos financeiros consideráveis, demonstrados através de parecer tecnicamente aprovado pela autoridade competente, o limite de garantia previsto no parágrafo anterior poderá ser elevado para até dez por cento do valor do contrato. (Redação dada pela Lei nº 8.883, de 1994)

estas seriam aceitas. Some-se a isso o fato de grande parte das OSCs terem dirigentes voluntários[34], que não recebem para exercer sua função na entidade e que certamente não teriam qualquer incentivo para assumir esse tipo de responsabilidade, que poderia até mesmo ser considerada objetiva, de modo a implicar no dever de restituição de recursos ao erário independente de culpa[35]. Dessa forma, tal previsão legal poderia gerar um efeito completamente danoso às parcerias, na medida em que tinha grande potencial de afastar instituições que tivessem consciência das implicações do artigo 37, restando aquelas menos estruturadas ou experientes (e, em tese, menos capazes de executar com sucesso os trabalhos) ou entidades realmente mal intencionadas, para quem a indicação de um diretor como corresponsável certamente não seria desestímulo para a prática de ilícitos.

Tamanho seria o impacto negativo dessas medidas, entre outros dispositivos da Lei 13.019/14 original, que a entrada em vigor dessa norma foi prorrogada algumas vezes. Ao final, sua aplicação pela União e Estados somente teve início após incríveis 540 (quinhentos e quarenta) dias depois sua promulgação. Para os municípios, esse prazo foi ainda maior, iniciando sua vigência nesse

---

[34] "Pessoa física que realiza atividade não remunerada junto a entidade pública de qualquer natureza ou a instituição privada de fins não lucrativos, que tenha objetivos cívicos, culturais, educacionais, científicos, recreativos ou de assistência social, inclusive mutualidade (definição baseada na Lei n. 9.608/98, que regulamentou o trabalho voluntário no Brasil)". (MEREGE e MOUSSALLEM, 2011, p. 245 e 246)

[35] "Os escritores, de maneira geral, e os escritores brasileiros em particular, agrupam-se em campos inimigos ao desenvolverem a fundamentação do princípio, distribuindo-se nas duas teorias que se combatem: de um lado, a *doutrina subjetiva* ou *teoria da culpa*, e, de outro lado, a *doutrina objetiva*, que faz abstração da culpa (responsabilidade sem culpa) e se concentra mais precisamente na *teoria do risco*" (PEREIRA, 2002, p. 13). Ainda que se argumente que a omissão do legislador quanto ao tipo de responsabilidade na antiga redação do artigo 37 da Lei 13.019/14 implicaria em responsabilização subjetiva, mesmo assim o dispositivo implicaria em uma série de problemas: (a) as OSCs estão sujeitas a diversos órgãos de controle, como o próprio parceiro estatal, o Ministério Público e os Tribunais de Contas. Seria no mínimo temerário considerar que todos eles, com seus diversos membros (alguns deles dotados de livre convencimento e independência funcional), estariam previamente de acordo que a referida responsabilidade do gestor seria subjetiva; (b) algumas atividades executadas por meio de parcerias podem ser consideradas arriscadas, o que implicaria na aplicação da teoria do risco e, por consequência, em responsabilidade objetiva e (c) ainda que a tese de responsabilidade subjetiva prevaleça, é muito provável que isso somente seria pacificado após longa e custosa discussão administrativa e judicial, o que demandaria gastos por parte da OSC, da Administração Pública e do Judiciário (já que caberia a esses últimos a análise dos argumentos de defesa da entidade), situação essa certamente antieconômica e ineficiente.

âmbito em 01º de janeiro de 2017. Felizmente, nesse meio tempo, o Terceiro Setor percebeu os problemas que a nova legislação trazia e se articulou para propor alterações. Isso resultou na Lei 13.204/15, que alterou ou supriu diversos dos pontos considerados negativos, como os já citados artigos 15, 37 e 56 da norma original, que foram todos eliminados. Além disso, a nova redação explicitou uma série de princípios e diretrizes focados no controle de resultados e no fortalecimento das parcerias com o Terceiro Setor[36]. A mudança gerou uma visível melhoria na legislação que, se ainda não é perfeita, seguramente agora encontra-se muito mais adequada, considerando o objetivo de eficiência nas parcerias.

O MROSC tem caráter nacional, sendo aplicável a União, Estados, Municípios e Distrito Federal, bem como a suas respectivas autarquias, fundações, empresas públicas e sociedades de economia mista, nos termos do artigo 1º da Lei 13.019/14. O que antes era objeto de conveniamento entre o Estado e o Terceiro Setor foi substituído por outros instrumentos.

A redação original da Lei 13.019/14 criou duas novas formas de parceria com o Terceiro Setor: o termo de colaboração e o termo de fomento[37]. O

[36] Lei 13.019/14
Art. 6º São diretrizes fundamentais do regime jurídico de parceria: (Redação dada pela Lei nº 13.204, de 2015)
I – a promoção, o fortalecimento institucional, a capacitação e o incentivo à organização da sociedade civil para a cooperação com o poder público;
II – a priorização do controle de resultados;
[...]
IV – o fortalecimento das ações de cooperação institucional entre os entes federados nas relações com as organizações da sociedade civil;

[37] Lei 13.019/14
Art. 2º Para os fins desta Lei, considera-se:
III – parceria: conjunto de direitos, responsabilidades e obrigações decorrentes de relação jurídica estabelecida formalmente entre a administração pública e organizações da sociedade civil, em regime de mútua cooperação, para a consecução de finalidades de interesse público e recíproco, mediante a execução de atividade ou de projeto expressos em termos de colaboração, em termos de
VII – termo de colaboração: instrumento por meio do qual são formalizadas as parcerias estabelecidas pela administração pública com organizações da sociedade civil para a consecução de finalidades de interesse público e recíproco propostas pela administração pública que envolvam a transferência de recursos financeiros; (Redação dada pela Lei nº 13.204, de 2015)
VIII – termo de fomento: instrumento por meio do qual são formalizadas as parcerias estabelecidas pela administração pública com organizações da sociedade civil para a consecução de finalidades de interesse público e recíproco propostas pelas organizações da sociedade civil, que envolvam a transferência de recursos financeiros; (Redação dada pela Lei nº 13.204, de 2015)

primeiro se aplica aos casos em que a própria Administração Pública define o objeto da relação, enquanto o segundo vale para ações propostas pelas organizações da sociedade civil[38]. Já as alterações promovidas no MROSC pela Lei 13.204/15 introduziram um terceiro instrumento. Trata-se do acordo de cooperação, aplicável nos casos em que não haja repasse de recursos públicos[39]. Excetuando-se as hipóteses indicadas no artigo 3º da Lei 13.019/14, as demais situações formalizadas via convênio passariam, em tese[40], a serem executadas com base nesses novos mecanismos.

Para celebração de um termo de fomento ou colaboração, bem como para os acordos de cooperação, as OSCs devem cumprir requisitos específicos[41],

---

[38] No plano federal, o Decreto 8.726/16 estabelece uma diferença adicional entre os dois instrumentos. O termo de fomento se aplica à execução de projetos, enquanto o termo de colaboração pode ser utilizado para projetos ou para atividades. Já o artigo 2º da Lei 13.019/14 define projeto como "conjunto de operações, limitadas no tempo, das quais resulta um produto destinado à satisfação de interesses compartilhados pela administração pública e pela organização da sociedade civil" e atividade como "conjunto de operações que se realizam de modo contínuo ou permanente, das quais resulta um produto ou serviço necessário à satisfação de interesses compartilhados pela administração pública e pela organização da sociedade civil". Deve-se destacar, contudo, que o uso de termos de fomento apenas para projetos não será necessariamente seguido por Estados e Municípios, uma vez que a determinação do Decreto 8.726/16 vincula apenas a Administração Pública Federal. Nesse sentido, pode-se usar como exemplo o Decreto 47.132/17 do Estado de Minas Gerais, que permite o uso de termos de fomento tanto para execução de projetos como de atividades, dando o mesmo tratamento para os termos de colaboração.

[39] Lei 13.019/14
Art. 2º , VIII-A – acordo de cooperação: instrumento por meio do qual são formalizadas as parcerias estabelecidas pela administração pública com organizações da sociedade civil para a consecução de finalidades de interesse público e recíproco que não envolvam a transferência de recursos financeiros; <u>(Incluído pela Lei nº 13.204, de 2015)</u>

[40] O motivo da ressalva é porque o artigo 3º do MROSC não contemplou todos os tipos de parceria que possuem legislação própria. Um exemplo claro é a fundação de apoio, cuja essência muitas vezes não é compatível com as disposições da Lei 13.019/14, mas não é expressamente prevista como situação fora do alcance do Marco. Além disso, a Lei 8.958/94 prevê expressamente a possibilidade de celebração de convênios por essas entidades. Nesse sentido, é fundamental lembrar uma lição básica de hermenêutica para solução de conflitos aparentes entre as normas: a lei especial prevalece sobre a lei geral. Se esse postulado for respeitado (e considerando que o MROSC não revogou expressamente nenhuma lei), toda legislação que estabeleça critérios e detalhes referentes à celebração e execução de uma parceria específica entre o Poder Público e o Terceiro Setor não estaria sujeita ao MROSC (que seria norma geral). Logo, o artigo 3º da Lei 13.019/14 traria apenas uma lista exemplificativa das exceções, não esgotando a matéria.

[41] Art. 33. Para celebrar as parcerias previstas nesta Lei, as organizações da sociedade civil deverão ser regidas por normas de organização interna que prevejam, expressamente:

como objetivos voltados à promoção de atividades e finalidades de relevância pública e social, tempo mínimo de existência e experiência prévia no objeto da parceria[42], além de apresentarem a documentação prevista na Lei 13.019/14[43]. Sobre esse tema, deve-se destacar que a lista de exigências e documentos

---

(Redação dada pela Lei nº 13.204, de 2015)
I – objetivos voltados à promoção de atividades e finalidades de relevância pública e social;
II – (Revogado pela Lei nº 13.204, de 2015)
III – que, em caso de dissolução da entidade, o respectivo patrimônio líquido seja transferido a outra pessoa jurídica de igual natureza que preencha os requisitos desta Lei e cujo objeto social seja, preferencialmente, o mesmo da entidade extinta; (Redação dada pela Lei nº 13.204, de 2015)
IV – escrituração de acordo com os princípios fundamentais de contabilidade e com as Normas Brasileiras de Contabilidade; (Redação dada pela Lei nº 13.204, de 2015)
a) (revogada); (Redação dada pela Lei nº 13.204, de 2015)
b) (revogada); (Redação dada pela Lei nº 13.204, de 2015)
V – possuir: (Incluído pela Lei nº 13.204, de 2015)
a) no mínimo, um, dois ou três anos de existência, com cadastro ativo, comprovados por meio de documentação emitida pela Secretaria da Receita Federal do Brasil, com base no Cadastro Nacional da Pessoa Jurídica – CNPJ, conforme, respectivamente, a parceria seja celebrada no âmbito dos Municípios, do Distrito Federal ou dos Estados e da União, admitida a redução desses prazos por ato específico de cada ente na hipótese de nenhuma organização atingi-los; (Incluído pela Lei nº 13.204, de 2015)
b) experiência prévia na realização, com efetividade, do objeto da parceria ou de natureza semelhante; (Incluído pela Lei nº 13.204, de 2015)
c) instalações, condições materiais e capacidade técnica e operacional para o desenvolvimento das atividades ou projetos previstos na parceria e o cumprimento das metas estabelecidas. (Incluído pela Lei nº 13.204, de 2015)

42 No caso dos acordos de cooperação, exige-se somente que a OSC tenha objetivos voltados à promoção de atividades e finalidades de relevância pública e social, conforme artigo 33, § 1º do MROSC.

43 Art. 34. Para celebração das parcerias previstas nesta Lei, as organizações da sociedade civil deverão apresentar:
I – (revogado); (Redação dada pela Lei nº 13.204, de 2015)
II – certidões de regularidade fiscal, previdenciária, tributária, de contribuições e de dívida ativa, de acordo com a legislação aplicável de cada ente federado;
III – certidão de existência jurídica expedida pelo cartório de registro civil ou cópia do estatuto registrado e de eventuais alterações ou, tratando-se de sociedade cooperativa, certidão simplificada emitida por junta comercial; (Redação dada pela Lei nº 13.204, de 2015)
IV -(revogado); (Redação dada pela Lei nº 13.204, de 2015)
V – cópia da ata de eleição do quadro dirigente atual;
VI – relação nominal atualizada dos dirigentes da entidade, com endereço, número e órgão expedidor da carteira de identidade e número de registro no Cadastro de Pessoas Físicas – CPF da Secretaria da Receita Federal do Brasil – RFB de cada um deles;
VII – comprovação de que a organização da sociedade civil funciona no endereço por ela declarado;

prevista no Marco é taxativa, não sendo permitido à Administração Pública o acréscimo discricionário de quaisquer outros requisitos. Vale lembrar que o Poder Público somente pode fazer aquilo que a lei expressamente lhe permitir, de acordo com o princípio da legalidade previsto no artigo 37 da Constituição da República de 1988. Logo, não tendo o MROSC indicado que o rol de exigências para celebração das parcerias seria composto meramente por exemplos e tampouco dado à Administração Pública a prerrogativa de estabelecer outras condições, a imposição de requisitos ou documentos adicionais não seria somente ilegal (por contrariar a Lei 13.019/14), mas também inconstitucional, por ser uma afronta direta ao referido princípio da legalidade. Mesmo após a promulgação do MROSC, contudo, é ainda possível encontrar editais contendo exigências que extrapolam as previsões da Lei 13.019/14, o que pode ser objeto de questionamento.

CONCLUSÕES

É possível perceber avanços, ao longo do tempo, na legislação do Terceiro Setor, visando dar às parcerias um maior foco na eficiência e no controle de resultados. Porém, a aplicação plena de tais normas tem se mostrado prejudicada por interpretações ainda marcadas por posições excessivamente legalistas ou centradas na fiscalização de natureza burocrática. Logicamente, isso é nocivo para as políticas públicas que se pretende implementar por meio das parcerias. Para que isso seja superado, o processo de profissionalização e avanço pelo qual tem passado o Terceiro Setor nos últimos anos precisa ser acompanhado por um trabalho de reflexão e conscientização dos agentes públicos e órgãos de controle a respeito da importância de se buscar uma gestão de resultados e modernização das práticas de acompanhamento e fiscalização. Essa percepção é fundamental para que a legislação seja interpretada adequadamente, com o abandono do excesso de formalismo, de modo a efetivamente buscar o bem-estar social por meio da execução de políticas públicas por meio das parcerias.

REFERÊNCIAS

BARBOSA, Maria Nazaré Lins e OLIVEIRA, Carolina Felippe de. **Manual de ONGs**: guia prático de orientação jurídica. Rio de Janeiro: Editora FGV, 2004.

BRASIL. **Plano Diretor da Reforma do Aparelho do Estado**. *Brasília, 1995.*

BRASIL. Ministério da Justiça. *Exposição de motivos da Lei 9.790/99*. Brasília: 1998

CARVALHO FILHO, José dos Santos. **Manual de Direito Administrativo**. 26 ed. São Paulo: Atlas, 2013.

CASTRO, Rodrigo Pironti Aguirre de. O Sistema de Controle Interno e as Entidades do Terceiro Setor: perspectiva gerencial e o princípio da eficiência. in OLIVEIRA, Gustavo Justino de (org.). **Direito do Terceiro Setor.** *Belo Horizonte: Fórum, 2008.*

DI PIETRO, Maria Sylvia Zanella. **Parcerias na Administração Pública**. *5. ed. São Paulo: Atlas, 2006.*

FALCÃO, Joaquim. **Democracia, Direito e Terceiro Setor**. 2. ed. Rio de Janeiro: Editora FGV, 2006.

FONIF. *A Contrapartida do Setor Filantrópico para o Brasil.* Disponível em http://materiais.fonif.org.br/pesquisa_sobre_filantropia_no_brasil . Acesso em 21/09/2017.

LISBOA, Roberto Senise. Fundações Superávit e Remuneração de seus Dirigentes. *in* PANTALEÃO, Leonardo (org.). **Fundações Educacionais**. São Paulo: Atlas, 2003.

MAGALHÃES, Gustavo Alexandre. **Convênios Administrativos.** São Paulo: Atlas, 2012.

MEIRELLES, Hely Lopes. **Direito Administrativo Brasileiro**. 34. ed. São Paulo: Malheiros, 2008.

MEREGE, Luiz Carlos e MOUSSALLEM, Márcia (org.). **Dicionário do Terceiro Setor.** São Paulo: Plêiade, 2011.

NOVELINO, Marcelo. **Curso de Direito Constitucional**. 10. ed. Salvador Juspodivm, 2015.

PANTALEÃO, Leonardo. Fundações Educacionais e o Novo Código Civil. *in* PANTALEÃO, Leonardo (org.). **Fundações Educacionais**. São Paulo: Atlas, 2003.

PEREIRA, Caio Mário da Silva. **Responsabilidade Civil**. *9. ed. Reio de Janeiro: Forense, 2002.*

12
NECESSÁRIA REPACTUAÇÃO FEDERATIVA

NECESSARY FEDERATIVE REPACTUATION

Carlos Eduardo Cancherini[1]

RESUMO

O presente artigo faz uma análise do sistema federativo brasileiro comparando-o com o sistema norte-americano, local de seu surgimento, e busca demonstrar a falha em sua formação, desde a origem, que acaba por prejudicar Estados e municípios, visto concentrar poderes na União, deixando pouca liberdade de auto-organização e autogoverno a Estados e municípios, traço fundamental do regime federativo.

Palavras-chave: federação, Estados, Municípios, União, auto-organização, autogoverno.

ABSTRACT

This article analyzes the Brazilian federal system comparing it with the North American system, where it emerged, and seeks to demonstrate the failure of its formation, from the origin, which ends up harming states and municipalities, since it concentrates powers in the Unity, leaving little freedom of self-organization and self-government to States and municipalities, a fundamental feature of the federative regime.

Key Words: federation, states, municipalities, union, self-organization, self-government.

---

1 Advogado e Professor de Direito Constitucional e Prática Jurídica Cível na Unifenas/BH.

INTRODUÇÃO

A Constituição da República de 1988 completou no dia 05 de outubro de 2018, 30 anos de sua promulgação em meio a uma das mais acirradas e controversas eleições presidenciais da história política brasileira.

Ainda que polarizada por uma disputa ideológica entre aqueles que se declaram direitistas e esquerdistas, é uníssono entre todos que o país necessita de uma reforma política, em especial no sistema político de distribuição de competências.

Mesmo que haja divergência sobre a linha a ser adotada, não há mais como enxergar um futuro melhor ao país, quiçá preservação da democracia, sem uma reforma política que torne mais equânime e independente a participação dos entes federativos na administração da coisa pública.

O modelo de pacto federativo adotado pela Constituição de 1988 privilegia sobremaneira a União, deixando Estados e Municípios a mercê do governo federal, o que não se coaduna com a forma federativa de Estado, em que os entes que compõe a federação devem possuir ampla autonomia administrativa e financeira em seu atuar.

A Constituição de 1988 manteve a tradição brasileira de concentrar competências administrativas e financeiras nas mãos da União, em detrimento dos Estados e, por corolário a inserção, no pacto federativo, também dos municípios, o que é uma característica que se aproxima muito mais do Estado unitário do que propriamente da federação.

Essa "falha" na caracterização da forma de Estado adotada é fruto da origem histórica do sistema federativo em nosso país, como será demonstrado, e não leva em conta a dimensão continental do Brasil e suas enormes diferenças regionais.

A grande questão hoje a ser discutida no Brasil é o que e como fazer essa "remodelagem" do pacto federativo, de forma a transformar o Brasil em uma federação que efetivamente garanta a Estados e Municípios uma real capacidade de auto-organização, autolegislação, autogoverno e, especialmente, autoadministração, pois não há como continuar a gerir Estados e Municípios tendo que buscar os recursos necessários no ente federal, como é no modelo atual.

1. BREVE HISTÓRICO DO REGIME FEDERATIVO

Para entender a necessidade de adequação do pacto federativo brasileiro ao sistema federativo, é necessário, antes de qualquer análise, mesmo que perfunctória, conhecer a gênese do regime federativo, as suas bases históricas e, especialmente, as razões da criação dessa nova forma de governo.

O surgimento do sistema federativo é coincidente com o próprio nascimento dos Estados Unidos da América, que têm em seu próprio nome, o destaque da adoção da forma de estado federativo, pois é da força dos estados (Estados Unidos) que se extrai a base motriz do sistema federativo.

O território onde hoje está o Estado-mãe do regime federativo foi colonizado pelos ingleses, como é de conhecimento, a partir do ano de 1606 e por mais de 150 anos dominaram e exploraram a área dividida e conhecida até então como as treze colônias britânicas, apesar de garantir a elas um certo grau de autonomia, é verdade.

No final do século XVII, o envolvimento da Inglaterra em uma série de conflitos, dentre eles, a Guerra dos Sete Anos com a França, em que saiu vitoriosa, mas deixou a Coroa inglesa bastante endividada e obrigando os ingleses a buscarem fontes de recursos para equanimizar suas finanças.

A solução encontrada foi restabelecer os cofres através da ampliação da exploração da colônia norte-americana, essencialmente, com um grande aumento dos impostos, o que gerou insatisfação e revolta, culminando com a proclamação de Independência das Treze Colônias britânicas da América em 04 de julho de 1776, "passando cada qual a se intitular um novo Estado, soberano, com plena liberdade e independência" (LENZA, 2013, p. 446).

No entanto, as incursões inglesas para voltar a dominar aquelas terras, foram se intensificando e os agora treze estados independentes foram obrigados a se unirem com o intuito de se protegerem de tais avanços, pois, sozinhos, dificilmente teriam chances de resistirem às investidas inglesas.

Assim, de comum acordo, as antigas treze colônias britânicas assinaram um tratado internacional formando a Confederação dos Estados Americanos, um pacto para se protegerem das ameaças inglesas.

Porém, por característica, a confederação é vulnerável, pois permite a retirada dos países do pacto estabelecido entre elas.

Confederação, na definição do constitucionalista Uadi Lammêgo Bulos (2015, p. 924), é a "união de Estados soberanos, regidos por um tratado, que seguem a política comum de segurança interna e defesa externa".

E a confederação estabelecida entre os treze estados soberanos, no aludido pacto confederativo, expressamente fez a previsão de denúncia do tratado a qualquer tempo, o que, por corolário, consagrou o direito de retirada e secessão.

Tal vulnerabilidade colocava em risco a continuação da independência de todo o território e forçou a construção de um modelo mais sólido, que tornasse todas as treze colônias imunes aos ataques britânicos.

E o caminho até encontrar o modelo ideal, que culminou na adoção do regime republicano e a criação do sistema federalista, foi precedido de muitas discussões e teve três personagens centrais: Alexander Hamilton, James Madison e John Jay, que através de seus estudos e artigos jornalísticos, hoje condensados no livro chamado O Federalista, mostraram com muita clareza o caminho percorrido até a formação do novo Estado na forma federativa, até então inexistente.

Com relevância na história do federalismo americano, os 85 artigos da obra "O Federalista" [2] que procuram trazer fundamentos para ratificar a Constituição dos Estados Unidos, tinham a intenção nítida de criar um novo sistema de governabilidade. Esses artigos trouxeram estudos abordando principalmente três aspectos singulares, que assim podem ser resumidos: a) a criação e introdução do federalismo em substituição ao confederalismo; b) estudos e discussões humanísticos e sociais, a separação dos poderes e a constituição mista do governo; c) a república, como forma de governo e os grupos partidários.

Embora Alexander Hamilton tenha escrito mais da metade dos artigos, a contribuição considerada mais relevante ao federalismo foi a de James Madison, que com pouco mais de 20 artigos, trouxe valiosas considerações que levaram à conclusão da necessidade de um governo central forte, além de expor sobre limites, balizar instrumentos de freios, pesos e contrapesos na clássica separação de poderes.

Até aquele momento, o modelo adotado por todos os Estados no mundo, possuíssem eles forma de governo republicana ou monárquica, era o sistema unitário, em que "os órgão que exercem a soberania nacional são unos para todo o território". (BASTOS, 1995, p. 96)

---

[2] *FederalistPapers*

No Estado unitário o poder de decisão política e administrativa se concentra no órgão central, e dali se irradia para todo o território.

Celso Ribeiro Bastos (1995, p. 96), em seu clássico Curso de Teoria do Estado e Ciência Política, retrata com muita didática as características do Estado Unitário:

> Do ponto de vista da distribuição geográfica do poder, até final do século XVIII, não se conheceu senão o Estado Unitário. É dizer, aquele em que há um único centro irradiador de decisões políticas expressas em lei. O poder de editar normas genéricas era exercido por um único pólo sobre todo o território do Estado. Para que essas decisões fossem mais eficazes desconcentrava-se, tão somente, a administração, dividia-se o país em circunscrições administrativas subordinadas hierarquicamente à administração centra, que desta forma se tornava mais próxima do administrado. O Estado Unitário é a forma mais comum de Estado. Nele, os órgãos que exercem a soberania nacional são unos para todo o território.

O modelo de Estado unitário, seja em sua forma pura, com absoluta centralização do exercício do Poder, seja na forma de descentralização administrativa, em que "apesar de ainda concentrar a tomada de decisões políticas nas mãos do Governo Nacional, avança descentralizando a execução das decisões políticas já tomadas. Criam-se pessoas para, em nome do Governo Nacional, como se fossem uma extensão deste (*longa manus*), executar, administrar, as decisões políticas tomadas" (LENZA, 2013, p.446), ou na forma de descentralização administrativa e política, o mais utilizado nos países europeus, vale dizer, em que se transfere certa autonomia política àqueles que executarão as decisões já tomadas pelo Governo Central, ainda é o modelo adotado pela maioria dos Estados na atualidade.

De volta à formação da Federação Americana, para que as treze colônias independentes tivessem segurança e estabilidade, havia a necessidade de construção de um sistema sólido que não permitisse a retirada do pacto estabelecido, que obrigasse os Estados a abrirem mão de suas soberanias em prol de um órgão central, que se tornaria soberano e seria responsável pela unificação.

Obviamente que nenhum Estado queria abrir mão de sua independência, em especial, das suas capacidades de gerir negócios próprios e ter suas próprias receitas.

Assim através dos estudos publicados por Alexander Hamilton, James Madison e John Jay, surgiu a ideia de que esses Estados soberanos abririam mão de suas soberanias, o que retirava por completo a possibilidade de secessão, porém, manteriam suas autonomias, dentro do que se chamou pacto federativo, dando origem, então, aos Estados Unidos da América.

Ou seja, Estados que se uniram no território americano, abriram mão de suas soberanias, mas não de suas autonomias políticas, administrativas e financeiras.

Uadi Lammêgo Bulos (2015, p. 922), assim define a Federação:

> Trata-se de uma *unidade* dentro da *diversidade*. A *unidade* é ela, a *federação*, enquanto a *diversidade* é inerente às partes que a compõem, isto é, os *Estados*, com seus caracteres próprios.
>
> A federação, portanto, é um *pluribusinunum*, ou seja, uma *pluralidade* de Estados dentro da *unidade* que é o Estado Federal.

Celso Ribeiro Bastos (1995, p. 97), bem explica o modelo de Estado Federal:

> É uma forma de organização do poder que dá lugar, no mínimo, a dois níveis diferentes de governo: o central e os regionais (estes denominados províncias, Estados, Cantões ou Landers), cada um com suas competências próprias, segundo uma partilha assegurada pela própria Constituição Federal. Estão aí os elementos fundamentais de toda a Federação. A divisão das competências de governo de modo tal a que elas possam ser exercidas autonomamente, vale dizer, não por graça ou favor de um poder delegante mas por direito próprio.

Percebe-se que o movimento de formação da federação americana se deu de fora para dentro. Estados soberanos que fizeram concessões para fazer parte de um Estado maior.

Nas palavras de Pedro Lenza (2013, p. 447) "Dizem os autores, então, que a formação da Federação dos EUA decorreu de um movimento centrípeto, de fora para dentro, ou seja, Estados soberanos cedendo parcela de sua soberania, em verdadeiro movimento de aglutinação."

Como nos Estados Unidos a formação da federação foi por aglutinação, os entes federativos, para entrar no novo Estado que se iniciava, obviamente fizeram exigências e mantiveram suas autonomias. Em outras palavras, não permitiram que o novo Estado que se formava pela união dos demais apequenasse os entes federativos, daí a força e o alto grau de autonomia ali estabelecido.

No Brasil, apesar da tentativa de copiar o modelo norte-americano, a própria circunstância histórica da formação do Estado federal, logo após a proclamação da república em substituição a anos de monarquia e forma de Estado unitário, não permitiu a concessão de uma autonomia real.

Diz-se concessão, pois a formação do Estado federal assim se deu. O Brasil, pela Constituição do Império de 1824, era um Estado unitário, com centralização do poder, que dividiu seu território, ou transformou as províncias existentes em Estados, e concedeu autonomia para que esses passassem a fazer parte de uma Federação.

Não houve negociação, disputas, condições, tal qual se deu em território norte-americano, simplesmente, o Estado Federal transformou as porções de terra divididas em seu território, que até aquele momento recebiam ordens políticas e administrativas do órgão central, em Estados.

Novamente, utiliza-se aqui do excelente magistério de Pedro Lenza (2013, p. 447), em continuidade ao já exposto quando da explicação da formação da federação dos EUA, que de forma muito esclarecedora doutrina:

> Veremos que no Brasil a formação, por outro lado, resultou de um movimento centrífugo, de dentro para fora, ou seja, um Estado unitário centralizado descentralizando-se. Em decorrência dessa razão histórica, conseguimos entender por que os Estados norte-americanos têm autonomia muito maior que os Estados-membros brasileiros.

A fulcral diferença entre as duas federações, portanto, está na origem, enquanto em uma os entes federativos negociaram e fizeram exigências para entrar, na outra houve uma concessão, sem qualquer possibilidade de negociação, e, naturalmente, quando se concede, em especial quando se está a falar de poder, a tendência é que se faça no mínimo necessário.

E assim se formou, desde a Constituição de 1891, a federação brasileira que até hoje mantém a característica de privilegiar o ente federal e concentrar nas mãos da União a maioria das competências administrativas e financeiras.

Essa falha na formação de nossa federação levou Hindemburgo Chateaubriand Pereira-Diniz, um dos maiores estudioso e conhecedores da história dos Estados e da evolução da democracia, a qualificar a federação brasileira de hemiplégica[3].

---

[3] hemiplegia é uma paralisia cerebral que atinge um lado completo do corpo, impossibilitando os seus movimentos.

2. DA CONSTITUIÇÃO DE 1988

Em 5 de outubro de 1988, seguindo a tradição histórica brasileira de alternar uma Constituição outorgada com uma democrática, tem-se a promulgação da Constituição da República Federativa do Brasil de 1988, em substituição a Constituição outorgada de 1967 e sua malfadada EC 1/69.

Como não podia deixar de ser, por vir após um regime autoritário, a grande preocupação do constituinte de 1988 foi garantir os direitos individuais aos brasileiros, sendo esse o grande foco da assembleia constituinte, que repetiu a palavra direito 76 vezes em seu texto original.

No campo do regime federativo, objeto aqui de análise, o constituinte de 1988 inovou ao inserir os municípios como ente federativo, ao dispor no artigo 1º:

> Art. 1º A República Federativa do Brasil, formada pela união indissolúvel dos Estados e Municípios e do Distrito Federal, constitui-se em Estado Democrático de Direito e tem como fundamentos: (...)

E no artigo 18, ao tratar da Organização do Estado no Título III:

> Art. 18. A organização político-administrativa da República Federativa do Brasil compreende a União, os Estados, o Distrito Federal e os Municípios, todos autônomos, nos termos desta Constituição.

O normal da forma de organização do poder no sistema federativo é a existência de dois níveis diferentes de governo, o central e o regional, porém, a Constituição de 1988 adotou um terceiro patamar, inserindo os municípios na categoria de integrante do sistema federativo.

É verdade que ainda hoje existem vozes dissonantes sobre a inclusão dos municípios como ente federativo, em especial, sob o argumento de não possuírem poder judiciário próprio, não se organizarem por Constituição e não fazer-se representar no Senado da República, como os Estados. Porém, fato é que a maioria esmagadora dos doutrinadores consideram os municípios integrantes do pacto federativo, suas competências advém diretamente da Constituição e, portanto, assim devem ser tratados.

A característica principal do regime federativo é a repartição de competências entre os integrantes da federação, e nesse campo adotou a Constituição de 1988 a técnica utilizada pela Constituição norte americana de deixar aos Estados-membros as competências remanescentes, e à União, e no nosso caso também aos municípios, o estabelecimento de competências expressas, enumeradas, no texto constitucional.

Em outras palavras, fixou a Constituição o campo de atuação da União e dos Municípios, deixando aos Estados todas as competências que sobrassem.

O problema é que pouco sobrou, basta olhar o artigo21[4], que trata das

---

[4] Art. 21. Compete à União:
I -manter relações com Estados estrangeiros e participar de organizações internacionais;
II -declarar a guerra e celebrar a paz;
III -assegurar a defesa nacional;
IV -permitir, nos casos previstos em lei complementar, que forças estrangeiras transitem pelo território nacional ou nele permaneçam temporariamente;
V -decretar o estado de sítio, o estado de defesa e a intervenção federal;
VI -autorizar e fiscalizar a produção e o comércio de material bélico;
VII -emitir moeda;
VIII -administrar as reservas cambiais do País e fiscalizar as operações de natureza financeira, especialmente as de crédito, câmbio e capitalização, bem como as de seguros e de previdência privada;
IX -elaborar e executar planos nacionais e regionais de ordenação do território e de desenvolvimento econômico e social;
X -manter o serviço postal e o correio aéreo nacional;
XI -explorar, diretamente ou mediante autorização, concessão ou permissão, os serviços de telecomunicações, nos termos da lei, que disporá sobre a organização dos serviços, a criação de um órgão regulador e outros aspectos institucionais;
XII -explorar, diretamente ou mediante autorização, concessão ou permissão:
a)os serviços de radiodifusão sonora e de sons e imagens;
b)os serviços e instalações de energia elétrica e o aproveitamento energético dos cursos de água, em articulação com os Estados onde se situam os potenciais hidroenergéticos;
c)a navegação aérea, aeroespacial e a infra-estrutura aeroportuária;
d)os serviços de transporte ferroviário e aquaviário entre portos brasileiros e fronteiras nacionais, ou que transponham os limites de Estado ou Território;
e)os serviços de transporte rodoviário interestadual e internacional de passageiros;
f)os portos marítimos, fluviais e lacustres;
XIII -organizar e manter o Poder Judiciário, o Ministério Público do Distrito Federal e dos Territórios e a Defensoria Pública dos Territórios;
XIV -organizar e manter a polícia civil, a polícia militar e o corpo de bombeiros militar do Distrito Federal, bem como prestar assistência financeira ao Distrito Federal para a execução de serviços públicos, por meio de fundo próprio;
XV -organizar e manter os serviços oficiais de estatística, geografia, geologia e cartografia de âmbito nacional;
XVI -exercer a classificação, para efeito indicativo, de diversões públicas e de programas de rádio e televisão;
XVII -conceder anistia;
XVIII -planejar e promover a defesa permanente contra as calamidades públicas, especialmente as secas e as inundações;
XIX -instituir sistema nacional de gerenciamento de recursos hídricos e definir critérios de outorga de direitos de seu uso;

competências administrativas, e o artigo 22[5], que trata das competências

XX -instituir diretrizes para o desenvolvimento urbano, inclusive habitação, saneamento básico e transportes urbanos;
XXI -estabelecer princípios e diretrizes para o sistema nacional de viação;
XXII -executar os serviços de polícia marítima, aeroportuária e de fronteiras;
XXIII -explorar os serviços e instalações nucleares de qualquer natureza e exercer monopólio estatal sobre a pesquisa, a lavra, o enriquecimento e reprocessamento, a industrialização e o comércio de minérios nucleares e seus derivados, atendidos os seguintes princípios e condições:
a)toda atividade nuclear em território nacional somente será admitida para fins pacíficos e mediante aprovação do Congresso Nacional;
b)sob regime de permissão, são autorizadas a comercialização e a utilização de radioisótopos para a pesquisa e usos médicos, agrícolas e industriais;
c)sob regime de permissão, são autorizadas a produção, comercialização e utilização de radioisótopos de meia-vida igual ou inferior a duas horas;
d)a responsabilidade civil por danos nucleares independe da existência de culpa;
XXIV -organizar, manter e executar a inspeção do trabalho;
XXV -estabelecer as áreas e as condições para o exercício da atividade de garimpagem, em forma associativa.

5 Art. 22. Compete privativamente à União legislar sobre:
I -direito civil, comercial, penal, processual, eleitoral, agrário, marítimo, aeronáutico, espacial e do trabalho;
II -desapropriação;
III -requisições civis e militares, em caso de iminente perigo e em tempo de guerra;
IV -águas, energia, informática, telecomunicações e radiodifusão;
V -serviço postal;
VI -sistema monetário e de medidas, títulos e garantias dos metais;
VII -política de crédito, câmbio, seguros e transferência de valores;
VIII -comércio exterior e interestadual;
IX -diretrizes da política nacional de transportes;
X -regime dos portos, navegação lacustre, fluvial, marítima, aérea e aeroespacial;
XI -trânsito e transporte;
XII -jazidas, minas, outros recursos minerais e metalurgia;
XIII -nacionalidade, cidadania e naturalização;
XIV -populações indígenas;
XV -emigração e imigração, entrada, extradição e expulsão de estrangeiros;
XVI -organização do sistema nacional de emprego e condições para o exercício de profissões;
XVII -organização judiciária, do Ministério Público do Distrito Federal e dos Territórios e da Defensoria Pública dos Territórios, bem como organização administrativa destes;
XVIII -sistema estatístico, sistema cartográfico e de geologia nacionais;
XIX -sistemas de poupança, captação e garantia da poupança popular;
XX -sistemas de consórcios e sorteios;
XXI -normas gerais de organização, efetivos, material bélico, garantias, convocação e mobilização das polícias militares e corpos de bombeiros militares;
XXII -competência da polícia federal e das polícias rodoviária e ferroviária federais;
XXIII -seguridade social;
XXIV -diretrizes e bases da educação nacional;

legislativas, para verificar que há uma grande concentração de poder nas mãos do órgão central.

Da mesma forma, quando trata da tributação e orçamento no Título VI da Constituição, o Constituinte concede à União a maior e melhor parte das competências tributárias, concentrando nas mãos do órgão central a arrecadação financeira, o que faz com que Estados e Municípios fiquem a depender de auxílio federal para implementar suas necessidades.

Em um país de dimensão continental, obviamente que essa não é a melhor "logística" para fazer funcionar a máquina estatal.

Com extrema propriedade, o professor Hindemburgo Chateaubriand Pereira-Diniz (2009, p. 847/848) assim discorre sobre o assunto:

> A Constituição de 1988 manteve a disciplina do regime militar, de modo que hoje só a União tem poder para criar novos tributos e os arrecadar, prestigiando a velha tendência centralista, antifederativa e antidemocrática em um país de tamanho continental como o Brasil.
>
> Dessa forma, boa parte dos recursos dos Estados e municípios é recolhida pela União, resultando na impossibilidade de as Unidades Federativas proverem, com meios financeiros próprios, que recebem diretamente dos contribuintes, as necessidades do seu Governo e de sua Administração como sempre ocorreu de 1891 até o fim da vigência da Constituição de 1946.
>
> Por outro lado, de modo diverso do que sucede em quase todas as Federações estudadas, na hipótese de conflitos de competência tributária entre a União e os Estados, a solução, no Brasil, não compete à Justiça; cabe a lei complementar (art.146), que é votada, unicamente, pela União, tendo-se em vista a postura tradicional do Senado, que se nega a agir como representante dos Estados, mas, de maneira estapafúrdia, da República, ignorando a letra e o espírito da Constituição.

XXV -registros públicos;
XXVI -atividades nucleares de qualquer natureza;
XXVII -normas gerais de licitação e contratação, em todas as modalidades, para as administrações públicas diretas, autárquicas e fundacionais da União, Estados, Distrito Federal e Municípios, obedecido o disposto no art. 37, XXI, e para as empresas públicas e sociedades de economia mista, nos termos do art. 173, § 1º, III;
XXVIII -defesa territorial, defesa aeroespacial, defesa marítima, defesa civil e mobilização nacional;
XXIX -propaganda comercial.
Parágrafo único. Lei complementar poderá autorizar os Estados a legislar sobre questões específicas das matérias relacionadas neste artigo.

O objetivo central de uma federação é a descentralização do poder político, de forma que os Estados membros e os municípios possam governar com liberdade e respeito às heterogeneidades e, especialmente, aumentar o poder de fiscalização do poder pelos administrados.

Sim, pois quanto mais próximos dos governantes estiverem os governados, maior a capacidade de fiscalização. Mas não só de fiscalização, também de reivindicação, de exigir a devida prestação estatal.

Na prática, essa reivindicação acaba ocorrendo no ente estatal mais próximo, no caso os municípios, porém, esse não possui a devida correspondência orçamentária para fazer frente à demanda, como, por exemplo, no campo da saúde pública, o que gera um desacerto nessa repartição de competências.

A título exemplificativo, no tocante à saúde pública, a Constituição prevê em seu artigo 196 que "A saúde é direito de todos e dever do Estado, garantido mediante políticas sociais e econômicas, que visem à redução do risco de doença e de outros agravos e ao acesso universal e igualitário às ações e serviços para sua promoção, proteção e recuperação".

Baseados nesse direito amplo e irrestrito que responsabiliza todos os entes estatais pela promoção da saúde, as pessoas que necessitam de atendimento, medicamento, tratamento hospitalar, seja de menor ou maior complexidade, acabam buscando no ente municipal sua guarida, pois é o que está mais próximo, mais acessível, pode-se dizer.

Muitas das vezes essas questões são judicializadas e, mesmo havendo previsão legal e até constitucional de repartição de responsabilidades, atribuições e competências aos entes federativos, o próprio Poder Judiciário acaba por exigir do município o atendimento da necessidade imediata do administrado, seja ela qual for, e a que custo for.

De toda sorte, a questão concernente à saúde pública é um bom exemplo para evidenciar de forma clara os malefícios de um sistema federativo incompleto, que de um lado concentra poderes e receitas e de outro distribui a responsabilidade entre os entes federativos de maneira desproporcional, mas isso é tema para um próximo artigo.

Ademais, o engessamento das Constituições estaduais por um excessivo número de normas de reprodução obrigatória e de competências fixadas à União desnatura a federação, fazendo com que a forma de estado brasileira assemelhe-se mais ao estado unitário que ao federativo.

Assim, é essencial que seja feita uma ampliação da discricionariedade do poder de atuar dos entes federativos para que o modelo adotado no Brasil se caracterize, efetivamente, como federativo.

CONCLUSÃO - FORMA DE ALTERAÇÃO

A dúvida que fica é sobre a forma de se fazer tal alteração. É necessária uma nova Constituição? Pode ser feita por emenda constitucional?

A Constituição de 1988, no artigo 60, §4°, inciso I, definiu a forma federativa de Estado como cláusula pétrea, e, portanto, inalterável, ao proibir a deliberação de proposta de emenda que busque abolir a forma federativa, além do voto direto, secreto, universal e periódico; a separação dos Poderes; e os direitos e garantias individuais.

Como se vê, a intenção do constituinte com tal disposição foi de enaltecer a forma federativa de Estado, colocando-a como algo essencial ao funcionamento e desenvolvimento do país.

Portanto, como explanado, se a repartição de competências estabelecida na Constituição não está de acordo com os elementos fundamentais de um regime federativo, emenda que vise "arrumar" o pacto federativo e lhe dar a real roupagem de uma federação, não pode ser considerada inconstitucional.

A repartição de competências pode, e deve, ser revista através do exercício do poder constituinte derivado reformador, para que assim se possa equanimizar as competências administrativas e arrecadatórias entre os entes que compõe a Federação (União, Estados, Municípios e Distrito Federal), para que cada um exerça a administração e gerenciamento de seus serviços e negócios próprios respeitando suas peculiaridades e necessidades.

Não há nesse caso a necessidade de movimentação do poder constituinte originário para elaboração de nova Constituição, visto que a própria Constituição de 1988 atribuiu ao Congresso Nacional o poder de fazer alterações em seu texto, em especial, quando essas alterações privilegiam princípios fundamentais do texto constitucional, como é o caso.

A efetiva reforma do sistema de repartição de competências administrativas, legislativas e tributárias, poderá trazer a Estados e Municípios maiores obrigações, porém, com a devida fonte de custeio, e assim possibilitar uma melhora nos serviços públicos focada na realidade e necessidades regionais e específicas de cada componente da federação.

O Brasil é um Estado federal simétrico, em que os entes públicos de um mesmo nível exercem idênticas competências, mas temos nuances assimétricas, decorrentes de diferenças econômicas, sociais e culturais entre os entes federados, o que justifica, em face dessas singularidades, um pacto federativo mais amplo, que traduza uma reforma especial quanto à organização ou a distribuição de competências, que proporcione maior possibilidade de atuação aos gestores municipais. Essa necessidade decorre não só da diversidade cultural, regional e social existente, mas, principalmente por se tratar de um país "continental", cuja grandeza não afeta apenas a amplidão demográfica, mas, principalmente, as necessidades de diferentes setores, que se agigantam em regiões diferentes e clamam por uma administração menos centralizada, mais próxima aos problemas a serem apurados, estudados e resolvidos.

Daí se conclui que a repartição de competências entre os diferentes entes federativos deve não só atender o princípio da predominância do interesse, como deve conferir mais ênfase à responsabilidade do município, como critério definidor para suas atribuições, prerrogativas e competência.

REFERÊNCIAS

BASTOS, Celso Ribeiro. **Curso de Teoria do Estado e Ciência Política**, 3. ed. São Paulo: Saraiva, 1995.

BULOS, Uadi Lammêgo. **Curso de Direito Constitucional**, 9. ed. São Paulo: Saraiva, 2015.

HAMILTON, Alexander; MADISON, James; JAY, John. **O federalista**, Belo Horizonte: Líder, 2003.

LENZA, Pedro. **Direito Constitucional Esquematizado**, 17. ed. São Paulo: Saraiva, 2013.

PEREIRA-DINIZ, Hindemburgo Chateubriand. **Federação hemiplégica e semidemocracia**: a realidade do Brasil, Belo Horizonte: BDMG, 2009.

SARLET, Ingo Wolfgang; MARINONI, Luiz Guilherme; MITIDIERO, Daniel. **Curso de Direito Constitucional.** 3. ed. São Paulo: Revista dos Tribunais, 2014.

13
O RECRUDESCIMENTO DA POLÍTICA CRIMINAL BRASILEIRA CONTEMPORÂNEA: ENTRE O DIREITO PENAL SIMBÓLICO E O ALARMISMO SOCIAL[1]

THE HARDENING OF CONTEMORARY BRAZILIAN CRIMINAL POLICY: BETWEEN SYMBOLIC CRIMINAL LAW AND SOCIAL ALARMISM

Henrique Abi-Ackel Torres[2]

RESUMO

Vivemos uma época em que a velocidade das informações faz com que o sentimento de consternação para com o fenômeno delitivo seja cada vez mais forte. Dessa consternação, nasce um verdadeiro alarme coletivo, compreensível, pelo medo de ser também vítima de um crime, e um sentimento de identidade com as vítimas. Esse contexto tem se incorporado à Política pública criminal

[1] O conteúdo deste trabalho corresponde ao resultado parcial da pesquisa desenvolvida pelo no Programa de Doutorado da Universidade de Sevilha/ESP (cuja pesquisa realizada sob a orientação do Prof. Dr. Miguel Polaino Navarrete).

[2] Professor na Unifenas/MG e IBHES/FACEMG (graduação), e na PUC Minas (especialização); Mestre pela Faculdade de Direito Milton Campos/MG; Doutor pela Universidade de Sevilha/ESP; Advogado. Currículo Lattes: http://lattes.cnpq.br/2297979084674897. E-mail: henriqueabiackel@gmail.com

do Estado, provocando um recrudescimento despreocupado com o próprio combate ao delito. A prevenção ao crime é tarefa das mais complexas, e o afastamento dos especialistas tem feito com que irrompam posturas populistas, criando rupturas no sistema de garantias do Direito penal e do Processo penal. Antes de ocorrer um verdadeiro colapso na leitura constitucional do Sistema penal, é preciso reconduzir a discussão para o viés técnico, diminuindo a ênfase unicamente simbólica da estratégia de tutela punitiva atual.

Palavras-chave: POLÍTICA CRIMINAL, DIREITO PENAL, POPULISMO, VITIMOLOGIA.

ABSTRACT

It is very clear that our era is marked by the speed in which the information is disseminated. This gives us a stronger sense of consternation towards the criminal phenomenon. Thus, a collective alarm arises, which is understandable, because of the fear of becoming a victim of criminal offenses, as well as a sense of identify with the victims. This context has been incorporated by the public criminal policy makers, provoking a stronger response on the fight against crime. The prevention toward crime is one of the most complex tasks of the State, but the removal of the specialists from the discussion has led to the emergence of populist positions, creating ruptures in the system of guarantees of criminal law and persecution. Before a real collapse occurs in the constitutional interpretation of the penal system, the discussion bust me redirected towards a technical bias, reducing the symbolic function of the current punitive strategy.

Keywords: CRIMINAL POLICY, CRIMINAL LAW, POPULISM, VICTIMOLOGY

INTRODUÇÃO

O "tom" de nossa época é a velocidade. A velocidade, especialmente, com que as informações se disseminam através dos meios de comunicação e das redes sociais, algo que vem influenciando sobremaneira as próprias relações sociais.

Isso nos traz uma enorme eficiência em alguns aspectos da nossa chamada "sociedade do risco"[3], mas, ao mesmo tempo, causa um verdadeiro alarme

[3] Ver, nesse sentido, Ulrich Beck (BECK, 2010).

coletivo em relação ao possível crescimento da violência, tornando politicamente vantajoso que se tomem iniciativas de endurecimento punitivo – são muitos os exemplos a respeito.

Há uma verdadeira instrumentalização do fenômeno criminal, sem preocupação com as consequências político-legislativas da difusão de verdadeiros dramas cotidianos, introduzindo uma nova cultura político-criminal de recrudescimento.

É preciso repensar. Falta um contexto técnico na análise do fenômeno delitivo, que é muito necessário, já que o combate à delinquência é tarefa do Estado, detentor do monopólio da intervenção punitiva, que por si só já encerra o meio mais contundente de controle social formalizado.

Desde as sociedades primitivas, está claro que o mecanismo básico de manutenção da ordem pública sempre foi a ameaça de retaliação, mas não podemos esquecer que existem mecanismos voltados à dissuasão e prevenção da criminalidade que, ainda que não deem os mesmos dividendos políticos, podem possuir o arcabouço necessário para prevenir condutas futuras.

Há uma necessidade de resgate técnico das políticas públicas, sendo imprescindível a participação de especialistas.

Vemos, hoje, algumas providências carregadas de simbolismo, modificando as funções primárias e até mesmo secundários de todo o Sistema penal, com objetivo de simplesmente dar uma resposta rápida ao sufocante alarme da opinião pública, muitas vezes desinformada, ou mal informada.

A crença de que o simples incremento de penas e legislação simbólica é a forma apropriada de enfrentar problemas sociais de extrema complexidade, em que os ânimos se encontram exaltadas, é preocupante.

A tentativa aqui será a de resgatar o ponto de ligação entre o discurso político-criminal da atualidade (que em âmbito legislativo vem ganhando forte inclinação simbólica e punitivista) e o objeto mesmo do Direito Penal (a tutela de valores eleitos).

Com uma certa frequência, percebe-se que a legislação perde seu argumento de racionalidade e desemboca no discurso simbolista e com conteúdo punitivista em expansão constante.

O caminho escolhido neste texto passará pela base da constrição político-criminal, uma brevíssima análise de posturas contemporâneas, que vêm influenciando a Política criminal, demonstrando como vem sendo seu caminho de recrudescimento da intervenção punitiva. O ponto de chegada é a conclusão, ainda parcial e em construção, de que o Direito Penal simbólico foi elevado a estratégia principal de atuação do Sistema de Justiça.

Por fim, apresenta-se uma tentativa de solução ao problema aqui localizado. E o caminho, inevitável, é o resgate dos princípios constitucionais em matéria penal. Somente assim se conseguirá algum sucesso que racionalize a intervenção punitiva da atualidade.

1. A CONSTRUÇÃO E OS ATORES DA POLÍTICA CRIMINAL ATUAL

O Processo de construção da Política criminal é extremamente complexo, como é a construção de qualquer Política de Estado. Especialmente quando compreendemos a Política criminal como uma política pública (ABI-ACKEL TORRES, 2018, p. 69 e ss.).

Devemos lançar mão de instrumentos que norteiam a aplicação da pena, mas não apenas isso. A Política criminal também possui a função de criticar a legislação vigente. A improvisação, a arbitrariedade, a irracionalidade não devem formar parte do Sistema penal.

Não há uma Política criminal sem pressupostos, sem marcos, sem referências, especialmente não pode prescindir de ditames constitucionais.

Na verdade, no âmbito acadêmico, há uma escassez de atenção à problemática da criação do Direito em geral. Daí a necessidade de aprofundar nossa atenção à elaboração legislativa, que exerce papel de controle social intenso e grave.

Assim, no que se refere à parte geral da Política criminal, também chamada primária, podemos nos referir aos entes oficiais: o legislativo, o executivo e o judiciário[4].

Para Tamarit Sumalla, a compreensão dos atores que participam do processo político-criminal é essencial, pois, em uma visão global, são eles que tomam as decisões, pelas quais a Política criminal se expressa. Além dos atores primários acima citados, há atores secundários, dotados de poder de fato para modificar os rumos da Política criminal[5]. Essa pluralidade de atores confirma a complexidade da Política criminal.

---

4 É que a produção, crítica, análise, iniciativa, verificação constitucional e a própria aplicação das normas de âmbito penal ocorrem no âmbito dos órgãos oficiais do Estado.

5 Tamarit Sumalla, pp. 26-30

Enfim, está claro que a construção desta política pública não está apenas nas mãos de atores oficiais, mas no seio da sociedade, seja em grupos organizados, seja em meios de comunicação, redes sociais, associações de vítimas, etc. Isso nos leva a compreender esse processo de tomada de decisões como algo profundamente sensível, baseado na construção de pontes e redes entre diversas organizações estatais, e não estatais.

Ainda que em matéria de imposição do castigo haja um monopólio estatal, o discurso e a atenção aos papéis de diversos atores chegou a um nível extremamente complexo e importante, especialmente quanto a determinadas políticas de segurança relacionadas à prevenção e ao controle da criminalidade.

Em um país de extensão continental como o nosso, o Congresso Nacional, por exemplo, possui uma composição extremamente heterogênea, dificultando a delimitação de alguns âmbitos e agendas de discussão, o que não significa que essa heterogeneidade seja um mal para a democracia – pelo contrário –, mas as vezes criam-se dificuldades para a convergência de ideias sobre políticas de tamanha complexidade, diminuindo a velocidade com a qual se forma um consenso.

Fato é que o Direito penal deve se manter, como desde o Iluminismo, ancorado em postulados libertários. Por isso, devemos desconfiar quando há manifestação, ou uso, de poderes públicos oficiais para desestabilizar o sistema de garantias constitucionais que limitam o poder penal.

Não é nosso objetivo tratar da questão política atual em nosso país, mas claramente vivemos um modelo estático de Estado de Direito, frente ao qual se deveria defender a autonomia dos poderes e a elaboração de um modelo racional e eficiente de Política criminal, como, por exemplo, nas proposições de Habermas (1996, pp. 287-288), com fundamentos em pautas ético políticas, e exigências de efetividade e eficácia, de consistência e comunicabilidade.

Em sociedades de grande complexidade, especialmente no contexto pós-moderno, os processos de decisão apresentam a intervenção de diversos núcleos decisórios, o que é francamente benéfico para a democracia, pois traz maior participação pública em âmbito de formulação de políticas. O problema surge quando há uma potencialização do caráter emocional, em grupos de pressão especialmente interessados em instrumentalizar sentimentos próprios, como, por exemplo, das vítimas, ou no próprio medo de também ser vítima do fenômeno delitivo.

Apesar de os grupos de pressão serem um fenômeno presente em qualquer sociedade com tecidos sociais mais ou menos complexos, atuando no *lobby* legislativo, quando trata-se de fenômeno delitivo, há que se tomar certo cuidado com a realidade que vai sendo criada, pois a Política criminal deve ser empírica para possuir efetividade, e não necessariamente agradar completamente os anseios populares.

Há que se tomar certo cuidado especialmente com os meios de comunicação que pretendem atuar no processo político-criminal. São formadores de opinião pública que acabam determinando o *policy-making process* dentro de suas agendas. Terminam sendo os grandes fixadores das prioridades no âmbito da Política criminal legislativa do Estado.

Não há a menor dúvida de que o processo de construção da Política criminal do Estado brasileiro tem se afastado das bases empíricas, do próprio conhecimento das causas da delinquências e das decisões estratégicas, para mergulhar em um contexto cada vez mais populista, que busca o recrudescimento como estratégia única, tanto de combate à criminalidade, como para exercer um efeito sedativo sobre as massas em histeria coletiva.

Antes, porém, de tratarmos da criação da estratégia de recrudescimento com bases populistas, há que se compreender, ainda que de maneira breve, a crise operada no modelo de *policy-making* atual, que possui contornos que podemos chamar de "vitimização coletiva" e afeta toda a nossa sociedade.

2. O FENÔMENO DE VITIMIZAÇÃO E A CRISE DO MODELO TRADICIONAL

Nos parece absolutamente claro o panorama atual: uma crise generalizada dos modelos tradicionais – especialmente o modelo garantista – permitindo que se infiltrem ideias próprias de um modelo de segurança pública e defesa social.

Há, com isso, a consequente introdução de elementos securitários, inclusive fora das normas de controle social formalizado (penal), com uma crise de referentes identitários, intensificando o caráter multicultural e a reforma das próprias normas informais de comportamento (BRANDARIZ GARCIA, 2004, p. 39).

Temos vivido em uma situação em que temos a sensação plena de que estamos em situação de emergência, que em alguns países do exterior gera uma ideia de evasão, ou negativa, chamada *acting out*, onde respostas acabam sendo evasivas ou arbitrárias, para não confrontar a crise.

Explica-se: há um descrédito no discurso penal, especialmente em sua realidade operativa, onde claramente há uma falta de crença na pena. Paradoxalmente, busca-se utilizar a punição penal como verdadeiro remédio para todos os problemas sociais, em um contexto de "guerra" ao crime.

É absolutamente normal que os membros da sociedade moderna tenham medo ao delito (NEUMANN, 2003, p. 206), havendo um processo coletivo de vitimização, ao lado de processos individuais (ou grupais) em distintos grupos ou classes sociais (PANTAZIS, 2000, pp. 414-436). De qualquer forma, as concreções na Política criminal acabam sendo sempre as mesmas: endurecimento puro e simples.

É importante considerar que o medo ao delito e o grau de insegurança (CUBERT, 2011, p. 25) não devem ser medidos apenas pela quantidade de crimes, mas pelo sentimento geral. È essencial ponderar-se sobre o nível de desamparo das vítimas e sobre qual o estado em que se encontram.

Lembremos que o Sistema penal encerra custos sociais importantes, como a produção massiva de sofrimento e estigmatização – do delinquente, da vítima, de todo o entorno social. Estes custos não podem ser subestimados.

Em todo esse conceito, é essencial compreender o conceito em que se dá o recrudescimento atual, especialmente sua origem. Há que se verificar que a crise ao modelo de Estado de bem-estar social, e a ênfase neoliberal de desregulamentação de âmbitos da vida social criou um choque. A desregulamentação generalizada juntou-se ao âmbito da total insegurança e isso deve ser compreendido para fins de Política criminal.

Para tanto, é importante reconstruir esse colapso ocorrido nos anos 1980 a partir de determinadas noçoes de perfis populistas oriundos do contexto anglo-saxão, só então será possível compreender o medo coletivo ao delito e a sensação de identidade com a vítima, que permeia o recrudescimento da Política criminal pátria nos últimos anos.

Além de tudo isso, não se pode olvidar do ressurgimento ou reincorporação da vítima na questão político-criminal, que foi algo recente[6]. Houve uma revisão de questões jurídicas para passar a atender a vítima no Sistema penal, revisitando questões jurídicas importantes, dentro de um contexto vitimo-dogmático.

---

[6] A respeito, v. Abi-Ackel Torres, 2018, p. 306 e ss.

Não deixa de ser interessante a reorientação do sistema para atendimento à vítima, que deseja ser atendida, reparada e, - por que não? – ver o seu algoz punido. O que deve ser criticado é a instrumentalização dos anseios emotivos das vítimas, para justificar a agenda punitiva que tanto vemos na atualidade.

O Sistema penal tradicional trata da relação fundamental delinquente--Estado. Nem sempre se via a necessidade de se conhecer a vítima. Ao largo das últimas décadas, desde o nascimento e crescimento da própria Criminologia, introduziu-se a relação delinquente-vítima-Estado (BERISTAIN, 1989, p. 87). Parece muito mais adequado com a realidade essa consideração da globalidade de relações dentro do ambiente penal.

Contudo, o Direito penal não costuma possuir tantas considerações ao contexto da vítima. Não resta dúvida que a influência da Vitimologia sobre o Direito penal é cada vez mais necessária, já que se deve atender às vítimas A Vitimologia, diga-se, é produto de diversas linhas ideológicas e ciências paralelas ao Direito penal, que, juntas, formam a integralidade do Sistema penal.

As vítimas possuem cada vez mais importante papel no estudo do Sistema penal. Isso é resultado, até mesmo, da própria identificação crescente da sociedade com o papel de vítima. No seio da Dogmática penal, deve-se fazer referência aos critérios de merecimento e necessidade da pena, a partir dos quais Schunemann introduziu critérios vitimológicos, cuja renúncia levaria a determinadas repercussões dogmáticas (TAMARIT SUMALLA, 1998, p. 23).

Também Frisch e Hassemer contribuíram para a formulação de ideais vitimo-dogmáticos. Veja-se que há várias tentativas de incluir, portanto, a interação da vítima na dinâmica delitiva (TAMARIRT SUMALLA, 1998, p. 23). Há que se ter cuidado, porém, com eventuais tendências à privatização da vingança própria do Direito penal.

Alguns discursos que pleiteiam eventuais direitos das vítimas podem ter esse eco perigoso, favorecendo um certo *etiquetamento inverso*, e a produção e ampliação do fenômeno da vitimização, já que pode haver uma exposição sucessiva a novos processos de vitimização. Há que se verificar cuidadosamente as repercussões, e afastar o caráter puramente emocional do discurso punitivo.

Definitivamente, a construção político-criminal de estratégias de punição deve ser blindada de um discurso que seja unicamente emocional. A eventual tradução dos paradoxos de vitimização na legislação penal acaba por instrumentalizá-las, abrindo caminho para o endurecimento sem caráter racional necessário (CEREZO DOMÍNGUEZ, 2010, p. 91).

Compreende-se perfeitamente que as vítimas (e até mesmo a sociedade identificada com a vítima) se vejam desamparadas e em busca de providências estatais. Ainda assim, o Estado deve possuir o distanciamento necessário para efetuar análise completa da eventual efetividade de medidas político-criminais, sob pena de criar um ambiente de ainda maior insegurança e afastamento dos postulados básicos e clássicos do Direito penal.

3 - O RECRUDESCIMENTO DA POLÍTICA CRIMINAL E A INFLUÊNCIA POPULISTA

O populismo, ainda que dentro de uma concepção pejorativa e autoritária, não possui necessariamente uma ligação ideológica, podendo até mesmo possuir uma neutralidade quanto a eventuais ideais políticos.

Porém, uma coisa há em comum a qualquer perfil populista: quando voltado à influência da Política Criminal recente, sempre apresenta tendências para o recrudescimento da punição.

Podemos estabelecer como marco desta concepção o contexto político do Estado de bem-estar social, especialmente no modelo anglo-saxão, e as campanhas midiáticas em torno do tema "delito", as chamadas *awarness-raising campaignss* (KARIM, 2006, p. 266).

O sentimento comum de pouca confiança popular na capacidade da justiça penal estatal, uma verdadeira sensação de fracasso para com o Estado, fez com que se reagisse, reafirmando o próprio poder punitivo estatal, o que agravou as críticas à política correcionalista do *welfarismo* (ou bem-estar social), e fez com que este anterior estado de coisas entrasse em colapso (ABI-ACKEL TORRES, 2018, p. 234).

Tudo isso coincidiu com as taxas de criminalidade em ascensão nos anos 1980, favorecendo uma reação punitivista, e a própria erupção de um certo neoconservadorismo nas disciplinas morais, especialmente com Margareth Thatcher na Grã-Bretanha e Ronald Reagan nos Estados Unidos (GARLAND, 2005, p. 175), o que produziu uma verdadeira obsessão pelo controle em todos os aspectos.

O delito, então, passou a ser visto como uma manifestação de indisciplina.

Neste contexto político-social, aqui tratado com bastante brevidade[7], acabam irrompendo as chamadas políticas de "Lei e Ordem" e "Tolerância zero",

---

[7] Trata-se de desenho político-social muito mais complexo do que o aqui traçado. Ver Abi-Ackel Torres, 2018, p. 225 e ss.

já gozando de amplíssimo apelo popular e apoio dos meios de comunicação em massa (GARLAND, 1999, p. 87).

Houve a exclusão de especialistas do debate, e um incremento ainda maior da violência social reativa, dificultando a coesão social.

As Políticas de "Lei e Ordem" não representam um conjunto determinado de ações, possuindo traços comuns de recrudescimento punitivo. É, além de algumas características, um conceito amplo, que permite englobar propostas teóricas como a própria "Tolerância Zero". Esta, por sua vez, é uma forma de política de segurança baseada na ausência de tolerância frente às infrações legais, sem importar a gravidade. Na experiência anglo-saxã serviu como uma espécie de *carte blanche* aos órgãos de segurança pública.

Tudo isso se baseia na ideia de que "*o castigo funciona*", favorecendo claramente a política simbólica de endurecimento (GARLAND, 2005, p. 195). Há, até mesmo, um complexo psicológico na necessidade das massas por vingança: segundo Freud, o castigo representa uma compensação às restrições que se impõem ao próprio sadismo, sentimentos que ficam claros na multidão de pessoas curiosas e enfurecidas em relação ao delito (FALCON Y TELLA, 2005, pp. 52-53), e na Política criminal de "incapacitação social", justificado na "proteção da sociedade", ignorando a complexidade das relações político-sociais (ABI-ACKEL TORRES, 2018, p. 237).

Essas ideias político-criminais anglo-saxãs de claro viés securitário cruzaram continentes. Chegaram à Europa continental e, agregando-se à ideia de sociedade do risco de Ulrich Beck, conseguiu adesão dos cidadãos com a proposta de "segurança cidadã" (RANDO CASERMEIRO, 2010, p. 4), voltado também para os bens jurídicos econômicos, além dos medos dirigidos ao estrangeiro e imigrante, que faz parte da imagem geral do contexto europeu.

O alarmismo, especialmente em relação à criminalidade tradicional, passou a compor-se também de um sentimento de revolta em face da criminalidade econômico-empresarial, com um especial componente voltado à revalorização do componente aflitivo da pena corporal[8], tudo isso voltado ao

[8] A respeito do tema, v. Díez Ripollés, 2007. O autor traça importantes pontos de questionamento da Política criminal na atualidade. Discordamos que haja apenas a preponderância da criminalidade tradicional, mas concordamos com os demais, especialmente com o vitimismo social e a revalorização do caráter aflitivo da pena, que parece ser verdadeiro instrumento de vingança da população alarmada.

"atendimento das demandas sociais", especialmente manipulado por alguns canais midiáticos[9].

Enfim, o modelo, e conceito, anglo-saxão de prevenção e segurança se converteu em exemplo para países continentais europeus e até mesmo para a América Latina (ROBERTS *et al*, 2003, pp. 5-6). A Política criminal regressa às formas repressivas típicas de uma sociedade de controle, com caráter disciplinário e estigmatizante, aplaudida pelas massas sedentas por punição[10].

Na América Latina e especialmente no Brasil são muitas as concreções do endurecimento da Política criminal.

Está presente uma punitividade difusa e uma pressão popular por maior severidade em leis penais, tanto em âmbito tradicional, como em âmbito econômico, colaborando com o incremento de taxas de encarceramento (ABI-ACKEL TORRES, 2018, p. 289). Essa postura, carregada de pragmatismo retórico não são dotadas necessariamente de análises práticas, o que acaba por culminar na vulneração de direitos fundamentais.

Há, porém, em nosso contexto social, um elemento novo de recrudescimento: a própria pressão política junto aos meios de comunicação para propagandear a ideia de incremento do crime, com o objetivo de desmobilizar protestos sociais e trazer a população para o âmbito da "luta contra o crime", chamando atenção para o tema da segurança pública.

São muitos os "pacotes" legislativos voltados para o recrudescimento penal, sem atenção à falta de crença nas posturas político-partidárias, o que acaba por esvaziar o Direito penal de suas funções precípuas preventivas e de proteção ao bem jurídico, para instrumentalizá-lo como mecanismo simbólico de repressão.

Essa estratégia, ainda que atenda reclames vitimológicos e sociais, acaba por instrumentalizar o contexto vitimo-delitivo, tornando o Direito penal simbólico como verdadeiro instrumento de vingança.

9 V. a crítica de Albrecht, 2000. O autor da Escola de Frankfurt trata com verdadeira maestria da política populista no âmbito do Direito penal.

10 Mais a respeito em: Brandariz Garcia, 2007, p. 147 e ss. e Portilla Contreras, 2007, p. 68.

4. O DIREITO PENAL SIMBÓLICO COMO ESTRATÉGIA POLÍTICO-CRIMINAL NA TUTELA PUNITIVA ATUAL

Do ponto de vista da perspectiva da função simbólica do Direito Penal (SILVA SÁNCHEZ, 2001, p. 304), assinala-se que é exercido um efeito psicológico. A ideia é gerar a convicção, na sociedade, de que as normas são aplicadas, possuem eficácia, e produzem efeitos nas pessoas, através de seu simbolismo manifesto (POLAINO NAVARRETE, 2013, p. 143).

O Direito penal possui, sim, efeitos tanto instrumentais como simbólicos.

Os primeiros estão vinculados ao fim, à função de proteção dos bens jurídicos e a prevenção; os últimos têm o intuito de transmitir mensagens à sociedade, conteúdos valorativos, produzindo emoções e representações mentais.

Não se pode negar a existência, nem a necessidade, de alguns efeitos simbólicos.

O que nos parece perturbador é a utilização do Direito penal unicamente como instrumento simbólico, sem atenção ao seu objetivo primário de prevenção ao delito.

A concepção refletida pelo Direito penal simbólico toma como pressuposto o fato de a lei representar a decisão majoritária, o valor fundamental, encarnando um rol político de direção das consciências dos cidadãos (BORJA JIMENEZ, 2009, p. 174).

O ponto de partida para a valoração crítica sobre ser ou não uma norma penal simbólica está, assim, nas consequências e efeitos que produz. A orientação do Direito penal nas suas consequências, segundo Hassemer, pretende que haja um interesse nas consequências fáticas de sua atuação, legitimando as decisões político-criminais (GARCÍA ARÁN, 2008, pp. 193-194).

A função da norma não se esgota em estampar o *desvalor* ao comportamento criminalizado, mas na sua capacidade de evitar aquele comportamento[11].

Nas normas simbólicas, a transmissão de uma mensagem desvalorizadora deixa de considerar-se um *instrumento*, para produzir um fim em si mesmo.

Há um caráter simbólico nas posturas oriundas do recrudescimento penal populista devido aos próprios componentes demagógicos, inclusive com a retirada de componentes de aplicação prático-preventivos, idôneos para fazer frente a alguns âmbitos da criminalidade.

---

11 Mais a respeito em Díez Ripollés, 2001, p. 4. Neste artigo o autor explora o protagonismo que os efeitos penais possuem na aplicação de penas, na atualidade.

A inclusão da cultura punitivista nas últimas reformas penais é utilizada como ícone representativo e simbólico da *vontade* dos governos de fazer frente à criminalidade, já que há uma preocupação com pesquisas de popularidade política, maior que com o efetivo combate à delinquência.

O efeito buscado (e muitas vezes logrado) é imediatista.

É muito claro, no âmbito dos delitos econômicos, por exemplo, que a pena passar a ser vista com feito estigmatizante.

Transfere-se o controle social do plano coercitivo para o plano simbólico, com função de "*educar a sociedade*" e proporcionar respostas, o que poderia ser alcançado com meios menos violentos de controle social formalizado, e até mesmo com a justiça restaurativa.

As leis, portanto, acabam sendo criadas com maior conteúdo de ameaça simbólica que de efetivo castigo, mas quando utilizadas para fins de efetiva repressão, castigam com efeitos de neutralização, concretizando o punitivismo.

Acaba havendo um *jogo de soma zero*, onde se crê que se faz bem à vítima, ao impor-se ainda mais sofrimento ao delinquente (FROST, 2006, p. 72)[12]. Todo este contexto legitima os traços e a própria cultura do populismo punitivo.

A necessidade de reorientar a atenção dos estudiosos e especialistas na área político-criminal é um tema importante.

O sistema penal tem acumulado funções significativamente distintas das que lhe são tradicionais, assumindo um papel de "*código moral da sociedade*", e adquirindo protagonismo na resolução de conflitos, ainda que pudessem ser resolvidos de forma restaurativa.

Desde Von Liszt, a Política criminal é uma Política social, que deve servir para orientar meios de conduta e fortalecer a *coesão* social. O desenvolvimento de programas político-criminais sem profundo conhecimento da realidade social não só é nocivo à sociedade, como retiram prestígio e confiabilidade do próprio sistema penal.

Em se tratando de temas penais que lidam com a supraindividualidade, tal fato é ainda mais grave, pelo próprio caráter complexo que a sociedade adquiriu na pós-modernidade.

---

12 Mais a respeito deste contexto, que é especialmente fundado na ideia de Lei e Ordem anglo-saxã e que aqui não foi explorado de maneira completa em Beckett, 1997.

A reafirmação simbólica do poder punitivo em nada contribui para a manutenção dos bens jurídicos protegidos.

O discurso emotivo, inflamado, retira a proporcionalidade do centro gravitacional da resposta penal, para manter apenas um caráter simbólico, motivado pelo desejo de vingança próprio do contexto de Tolerância Zero.

CONCLUSÕES: ESTRATÉGIAS DE NEUTRALIZAÇÃO DO POPULISMO PENAL.

O motivo de se sugerir um resgate aos elementos principiológicos constitucionais do Direito penal, tem relação à própria definição de critérios de racionalidade de todo o Sistema. As vítimas e os meios de comunicação têm sido os verdadeiros interlocutores da Política criminal brasileira atual, criando-se o ambiente próprio para desenvolvimento de propostas simbólicas.

Sem a utilização de uma amplitude hermenêutica adequada, o discurso penal não preencherá tais requisitos de racionalidade, ficando nas águas rasas do populismo, pelo que precisa buscar sua legitimidade em outros termos – em geral, simbólicos. Verifica-se, então a equivocada utilização da legalidade formal para suprir esta ilegitimidade.

A legalidade oferece garantias, mas não deve ser meramente formal. A norma deve possuir legalidade material para respeitar às necessidades constitucionais de um Estado Democrático de Direito. Daí a necessidade de se fundamentar as opções legislativas penais em critérios empíricos.

Conclui-se que a Constituição deve, então, ser fundamento do sistema jurídico. Não se pode compreender o direito fora deste padrão paradigmático, ainda que venha a satisfazer demandas sociais. A corrida por satisfazer o sentindo comum social, instrumentalizando sentimentos coletivos de vítimas, empobrece o diálogo, criando normas punitivas carregadas de funções simbólicas.

Assim, há que ter-se uma verificação criteriosa e rígida de legalidade (e, por consequência, constitucionalidade) das normas de natureza penal. A isso deve-se somar a criação de critérios razoáveis para orientar as concreções legislativas, já que estamos falando de uma Política pública extremamente restritiva.

Para isso é essencial a recondução dos especialistas ao debate, afastados por alguns atores que participam da tomada de decisão e veem a criação de Políticas públicas muito mais como oportunidade que como solução a problemas comuns. Deve-se impedir a infiltração de discursos puramente emotivos e carregados de conteúdo moral.

Obviamente, a população não deverá ser excluída do debate. Os próprios grupos de vítima, meios de comunicação, etc., possuem plena legitimidade para participar da formulação de políticas, mas o filtro dos especialistas é essencial para que a Política criminal seja racional.

Há que haver um nível de intermediação entre Política e Direito, para que se elabore um modelo racional de legislação penal (DÍEZ RIPOLLÉS, 2003, p. 168), que legitime a adoção de decisões que, ainda que sejam controversas, tenham premissas valorativas e controle de racionalidade.

Lembremos que para que a tutela penal se fundamente na proteção dos direitos e garantias fundamentais, é necessário entender que a Constituição Federal configura limite positivo a esta intervenção punitiva.

O ordenamento penal é, antes, um instrumento de tutela dos direitos fundamentais inscritos na Constituição. Para tanto, torna-se necessária a obtenção de consenso valorativo, dentro de critérios de proporcionalidade, que podem servir como a verdadeira base informativa da construção normativa.

Resgatar princípios constitucionais é algo urgente para estancar o crescimento do Direito penal simbólico. Só assim pode haver confiabilidade. A proporcionalidade, ou proibição do excesso, seria um mecanismo extremamente interessante para ancorar o modelo racional de Política criminal, através de seus três elementos: idoneidade, necessidade, e proporcionalidade em sentido estrito.

Compartilhamos o entendimento de Aguado Correa (1999, p. 114) de que o princípio da proporcionalidade possui um papel central, não só como limite de incriminação de condutas, mas como regra para o próprio legislador. Evita-se, assim, a eventual construção populista em decisões jurídicas (seja em abstrato, seja em concreto).

A proporcionalidade é o critério que pode ao menos frear o atual estado de coisas, trazendo critério à ponderação, ajustando a análise empírica. Não há que se esquecer, porém, da dignidade como critério complementar à legalidade e à proporcionalidade.

Assim, não se reconhece como racionalizadas as intervenções baseadas em legislações simbólicas. Trata-se de um caminho político-criminal que agride valores constitucionais e, o que é pior, por trás de uma imagem de eficiência, revela-se particularmente ineficaz.

O sistema punitivo perdeu seu padrão, oferecendo espaço a uma intervenção mais agressiva, prevencionista (com excessiva utilização de crimes de perigo abstrato) e, não raras vezes, afastada da legitimação constitucional.

Insistimos, portanto, que o caminho adequado passa por entender que a legitimação do Direito Penal deve se basear na construção de um sistema racional de intervenção estatal que respeite as garantias fundamentais oriundas de um Estado Democrático de Direito, especialmente ancorado nos critérios de legalidade, proporcionalidade e dignidade da pessoa humana.

É evidente que não podem ser desconsideradas as novas formas de intervenção penal nesta sociedade de riscos. Tal negligência seria uma temeridade e não é isto que aqui se propõe.

Lembremos, que quando falamos em Política criminal racional, entendemos que não há como manter a pureza de racionalidade, pois sempre haverá um certo conteúdo emocional quando se fala em fenômeno delitivo. Mas, ainda assim, o caráter emocional deve ser reduzido[13].

Sob todo o contexto aqui tratado, ganham relevo algumas medidas de Justiça Restaurativa, com precedentes até mesmo em culturas antigas. Um impulso em seu desenvolvimento poderia alcançar um peso importante na ética do cuidado e de gestão de emoções, em uma chave comunicativa (DE LA CUESTA ARZAMENDÍ, 2017, p. 599 e ss.). Poderia promover respostas que fomentem a restauração dos vínculos sociais quebrados pelo delito, possibilitando a comunidade se envolver em problemas de reinserção social, o que dá maior noção de justiça social.

Por óbvio, nem sempre é possível a adoção de proposta restaurativas, mas é possível complementar a justiça penal. Nos parece razoável expandi-las, explorá-las, ao menos discuti-las, até mesmo em delitos de maior gravidade, como já foi utilizado até em casos de terrorismo no País Basco, por exemplo[14].

Clara é a necessidade de neutralizar o recrudescimento populista. A infiltração do populismo na intervenção punitiva possui efeitos danosos, contraproducentes e sem base racional, que temos visto quase a diário em nosso país.

Um Direito penal de bases simbólicas e populistas não cria harmonia social: serve apenas para a obtenção de vantagens por grupos oportunistas que se aproveitam do alarme social para se manterem na condução de políticas públicas, retroalimentando seus propósitos eleitoreiros, sem jamais resolver o problema de segurança pública.

---

[13] A respeito, v. Damásio, 1996.

[14] A respeito, v. De la Cuesta Arzamendí, 2017, p. 600.

REFERÊNCIAS

ABI-ACKEL TORRES, Henrique. **Política criminal contemporânea: o discurso populista na intervenção punitiva**. Belo Horizonte: D´Plácido. 2018.

AGUARDO CORREA, Teresa. ***El principio constitucional de proporcionalidad.*** Madrid: Edersa. 1999.

ALBRECHT, Peter-Alexis. ***El Derecho penal em la intervención de la Política populista,*** Traducción de Ricardo Robles Planas. *In:* Instituto de Ciencias Criminales de Frankfurt, *La insostenible situación del Derecho penal.* Granada: Editorial Comares, 2000.

BECK, Ulrich. **Sociedade de Risco**; rumo a uma outra modernidade. São Paulo: Editora 34, 2010.

BECKETT, Katherine. ***Making crime pay: law and order in contemporary American politics.*** New York: Oxford University Press. 1997.

BERISTAIN, Antonio. **La Victimología desde uma epistemología teológica y criminológica**. *In:* BERISTAIN, Antonio; DE LA CUESTA ARZAMENDÍ, José Luís. *Victimología.* San Sebastián: Servicio Editorial Universidad del País Vasco. 1989.

BORJA JIMENEZ, Emiliano. **Globalización y concepciones del Derecho penal.** ***In: Estudios penales y criminológicos.*** Vol. XXIX (2009). Pp. 141-206.

BRANDARÍZ GARCÍA, José Angel. **Nuevos riesgos, nuevas ansiedades y expectativas sociales em materia de seguridad ante al delito.** *In:* FARALDO CABANA, Patrícia. ***Derecho penal de la excepción: Terroismo e inmigración.*** Valencia: Tirant lo Blanch, 2007.

CEREZO DOMÍNGUEZ, Ana Isabel. ***El protagonismo de las víctimas em la elaboración de las leyes penales.*** Valencia: Tirant lo Blanch. 2010.

CUBERT, Jaume. ***Um mundo inseguro: la seguridade em la sociedade del riesgo.*** Barcelona: Editorial UOC. 2011.

DAMÁSIO, Antonio R. **O erro de Descartes***:* emoção, razão e o cérebro humano. São Paulo: Companhia das Letras. 1996.

DE LA CUESTA ARZAMENDÍ, José Luís; SUBIJANA, Ignácio José. ***Justicia restaurativa y terapêutica: hacia innovadores modelos de justicia.*** Valencia: Tirant lo Blanch. 2017.

DÍEZ RIPOLLÉS, José Luís. **El derecho penal simbólico y los efectos de la pena**. *In: La Ley*, 2813, 2001. Actualidad Penal, Sección Doctrina, 2001. Ref. 1, pág. 1, tomo 1. Editorial La Ley. Pp. 1-20.

______. ***La política criminal em la encrucijada.*** Buenos Aires: Editorial IB de F, 2007.

______. ***La racionalidad de las leyes penales: práctica y teoría.*** Madrid: Editorial Trotta. 2003.

FALCON Y TELLA, María José; FALCON Y TELLA, Fernando. ***Fundamento y finalidade de la sanción: ¿un derecho a castigar?*** Madrid: Marcial Pons, 2005.

FROST, Natasha. ***Punitive state: crime punishment, and imprisonment across United States.*** New York: LFB Scholarly Publishing LLC. 2006.

GARCÍA ARÁN, Mercedes. El Derecho penal simbólico (a propósito del nuevo delito de dopaje em el deporte y su tratamiento mediático). *In:* GARCÍA ARÁN, Mercedes; BOTELLA CORRAL, Joan. ***Malas noticias: medios de comunicación, política criminal y garantías penales em España.*** Valencia: Tirant lo Blanch, 2008.

GARLAND, ***Castigo y Sociedad moderna. Un estúdio de teoria social.*** Traducción de Berta Ruiz de la Concha, Ciudad de México: Siglo Veintiuno Editores, 1999.

_____, David. ***La cultura del control, crimen y orden social em la sociedade contamporánea.*** Traducción de Máximo Sozzo. Barcelona: Editorial Gedisa, 2005.

HABERMAS, Jürgen. ***Contributions to a Discourse Theory of Law and Democracy,*** translated by William Rehg. Oxford: Polity Press. 1996.

KARIM, Ismaili. Contextualizing the Criminal Justice Policy-Making Process. *In:* ***Criminal Justice Policy Review.*** Volume 17, Number 3. Sage Publications, p. 255-269.

NEUMANN, Ulfrid. Alternativas al Derecho penal. *In:* ARROYO ZAPATERO, Luis; NEUMANN, Ulfrid; NIETO MARTIN, Adán. ***Crítica y justificación del Derecho penal em el cambio de siglo: el análisis crítico de la Escuela de Frankfurt.*** Cuenca: Ediciones de La Universidad de Castilla – La Mancha. 2003.

PANTAZIS, Christina. "***Fear of crime", vulnerability and poverty: evidence from the British Crime Survey.*** *In:* British Journal of Criminology. Vol. 40, 2000, pp. 184-194.

POLAINO NAVARRETE, Miguel. ***Lecciones de Derecho penal:*** *Parte general.* Tomo I. Madrid: Editorial Tecnos. 2013.

PORTILLA CONTRERAS, Guillermo. ***El derecho penal entre el cosmopolitismo universalista y el relativismo posmodernista.*** Valencia: Tirant lo Blanch, 2007.

RANDO CASERMEIRO, Pablo. ***El modelo penal de la seguridad ciudadana em el derecho administrativo sancionador.*** *In:* InDret – Revista para el análisis del Derecho. Barcelona: 1/2010.

ROBERTS, Julian V.; STALANS, Loretta J.; INDERNAUR, David; HOUGH, Mike. ***Populism and public opinion: Lessons from five countries.*** New York: Oxford University Press, 2003.

SILVA SÁNCHEZ, Jesús María. ***Aproximación al Derecho penal contemporáneo.*** Barcelona: JM Bosch Editor. 2001.

TAMARIT SUMALLA, Josep. M. ***La Política criminal como disciplina empírica y valorativa.*** Universidad Oberta de Catalunya, pp. 26-30.

_____. ***La víctima em el Derecho penal:*** *de la victimo-dogmática a una dogmática de la víctima.* Pamplona: Editorial Aranzadi. 1998.

14

REFORMA DA PREVIDÊNCIA: BREVES CONSIDERAÇÕES SOBRE A PROPOSTA DE EMENDA CONSTITUCIONAL N. 06/2019

SOCIAL SECURITY REFORM: ISSUES ON THE PROPOSED CONSTITUTIONAL AMENDMENT N. 06/2019

Paulo Calmon Nogueira da Gama

RESUMO

O presente artigo busca introduzir discussão sobre aspectos da reforma da previdência social trazida pela PEC n. 06/2019, suas bases políticas e econômicas, e suas possíveis incompatibilidades com o sistema constitucional vigente.

Palavras-Chave: Teoria do Estado; Direito Constitucional; Previdência Social; Emenda Constitucional.

ABSTRACT

This article aims to introduce a discussion about aspects of the social security reform brought by the PEC n. 06/2019, its political and economic bases, and its possible incompatibilities with the current constitutional system.

Keywords*: Theory of State; Constitutional law; Social Security; Constitutional amendment.*

CONSIDERAÇÕES INICIAIS

Decorridos três meses de sua assunção, o atual o Governo federal encaminhou ao Congresso Nacional a PEC 06/2019, Proposta de Emenda Constitucional, cujo teor "*modifica o sistema de previdência social, estabelece regras de transição e disposições transitórias, e dá outras providências*".

A "Reforma da Previdência", dada sua amplitude e alcance (inclusive além da própria temática previdenciária), tal como proposta pela PEC 06/2019, pretende as maiores e mais profundas rupturas sistêmicas com os modelos previdenciários nacionais.

Após quase um século de maturação e aperfeiçoamento (tendo por base a chamada Lei Eloy Chaves, de 1923, como marco normativo da fase do Brasil República), o arcabouço previdenciário, que iniciara seu estágio de constitucionalização desde a Carta de 34 (instituído o sistema tripartite para seu financiamento), foi se encorpando a cada nova ordem constitucional e, afinal, teve seus princípios e contornos, tais como hoje vigentes, consolidados na Constituição da República de 1988, espraiando-se ao ordenamento infraconstitucional.

Desde a promulgação da Constituição Cidadã, a par da moderna produção legislativa que dela defluiu, algumas reformas previdenciárias foram encetadas. As alterações advindas, em especial pelas Emendas Constitucionais ns. 20, 41 e 47, já promoveram relevantes alterações nas expectativas dos segurados previdenciários, notadamente tornando mais restrito e demorado o acesso a benefícios, seja ao contribuinte do setor privado ou do público.

Mas, ao contrário do que ocorre agora, jamais se buscou a desconstitucionalização das regras previdenciárias, o que significa, é óbvio, sua ordinarização normativa, ou seja, a supressão, ao menos no âmbito constitucional, das garantias até então inerentes ao sistema. Tampouco se pretendeu a alteração na essência do financiamento do sistema, transmutando o histórico regime de repartição solidária entre gerações para o de capitalização individual.

Com efeito, a atual investida reformista pretende ir muito além de qualquer mudança anterior. A teor da PEC 06/2019, leis complementares serão as responsáveis por disciplinar questões essenciais ao regimes geral da previdência (RGPS) e próprios de servidores públicos (RPPS). Com isso, já se impõe uma primeira constatação: o passo político proposto – a *desconstitucionalização* do sistema – segue no caminho inverso do até então trilhado em nosso ordenamento quanto à evolução da temática previdenciária, qual seja, o de que suas bases consolidadas estejam sob os contornos e princípios estatuídos na constituição nacional, cujo caráter, no Brasil, é historicamente *analítico*. Outra característica sempre lembrada pela doutrina é a da *rigidez* da Carta política brasileira, que confere segurança e estabilidade ao sistema constitucional e ao ordenamento em geral.

Essas duas características marcantes e tradicionais do constitucionalismo nacional são fundamentais para se entender a legitimidade ou não de determinadas iniciativas políticas, especialmente por parte daqueles que, ao iniciarem seus mandatos e ofícios, são obrigados a prestar juramento de defesa e respeito à Carta Magna vigente.

A Constituição da República é o instrumento constitutivo do próprio Estado brasileiro, que internacionalmente põe assento à soberania do País e internamente vincula a todos, pessoas físicas ou jurídicas, de direito público ou privado. A um só tempo representa sua *Carta Política* máxima, seu magno *Código do Direito* e seu supremo *Manual da Economia*; isso, para ficar em apenas três dos principais ramos das ciências sociais.

Mais: o grande traço diferenciador da vigente Carta é justamente o que a fez merecer o epíteto de *Cidadã*. É essa, dentre as sete constituições republicanas, a que mais amplamente cuidou de proteger direitos e garantias fundamentais, individuais e sociais, em que claramente se destacam as funções próprias a um Estado social e democrático de direito.

Ainda que haja espaço a algumas concessões e temperos, o Estado projetado pela Constituição Cidadã não se compadece com um ente preponderantemente econômico, ensimesmado, que se exaure na ideia de Estado-empresa ou reduzido a mero *player* do mercado. Essa assertiva presta-se a uma pré-conclusão, um *spoiler*: a desnaturação quanto à essência do perfil de Estado projetado pela Constituição em vigor significa nada mais nada menos que o descumprimento e ofensa à ordem constitucional vigente, sem que, para tanto, se tenha observado o devido processo de reformatação estatal, tarefa própria do *poder constituinte originário*.

Mas quais os fatores que propiciaram esse pretenso ponto de inflexão da ordem constitucional que ora se projeta através da PEC 06/2019?

A previdência social (e sua mudança) – como, de resto, as principais instituições estatais modernas – sempre esteve e se mantém submetida a inúmeros vetores, de diferentes direções, sentidos e intensidades. Dentre eles se destacam o vetor *político* (o bem estar e paz social visados), o *econômico* (em que as fricções entre as carências da população e os recursos públicos, numa realidade capitalista, são sempre mediados pela influência mais ou menos determinante do *mercado*) e o *jurídico* (as bases normativas do sistema).

1. NOTAS SOBRE O AMBIENTE POLÍTICO.

Do ponto de vista político, vê-se que a proposta reformadora veio encaminhada já nas primeiras semanas de um novo governo, eleito pelo voto popular, em meio a um momento singular da vida político-partidária nacional. Durante a campanha eleitoral respectiva, o assunto "previdência" não vinha tratado diretamente – muito menos, minuciado – junto à massa eleitoral pelo então candidato presidencial, cujo histórico parlamentar apontava repúdio a eventuais restrições aos benefícios previdenciários. Ao contrário, quanto ao tema, sua abordagem era seletiva, lateral, ficava a cargo da futura equipe econômica que dele cuidava genericamente em debates e foros restritos (o que foi assimilado pelo *mercado*, mas não necessariamente pelo eleitor comum).

O modelo político-partidário do País conheceu uma de suas crises mais profundas nos últimos quatro anos. Após o *impeachment* presidencial em 2016, adveio um governo de baixíssimos índices de aprovação popular. Ficou vigorosamente introjetado em importantes segmentos da população – o que contou com contribuição determinante da mídia de massa – o repúdio à atividade política tradicional. Em paralelo, as instituições persecutórias estatais, como nunca antes, promoviam responsabilizações de expoentes políticos em diversas esferas, inclusive a penal, a ponto de alguns, até mesmo ministros do Supremo Tribunal Federal, falarem em *criminalização da atividade política*.

Foi nesse ambiente de crise política que ascendeu o novo governo e, com ele, um discurso de extrema-direita, bem diferente daquele que desde a redemocratização vinha prevalecendo no País e que, fundado em sistema de coalizão, oscilava em torno do *centro* (ora mais à esquerda, ora mais à direita).

Abstraindo qualquer análise crítica quanto ao ponto (buscando ser apenas descritivo), parece claro que a fase política atual emergiu e ainda vem se alimentando de um forte componente de *negação*, o qual ficou evidenciado na campanha eleitoral que se sagrou vitoriosa no pleito presidencial de outubro de 2018. O mote de campanha era a necessidade mais premente de "desfazer o que estava errado" do que "fazer o que fosse certo". Isso, aliás, segue sendo admitido e reiterado pelo discurso oficial do novo governo. É a fase do "anti-tudo-o-que-esta-aí"; no mínimo, do "anti-muitas-coisas". Ou seja, o momento político – *occasio* das propostas governamentais – está sendo direcionado a desconstruções, a "despropostas", e apoiado no que se rotula como sendo um típico projeto *populista de direita* (assim classificado, inclusive, pela imprensa internacional).

Daí porque, do ponto de vista de "política previdenciária", pode-se dizer que a PEC 06/19 não seja propriamente uma proposta, mas sim uma *desproposta* de Previdência. Não há o objetivo de construir ou aperfeiçoar a Previdência "*social*" existente, mas fazê-la encolher ou sumir (substituindo seu regime de financiamento, sua própria essência e natureza), o que, sob esse aspecto, vai ao encontro da guinada liberal na economia.

2. NOTAS SOBRE O AMBIENTE ECONÔMICO.

A crise *política* nacional da última quadra veio na esteira da crise *econômica* (derivada de fatores internos e externos). A deterioração do ambiente político terminou por alimentar ainda mais a crise econômica (e vice-versa), o que deu ensejo, inclusive, a períodos de recessão e de "crescimento" do PIB próximo ao zero.

Além da desorientação política interna (e dos baques empresariais sofridos por grandes empresas nacionais e empreiteiras privadas envolvidas com as operações de combate à corrupção), o Brasil já não vinha se beneficiando, como outrora, do cenário econômico internacional. À diminuição da pujança do valor das *commodities* se somou a falta de competitividade da indústria nacional. O ambiente econômico somente não se deteriorou completamente porque as reservas cambiais ainda seguem mantidas em patamares confortáveis, cerca de 20% do PIB, assim como o nível de endividamento se acha controlado, ao contrário de um passado recente, em que o país se via praticamente refém dos organismos financeiros internacionais (FMI, Banco mundial).

Nesse ambiente de crise econômica ascendeu o novo governo e seu apelo de ruptura com o sistema anterior.

Em paralelo ao discurso político populista de direita, optou-se pela tecnocracia liberal para tomar a frente das pastas econômicas do governo.

Malgrado algumas dificuldades de conciliação entre os respectivos discursos nas áreas política e econômica, a equipe técnica do governo criou um roteiro tendente a alterar o aspecto do Estado *constituído*, em que os contornos de Estado-social deveriam ceder às máximas do liberalismo econômico.

O pronunciamento de posse do ministro-chefe da economia, expondo a guinada liberal projetada à economia, veio de ser celebrado e repercutido pela mídia financeira especializada (INFOMONEY, 2019):

> O primeiro discurso de Paulo Gudes como ministro da Economia do novo governo foi recebido com entusiasmo por um público peculiar, formado por lideranças do setor industrial, grandes empresários e executivos do mercado financeiro. O tom liberal renovou as expectativas dos agentes econômicos em relação à implementação de uma desafiadora agenda de reformas estruturais, privatizações e respeito a valores caros a esse grupo.

No mesmo discurso de posse, o novo chefe da equipe econômica, cuja trajetória acadêmica se notabilizou pelo entrelaçamento com os "Chicago boys" chilenos, foi expresso em dizer que a reforma da previdência do Brasil "*é o primeiro e maior desafio a ser enfrentado*".

3. A MICROPOLÍTICA E MICROECONOMIA NA PEC 06/2019 E SEUS PROBLEMAS

As arenas política e econômica formatadas pelo novo governo trazem em si um problema de gênese, já que, se mantidos em nível hierárquico próximo, tecnocracia e populismo não se misturam bem, são noções quase antitéticas.

E isso se reflete no microambiente da questão previdenciária.

Até mesmo o escopo-qualificativo "social" da Previdência, tal como instituída e historicamente maturada, não se adéqua à ideia do (ultra)liberalismo; não nos moldes em que ansiado pelo mercado financeiro, pela mídia corporativa e, notadamente, pela equipe econômica governamental.

Como resultado dessa confusão e incompatibilidade conceitual, tem-se que as novas propostas agem tal como óleo derramado ao mar, não se homogeneízam e assumem papel destrutivo. Funcionam como a *parte* que contamina e destrói o *todo*.

E o baralhamento técnico-político, além da potencial incompatibilidade com a própria ordem constitucional posta, desdobra-se em vários outros focos de incoerências.

De fato, observe-se que a proposta reformista - que, como visto, bem atende ao mercado financeiro - para se tornar vendável, palatável e absorvível pelo discurso populista, passa a ser decantada sob o (falacioso) aspecto de instrumento "indutor de justiça social", em que são invocados convenientes dispositivos construídos precisamente para sinalizar essa ideia. São dispositivos cuja função é mera ou praticamente simbólica, de pífio alcance econômico quando comparados com a suposta "economia" de 1 (um) trilhão de reais visada em se implementando essa pretendida "Nova Previdência". Vale desde já o destaque: trata-se de 1 trilhão de reais de benefícios já projetados pelas regras de contribuição atuais que nos próximos anos *não mais serão repassados aos contribuintes e beneficiários*, segundo pretende a PEC.

Mas qual seria a origem e o destino desse trilhão de reais que se busca "economizar" com a reforma?

Os aposentados e pensionistas equivalem a 1/7 (um sétimo) da população (14,2%), conforme o IPEA (CONGRESSO EM FOCO, 2019).

Principalmente nas zonas mais carentes, o aposentado ou pensionista contribui ainda para a mantença de seus familiares, dentre eles, inclusive, trabalhadores ativos. Pode-se dizer que os benefícios de aposentadoria e pensão *impactam diretamente a vida de mais da metade da população brasileira.*

É um contingente formado por pessoas que estão longe de serem consideradas abastadas. São elas, em sua grande maioria, das classes econômicas mais baixas.

O maior grupo de beneficiários, cerca de 70% (setenta por cento), considerando os do setor privado ou público, recebe benefício de exato 01 salário mínimo (SM); outra fração significativa aufere entre 01 e 05 SM. Esses dois grupos somados, isto é, *os que recebem até 05 SM, retratam a esmagadora maioria de beneficiários.* Para se ter uma ideia, apenas 0,01% (zero vírgula zero um por cento) dos beneficiários do INSS fazem jus a benefícios no montante entre 10 e 20 salários mínimos. O restante, parte do funcionalismo (no universo de inativos e pensionistas equivalem a pouco mais de 1% da área militar e de 2% da civil), também tem benefícios limitados ao teto respectivo e está em franco decréscimo numérico e proporcional, uma vez que, com as sucessivas reformas já promovidas nos últimos anos, em especial a de 2003 (há dezesseis anos, ou seja, quase "meia geração"), grande parte dos servidores civis atuais já está sob os limites do regime geral (e, ao cabo de mais "meia geração", *todos* estarão). Não por acaso, a projeção para o ano de 2019 aponta no setor *um déficit menor* do que o do ano de 2018.

"Economizar" 1 trilhão de reais significa, em última medida, restringir de metade da população brasileira, preponderantemente pobre, o direito de gerir sua vida, seu consumo, seus gastos com saúde, transporte, educação etc. É o mesmo que transferir "poder econômico", no montante equivalente a essa "poupança" de 1 trilhão, aos intermediários: ao Estado que arrecada tributos e ao sistema financeiro que os manipula.

"Economizar" 1 trilhão significa, em última medida, repassar essa energia financeira ao Estado, cuja inspiração liberal, paradoxalmente, prega a necessidade do próprio encolhimento. Isso tudo sob o discurso de que ele, Estado, supostamente irá "devolver" em "bons serviços" à população (que para isso, justamente, já suporta uma carga tributária pesadíssima, conforme dão conta inúmeros comparativos internacionais).

Mesmo do ponto de vista da macroeconomia, extirpar esse trilhão de reais da disponibilidade de boa parte da população (que, com ele, faria girar comércio, serviços, etc) significa "tirar dinheiro da praça", reduzir o potencial de consumo de um enorme contingente de pessoas. Parece claro que nem todos os setores do empresariado nacional se beneficiarão desse encolhimento (embora talvez vários deles sequer tenham se dado conta disso...).

Observe-se que todo o discurso feito pelo governo, através de sua equipe econômica, tem por base a necessidade de se "economizar" um quantitativo de expressiva monta na próxima década, de preferência nesse patamar do trilhão de reais. Diz-se, inclusive, serem aceitáveis alterações na PEC 06/2019 – quaisquer alterações sejam estruturais, jurídicas, de regime, sistêmicas, institucionais, *o que seja!* -, desde que *preservada* quantia final de *economia* próxima à grandeza do *trilhão*.

4. A ESTRATÉGIA UTILIZADA PARA "VENDER" A PEC E SUA ILEGITIMIDADE.

Esse discurso e submissão aos "fins econômicos" (ou seja, a retirada de 1 trilhão de reais das mãos dos beneficiários para as do governo e do sistema financeiro, *seja da forma que for*), por si só, deslegitima e praticamente interdita todo e qualquer debate e análise científica séria – jurídica, teórica, atuarial e mesmo empírica – acerca da questão previdenciária, na medida em que não se tem minimamente em foco a estrutura do sistema em si, mas tão-somente o naco de potência econômica que dele se poderá extrair.

O atuar argumentativo trazido pela justificação da PEC, como visto, apresenta-se, desde sua própria gênese, como em vários de seus pontos, *meramente estratégico*, dissociado da esperada *verdade* comunicativa, na medida em que se busca, de fato, "economia" de despesas, e não aquilo que lhe serve como *mote de palatabilidade* (isto é, uma suposta "justiça social").

Há décadas o mercado financeiro, através de seus instrumentos (em especial, a grande mídia empresarial), repete um discurso emergencial, vaticinando o caos iminente, a falência do Estado, acaso não houvesse o quanto antes uma ruptura no sistema previdenciário. Há tempos busca-se introjetar ao *senso comum* uma premissa que sequer foi mínima e validamente demonstrada, qual seja, a da própria *existência* de um grande e crescente déficit previdenciário.

Vale lembrar que em 2017, o Senado Federal concluiu a "CPI da Previdência". Em seu relatório final – após seis meses de profundo debate em inúmeras sessões parlamentares, realização de 31 audiências públicas, inquirição de 140 pessoas – concluiu haver graves inconsistências nos dados e informações apresentados pelo Poder Executivo, cujo escopo seria desenhar um futuro aterrorizante e inverossímil, com apresentação à população brasileira de"*dados irreais e contas que não procedem*", promovendo "*massiva propaganda enganosa e terrorista*".

Isso segue na linha destacada por pesquisadores quanto ao indevido baralhamento no cálculo do apregoado déficit, na medida em que se incluem as (socialmente justas) despesas assistenciais (fora da massa contributiva), em especial, os benefícios de prestação continuada (BPC) e de assistência aos rurícolas.

Ao mesmo tempo em que se mantém escamoteado o montante de recursos previdenciários utilizados pelo Poder Público, sem reposição ao sistema, por exemplo, para bancar obras como Transamazônica, Itaipu, usinas nucleares, entre outras.

Ao lado disso, há ainda a enorme dívida – cuja cobrança não se mostra efetiva – das empresas que são grandes devedoras do recolhimento previdenciário, estimada à época da referida CPI em 470 milhões de reais.

O argumento sistematicamente usado para a finalidade reformista assenta-se num *comunicar estratégico*, cujo claro objetivo é o de formatar o senso comum e interditar o *senso crítico*.

Para que exista um debate sadio sobre qualquer proposta que implique em profundas modificações é imperativo que entre os debatedores haja transparência, franqueza e distribuição equânime de tribunas para o encaminhamento das respectivas ideias.

Conforme GÜNTHER (2004, p. 76),

> *Como* procedimento, *argumentações são processos de entendimento nos quais, sob condições especiais de interação, os participantes ingressam em um discurso buscando cooperativamente a verdade. Disso faz parte a pressuposição de que estejam desonerados da pressão de agir e de ter experiência (...). A verdade é possibilitada por regras, como franqueza ou reconhecimento da repartição de encargos argumentativos (...). Devem reinar condições gerais de simetria que excluam qualquer coação, exceto a do melhor argumento.*

Isso para dizer que, num Estado constitucional como o nosso, não podem todos os parâmetros de justiça e seguridade social, cidadania, direitos e garantias individuais e coletivos ficar submetidos à mera aritmética econômica do gestor de ocasião, tampouco a discursos apelativos, alarmistas, que, ao invés de propiciar o debate franco, cuidam de obstá-lo.

O mesmo argumento paradoxal do "socialismo tributário" (que, convenientemente, justamente nesse ponto, eclipsa o discurso neoliberal), manifestado em exponenciação *extrema e confiscatória* da progressividade contributiva dos beneficiários previdenciários previstos na PEC, não está sendo previsto para as contribuições patronais, tampouco se espraia aos demais sistemas de tributação da economia. Não há alíquotas com tamanho grau de progressividade às empresas ou às instituições financeiras...

Quanto ao aspecto, as tensões observadas entre a proposta reformista e as normas constitucionais originárias devem se resolver, não há dúvida, mantendo-se sempre respeito à opção do constituinte originário.

Ainda que as regras originárias e reformadas estivessem num mesmo nível; ainda que não houvesse a vedação do retrocesso em temas de garantias individuais e sociais, tampouco a imutabilidade pétrea, mesmo utilizando os três parâmetros consagrados por alguns, como MOSZHOWICZ (2009), de *adequação, necessidade* e *proporcionalidade* – para fins de ponderação de interesses de mesma hierarquia em tensão –, vê-se que a proposta não supera qualquer um deles. Há evidente *inadequação* ao misturar-se modelos e inspirações de natureza diversa (capitalização *versus* repartição solidária), não se apresentou comprovante idôneo de *necessidade* (ao contrário, o único estudo de fôlego sobre o tema apresentado de forma transparente foi o relatório da "CPI da Previdência", cuja conclusão é inversa ao escopo da PEC), tampouco existe a mínima *proporcionalidade*, já que a proposta apresenta sacrifícios inéditos e extremados (ao beneficiário que reingressa ao trabalho formal, aos pensionistas, aos mais idosos, regras de transição e contribuição aos servidores civis etc).

E aqui cabe um parêntese.

De fato, outro ponto que claramente não se amolda à realidade constitucional vigente é o que traz na PEC as chamadas *regras de transição.*

Segundo os liberais da economia, os defensores intransigentes da liberdade de mercado, um dos problemas do Brasil que afugenta investimentos seria a "insegurança jurídica" (em breves palavras: cumprir o combinado, sob uma legislação estável e uma jurisdição previsível).

Mas as chamadas *regras de transição*, draconianamente superpostas a regras já estabelecidas em reformas anteriores, nada mais pregam senão descumprir, pura e simplesmente, os longos contratos que o Estado fez com seus contribuintes previdenciários. Mais uma vez, o foco é a economia do trilhão, pouco importando que uma legião de brasileiros verão unilateralmente alteradas, para muito pior, as regras do contrato de longo prazo que celebraram com o Estado, ao ingressar no mercado laboral como contribuintes previdenciários.

OBSERVAÇÕES FINAIS.

Em suma, o modelo projetado pela equipe econômica do governo, da forma preponderantemente financista que se apresenta, dissociada dos principais pilares constitucionais, não se harmoniza com a ordem vigente, isto é, com a forma pela qual o Estado brasileiro foi teorizado e instituído pelo constituinte originário.

Propostas como a da PEC 06/2019 têm efeitos sistêmicos e transbordantes: no caso de aprovação, a Constituição Cidadã perderia sua própria essência; seus valores, princípios e regras seriam intrinsecamente inconciliáveis.

Para ilustrar essa questão de *essência*, veja-se que a Associação dos Magistrados do Brasil encaminhou ao parlamento nacional um estudo sobre a PEC 06/19, no qual detectou, entre vários outros pontos, a inconstitucionalidade da substituição pela capitalização dos regimes de financiamento previdenciário (AMB, 2019):

> *A previsão de um regime de capitalização para substituir o regime geral de previdência social e os regimes próprios afasta princípios constitucionais que integram os fundamentos da República (art. 1º, III – dignidade da pessoa humana) e seus objetivos fundamentais (art. 3º, I*

> *– construir uma sociedade justa e solidária), colocando o direito à previdência social, que integra a seguridade social (art. 194 e 195), em que a solidariedade, equidade e coparticipação são elementos essenciais, como direito a ser alcançado em bases individualistas, e, sobretudo, mercantilizadas, como* ativo financeiro *individual.*

Pensar o contrário significa subverter a hierarquia de toda ordem político-constitucional: a Constituição da República, ao invés de balizar as margens de atuação do gestor da economia, seria, na prática, por ele moldada e remodelada a seu bel-prazer, conforme a ocasião e a coloração da escola de pensamento a que eventualmente esteja filiado. As garantias trazidas pela rigidez e analiticidade, características históricas das constituições brasileiras, seriam verdadeiras potências mortas.

É possível a qualquer nação democrática alterar sua estrutura, feição e pilares constitucionais. Mas para legitimamente transformar uma Constituição-cidadã em constituição-mercado é necessário que isso seja obra de uma nova Assembleia Nacional Constituinte, sob pena de se perpetrar ilegitimidade insanável, potencial geratriz de indignações, inconformismos, desequilíbrios e caos sociais.

REFERÊNCIAS.

ASSOCIAÇÃO DOS MAGISTRADOS DO BRASIL. **Inconstitucionalidades da PEC 6/2019 a serem objeto de exame pela Comissão de Constituição e Justiça e de Cidadania da Câmara dos Deputados** *(CCJC).* Disponível em: <http://www.amb.com.br/wp-content/uploads/ 2019/04/Inconstitucionalidades-PEC-6-eletronico___AMB.pdf>. Acesso em: 26 abr. 2019.

BRASIL, Constituição da República, de 5 de outubro de 1988.

CONGRESSO EM FOCO. Respeitamos as diferenças. **Pensionistas e aposentados representam 14,2% da população, aponta Ipea.** Disponível em: <https://congressoemfoco.uol.com.br/especial/noticias/pensionistas-e-aposentados-representam-142-da-populacao-aponta-ipea/>. Acesso em: 24 abr. 2019.

EL PAÍS. O Jornal Global. ***O Laço de Paulo Gudes com os "Chicago Boys" do Chile de Pinochet.*** Disponível em: <https://brasil.elpais.com/brasil/2018/10/30/politica/1540925012_110097.html>. Acesso em: 24 abr. 2019.

GÜNTER, Klaus. **Teoria da argumentação no direito e na moral: justificação e aplicação.** São Paulo: Landy, 2004.

INFOMONEY. **Os 10 sinais de Paulo Guedes ao mercado em seu "choque liberal".** Disponível em: <https://www.infomoney.com.br/mercados/politica/noticia/7851761/

os-10-sinais-de-paulo-guedes-ao-mercado-em-seu-choque-liberal>. Acesso em: 22 abr. 2019.

MINISTÉRIO DA PREVIDÊNCIA SOCIAL. *87 ANOS:* **Lei Eloy Chaves é a base da previdência social brasileira.** Disp. em: <https://mps.jusbrasil.com.br/ noticias/2063032/87-anos-lei-eloy-chaves-e-a-base-da-previdencia-social-brasileira>. Acesso em: 22 abr. 2019.

MOSZKOWICZ, Monique Geller. A ponderação de interesses no ordenamento jurídico brasileiro. Em GUERRA, Sérgio (Org.). **Transformação do Estado e do direito.** Rio de Janeiro: Editora FGV, 2009, p. 123-140.

PREVIDÊNCIA TOTAL. **70% dos benefícios do INSS são de um salário mínimo**. Disp. em: <http://www.previdenciatotal.com.br/integra.php?noticia=11212>. Acesso em: 22 abr. 2019.

REVISTA EXAME. **O que Bolsonaro e Collor têm em comum? Segundo pesquisa, o populismo.** Disponível em: <https://exame.abril.com.br/brasil/o-que-bolsonaro-e--collor-tem-em-comum-segundo-pesquisa-o-populismo>. Acesso em: 22 abr. 2019.

WIKIPEDIA. **A Enciclopédia Livre. *Chicago Boy's* (verbete).** Disponível em: <https://pt.wikipedia.org/wiki/Chicago_Boys>. Acesso em: 23 abr. 2019.

VALOR ECONÔMICO. **Rombo da Previdência dos militares cresce**. Disponível em: <https://www.valor.com.br/brasil/5933623/rombo-da-previdencia-dos-militares--cresce>. Acesso em: 23 abr. 2019 (autorização via eletrônica).